促进人的能力发展是反贫困的根本手段。实施以健康和教育为主的儿童早期发展政策措施是回报率最高的人力资本投资，对提高社会生产力，促进社会公平，从根源消除贫困具有重大战略意义。

王梦奎 主编

反贫困与中国儿童发展

Poverty Alleviation and Child Development in China

中国发展出版社
CHINA DEVELOPMENT PRESS

图书在版编目（CIP）数据

反贫困与中国儿童发展 / 王梦奎主编. — 北京：
中国发展出版社，2013.3
ISBN 978-7-80234-885-1

Ⅰ.反… Ⅱ.王… Ⅲ.贫困区—儿童—发展—研究—中国 Ⅳ. B844.1

中国版本图书馆 CIP 数据核字（2012）第 319243 号

书　　　名：反贫困与中国儿童发展
主　　　编：王梦奎
出 版 发 行：中国发展出版社
　　　　　　（北京市西城区百万庄大街16号8层　100037）
标 准 书 号：ISBN 978-7-80234-885-1
经 　销　 者：各地新华书店
印 　刷　 者：北京科信印刷有限公司
开　　　本：700mm×1000mm　1/16
印　　　张：31　插页16
字　　　数：490千字
版　　　次：2013年3月第1版
印　　　次：2013年3月第1次印刷
定　　　价：80.00元
咨 询 电 话：（010）68990625　68990692
购 书 热 线：（010）68990682　68990686
网 络 订 购：http://zgfzcbs.tmall.com//
网 购 电 话：（010）88333349　68990639
本 社 网 址：http://www.develpress.com.cn
电 子 邮 件：forkids@sina.cn

①

②

③

1. 2009 年 8 月 3 日，青海乐都
2. 2012 年 4 月 12 日，贵州织金
3. 2009 年 12 月 4 日，云南寻甸
4. 2010 年 9 月 17 日，广西都安
5-6. 2012 年 12 月 20 日，贵州松桃

在我国中西部贫困地区，许多孩子主要由祖辈抚养，田间地头就是孩子们的游乐场。即便已经进入教室学习，教学条件简陋自不必言，很多小学生的午餐只是盐水煮黄豆拌米饭。

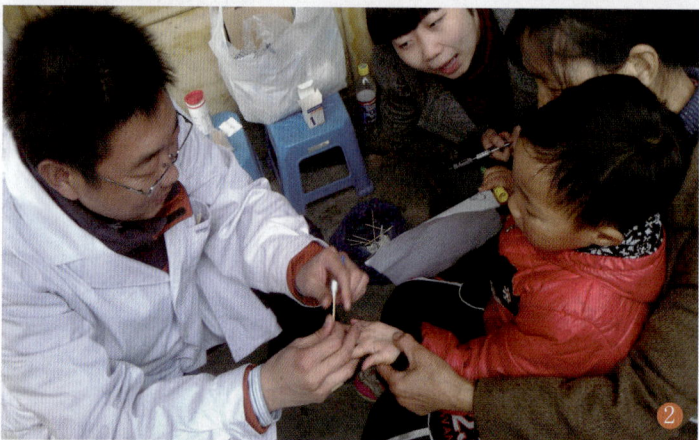

1. 2009 年 9 月 16 日，云南寻甸
2. 2011 年 5 月 26 日，湖南古丈，体检
3. 2009 年 10 月 19 日，青海乐都，妈妈学校
4. 2009 年 7 月 30 日，青海乐都，接受体检的孩子合影

中国发展研究基金会"贫困地区儿童早期发展"项目，通过系列基线测试和问卷调查发现，农村幼儿饮食结构单一、微量营养元素缺乏。针对这种情况，项目对孕妇和 6～24 月龄婴幼儿实施免费营养干预，并由中国疾控中心营养专家结合地方饮食习惯给予食用指导。

①

②

③

中国发展研究基金会按照"方式简便、成本合理、服务可及、保证质量、促进公平"的原则，在中西部贫困地区幼儿相对集中的村屯开设"山村幼儿园"，为暂时无法享受学前教育的山区孩子提供了入园机会，抓住了学前教育的最佳时间窗口。

1. 2011 年 5 月 25 日，青海乐都
2. 2011 年 10 月 22 日，青海乐都，我们也有"保龄球"
3. 2009 年 10 月 19 日，青海乐都
4. 2010 年 11 月 12 日，青海早教志愿者年度工作总结暨汇报演出
5. 2012 年 4 月 17 日，贵州松桃
6. 2012 年 6 月 13 日，四川洪雅

❷

❸

1. 2010 年 9 月 9 日，云南寻甸
2. 2012 年 9 月 18 日，云南寻甸
3. 4. 2010 年 5 月 12 日，青海乐都
5. 2012 年 9 月 20 日，云南寻甸

中国发展研究基金会从 2006 年起开展对农村寄宿制学校学生营养状况的调查、研究和试点工作，相关政策建议先后得到了温家宝总理及其他国务院领导的批示，为国家"农村义务教育学生营养改善计划"的启动作出了贡献。受教育部委托，基金会目前正在对该计划的实施情况开展大规模的调查和评估工作。

儿童是国家的未来，促进儿童发展是关系人民幸福和国家前途的长远大计。在中国全面建成小康社会和实现现代化的历史进程中，对贫困地区儿童发展问题给予特别的关注，是从根本上杜绝贫困的代际传递，缩小城乡之间和地区之间的发展差距，实现反贫困和共同富裕目标的重要战略举措。

2009 年以来，中国发展研究基金会以"反贫困与儿童发展"为主题成功举办三届国际研讨会，邀请国内外儿童发展领域的专家，共同探讨促进中国儿童发展之道。这个国际性的论坛尽管创办时间不久，由于主题适应现实需要，以及讨论的务实和深入，已经成为儿童发展领域最新研究成果的重要交流平台，也为中国关于儿童发展问题的研究和政策的制订提供了有益的借鉴。

本书编选的是 2012 年在北京召开的第三届"反贫困与儿童发展"国际研讨会的相关文献，包括会议代表的发言和为会议提供的专题研究报告，中国发展研究基金会在儿童发展领域的部分研究成果，以及从本届研讨会面向社会征稿中评选出的优秀学术论文。为读者阅读和检索的方便，全书近 40 篇文章编排为四个部分：第一部分是教育、卫生、扶贫等部门的负责人对我国儿童发展现状和政策选择的说明，以及两位诺贝尔经济学奖得主在这次研讨会上所作的专题报告；第二部分是关于儿童的营养干预，文章作者从各自的研究和实践经验，提出了完善贫困地区儿童早期营养干预的建设性意见；第三部分是关于贫困地区早期教育试点经验的推广问题；第四部分是中国政府改善贫困地区学生营养的政策举措及绩效评估。统览全书，可以看到儿童发展领域的最新研究成果，也可以对现阶段中国儿童发展问题有更深切的认识。

由于经济增长所奠定的基础以及注重民生的政策取向，中国在儿童发展方面取得长足进步，提前实现了联合国提出的千年发展目标，在国际上获得广泛好评。但是，中国是发展中大国，城乡之间、地区之间发展很不平衡，这在儿童发展方面表现也很突出，距2020年全面建成小康社会的要求还有明显差距，需要政府和社会各界继续作不懈的努力。我们希望，"反贫困与儿童发展"国际研讨会的召开和本书的出版，能够对推动儿童发展问题的研究和政策的完善，贡献一份力量。

王梦奎

中国发展研究基金会理事长

国务院发展研究中心原主任

2013 年 1 月 13 日

目录

一

近年来，中国教育、卫生、扶贫等部门为我国儿童的健康成长不断努力，实施了一系列卓有成效的政策措施。而两位诺奖学者提出的重视和投资于儿童早期发展的理念，为我国相关政策的制订与完善提供了有益借鉴。

在反贫困的实践中，人们逐渐形成这样的共识：可以把人力资本开发作为反贫困的一种重要手段，把儿童发展作为一个重要的突破口。

有关科学研究和国际经验表明：儿童早期发展至关重要，科学的学前教育是消除贫困、打破贫困代际循环的重要社会干预手段，可以有效减少由于家庭贫困、亲情和家庭教育缺失等对人终生发展带来的不良影响。

卫生部将继续以深化医改为契机，认真贯彻落实《母婴保健法》和《中国儿童发展纲要》，以提高儿童健康水平为目标，以实施妇女儿童健康行动计划为抓手，积极与相关部门协作，全面促进儿童健康水平的提高。

中国扶贫开发的主要任务已经从解决温饱转向促进发展。在这个新的阶段，儿童发展必将成为各方高度关注的议题。《扶贫开发纲要》颁布实施以来，有关部门配合连片特困地区扶贫攻坚规划的实施，陆续出台了一系列促进儿童发展的政策措施。

我们在全省范围深入实施儿童早期发展项目，取得显著成效，项目区 10 万余名学前儿童和 45 万名中小学生受益。我们深深体会到：实施儿童发展项目是一项"功在当代，利在千秋"的伟业，是从根源上消除贫困的重要举措。

人力资本开发扶贫日益得到关注，从儿童早期发展入手，为他们创造良好的健康、教育等成长条件，对从根源上消除贫困具有重要的作用，是未来扶贫事业的新的发展方向。

中国在制订人类发展相关政策时，应运用能力形成的经济学新观点来制订综合性政策措施。在政策制订过程中，必须明确认识到哪些能力很重要，如何创造这些重要能力，以及如何优化公共政策来促进能力培养。

儿童营养需求问题并不只依赖强劲的收入增长，收入增长尽管有帮助，但它的作用并不充分，还需要系统性的公共干预以及更大的社会公平，特别是性别之间的公平。

二

生命最初 1000 天（-9～24 个月）的母婴营养状况影响人一生的健康。世界各国都着力投资于婴幼儿的营养改善，提高国民素质。切实提高我国贫困地区儿童早期营养、缩小城乡儿童发展差距，是中国未来竞争力的保障。

儿童营养改善是一个永恒的课题。把儿童营养问题纳入国家经济社会发展的战略规划、完善法律法规和政策的保障、加强扶贫开发战略、实施一批改善儿童营养干预的项目是四项重要的政策措施。

中国人口的结构正在发生一个很大的变化。现在我们要思考的问题是，中国未来的竞争力会在哪里？或者说，如果中国只是一部分孩子能够受到很好的教育，他们能否支撑未来中国的竞争力？人口计生委在婴幼儿早期发展方面具有优势，可以借助遍布全国的 70 万个服务站，将工作重点放在为父母提供更多育儿指导上。

中国发展研究基金会"贫困地区儿童早期发展"项目试点，充分利用农村基层现有的公共卫生、基础教育资源，动员地方政府、社区、学校、家庭等多方力量，取得了婴幼儿营养不良状况改善、学前教育基本覆盖、贫困农村幼儿与城市幼儿早期发展差距缩小的预期效果，有力推动了国家儿童营养和学前教育政策制订。

青海试点中期评估对乐都县开展儿童早期发展项目一年半后的效果进行了全面总结，并客观反映了青海农村和城镇地区 0~6 岁儿童的早期发展现状。基金会开展的贫困地区儿童早期发展项目试点为青海全省推广儿童早期发展项目，为国家制订西部贫困农村地区婴幼儿营养改善、推广幼儿学前教育政策提供了参考依据。

我们认为婴幼儿营养保障可以从根本上消除贫困，为社会公平打下基础，是一个投入成本最低而对未来社会收益最高的人力资源投资。婴幼儿营养保障项目实施的监测已经为之提供的科学证据——项目期间的儿童营养状况提高、贫血减少、疾病发生率下降以及低出生体重儿减少，都可以预见到人力资源发展的优化。

美国联邦政府资助的一些大型研究和评估项目显示，提高学前教育质量可以并且已经对儿童早期识字能力发展作出贡献。学前教育的有效开展可以提高儿童阅读能力和识字能力。

作为儿童发展的实践者和拥趸，我们不能仅仅因为有扎实的研究结果证明儿童早期发展的重要性，就期待对儿童早期发展的支持从天而降。成功地推行儿童早期发展项目取决于支持者的政治技巧，而不仅仅是政治意愿。

儿童发展干预策略要针对每一个儿童，一个都不能少。引导儿童和他们的家长获得与儿童早期发展有关的知识，并对已经发现的存在发展危机的儿童实施早期发展干预，对于每一个儿童，对于每一个家庭都是急迫的问题。

对于我国的农牧户特别是贫困户，免费和补助性孕产妇服务措施，无疑也是显而易见的福利。可是，藏区农牧民对此反应并不积极。这种看似反常的现象，与知识、信息和服务的供给不足直接相关。

对于农村 5 岁以下儿童的营养状况而言，相比于收入效应，母亲的照料、喂养和抚育更加重要。家庭收入虽然是农村儿童营养状况改善的重要影响因素，但是随着中国农村居民收入的不断提高，收入带来的正向效应面临边际递减趋势；而母亲照料的重要性日渐突出。母亲的照料可以在一定程度上弥补低收入对儿童营养状况带来的不利影响。

三

在我国学前教育事业发展中，西部农村是个难点，也是对幼儿教育需求最为迫切的地区。中国发展研究基金会试验表明，"走教"是适合西部农村发展水平、政府财力可以承受、广受当地群众欢迎的学前教育的推广模式。

由于正规幼儿园的学前教育成本高，同时西部农村居住分散、交通不便，学前教育在西部农村仍然是个难点。走教试验为这部分幼儿的学前教育覆盖提供了有益借鉴。

无论从数量比例还是从贫困程度上看，中国的儿童贫困问题都以农村为主体和重点。由此可见，保障农村贫困儿童平等接受教育的权利是国家反贫困战略的一个重要组成部分，也是终结"儿童贫困"现象的重点。

四

学龄儿童的营养状况不仅影响孩子们的出勤率和学习成绩，还关系到他们的认知潜力和一生的健康。2011 年 11 月起实施的覆盖 22 个省 699 个贫困县的农村义务教育学生营养改善计划，是我国改善儿童营养状况、推进教育公平的又一里程碑。

享受营养改善计划政策的 6～11 岁农村小学生将近 1800 万人，11～14 岁农村初中生 800 万人，累计 2600 万人。从小学 6 岁的学生开始到初中毕业 14 岁，基本上都在范围之内。

有同志认为，学生吃饭是家长的责任，国家最多只需给困难学生补助。教育部门担心学校供餐若管理不当可能引起食物中毒，财政部门担心中间过程的"跑冒滴漏"。这些看法都不无道理，但其共同点是缺乏对保障学生营养的重要战略意义的认识。

中国发展研究基金会长期关注学生营养问题，经过三年试验和两年定点评估，研究表明营养改善计划不仅对学生身体素质提高和人力资本提升效果显著，而且对增加就业岗位，扩大消费等也会产生促进作用。

中国发展研究基金会 2010 年调查发现，"农村义务教育阶段家庭经济困难寄宿生生活费补助"在各地得到初步落实，对维持贫困寄宿生在校基本生活起到了不可或缺的作用，但对于营养改善的效果还取决于各地资金的使用方式和管理水平。解决贫困农村学生营养不良、生长发育迟缓等问题，关键在于建立健全学校供餐机制。

中国发展研究基金会 2011 年调查和评估发现，"农村义务教育阶段家庭经济困难寄宿生生活费补助"政策和营养餐对促进学校供餐和学生营养状况改善，以及对学生身体素质提高有明显效果。应明确"一补"资金是用于改善学生营养的经费，要建立统一的学校供餐和资金监管制度，同时选择合适的供餐模式。这样才能提高资金使用效率，达到改善学生营养状况的目标。

中国的营养改善计划作为教育政策的一部分，无论从规模还是从质量来看，对于支持和保障儿童发展，都让人惊喜。下一步，可着重提高营养改善计划的质量与效果。

应把为贫困地区中小学寄宿生提供校园餐纳入国家义务教育发展规划，制订明确的推动贫困地区寄宿制学校校园餐项目发展的时间表，注重培育地方政府部门和农村寄宿制学校提供校园餐的能力，并在适当条件下以校园餐项目带动贫困地区农副业发展，促进农户增收。

2011 年以来，根据国家部署，我区率先在全国启动实施农村义务教育学生营养改善计划，标准为每生每天 4.6 元，保证每天早晨为每生免费发放一个熟鸡蛋，中午免费提供一顿符合民族习惯的、突出地方特色的合理营养膳食。

扶贫基金会的使命是帮助贫困地区的人民提升能力，帮助他们改善生产和生活条件。儿童营养项目是我们健康项目的一部分，这个项目有两个方面内容，一个是针对学龄儿童的"爱加餐"项目，一个是针对 0～24 个月婴幼儿营养干预的试点。

近年来，中国教育、卫生、扶贫等部门为我国儿童的健康成长不断努力，实施了一系列卓有成效的政策措施。而两位诺奖学者提出的重视和投资于儿童早期发展的理念，为我国相关政策的制订与完善提供了有益借鉴。

2012 年 10 月 18 ～ 19 日，第三届"反贫困与儿童发展"国际研讨会在京召开，诺贝尔经济学奖获得者阿玛蒂亚·森（Amartya Sen，左图右一）和詹姆斯·赫克曼（James J. Heckman，右图右一）被聘为中国发展研究基金会儿童发展中心高级顾问。

促进儿童发展是反贫困的重要途径

■ 王梦奎

中国发展研究基金会理事长、国务院发展研究中心原主任

各位嘉宾，女士们、先生们：

在各级领导的亲切关怀和各界朋友的热心支持下，第三届"反贫困与儿童发展"国际研讨会今天在北京召开。我谨代表中国发展研究基金会，向与会的各位嘉宾表示热烈欢迎！

当今世界，随着社会经济发展，生产力水平不断提高，反贫困和儿童发展也不断取得新的进步。这也是人类社会文明的进步。但是，大家也都看到，在全世界范围内，贫困问题远没有根除，在局部地区甚至还有加重和蔓延的趋势。各国政府和国际组织正加强合作，积极开展反贫困行动。贫困发生的原因是非常复杂的、多方面的，在不同的国家和地区往往有不同，反贫困需要针对贫困发生的原因进行多方面的努力。在反贫困的实践中，人们逐渐形成这样的共识：可以把人力资本开发作为反贫困的一种重要手段，把儿童发展作为一个重要突破口。在这方面，世界上许多国家和地区都积累了宝贵的经验。

中国政府高度重视儿童发展。改革开放以来，特别是进入新世纪以来，中国在促进儿童发展方面取得长足的进步，提前实现了联合国千年发展目标。在过去五年里，中国政府大幅度增加用于改善民生的财政支出，在教育、卫生、扶贫开发方面采取许多政策措施，已经取得明显成效。出席今天会议的有中国教育部、卫生部和国务院扶贫办的领导，他们将向大家介绍中国在这些领域的新政策和新进展。

经过 30 多年来经济的高速发展，中国经济实力显著增强，为反贫困和儿童发展奠定了更坚实的基础，近年来国家在这方面的投入增长很快。但是，我们在积极增加投入、推进反贫困和儿童发展事业中，必须考虑到两方面的基本情况：第一，中国还是一个发展中国家，百业待兴，虽然现在经济发展了，国家财力增强了，但需要花钱的地方也很多，各方面的资金需求都非常大，而国家财力毕竟有限。比如说，中国仅 0～6 岁儿童就有 9600 万，义务教育阶段学生超过 1.5 亿，即使国家财政向儿童发展领域进一步倾斜，平均到每个儿童身上也是不多的，还不能完全满足需要。政策措施的设计，必须考虑国家财政的承受能力，并且可以长久持续。第二，中国幅员广大，地区发展很不平衡，各地情况千差万别，政策措施要因地制宜，从各地的实际情况出发。我本人过去长期在中央政府从事政策研究咨询工作，深知情况的复杂和面临的困难。就儿童发展来说，我们不仅需要增加投入，还要确保这些资金投到最需要的地方，而且采取适合各地具体情况的、灵活巧妙的办法，保障资金使用效率。这都是值得深入研究的问题。

中国发展研究基金会以支持政策研究、促进科学决策、服务中国发展为宗旨。基金会通过社会试验的方式所进行的儿童发展领域的研究，是为了取得经验，为政府决策提供依据。从 2007 年开始，基金会先后在中国广西、河北、青海、云南、贵州、湖南、山西、新疆等 8 个省（区）开展儿童发展试验，试验的内容包括学校供餐、孕妇产妇和婴幼儿营养改善、学前教育推广等多个领域，覆盖从胚胎形成到学龄儿童在内的各个阶段，对这些儿童的成长进行全程跟踪观察研究。基金会的试验，已经使试验地方的儿童直接获益；更重要的是，基金会通过社会试验证明，在儿童期进行投入具有投资少、见效快的特点，对其一生的成长和发展具有非常重要的影响，可以作为一种战略性的反贫困手段。基金会根据试验结果的第一手确实可信的资料，撰写了十多篇报告，内容包括从寄宿制学校入手实施国家儿童营养改善战略、西部农村学前教育"走教"模式，以及农村学校寄宿学生生活补助政策落实情况和改进建议，这些报告都受到中央政府的高度重视。

中国政府在制订儿童发展政策的过程中，非常重视各种研究机构和社会组织的作用，尊重科学的社会试验，真诚倾听各阶层的意见。这也给像中国发展研究基金会这样的社会组织带来了新的发展空间，使其能够在反贫困和儿童发展事业中充分发挥作用。三年前，2009 年 10 月，也是在北京，我们召开了第一届"反贫困与儿童发展"国际研讨会，2011 年召开了第二届，在座的不少专家出席了那两次研讨会。今年这次会议是第三届。我们在前两届会上提出的一些观点和建议，已经被中国政府所采纳；我们过去所设想的一些目标愿景，已经实现。这都是令人高兴的。

今天出席研讨会的，有詹姆斯·赫克曼先生和阿玛蒂亚·森先生这样有很高声望的诺贝尔经济学奖获得者，有非常关心反贫困与儿童发展问题的中国政府部门的领导，以及世界银行、OECD、联合国儿童基金会等国际组织的代表，还有国内外研究机构和大学的专家。我诚恳地希望大家为中国和世界的反贫困与儿童发展献计献策，交流世界各国在这些方面的新理念与实践经验，以我们的智慧和热情，为中国和世界的反贫困与儿童发展事业作出新的贡献。

预祝本届国际研讨会取得圆满成功！

2012 年 10 月 18 日

第三届"反贫困与儿童发展"国际研讨会开幕词

发展教育是对人类可持续发展的巨大贡献

■ 鲁　昕

教育部副部长

各位来宾，女士们、先生们：

首先感谢中国发展研究基金会的盛情邀请，请允许我代表教育部对第三届"反贫困与儿童发展"国际研讨会的召开表示衷心的祝贺！对来自世界各国的专家、同行和朋友们表示诚挚的问候！

教育是民族振兴、社会进步的基石，儿童是国家的未来和希望。有关科学研究和国际经验表明：儿童早期发展至关重要，科学的学前教育是消除贫困、打破贫困代际循环的重要社会干预手段，可以有效减少由于家庭贫困、亲情和家庭教育缺失等对人终生发展带来的不良影响。因此投资儿童就是投资未来，发展教育是对人类可持续发展的巨大贡献。

中国政府高度重视教育。《国家中长期教育改革和发展规划纲要（2010－2020年)》颁布实施两年多来，中国政府按照经济社会发展规划优先安排教育发展、财政资金优先保障教育投入、公共资源优先满足教育和人力资源开发需要的战略部署，努力推进教育改革发展，取得了十分辉煌的成就，在消除贫困和促进儿童发展方面取得重大进展。

为了资助家庭经济困难学生完成学业，国家初步建立了从学前教育到研究生阶段完整的家庭经济困难学生资助体系，每年资助近1.8亿名学生，确保每一名学生不因经济困难而失学。我们全面实现了九年免费义务教育，惠及1.6亿多名适龄儿童和少年。为了进一步改善广大农村地区特别是边远贫困地区学生的营养健康水平，2011 年 11 月国家启动实施了农村义务教育学生营养改善计划。这是一个从农田到餐桌、事关学生营养健康和生命安全的系统工程，我们主要做了三件事：一是直接提供营养膳食补助，中央财政每年投入 160 多亿元，为集中连片特殊困难地区农村义务教育学生提供营养膳食补助，惠及中西部 22 个省份 699个县约 2600 万农村学生；二是对家庭经济困难学生进行生活补助，中央财政每年投入近 160 亿元，对农村家庭经济困难寄宿学生进行生活费补助，受益学生达到 1200 多万人；三是改善学生就餐条件，2011 年中央财政安排了 100 亿元，用于支持农村学校食堂建设和设施设备配备。

在促进儿童发展方面，教育规划纲要确定了到 2020 年基本普及学前教育的发展目标，开启了普及学前教育的伟大历史征程，这是中国政府在 2000 年基本普及义务教育以后，为实现更高水平的普及教育而作出的又一重大决策。国务院出台了"学前教育国十条"①，确定了坚持公益性、普惠性，构建学前教育公共服务体系的基本方向。国家实施了八个学前教育重大项目，"十二五"期间计划投入 500 亿元，重点支持中西部农村地区和城市的薄弱环节，包括支持中西部农村地区新建和改扩建幼儿园、在边远地区开展学前教育巡回支教服务、扶持城市企事业单位办园和普惠性民办园、支持进城务工人员子女入园、建立经济困难家庭幼儿入园资助制度以及开展幼儿教师专业培训等。全国 31 个省（区、市）以县为单位编制实施学前教育三年行动计划，切实把发展学前教育作为保障和改善民生的重要举措，着力扩大普惠性资源。短短两年的时间，全国学前三年毛入园率增长了 11 个百分点，幼儿园总数增加了 2.85 万所，增长了 20%；在园幼儿增加了 766 万人，增长了 29%。两年的增量是前十年增量总和的两倍，学前教育改革发展取得前所未有的历史性成就。

国家关于大力发展学前教育的一系列重大部署和农村义务教育学生营养改善计划的实施，对扩大中西部农村和贫困地区儿童接受学前教育的机会，改善义务教育阶段儿童的营养状况，进一步推进教育公平发挥了非常重要的作用，成为中

---

① 2010 年 11 月 24 日发布的《国务院关于当前发展学前教育的若干意见》提出了加快推进学前教育发展的十条政策措施，被简称为"学前教育国十条"。

国教育改革发展的新亮点。但是，我们也清醒地认识到，中国是个发展中的人口大国，举办着世界上最大规模的教育，中国在消除贫困和促进儿童发展方面还面临很多困难和挑战，主要表现在：学前教育的发展速度和规模还远远不能满足广大家长的需求；东部和西部、城市和农村之间的发展还不平衡；教师队伍整体素质还不能完全适应高质量教育的要求；营养改善计划还处于起步阶段，学校供餐能力不足，食品安全监管等问题还需进一步加强。

下一步，我们必须加大工作力度，努力寻找破解之策，进一步扩大普惠性学前教育资源，加快推进普及进程，为更多的学龄前幼儿提供受教育机会；进一步加大公共财政对边远贫困地区的扶持力度，从儿童发展早期开始提供公平的受教育机会，努力改善贫困儿童的教育、健康和营养状况，从根本上消除贫困；进一步加强项目的精细化管理，规范从田间到餐桌各个环节，大面积提高各级各类学校的供餐能力，做好食品安全监管。

各位朋友，女士们，先生们！十年树木，百年树人，中国自古就有重视教育的优良传统。我们将继续深入贯彻落实教育规划纲要，为实现更高水平的普及教育，形成惠及全民的公平教育，全面提升教育质量而不懈努力。我们期待着与各国同行在教育领域的进一步交流与合作，增强在发展经验、师资培训、教育教学实践等方面的往来与互动，为所有儿童的健康成长和终生发展创造良好的人生开端！

祝研讨会圆满成功！

2012 年 10 月 18 日
第三届"反贫困与儿童发展"国际研讨会开幕式讲话

改善贫困地区儿童营养和健康状况，提高民族健康素质

■ 刘　谦

卫生部副部长

各位嘉宾、各位朋友，女士们、先生们：

非常高兴出席第三届"反贫困与儿童发展"国际研讨会，与国内外专家学者一起讨论儿童发展问题。在此，我代表卫生部向长期以来关注和支持儿童健康的中国发展研究基金会和社会各界表示衷心的感谢！向从事儿童发展事业的国内外专家和朋友致以崇高的敬意！

儿童是国家的未来。儿童的健康直接关系到民族的素质和国家的长远发展。中国政府历来高度重视儿童健康，将亿万儿童的健康成长作为国家的根本大计，不断改善儿童生存和健康状况。改革开放以来，特别是上世纪90年代以来，中国先后颁布了《中华人民共和国母婴保健法》及其实施办法，实施了《中国妇女发展纲要（2001－2010年）》和《中国儿童发展纲要（2001－2010年）》；不断完善医疗保障制度，加强卫生服务体系建设，促进了医药卫生事业的快速发展，妇女儿童健康状况持续明显改善。婴儿死亡率从新中国成立之初的200‰下降到2011年的12.1‰，5岁以下儿童死亡率下降到15.6‰，提前实现了联合国千年发展目标；儿童生长发育水平不断提高，营养不良状况持续减少。2010年，5岁以下儿童低体重率为3.6%，生长迟缓率为9.9%，比1990年分别下降了74%和70%。

2009年深化医改启动以来，卫生部按照中央要求，不断巩固完善新型农村

合作医疗制度，逐步提高保障水平和服务能力。目前，新农合参合率已达到98%，人均筹资标准达到300元，新农合制度已全面覆盖农村儿童。2010年，卫生部和民政部共同启动了农村儿童白血病、先心病、唇腭裂等重大疾病医疗保障试点工作，使上万名患儿得到及时救治。同时，大力推进基本公共卫生服务均等化，普及国家基本公共卫生服务项目，广泛开展妇幼保健服务，为0~6岁儿童免费提供健康管理服务，针对儿童不同的生长发育阶段，开展生长发育评估、体格检查、辅助检查、健康指导等服务，为所有0~6岁儿童免费提供14种疫苗的预防接种服务。

在财政部等部门的支持下，卫生部和全国妇联共同启动了"贫困地区儿童营养改善试点项目"。项目以集中连片特殊困难地区为重点，覆盖10个省（区、市）的100个县，计划为半岁到2岁婴幼儿每天提供1包富含蛋白质、维生素和矿物质的营养包，广泛开展儿童营养知识的宣传和健康教育。这将对改善贫困地区儿童营养和健康状况，提高民族健康素质，建设人力资源强国发挥重要作用。

在看到成绩的同时，我们也清醒地认识到，作为世界上最大的发展中国家，中国在儿童健康领域中还面临许多困难和挑战。一是早产及低出生体重、肺炎、出生窒息、先天性心脏病仍然是导致婴儿死亡的主要原因。我国每年约100万早产儿出生，每年新增出生缺陷约90万例，给家庭和社会造成沉重的精神和经济负担。二是儿童营养性疾病、传染性疾病、意外伤害及重大疾病严重威胁着儿童健康。三是儿童健康水平存在较大的城乡和地区差距，农村地区儿童低体重发生率和生长迟缓率约为城市地区的3~4倍。四是超重和肥胖问题逐步显现，流动、留守儿童以及贫困地区营养状况亟待改善。

为改善儿童健康状况，进一步促进儿童健康成长和全面发展，去年，国务院颁布实施《中国儿童发展纲要（2011－2020年)》。进一步明确了优先保护儿童权利，缩小儿童发展的城乡区域差距，提升儿童福利水平，促进儿童健康的原则与思路。在儿童健康领域中，提出了14项主要目标和18项策略措施，为未来10年儿童健康的改善描绘了新的蓝图。卫生部将继续以深化医改为契机，认真贯彻落实《母婴保健法》和《中国儿童发展纲要》，以提高儿童健康水平为目标，以实施妇女儿童健康行动计划为抓手，积极与相关部门协作，全面促进儿童健康水平的提高。

　　各位专家，各位朋友，促进儿童健康，保障儿童全面发展，需要政府各部门的密切协作，需要社会各界的大力支持和积极参与。希望与会的国内外专家深入探讨促进儿童健康和早期发展问题，并就相关政策措施提出建议。让我们共同努力，为推动世界儿童的全面健康发展作出新的贡献！

　　最后，祝愿会议取得圆满成功！

2012 年 10 月 18 日

第三届"反贫困与儿童发展"国际研讨会开幕式讲话

促进儿童发展是中国减贫战略的重要组成部分

■ 范小建

国务院扶贫办主任

各位来宾，女士们，先生们：

首先，我代表中国国务院扶贫办对第三届"反贫困与儿童发展"国际研讨会的举办表示祝贺！

为了纪念第 20 个国际消除贫困日，昨天，中国国务院扶贫办和联合国开发计划署联合举办了"包容性发展和减贫"研讨会，回良玉副总理向与会代表介绍了中国扶贫事业的最新进展。随着中国经济社会的全面发展，适应人民群众过上更加美好生活的新期盼，中国扶贫开发的主要任务已经从解决温饱转向促进发展。中国政府大幅度提高扶贫标准，是基于"低保维持生存、扶贫促进发展"新的定位，不仅满足基本生存的需要，也部分满足促进发展的需要。中国政府确定的到 2020 年的奋斗目标，不仅要稳定实现扶贫对象不愁吃、不愁穿，还要保障其义务教育、基本医疗和住房。在这个新的阶段，儿童发展必将成为各方高度关注的议题。

促进儿童发展，对于全面提升中华民族的素质、建立人力资源强国、推进经济社会发展至关重要，对阻断贫困代际传递、促进社会公平和文明进步至关重要。因此，中国政府始终高度关注儿童发展。国务院成立了妇女儿童工作委员会，先后颁布实施 2001～2010 年和 2011～2020 年两个《中国儿童发展纲要》，从健康、教育、福利、社会环境、法律保护五个方面提出了儿童发展的主要目标和策略措施，最大限度满足儿童发展需要，发挥儿童潜能，为儿童一生的发展奠定基础。

促进儿童发展是国家减贫战略的重要组成部分。在《中国农村扶贫开发纲要（2011－2020年)》中，明确了儿童发展方面的奋斗目标：在教育方面，要求到2015年，贫困地区学前三年教育毛入园率有较大提高，巩固提高九年义务教育水平；到2020年，基本普及学前教育，义务教育水平进一步提高。在卫生方面，要求逐步提高儿童重大疾病的保障水平。为了实现这些目标，各级政府将把对少数民族、妇女儿童和残疾人的扶贫开发纳入规划，统一组织，同步实施，同等条件下优先安排，加大支持力度。《扶贫开发纲要》还明确要求，推进边远贫困地区适当集中办学，加快寄宿制学校建设，加大对边远贫困地区学前教育的扶持力度，逐步提高农村义务教育家庭经济困难寄宿生生活补助标准。对农村留守儿童，要给予特殊关注。

《扶贫开发纲要》颁布实施以来，有关部门配合连片特困地区扶贫攻坚规划的实施，陆续出台了一系列促进儿童发展的政策措施。2012年春季学期开始，国家在连片特困地区699个县开展了农村义务教育阶段营养改善计划试点，2600万义务教育阶段的学生受益。今年，国家又启动了贫困地区儿童营养干预试点项目，首先在8个连片特困地区10个省（区、市）的100县开展，为半岁到2周岁农村贫困儿童提供营养补充剂。随着连片特困地区扶贫攻坚工程的推进，促进儿童发展的相关政策将进一步强化。

中国发展研究基金会高度关注扶贫理论与战略研究，其主要研究成果《在发展中消除贫困》在2011年获得我办首届友成扶贫科研成果奖。这个团队在国内研究机构中最早关注儿童发展，在理论和实践两个方面做了大量探索性工作，取得丰硕成果。连续举办三届"反贫困与儿童发展"国际研讨会，对促进社会各界对儿童发展的关注、推动政府相关决策发挥了重要作用。

开展减贫领域的国际交流与合作，是中国扶贫战略的重要补充。多年来，我们借鉴国际社会减贫理论和实践，开展减贫项目合作，共享减贫经验，促进了减贫事业发展。此次国际研讨会的举办，为国内外专家学者、有关国际机构交流儿童发展方面的经验与体会搭建了一个平台。相信大家会利用这个机会，共同分析儿童发展面临的困难和挑战，研究促进儿童的方法和途径，为制订更有前瞻性、科学性、可操作性的战略和政策措施提出更好的建议。

最后，预祝研讨会取得成功。

2012 年 10 月 18 日

第三届"反贫困与儿童发展"国际研讨会开幕式讲话

聚力深化交流合作　促进儿童健康成长

■ 苏 宁

青海省委常委、省总工会主席

女士们、先生们、朋友们：

很高兴参加"反贫困与儿童发展"国际研讨会，与大家共商儿童发展大计。在 2011 年的研讨会上，我就青海省乐都县儿童早期发展项目的实施情况与大家进行了交流，各位专家的见解给了我们很大的启示。为进一步推广乐都县的经验，今年我们在全省范围内深入实施儿童早期发展项目，取得了显著成效，项目区 10 万余名学前儿童和 45 万名中小学生受益。下面，我就有关情况作一简要介绍，不妥之处，敬请指正。

一、基本情况

青海省地处青藏高原东北部，是长江、黄河、澜沧江的发源地，素有"中华水塔"之称。青海有大美而不言，是一个富饶、雄浑、包容、独特的美丽省份。全省面积 72 万平方公里，辖 6 州 1 地 1 市，46 县（区、市、行委），总人口568.2 万人，其中 0~17 岁儿童 148.7 万人。面积大、人口少、海拔高、自然环境艰苦、经济欠发达是青海的基本省情。

近年来，青海省委、省政府以"建设新青海、创造新生活"为奋斗目标，努力建设"国家循环经济发展先行区、全国生态文明先行区和民族团结进步示范区"，全省经济社会发展取得了巨大成就。省委、省政府高度重视儿童发展工作，不断加大投入，大范围实施儿童发展项目，在加强儿童健康、教育、保护，确保儿童健康成长上做了大量富有成效的工作，全省儿童生存、保护、发展的环境和条件得到明显改善。

二、主要做法及成效

我省各级卫生、教育、人口计生、妇联等部门，根据儿童成长阶段的不同需求，从防止儿童出生缺陷、营养、健康和教育入手，以促进"新生儿出生健康、婴幼儿营养正常、早期教育科学、学生营养改善"为目标，共同协作，创新载体，在贫困地区大力实施婴幼儿营养、儿童早期教育、农村义务教育学生营养改善、计划怀孕夫妇优生健康教育等儿童发展项目，取得了显著成效。

（1）广泛推广巡回走教经验，促进学前教育科学发展。我省在积极实施农村学前教育推进工程的同时，把实践中创出的学前教育巡回走教点经验，作为促进农牧区学前教育公平发展的一项重要举措大力推广，充分利用中小学校布局调整出的富余校舍和租用农家小院等形式，不断扩大早教点规模，并在其基础上改建为幼儿园，使幼儿接受较好的学前启蒙教育。目前，通过部署动员、设立早教点、招聘志愿者、编印教材等一系列工作，项目已在15个县成功运行，建成走教点761个，近2万名适龄幼儿接受教育，弥补了我省贫困地区儿童学前教育的缺失，赢得了项目区群众的一致好评。

（2）积极争取婴幼儿营养项目，努力提高婴幼儿健康水平。我们多渠道争取支持，婴幼儿营养项目覆盖面不断扩大。目前，我省在民和、循化等8个县成功实施了国家"消除婴幼儿贫血行动"项目；在祁连、都兰等9个县实施国家贫困地区儿童营养改善试点项目；在省委书记强卫、省长骆惠宁的高度重视下，省财政每年出资1000万元，在大通、化隆等10个县实施省级婴幼儿营养项目。全省婴幼儿营养项目的覆盖面达59%，8万余名适龄婴幼儿在项目中受益。从项目实施情况看，适龄婴幼儿营养包服用率达90%以上，项目培训覆盖率达90%以上，医务人员知识掌握率达80%以上。项目区婴幼儿家长感慨地讲，通过补服营养包，孩子健康状况明显改善，饭量增加了，体质增强了。

（3）认真实施义务教育学生营养改善项目，全面提升中小学生营养状况。省有关政府职能部门、学校和专家指导小组共同协作，积极争取实施农村义务教育阶段学生营养改善项目，为中小学生每人每天补助 3 元营养伙食费。采取学校食堂供餐、餐饮企业（单位）购买送餐（含配送营养食品）、家庭托餐三种模式，通过营养早（午）餐、课间加餐和提高正餐标准的方式为项目区义务教育阶段学生提供科学的营养膳食，改善学生营养。截至目前，项目已投入 2.65 亿元资金，覆盖 42 个县的 1911 所学校，44.23 万学生受益，受益人群占我省农村义务教育学生总数的 75%，占全省义务教育阶段学生总数的 60.4%。

（4）不断拓展计划怀孕夫妇优生健康教育项目，从源头降低婴儿出生缺陷。我们把出生缺陷预防关口前移，将预防措施落实在怀孕之前，作为提高我省儿童早期发展水平的一项重要举措来抓。一方面依托计划生育服务网络，通过人口学校统一授课、计生员进村入户宣讲等形式，面向基层、面向家庭、面向育龄人群，开展优生健康教育，提高了育龄人群优生科学知识和健康水平。另一方面，积极开展"健康幸福家庭"创建活动。每年为 7 万名育龄妇女提供免费补服叶酸，预防出生缺陷。同时，我们还为育龄妇女开展免费孕前优生健康检查，在实施好 28 个县国家免费孕前优生健康检查项目的基础上，将未列入国家项目试点的 18 县列为省级项目试点县，同步实施免费孕前优生健康检查项目，实现了免费孕前优生健康检查项目的全省覆盖，形成了国家试点县带头先行、省级试点县积极跟进、项目工作逐步推开的工作新格局，从源头上有效降低了婴儿出生缺陷的发生率。

三、工作经验与今后工作思路

通过儿童发展项目的实施，我们深深体会到：实施儿童发展项目是一项"功在当代，利在千秋"的伟业，是从根源上消除贫困的重要举措。儿童发展项目的成功实施离不开各级政府和全国妇联的大力支持，离不开中国发展研究基金会和各位专家学者的科学指导，离不开各级妇联和职能部门的通力协作，离不开广大群众的主动参与。

　　青海儿童发展工作取得的可喜成绩，为我们进一步做好儿童发展工作积累了经验，注入了动力。站在新的历史起点上，《青海省国民经济和社会发展第十二个五年规划纲要》提出：到 2015 年，幼儿学前一年毛入园率达到 85%，婴儿和孕产妇死亡率分别下降到 15‰ 和 25/10^5；《青海省儿童发展规划 2011－2020 年》提出：到 2020 年，全省新生儿低出生体重率控制在 5% 以下，5 岁以下儿童贫血患病率控制在 12% 以下，中小学生贫血率以 2010 年为基数下降 1/3，5 岁以下儿童生长迟缓率控制在 7% 以下，低体重率降低到 5% 以下。面对新任务、新目标、新挑战，我们将以新青海精神、"五个特别"的青藏高原精神和"人一之、我十之"的实干精神，凝心聚力，把儿童发展项目作为重要的民生工程抓紧抓好，让更多的儿童在项目中受益，过上更加幸福美好的新生活！

　　我们坚信，有国际社会的共同努力，有中国政府的大力支持，有社会各界的积极参与，儿童定能健康成长，人类的未来充满希望。

2012 年 10 月 18 日

第三届"反贫困与儿童发展"国际研讨会讲话

儿童早期发展与反贫困

■ 卢　迈

中国发展研究基金会秘书长

中国的大规模扶贫工作始于 1984 年，迄今已走过了 25 年，取得了伟大成就，在探索中积累了宝贵经验，形成了以开发式扶贫、保障式扶贫和人力资本开发扶贫为三大支柱的完整扶贫战略。人力资本开发扶贫日益得到关注，从儿童早期发展入手，为他们创造良好的健康、教育等成长条件，对从根源上消除贫困具有重要的作用，是未来扶贫事业的新的发展方向。

一、三大支柱构成的扶贫战略

（一）开发式扶贫

开发式扶贫以促进农村经济快速增长和贫困农户增收为重点。早期开发式扶贫以县为单位，包括提供专项扶贫贷款，实施以工代赈计划，采取财政发展资金计划等内容。开发式扶贫总结出了"整村推进"这一新时期扶贫的有效做法，各项扶贫措施改变了农村面貌，改善了贫困地区基础设施条件和生产、生活条件，农村贫困人口急剧下降，具备劳动能力的农村人口获得了创造收入的机会。

（二）保障式扶贫

我国农村有 2000 多万贫困人口属于丧失劳动能力的特殊困难群体，此外，已经脱贫的人口在受到一次性灾害或疾病的冲击时，仍会返贫。单纯依靠开发式扶贫方式无法解决这部分农村人口的贫困问题，这一人群需要得到制度性的社会救助。2003 年以来，政府将开发式扶贫与农村社会保障制度相结合，针对农村特困人口实施生活救助。截至 2008 年 9 月，全国农村低保对象已达 1786.1 万户、3857.7 万人。

保障式扶贫在逐步探索完善对农村低保的瞄准性，目标是 2020 年全面建立最低生活保障制度。目前，农村"低保"标准仍然较低，只有城市补差标准的 1/3。随着农村低保对象不断增加和低保补助标准不断提高，政府还需要加大对最低生活保障资金的投入力度，扩大国家财政中的相应支出比例。为农村贫困人口提供最低生活保障不仅仅限于对"低保"对象实施最基本的生存救助，而且还应该对他们在医疗、教育、住房等多方面提供社会救助，从而使农村贫困人口在维持生存以外，还能够保持生活的尊严和获得平等发展的机会，使这些贫困人口具备可开发的潜力。

（三）人力资本开发扶贫

2000 年以后，中国农村贫困人口越来越集中于西部地区和少数民族地区。随着贫困人口总数的下降和区域集中，国家扶贫措施趋于微观，进入目标瞄准阶段。这一阶段最主要的特点是从注重物质资本投资转向以人力资本投资为主导。

大量理论和实证分析都表明，以教育、健康为主要指标的人力资本匮乏，是发展中国家贫困发生率长期居高不下、弱势人群陷入持久贫困的根本原因之一。在诺贝尔经济学奖获得者阿玛蒂亚·森提出的"能力贫困"理论中，能力是比收入、财富更好的衡量贫困的指标。家庭或个人在缺乏营养、医疗和教育机会中的任何一项时，就意味着能力剥夺，从而将陷入贫困。"能力贫困"不仅指缺乏知识、技能等人力资本的贫困表现，而且从根源上解释了导致贫困的原因。

随着我国老龄化社会的到来，加之 21 世纪信息社会带来的知识结构快速更新，帮助贫困地区开发教育、健康等人力资本成为新阶段的扶贫方向。从 2001 年开始，由中央财政安排资金向农村贫困中小学生免费提供教科书。

2005 年，中央和地方加大了"两免一补"（即免学杂费、免书本费、补助寄宿生生活费）力度，对中西部地区安排资金 72 亿元，其中包括对农村寄宿生生活补助资金近 11 亿元，来自贫困家庭的寄宿生可享受生活补助费 200~300 元。2001 年以来，卫生部在贫困地区开展"降低孕产妇死亡率和消除新生儿破伤风"项目（简称"降消项目"），使农村贫困地区孕产妇死亡率大大降低，中国在 2007 年提前实现了到 2015 年孕产妇死亡率降低 2/3 的联合国千年发展目标。2003 年，农村开始建立新型农村合作医疗制度，到 2007 年底，参加新农合的人口 7.26 亿，占全国农业人口的 83.5%。今年 6 月，国务院深化医药卫生体制改革领导小组颁布了对农村妇女免费增补叶酸，以减少新生儿神经管出生缺陷的政策。这一系列教育、卫生健康方面的惠农政策充分体现了扶贫向人力资本开发的重要转变，最终形成了开发式扶贫、保障式扶贫、人力资本开发扶贫三大支柱的国家扶贫战略。

二、人力资本开发扶贫的有益尝试——儿童营养

在人力资本开发扶贫中，儿童应当成为重点的瞄准人群。儿童期是人生开始的初期，也是各项能力形成的时期，在这一阶段对其人力资本进行投入，具有较高的产出—投入比。此外，儿童由于自身还不具备独立的生产生活能力，往往是贫困的重灾区，是贫困群体中最脆弱的人群。在此理念下，基金会开展了旨在改善儿童营养的社会试验项目。

（一）儿童贫困与营养不良

我国农村贫困人口中大量存在的贫困儿童直接影响到政府扶贫的长期效果。全国农村处于生存贫困的儿童在 700 万以上，按照"发展贫困线"[①] 标准（2005 年的标准为 1147 元）计算，即在生存贫困线的基础上加上文教娱乐和医疗保健支出，农村贫困儿童的数目还要更大。农村儿童的贫困发生率比农村全部人口的贫困发生率高出 96%，尤其是 0~6 岁儿童，在所有不同年龄组人群中是贫困发

---

① "发展贫困线"是中国发展研究基金会报告《在发展中消除贫困》中首先提出的。报告认为，用来测量贫困规模的贫困线应随着社会经济的进步而适当提高。发展贫困线不仅包括为了保证最低的营养所需要的购买食品的支出，还包括用于教育和医疗的基本支出。

生率最高的。如图 1 所示。

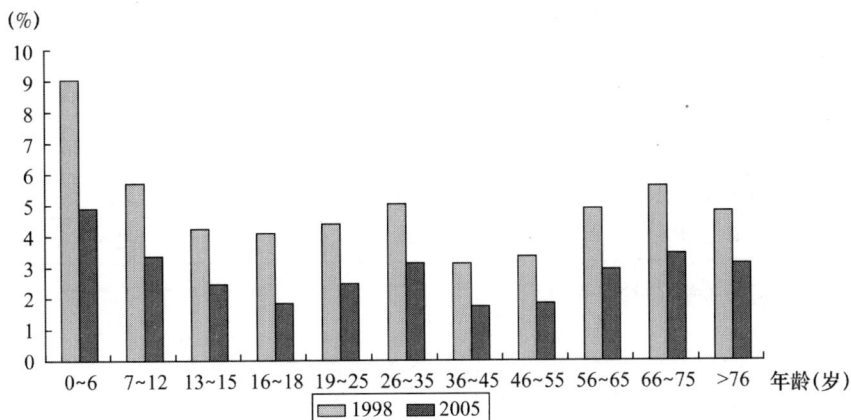

图 1　中国农村不同年龄组人群贫困发生率（1998 年，2005 年）

　　贫困是导致儿童营养不良的最直接原因。儿童营养不良不仅增加儿童死亡的风险，也是引起各种成年期疾病的高危因素。研究表明，在生长迟缓、严重消瘦等营养相关因素的共同作用下，将造成全球 35% 的儿童死亡以及 11% 的总体疾病负担。我国的儿童营养不良问题在 20 世纪 90 年代以后得到了缓解，但儿童营养状况仍然存在明显的城乡差异和地区差异。根据中国疾控中心陈春明教授的调查研究，我国西部某些贫困县的 5 岁以下儿童生长迟缓率在 2000 年高达 70%，在 2005 年农村普遍加速营养改善的情况下，还在 40% 以上。对西南、东南等不同区域的比较分析显示，云南、广西等西南贫困地区的 5 岁以下儿童生长迟缓率在 2008 年仍处于 40% 以上的高位水平（见表 1）。中国发展研究基金会项目组 2007 年对广西贫困地区中小学生的身体测试表明，各年龄组儿童的平均身高和体重比全国平均水平普遍相差 2~3 个年龄段，如 13 岁男生只相当于全国农村 11 岁和城市 10 岁男生的水平。

表 1　　　　　　中国部分贫困县 5 岁以下儿童生长迟缓率　　　　　单位:%

地　区　＼　年　份	2000	2008
云南广南县	71.4	46.7
广西靖西县	67.5	41.6

续表

年 份地 区	2000	2008
青海门源县	34.1	23.7
广西合浦县	29.9	27.3
贵州安顺县	33.2	22.8
广东南雄县	42.7	22.8

数据来源：陈春明（2009）课题组提供。

（二）"贫困地区寄宿制学校学生营养改善"项目试验

从儿童营养入手，反贫困的投入较小而回报很高。为探索一套改善贫困地区儿童营养的有效投入机制，中国发展研究基金会率先于 2007 年初启动了"贫困地区寄宿制学校学生营养改善"项目，对农村学龄儿童实施营养干预的效果进行试验。

1. 试验点

农村寄宿制学校使儿童营养不良问题显性化。基金会项目组在前期调研中发现，由于硬件条件跟不上，学生住校之后多数只能达到主食吃饱的标准，蛋白质和各种微量元素缺乏的情况十分突出。考虑到我国幅员辽阔，南方和北方饮食习惯差异很大，学生身体的基础也不相同，基金会在南方和北方各确定一个试验县。在南方与广西壮族自治区教育厅合作，选择都安作为试验县，都安县不仅是一个贫困县，而且是少数民族瑶族自治县；在北方与张家口市委市政府合作，选择崇礼县作为试验县。两县受惠的试验学生约 2000 人。

在南方和北方两个试验点中，西南试验点即广西都安县的试验结果令人鼓舞。

2. 试验做法

在广西都安县，三只羊小学（试点学校一，为瑶族聚居区）每个学生每天补助 5 元，古山小学（试点学校二）每个学生每天补助 2.5 元（自 2008 年 10 月起提高到 3 元），隆福小学（对照学校）不予补助。试点学校根据每个学生的补助金额，免费为学生提供三餐"营养餐"，包括蔬菜、肉类及水果，烹调使用铁酱油，"营养餐"参照学生营养素供给量标准，由中国疾控中心的营养专家为食堂专门定制营养菜谱。基金会出资对两个试点学校食堂进行改造、扩建，添置锅炉、蒸汽炒菜锅、冰柜、消毒柜等用具设备，并招聘食堂工友。

3. 试验结果

项目组采用纵向跟踪调查方法，在项目有效干预的 21 个月内，对广西都安县 2 所试点学校和 1 所对照学校的 9 ~ 11 岁的学生进行了 6 次体质体能测试，并进行了比较分析。体质包括身高、体重、肺活量和血红蛋白 4 项指标，体能包括 50 米跑、立定跳远和仰卧起坐 3 项指标。比较分析结果表明，经过 21 个月的营养干预，除体重一项指标以外，试点组学生所有体质体能指标都有较明显的提高和改善。

- 身高：三只羊小学学生平均身高增加 14.5 厘米，隆福小学增加 13.1 厘米，试点组比对照组平均多增高 1.4 厘米（见表 2）。根据国外实证研究，身高每下降 1 厘米，社会劳动生产率将下降 1.4%，因此试验干预带来的 1.4 厘米身高增长差别，是非常令人欣喜的结果。值得指出的是，以往普遍认为我国西南地区人口身高矮小是由遗传基因造成的，而现在试验结果已经证明，营养干预措施完全可以改变身高。换言之，儿童营养不良问题可能是导致这些贫困地区儿童生长迟缓的重要原因。

表 2　　　　　　　　　　　　试验结果——身高　　　　　　　　　　单位：厘米

基线年龄	三只羊小学		隆福小学		增加值		增加的差值
	试点一基线值	试点一终测值	对照点基线值	对照点终测值	试点一	对照点	
9 岁	124.7	138.4	126.0	138.1	13.7	12.2	1.5
10 岁	128.4	142.4	131.1	144.4	14.0	13.3	0.7
11 岁	131.7	147.4	132.8	146.5	15.7	13.8	1.9
平均	128.3	142.7	130.0	143.0	14.5	13.1	1.4

- 血红蛋白：试点组学生平均血红蛋白含量增加了 17.9 克/升，增长率为 15.1%，而对照组血红蛋白含量绝对值（-0.4 克/升）和增长率（0%）都没有明显变化。

- 肺活量：试点组学生平均肺活量增加了 520.9 毫升，而对照组只增加了 287.3 毫升，试点组的平均肺活量增长速度约为对照组的 2 倍。

- 50 米跑：试点组学生 50 米跑在基期比对照组落后 1 秒，终期时反超对照组 0.7 秒。

- 立定跳远：试点组学生立定跳远在基期比对照组落后 5 厘米，终期时反超对照组 15 厘米。

- 仰卧起坐：试点组学生一分钟仰卧起坐次数在基期比对照组落后 3 次，终期时反超对照组 4.2 次。

此外，三只羊小学和古山小学两个试点学校的营养干预程度（即补助标准）是不一样的，比较结果表明，营养干预程度较大的三只羊小学的学生体质（身高、体重、血红蛋白含量）改善情况要好于古山小学，说明了在经济条件允许的情况下，适当增加学生的食物摄入量，对改善学生体质体能有显著效果。

4. 项目成果

温家宝总理在基金会呈送的项目研究报告上批示："要增加政府对寄宿制学校贫困学生的补助力度，改善学生的营养状况。这件事关系国家的未来，也是扶贫事业的重要组成部分，建议由教育部会同财政部调查研究，制订方案，也可在部分贫困省区先实行。"

"改善农村学生营养"写入了党的十七届三中全会《关于推进农村改革发展若干重大问题的决定》，明确把改善农村学生营养状况，作为发展农村教育、促进城乡义务教育均衡发展的一条重要举措。

贫困寄宿学生生活补助已经提高到中学生每人每天 3 元，全年 750 元；小学生每人每天 2 元，全年 500 元。且对西部地区农村寄宿制学校学生实现了全覆盖。

教育部《国家中长期教育改革和发展规划纲要（征求意见稿）》中将改善农村学生营养列入工作日程，并提出将再次提高农村寄宿制学生生活补助标准，拟提高到中学生 5 元，小学生 4 元。

经过政府进一步努力，农村学龄儿童营养问题有望得到根本解决。

三、人力资本开发扶贫的新方向——儿童早期发展

儿童早期发展是包括营养、早期教育等多方面的综合发展。我国的儿童营养

不良问题在 20 世纪 90 年代以后得到了缓解，至 2005 年，儿童少年的低体重率和生长迟缓率降到 10% 以下，但问题依然存在，主要集中在农村地区，在西南、西北的贫困地区问题还相当严重。除营养以外，幼儿早期教育在我国问题也十分突出，其中缺乏政府的公共投入是最大的问题，它直接造成了学前教育供给水平低下。2003 年，学前教育在中国政府教育支出中的份额仅占 1.3%，而近十年来这一投入比例基本没有变化。在西部贫困县，有限的学前教育投入主要用于县城，乡镇以下则基本没有投入。贫困乡村 3 ～ 5 岁幼儿基本没有获得正规早期教育的机会。

（一）儿童早期发展的国际经验

婴幼儿时期是人一生中大脑发展最快、可塑性最强的时期，在这一时期采取早期发展的干预措施将产生长远积极效果。发达国家政府非常重视对儿童早期发展的人力资本投资，将它作为提升国家竞争力的优先发展战略。北欧各国不仅专门立法，基本保证为所有 3 ～ 6 岁幼儿免费提供两年以上的学前教育，而且政府承担了 70% ～ 75% 的儿童早期教育和保育开支，儿童家庭只需承担少部分费用。瑞典、丹麦等国要求从事儿童早期教育和保育的人员必须具备大学本科以上高等学历。

从人力投资回报率来看，在各年龄段中，学龄前的回报率最高。图 2 显示，学龄前每 1 美元的投资带来的是 8 美元的回报。对儿童早期发展的投资干预不仅能有效地增加个人收入，而且从长远来看还将降低公共财政的支出压力。

（二）"贫困地区儿童早期发展"（ECD）项目

经过多方专家论证和对西部贫困地区的实地调研，中国发展研究基金会于 2009 年 9 月启动了"贫困地区儿童早期发展"项目。目前，项目已在西北部的青海省乐都县实施，并即将在西南地区开展实施。项目旨在实现"新生儿出生健康，婴幼儿营养正常，学前教育基本覆盖"的目标，缩小贫困地区儿童与城市儿童在早期发展方面的差距，保证他们公平地获得早期发展机会。

1. 项目内容

作为"农村寄宿制学校学生营养改善"项目的延伸，ECD 项目包括两个

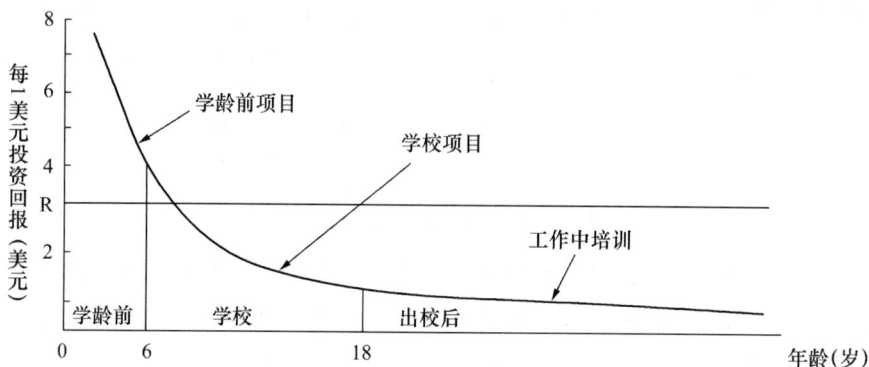

图2　各年龄段的投资的回报率——美国的计算

注：未包括早期儿童发展项目对个人和社会带来的健康效益。

资料来源：Carneiro，Heckman，Human Capital Policy，2003。

部分：一是孕产妇及婴幼儿的营养改善及相关培训，内容是对孕妇及6～24月龄婴儿进行营养补充，通过"妈妈学校"对孕产妇进行营养知识培训，并开展参与式健康教育活动；二是幼儿学前教育及家长教育，内容是在贫困乡村设立儿童早期教育点，招募并培训地方"早教志愿者"，以"走教"方式巡回施教，为无法上幼儿园的3～5岁幼儿提供学前启蒙教育，并对幼儿家长进行科学育儿教育。

2. 试验活动

在青海乐都县选取了9个乡镇开展试验。目前已全面开展项目的各项试验活动。

（1）孕产妇及婴幼儿营养改善。①基金会合作伙伴——中国疾控中心、首都儿研所的营养专家和儿童保健专家对乐都县、试点乡镇的妇幼保健人员进行了首轮专业培训。各试点乡镇也对乡村医生进行了项目培训，并将每月定期培训。②项目组完成了对试点乡镇561名6～24月龄婴幼儿和152名孕妇的营养基线抽查。主要测试指标包括身长、体重、血红蛋白等。③试点乡镇已设立57个妈妈学校，由县、乡妇幼保健系统的工作人员对妈妈、准妈妈进行营养、胎教方面的知识培训。④试点乡镇已组织完成对730多名6～12月龄婴儿的初次体检，建立了儿童健康电子档案，经县妇幼保健院汇总后，定期向项目组汇报数据。⑤试点乡镇对初次体检完毕的 6 ~ 12 月龄婴儿，通过乡村医生登记、发放"营养包"，并对孕妇发放"营养素片"。

（2）幼儿学前教育。①基金会合作伙伴——北京师范大学学前教育研究所全程指导了早教志愿者的笔试、面试、录取，并邀请北京市优秀幼儿园教师对入选的 46 名早教志愿者进行了讲座、培训、现场模拟教学。②基金会合作伙伴——北京大学心理学系采用目前国内最先进的测试工具，内容包括认知、语言、社会性等各个方面，对试点乡镇的 211 名幼儿和对照组乡镇的 90 名 3 ~ 5 岁幼儿进行了基线测试与评估。③试点乡镇 87 个早教点运转良好，46 名早教志愿者以 2 人为一组，定期到早教点进行巡回式幼儿早期教育，幼儿家庭踊跃参加，反响良好。

3. 基线测试结果（初步分析）

营养基线测试结果充分表明，西部贫困地区的幼儿迫切需要得到营养补充。见表 1 和表 2。

表 1 　　青海乐都县 6 ~ 11 月龄婴儿营养状况基线调查（2009 年 8 月）　　单位：%

指　标	6 ~ 11 月龄样本与全国监测数据比较		
	乐都样本	2008 年全国农村地区	2008 年全国贫困地区
贫血率	57.82	33.97	32.17
生长迟缓率	6.2	6.2	6.7
低体重率	5.7	4.7	5.5

表 2 　　青海乐都县 12 ~ 23 月龄婴儿营养状况基线调查（2009 年 8 月）　　单位：%

指　标	12 ~ 23 月龄样本与全国监测数据比较		
	乐都样本	2008 年全国农村地区	2008 年全国贫困地区
贫血率	52.86	24.69	22.07
生长迟缓率	12.9	17.0	23.5
低体重率	5.7	5.0	7.4

6 ~ 11 月龄婴儿样本数据显示：①超过一半的婴儿（57.82%）患有贫血，比例大大高于全国农村地区以及全国贫困地区的平均水平。②婴儿的低体重率高

于全国农村地区以及全国贫困地区的平均水平。

12～23月龄婴儿样本数据显示：①超过一半的婴儿（52.86%）患有贫血，而且这一比例比全国农村地区以及全国贫困地区平均水平都高出一倍以上；②婴儿的低体重率高于全国农村地区的平均水平。

四、总　　结

人力资本开发是我国扶贫战略的重要成果。在全球化格局下，中国能否实现从中低收入国家向中高收入国家的转变，关键在于能否从根本上解决"能力贫困"问题，使社会能够充足地提供高素质劳动力，通过人力资本提升国家竞争力。

关注贫困儿童应是全程关注，即从－9个月胎儿期开始，直至15岁儿童时期结束。终生学习已成为现代人适应社会变化、提高自身能力素质的必要途径，以人的能力培养为主导的扶贫必须重视婴幼儿时期、儿童早期、少儿期等每个关键环节，特别是对投资回报率最高的儿童早期发展时期进行重点投入。由于社会往往最容易忽视婴幼儿这一特殊群体，政府应从胎儿和婴幼儿时期抓起，及早地采取营养、早期教育干预措施，出台儿童早期发展方面的国家政策，使贫困地区儿童公平地获得早期发展机会，促进社会公平。

中国发展研究基金会儿童发展第一期和正在开展的第二期项目研究证明，在－9个月～6岁、7～12岁、13～15岁三个阶段，政府对贫困儿童每人每年的平均投入分别为300元（主要包括营养补充和幼儿学前教育）、500元、750元。我国目前低于"发展贫困线"人口为8000多万，其中0～15岁贫困儿童按3000万人计算，可以估算出国家财政需要的人力资本开发扶贫投入约为140亿～150亿元，这是国家财政可以承受的。从收益的角度来看，这笔扶贫投资可以保证这些儿童出生健康、营养正常，接受基本早期启蒙教育，具备良好的体质体能，为继续中、高等教育或就业打下良好的身心基础，从而实现从根本上消除贫困，社会劳动生产率持续获得提高。

当然，贫困问题并不仅限于以上阐述的问题，还有许多关键问题诸如农村留守儿童的贫困和发展问题等亟待政府解决。需要强调的是三大支柱构成的扶贫战略是全面的反贫困战略，它需要多部门通力合作，并得到社会各方面的高度重视。国务院扶贫领导小组具备多部门协调的优势，为推进新时期反贫困战略提供了良好的制度平台。此外，应加强扶贫相关的调研工作，这有助于掌握贫困的动态发展，推进新阶段整体扶贫战略的建立完善。

2009 年 10 月 17 日

减贫与发展高层论坛报告

创造与测量能力

■ 詹姆斯·赫克曼（James Joseph Heckman）
诺贝尔经济学奖获得者、美国芝加哥大学教授

一、减少长期贫困和经济社会不平等的"预分配"战略

以转移支付方式提高穷人收入，建立社会安全网，在尊重个人尊严的前提下，以激励手段帮助穷人自己摆脱贫困，这是减少不平等的传统政策途径，它在世界各国被广泛采用，成为现代福利国家社会政策的重要组成部分。最著名的例子是巴西实施的以有条件现金转移支付为主要手段的"家庭救助计划"（Bolsa Familia）。美国在 20 世纪 60 年代的反贫困斗争中也通过这一手段取得了类似的政策效果。

关键问题是这些政策能否从长期减少不平等，即能否促进下一代的社会流动和减少下一代的经济不平等。目前缺乏有力证据证明传统政策在这一方面能够奏效。20 世纪 90 年代，美国实施以收入转移支付方式促进社会流动的政策以失败告终，从而导致克林顿政府进行了社会福利改革。

基于神经科学、发展心理学和经济学关于人类发展的研究成果，在此我们提出一项更有效的减少长期贫困，促进社会流动的战略。这一战略建立在严格的实证分析，以及对若干儿童早期干预项目和家庭干预项目的长期跟踪评估的基础之上。这是一项预分配（predistribution）战略，用以有效地增强经济和社会流动性。

"能力"指的是经济和社会生活中各方面的行动能力，它们代表每个人的个

体特征。我们提出的能力概念延伸了阿玛蒂亚·森关于能力的分析范畴，主要探讨人民的个人能力，即他们的技能如何创造形成。中国在制订人类发展领域相关政策时，应运用能力形成的经济学新观点来制订综合性政策措施。在政策制订过程中，必须明确认识到哪些能力很重要，如何创造这些重要能力，以及如何优化公共政策来促进能力培养。这样做可以避免公共政策的碎片化、低效率等不足，充分认识到能力对人生成功的重要影响。

当前的政策往往带有碎片化特点，仅关注某一时点、某一方面的社会问题，并采取补救性政策措施。比如，为减少犯罪而增加警员；为提高技能而大规模建造学校，雇佣更好的师资，提高考试分数；为提高健康水平而增加医生和医疗设备；为改善营养而提供微量营养素和宏量营养素；为降低少女怀孕而实施鼓励避孕的措施；为减少不平等而采取现金转移支付，为穷人提供住房补贴等。

最新的研究证明，解决上述社会问题，应采用人类发展战略，制订统一政策，从而促进社会流动，提高社会生产力，减少社会不平等。在生命周期中能力形成最有效的阶段实施这一战略，体现了政策的预防性和赋权特点，而不仅仅是补救措施。

二、人类发展战略的新观点

促进人类发展的有效战略包括三项关键内容：首先，家庭生活和早期经历对成年后的能力具有决定性影响；其次，个体在社会中的行动能力由多种能力决定，而人生许多方面的成功则主要取决于一组核心能力的发展；最后，能力产生是一个"能力创造能力"（capabilities beget capabilities）的过程。能力产生遵循"联动性"（synergism）基本原则，不同能力在动态相互作用中，对未来能力发展起到决定性作用。在生命周期中，各种能力发展的最有效投资期也各自不同。一系列促进社会运作和个人成长的核心、基础纬度能力，可以解释各种社会经济分化现象的产生。一个社会的有效运行取决于社会成员的能力水平。社会成员能力水平低则会引起辍学、犯罪、少女怀孕、肥胖、健康状况差等一系列社会问题。

1. 家庭环境和早期干预对能力形成的决定性作用

能力本质上具有多样性。当前的公共政策大多强调用考试分数来测量和促进、鼓励认知能力发展。而近年来的研究发现，认知能力仅仅是人生成功的一部分，非认知能力对生命周期结果的影响同等重要。性格、"软技能"（即非认知方面的技能）、生理和心理健康、毅力、注意力、动力和自信同样重要，而这些方面往往被人们忽视。

不同社会经济群体的分化差异早在生命早期就已显现：认知能力差距明显而始终存在；非认知能力差距也持续存在；生理健康差距则随着年龄的增长而逐渐扩大。

能力并非在出生时一成不变，随着年龄的增长而不断巩固，这存在遗传方面的因素，但在很大程度上也受到投资和环境影响而进化和改变。

幼儿家庭生活对认知和社会情感能力的形成有重要影响。儿童早期家庭生活环境不利将造成成年后犯罪、健康、肥胖等诸多社会问题。家庭影响远远超出基因传递的影响。认知和社交技能并非在出生时就一成不变，它们并非完全由遗传因素决定，而是可以改变提高。

近年来，中国农村地区的家庭环境呈现恶化趋势，早期家庭环境的影响作用更加值得关注。对这些农村地区儿童而言，无论是养育状况绝对水平，还是与其他地区相比的相对水平都在恶化。政府应采取有效的政策措施，帮助这些农村家庭的儿童营造一个丰富的早期家庭生活环境，资助这些儿童上学，为儿童成长提供良好的建议，并提高家长的育儿技能。

如果社会及早对儿童生命周期采取连贯一致的干预措施，将促进弱势儿童的认知和社会情感能力发展，并增进健康和幸福。这些社会干预措施的积极效果将通过各种渠道，渗透于生命周期全过程，并在代际间传递。比如，高质量的早期干预项目将减少不平等，促进学校教育效果，减少犯罪和少女怀孕，并促进身体健康和良好行为。

这些干预措施同时也提高劳动生产率，具有较高的成本效益和投资回报率。它传递的效率原则，正是所有社会项目应该贯穿的基本准则。有质量的儿童早期政策是为数极少、无需平衡平等和效率关系的社会政策之一。公平的儿童早期发展政策必定同时具有经济效益。

为儿童能力发展奠定良好基础的早期干预项目比早期阶段之后的公共职业培训、劳动改造、成人文化补习、学费补助、增加警员开支以降低犯罪率等种种补救性措施带来的经济回报高得多。

2. 能力发展的敏感期和关键期

早期干预项目之所以能产生较高的投资回报，是因为能力形成是一个动态过程。全生命周期的能力形成是一个动态、联动过程。能力创造能力，动力创造动力。如果儿童在生命早期没有获得动力激励他去学习，那么成年后，他在社会经济生活中失败的可能性更大。社会对弱势儿童的生命周期采取干预措施越晚，弥补不良后果所付出的成本代价就越高。促进儿童身心健康同样存在类似的动态机制。

中国有必要制订实施有细微差别的政策，促进人的能力发展。政策应充分结合最新的研究成果，充分考虑到在生命周期的哪些阶段、采取何种干预措施能最有效地促进能力发展。

能力发展存在关键期和敏感期。所谓"敏感期"是指投入产出效率最高的时期；所谓"关键期"是指重要时期。认知能力的关键期和敏感期发生得最早，非认知能力的发展在早期同样重要，但在后期仍具有可塑性。认知能力的关键期和敏感期取决于个体生理（健康）能力之间的差异。

对许多成功的儿童早期干预项目的长期跟踪研究发现，干预项目成功的原因主要在于对儿童的非认知能力发展产生了促进效果，而对智商却改变很少。目前实施的一些针对青少年的补救政策措施，尤其是认知方面的补救措施，往往没有产生效果。总之，补救措施不如预防措施来得有效。

公共政策应重新审视从全生命周期来理解能力形成的现代观点。学校教育固然重要，但有效的社会政策更应针对和强化家庭建设方面。自《科尔曼报告》①

---

① 1964年詹姆斯·科尔曼（James S. Coleman）教授带领研究小组收集了美国各地4000所学校60万学生的数据，进行了美国教育领域最大规模的调研。通过对这些调研数据进行大量的实证研究，深入分析了美国社会的教育不平等问题。1966年，科尔曼向国会递交了《教育机会平等》的报告，这就是美国社会学和教育学史上著名的《科尔曼报告》。

公布以来，许多研究均表明，相对于学校教育资源不平等，家庭不平等对经济社会阶层之间教育不平等的影响更大。

3. 认知、性格与健康的重要性

研究发现，个人的成功取决于多种能力。已有的研究已提供了充分的证据，表明以考试成绩衡量的认知能力很重要。社会情感能力——有时也被称为品行或性格特征——也同样重要，这些特征包括：动机、自我控制、社会性、自尊、注意力、表达感激能力和身心健康。儿童早期的健康和生理状况不仅对成年后的健康产生关键影响，而且也促进了认知和性格发展。中国儒家传统文化强调培养礼、乐、射、御、书、数六种才能，它们分别对应于我所说的性格与品行、认知、健康和美感等方面的能力。

能力决定了不同社会经济群体在劳动力市场和健康方面的差异，这些差异在生命早期就已显现出来。我们在美国开展了一系列关于非认知能力和认知能力对个体成年后的行为、身心健康、教育和就业等方面影响的研究，包括它们对犯罪、吸烟和酗酒、身体健康、精神健康、单亲母亲、离婚、高中毕业、大学学历、工资、白领职业、信任和自我控制等生命周期各方面的影响。研究结果显示，社会情感等非认知能力比认知能力的影响更大。

造成成年后劳动力市场参与和健康状况差距的个体能力差异，早在儿童早期就已经在不同的经济社会阶层之间呈现出来。仍以美国为例，母亲教育程度对孩子认知状况的影响，收入状况对孩子反社会行为的影响，均在儿童早期就呈现出很大的差距，而随着儿童年龄的增长，差距并未显示明显变化。

如何解释这些研究发现？家庭当中的哪些方面导致了儿童早期发展差距的产生？是由遗传基因造成，还是家庭环境、社区作用的结果，抑或由家庭育儿和投资决定？大量研究证据表明，家庭投资以及家庭和社区环境对成年后能力的影响远远超出遗传基因的作用。

在包括中国和美国在内的许多国家，家庭条件优越儿童和处境不利的弱势儿童在早期家庭环境质量方面存在明显差距。与条件优越的儿童相比，家庭环境较差的儿童接受早期启蒙刺激较少，儿童发展资源和健康医疗服务相对缺乏。这造成了持续的代际不平等现象。以收入不平等为例，在丹麦、美国和中国，父亲与儿子两代人之间的代际收入弹性①分别为 0.15、0.47 和 0.6，中国这一代际收入弹性在近年来不断扩大。根据 2005 年中国人口 1% 抽样调查数据，中国有 4500 万 0~6 岁儿童处于贫困状况。

儿童减贫不仅仅是收入再分配问题，家庭抚养是更重要的环节。1996~1998 年的一项长期跟踪研究考察了不同经济社会地位的家庭中，儿童接受语言词汇的数量和质量差异，以及随着儿童年龄增长接受词汇数量的变化。研究发现，在接受社会福利救助家庭中，每个儿童 1 小时平均接受（听到）的词汇数量为 616 个，而专业人士家庭儿童则为 2153 个；在儿童 3 岁时，接受社会福利救助家庭的儿童平均词汇量为 500 个，而专业人士家庭儿童则达 1100 个。

大量研究表明，许多个体组织的生理发育存在干预最有效的敏感期和关键期，尤其是对像白内障、维生素 A 缺乏和失明、缺铁性贫血和长期智商发育、碘缺乏等生理疾病的干预极有成效。但必须认识到，早期生活状况会因后期干预而加强或减弱，我们需要理解全生命周期是一个具有弹性和不断发展的能力形成的动态过程，并在这一基础上理解在全生命周期的哪个阶段开展投资最为有效。

4. 基因与环境的相互作用

条件优越的儿童和处境不利的儿童，其在早期能力发展方面的差异是否由于基因的强大作用而造成？通过对比 3 岁和 50 岁孪生组合的 DNA 图谱，可以看出，虽然他们在出生时完全一样，但后天环境与基因表达之间相互作用，后天环境对基因表达产生了很大的影响。

科学研究证据同时表明，生命后期具有弹性和复原性。早期状况并不完全决定全生命周期，后期生活经历同样重要。丰富的早期环境需要与丰富的后期生活环境相结合，这是相辅相成的能力形成动态过程的一方面。从经济角度而言，核心问题是：在生命后期采取补救措施需要付出多大的成本？生命周期不同阶段的投资重要性如何？

---

① 代际收入弹性是指两代人收入差异的关联程度。比如，某国的代际收入弹性为 0.6，这意味着在这个国家，如果一个父亲的收入比另一个父亲高 100%，那么高收入父亲的儿子比低收入父亲的儿子收入高 60%。

5. 能力形成的动态机制：能力创造能力

我们应从生命周期角度，对能力形成予以现代意义的理解。能力形成从本质上是一个动态过程，能力创造能力，各种能力叠加在一起相互促成新的能力形成。从静态互补（static complementarities）的角度来分析，对能力较强者进行投资将带来较高的回报，这符合社会达尔文主义的看法。但从经济效率的角度来看，并不一定如此。从动态互补（dynamic complementarities）的角度分析，如果我们现在对处境不利的幼儿进行基本能力投资，将产生极大的回报。这种投资不仅为下游投资带来了较高的产出，更重要的是，它无须在平等与效率两大目标之间作出权衡。相应的做法包括增加公共基础设施和学校方面的投入，公民能力建设发动，从而有效地提高经济社会的运作效率。

不同生命阶段的人力资本投入回报率曲线图显示，在儿童早期进行家庭抚养方面的人力资本投入带来最高的回报。这一曲线图具体测量了对生命早期进行投资，将带来多大程度的生产率提高。将儿童早期投入推迟到生命后期往往成本很高。目前一些针对弱势儿童的公共政策集中对生命后期采取补救方案或转移支付，而这些补救方案往往成本高而效率低。比如目前开展的大多数针对青少年，以提高他们的技能，尤其是促进弱势青少年认知能力发展为目标的政策措施——如公共职业培训、成人文化补习等——往往回报率较低。

针对生命后期的补救政策或项目往往导致这种结果：对能力强者采取后期补救措施，往往能带来很高的投资回报。以美国为例，针对能力很强的大学生进行投资能带来22%的教育回报；对认知水平较低、性格和健康状况不良的能力弱者采取后期补救措施，往往带来较低的投资回报。

对早期发展不利环境而导致认知发展不足的青少年应采取什么措施？我们必须认识到，这些青少年由于缺乏良好的早期发展机会而使得其能力基础较弱。但研究表明，相对于认知能力而言，社会性和性格两方面的能力发展在成年以后仍具较大的可塑性。因此，工作单位可以加强纪律、自我控制和社会交往等方面的在职教育，并有望产生效果。必须指出的是，补救政策比儿童早期干预措施所产生的效果要小得多。因此，如果在儿童早期为他们奠定良好的能力基础，那么他们成年后更容易取得成就，或者说取得成就的成本更低。

儿童早期投资产生的回报将延伸到整个生命周期。公共政策应关注近年来的最新研究成果，对儿童早期发展予以重点投入，保证社会有效运作。促进教育发展是许多发展组织最推崇的目标。诚然，教育非常重要，但对将要进入学校接受教育的学龄前儿童实施促进能力发展的干预措施，将大大提升教育的效果。正如《科尔曼报告》指出，有质量的家庭生活对教育的影响远远超出学校质量。促进早期能力发展，将为学校教育带来最大收益。

三、国际上成功实施的儿童早期发展项目

开展儿童早期发展项目应考虑一系列现实问题：第一，目标人群是谁？第二，具体推出什么项目？第三，谁来执行项目？第四，由谁资助项目？第五，如何保证项目的依从性？凭借常识推测，能为弱势儿童提供中产阶级家庭儿童的生活和抚养环境的干预项目，应该是最为有效的。这包括：指导父母进行正确的家庭抚养，保证儿童的合理营养，与父母建立感情纽带等。通过营造丰富的早期家庭环境，可以在一定程度上减少弱势儿童面临的不利风险。

1. 佩里学前教育项目（High/Scope Perry Preschool Program）

项目为美国低收入黑人家庭的 3 岁儿童提供每天 2.5 小时、每周 5 天——包括每周 1 天家访（home visits）在内——的为期两年的早期干预。干预措施采取"计划—执行—总结"模式，教孩子们如何设计任务执行方案，如何坚持完成任务，以及如何进行任务总结。这一模式充分体现了对儿童个人社会交往技能培养的高度重视。我们采用随机分配（random assignment）的试验研究方法，对项目进行了长期跟踪评估。评估结果显示，这个项目产生了非常高的投资回报，无论是男孩还是女孩，每年的投资回报率为 6.2% ~ 9%，这比美国二战以后股市的净资产收益率还要高。值得一提的是，佩里项目的长期效果主要是通过非认知能力，而不是认知能力体现的。另外，这个项目影响了其他国家相关政策的制订，比如，巴西的儿童早期发展项目就是基于佩里项目来设计开展。

2. 护士—家庭合作项目（Nurse Family Partnership Program）

这是美国开展的一项从孕期开始的儿童早期营养干预项目。孕期营养不良将

影响儿童生命最初阶段关键窗口期的能力形成，直接对儿童的认知能力和健康产生影响。儿童早期营养不良对儿童的学习能力，尤其是注意力会造成不良影响，并间接对认知能力的积累产生影响。

3. 中美洲和巴拿马运河营养研究所（Institute of Nutrition of Central America and Panama, or INCAP）在危地马拉开展的营养干预项目

这一项目采用随机方法分配干预村和对照村，实施为期 8 年的营养干预。干预结果表明，营养补充仅在生命头 3 年有效地改善了儿童生长迟缓；0~36 月龄接受营养干预的女孩多接受 1.2 年的学校教育，阅读分数提高 8 分。0~24 月龄和 24~36 月龄接受营养干预的男孩在成年后的小时工资有所增加。干预组与对照组在年收入方面存在差异，但不具有统计显著性。

4. 牙买加综合干预项目

项目选取了 129 名生长迟缓的 9~24 月龄儿童，跟踪他们直至 22 岁。这些儿童被分成 4 组，一组没有接受任何干预，一组仅接受营养干预，一组仅接受认知刺激干预，一组同时接受两种干预。同时，还匹配了一组正常发育儿童作为参照。跟踪研究发现，营养干预在短期内对儿童营养产生了影响，长期而言，对儿童的认知和社会情感能力也产生了重要影响。

四、总　　结

能力形成是一个动态、联动过程。能力创造能力，动力创造动力并促进学习能力。在能力形成技术中，"动态互补"是一个关键概念，它解释了为什么预防政策往往比补救政策更有效，为什么对弱势儿童早期的认知能力发展进行投资往往收益很高，而对年长一些的弱势儿童开展认知能力投资收益很低，对弱势成年人进行这方面投资则收益更低的原因。最新研究成果充分证明了优先投资于儿童早期的必要性，对生命早期投资实际上为提高生命后期阶段的投资效率奠定了重要基础。

身处优越环境的儿童可以不断接受大量的早期投资，而处境不利的儿童则往往无法接受早期投资。家庭在促进核心能力形成方面发挥了根本作用。当前，包

括中国在内的世界各国儿童的家庭生活都面临挑战。我们必须认识到,家庭抚养的质量,而非收入,才能真实地反映儿童的处境,瞄准弱势儿童群体时必须考虑这一因素。父母早期刺激、父母参与,并与儿童建立感情纽带对儿童早期发展非常重要。成功的儿童早期发展项目尊重家庭的神圣地位,是对早期家庭生活的良好补充。

一切证据都表明,投资手段而非再分配手段才是从长远来看促进社会流动的最有效反贫困政策。仅仅依靠收入转移支付手段无法解决代际流动的社会问题。美国在 50 多年前就开始尝试收入再分配政策,结果以失败告终。中国不应效仿美国的失败做法。促进培养儿童的能力、动力和健康发展才是有效的战略手段,这是着眼于解决生命起点状况的预分配措施,而不是再分配措施。如果社会尽早以可持续的方式帮助弱势儿童,将促进他们的认知、性格发展和健康状况,而这些能力将提高工作效率,增加发展机会,并充实儿童的生命历程。

中国有必要营造一个良好的评估和测量氛围,开展政策评估,决定投资优先权,考察长期政策干预效果。必须理解所有早期干预项目和家庭研究所依据的能力形成机制。除了考察政策干预本身的效果之外,还应进一步了解各种干预方式与家庭之间的相互作用。以测量手段掌握造成儿童贫困和弱势的真实原因,这对制订明智的反贫困政策措施具有重要意义。

刘 蓓 编译

2012 年 10 月 18 日

第三届"反贫困与儿童发展"国际研讨会演讲

为何要特别担忧儿童发展

■ 阿玛蒂亚·森（Amartya Kumar Sen）
　诺贝尔经济学奖获得者、美国哈佛大学教授

弗朗西斯·培根说，儿童害怕在黑暗中行走，因为在恐怖故事里许多可怕的事情都发生在黑暗中。但是对现在全球很多孩子来说，他们无需以虚构或想象的故事来唤起内心的真正恐惧。他们的恐惧不仅在黑夜里，也在白昼中。在一天开始的时候，他们有充分理由担忧没有足够的食物、没有氛围友好的学校可去上学、在不安的童年中经常罹患疾病却没有必备的医疗服务，以及对未来（但不止于）无所期待。若论世上贫困情状之严酷，没有比儿童贫困更甚的了。

经济的发展能够改变这种可怕的图景吗？在一定程度上是可以的。有许许多多的人已经摆脱了贫困线，不再因为家庭收入低而被贴上穷人的标签。中国在这方面所取得的成就无疑是非常显著的，当然还有巴西、印度尼西亚、印度等一些国家也取得了成功。在世界许多地区，生活在贫困线以下的人口比例已经下降了，中国的成就无疑是最突出的；来自亚洲、拉丁美洲以及非洲的许多其他国家在减少"收入贫困"发生率上尽管不如中国，但也取得了一定的进展。

毫无疑问，家庭收入的增加在很大程度上有助于减少儿童剥夺（child deprivation）①。由此来看，更快和更加可持续的经济增长对减少儿童剥夺以及其他进步都是必要的。问题在于，收入增长这一种工具，其本身在应对普遍存在的对儿童的忽视是否充分？如果不充分，原因何在？

---

① 这里的剥夺，指的是儿童在教育、健康和营养、安全、认知和情感、生活水平以及其他发展上所需要的能力低于最起码的水平。这种剥夺会对儿童的后续发展造成损害。

经验证据表明，即使消除收入贫困在总体上取得了非常强劲的进展，这种进展也未必能轻易地转化成充分的儿童营养以及消除其他方面的对儿童的剥夺。我们必须要问，为什么会这样？我认为，这是当今发展经济学中的一个中心议题，尽管在主流的发展文献中这一问题经常被忽视。对于事关消除儿童剥夺的中心议题获得清晰的认识，将大大促进人类发展进程。

那么，家庭收入增加和儿童发展之间不尽一致背后的原因何在？以家庭收入增长作为单一手段不足以解决儿童剥夺的原因何在？与之相关的另一个问题时，在收入增长之外，还有什么能够有助于减少儿童剥夺？这可能是一个新的、需要深入研究的题目。然而，在我们现在所知的基础上，对这一富有挑战性的人类发展议题，我认为有五个方面的因素值得认真考虑。

第一方面的问题，收入贫困减少与儿童剥夺消除之间存在差距，原因之一是家庭中存在对收入的竞争性需求，以及家庭所认为的不同需求的紧迫性。从长远来看，更充分地满足儿童的营养需求也许比其他方面对收入的需求重要得多：詹姆斯·赫克曼的工作已经表明，儿童剥夺的直接影响和长期后果的危害是十分严重的。然而，这些竞争性需求经常因为种种原因被置于消除儿童剥夺之上。当短期的紧迫性和长期的重要性存在冲突时，人们常常会偏爱前者。

在家庭中，烟酒之类的"成人商品"对预算的竞争也是一个显而易见的棘手问题。成人商品与儿童需求之间的冲突有时可能变得非常严重，抽烟就是非常明显的例子。在世界上的许多国家，包括中国和印度，抽烟是不良健康的一个重要源头。抽烟会通过多种途径给中国和印度带来额外的死亡，两国需要在不久的将来采取更有力的措施来解决这一问题。

然而，虽然成人商品消费的直接、可观察的影响容易研究，但是烟草等商品的过度消费对满足儿童需求的破坏性影响需要引起更多的关注和更系统的研究。一些初步的经验观察表明，在中国和印度这些国家中，这是抽烟盛行所导致的主要的负面社会影响。

第二方面的问题是人们缺乏足够的关于健康和营养的知识，以及缺乏有关儿童剥夺对人们生活长期影响的了解。健康研究，以及由詹姆斯·赫克曼所拓展和倡导的关于能力的越来越多的研究，已经在科学上形成了一些重要的结论，这些结论已经被专业人士所熟知。但是，不能指望全世界的家庭在决策中把这些十分复杂的关联因素都考虑进去，当家庭具有这种或者那种社会劣势时更是如此，譬如，家长教育不足，或者家庭对现代文献的了解不足，以及由于劳动力流动导致儿童得不到稳定的看护，等等。有许多因素阻碍了这些对人类生活具有重要意义的复杂知识的传播。诚然，世界上的知识比普通家庭日常决策能用到的要多得多，对那些在教育上、经济上以及在社会方面处于不利地位的家庭来说，这个问题变得更加突出。因此，对学校教育覆盖面和质量的忽视将导致知识应用上的问题，并且使单一通过增加家庭收入来解决问题变得更加困难。

第三方面的问题来自市场经济本身。教育和健康在很大程度上是一种"公共物品"，也就是人们可以共同消费的物品。保罗·萨缪尔森大约在70年前就考察过这个问题，阐释了市场机制在供给公共物品时为什么是无效率的。营养以及综合的儿童发展在本质上具有社会性特征，这使得单靠市场买卖无法有效地对家庭的资源进行经济性使用。许多国家，尤其是中国，在教育和营养等公共服务这些方面建立了可供其他国家学习的优秀范例。尽管过去几年印度总体的经济增长率已经赶上并接近中国，但在把新增的收入转化为卫生保健和教育发展等国内公共服务上仍然落后于中国。在我和让·德热兹即将发表的合著《不确定的荣耀：印度及其矛盾》中，我们阐述了这种忽略将会遭受多大的惩罚。

第四方面的问题是性别不平等。如果说中国在儿童发展、教育和卫生等诸方面大幅领先于印度是因为快速的经济增长以及更好地用新增收入为公共服务融资的话，那么孟加拉国在这些方面超越印度则与其社会生活中女性地位的明显提升密切相关。在孟加拉国社会和经济生活中，从劳动参与率到教育发展，女性的活跃在许多领域都有体现。事实上，孟加拉是目前世界上唯一一个在校女生数量超过男生的国家。

有利于女性的力量平衡的改变对儿童生活的影响，有待于进一步的研究。在过去20多年里，孟加拉国在儿童发展领域取得了长足的进步，尽管这一时期印度的经济增长率比孟加拉国要高出许多。1990年印度的人均收入比孟加拉国高出50%，而今天则已经是后者的两倍。但在另一方面，两个国家的一些代表性社会指标的变化却是反过来的，印度社会发展的许多领域被孟加拉国迎头赶上。

比如，1990 年孟加拉国的儿童死亡率比印度高 24%，但是现在却比印度低 24%。性别公平对儿童发展可谓至关重要。

第五方面，是中国、印度以及其他一些发展中国家都存在的一个问题，当生活在贫困线以下人口的比例大幅度降低后，仍然还有一些家庭会生活在贫困线以下。尽管消除收入贫困在总体上已经取得成功，但是余下那部分穷人的需求满足值得关注。事实上，在对收入贫困的战役取得成功的总体图景下，关注仍处于收入贫困线以下的人口尤其重要。贫困人口的下降所产生的成功印象可能具有误导性，这会妨碍我们关注那些掉队的家庭和儿童。减贫的成功通常是以更具平均的图景来衡量的，有许多人则非常不幸地无法分享平均的成功。

因此，即使收入水平提升以及收入贫困人口大幅度下降后，仍有必要对儿童剥夺问题予以特别关注。尽管中国应对儿童剥夺问题的紧迫性和普遍性要低于印度，但是两国仍然有许多共性的问题，可以采取一些类似的手段去解决儿童发展中的某些特殊问题。

中国在解决总体的人类剥夺（特别是儿童剥夺）方面处于领先的地位，有很多经验可供其他国家学习，而其他国家在一些政策干预领域的领先做法也值得中国学习。当我 2009 年访问中国发展研究基金会的时候，我谈到了中国可以考虑借鉴其他国家的一些做法——包括他们的经验和教训——的可能性。譬如，学习借鉴印度一些地区——特别是泰米尔纳德邦（Tamil Nadu）等——在校园供餐方面的做法，以校园餐为手段改善学生营养和促进教育。我还谈到可以采用印度"综合性儿童发展"的手段，为幼小的学龄前儿童提供营养支持和教育。

我非常高兴地看到，仅仅三年过去，由于卢迈先生的远见和中国发展研究基金会的推动，中国在这些领域已经有了许多实验性的尝试，并且在全国范围已经形成了大规模的、快速发展的校园餐运动以及学前教育干预。尽管中国在儿童发展方面相对成功，这类干预对中国来说尤为重要，由于经济社会进步的不平衡，过去在这些方面有些忽视，中国发展研究基金会对这一问题作了一些非常富于开创性和洞察力的研究。我们将怀着极大的兴趣关注中国在这些相对较新的社会发展战略实施方面的进展。我们也有理由继续关注印度不同的州在校园餐项目上所取得的不同进展。譬如，印度校园餐做得比较成功的有泰米尔纳德邦（Tamil

Nadu)、喜马偕尔邦（Himachal Pradesh）、克拉拉邦（Kerala）、马哈拉斯特拉邦（Maharashtra）等，进展缓慢的邦有北方邦（Uttar Pradesh）和中央邦（Madhya Pradesh）。此外，我们还应该比对印度不同地区在综合性儿童发展项目中学前教育干预的效率差别。

综上所述，儿童营养需求问题并不只依赖强劲的收入增长，它尽管有帮助但并不充分，还需要系统性的公共干预以及更大的社会公平，特别是性别之间的公平。在儿童发展这一重要领域，我们可以互相学习，可以研究和比较哪些战略更加成功、更加行之有效。我们要学的事情还很多，更重要的是，我们要做的事情更多。

俞建拖　编译

2012 年 10 月 18 日

第三届"反贫困与儿童发展"研讨会演讲

一

生命最初 1000 天（-9 ～ 24 个月）的母婴营养状况影响人一生的健康。世界各国都着力投资于婴幼儿的营养改善，提高国民素质。切实提高我国贫困地区儿童早期营养、缩小城乡儿童发展差距，是中国未来竞争力的保障。

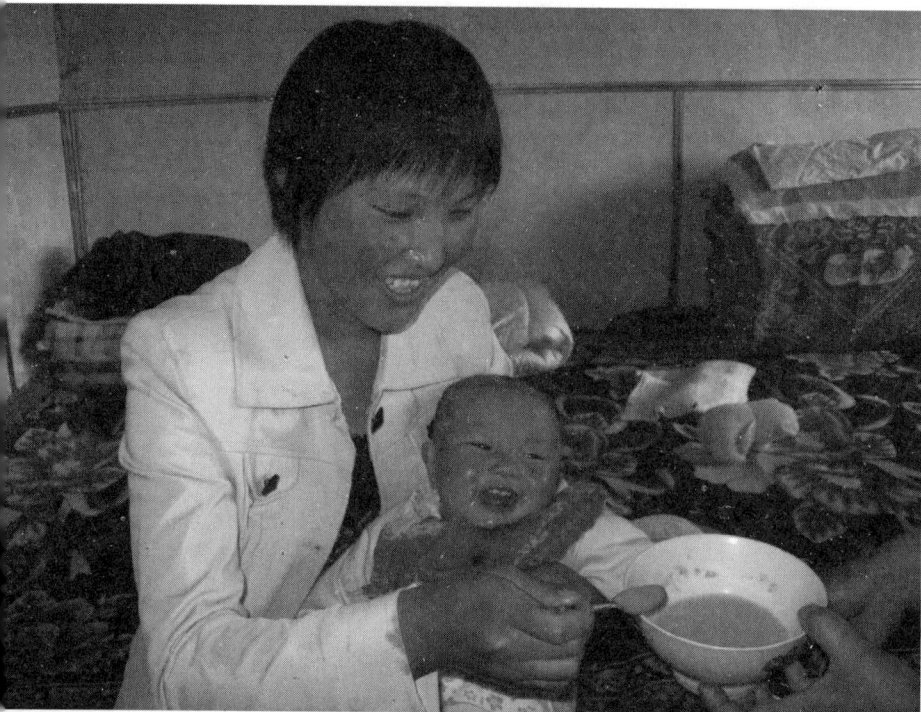

2009 年中国发展研究基金会启动"贫困地区儿童早期发展"项目，对孕妇和6～24 月龄婴幼儿实施免费营养干预（左上图，喂食营养包；左下图，"妈妈学校"在授课），设立山村幼儿园，以早教志愿者巡回走教的方式为 3～5 岁幼儿提供免费学前教育（右图，山村幼儿园的游戏课）。

中国 0～6 岁儿童营养改善策略

■ 秦怀金

卫生部妇幼保健与社区卫生司司长

关于儿童的营养改善问题，已经有一些明确的科学数据。研究显示，生命最初 1000 天的母婴营养影响人一生的健康；WHO 报告中提出，全球 35% 的 5 岁以下儿童死亡与营养不良有关；2012 年《哥本哈根共识》指出，减少学龄前儿童营养不良是关系全球发展的重大问题，在投资成本效益排序中位列第一；在 2012 年召开的第 65 届世界卫生大会上，通过了"孕产妇和婴幼儿营养全面实施计划"，体现了世界对儿童营养问题的高度关注。

一、中国儿童营养状况明显改善

评价儿童营养状况的指标一般有两个，一是生长发育情况，再一个是营养不良情况。如图 1 和图 2 所示，中国城市、农村儿童平均身高、体重在 1990～2010 年间均有增长。城市 4～5 岁男、女童身高分别增长 4.5 和 4.4 厘米，农村分别增长 5.2 和 5.8 厘米，而且城乡儿童生长差异呈现逐渐缩小趋势。中国城市儿童的身高体重情况已经达到 WHO 的相关标准，接近西方发达国家相关数值，但中国农村儿童发育情况与世界水平仍有差距。

与此同时，中国儿童的营养不良和低体重率也呈现明显的下降趋势。如图 3 所示，2010 年低体重率为 3.6%，比 1990 年下降了 74%。增长迟缓率也下降了 70%。

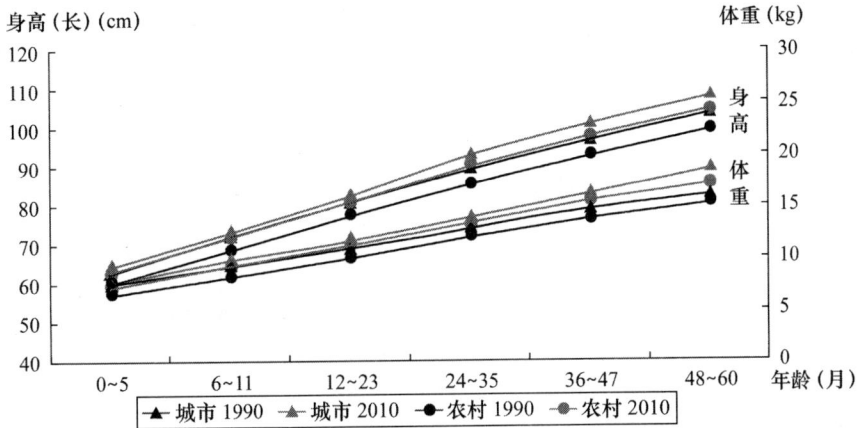

图1　1990～2010年中国城市和农村5岁以下男童身高体重比较

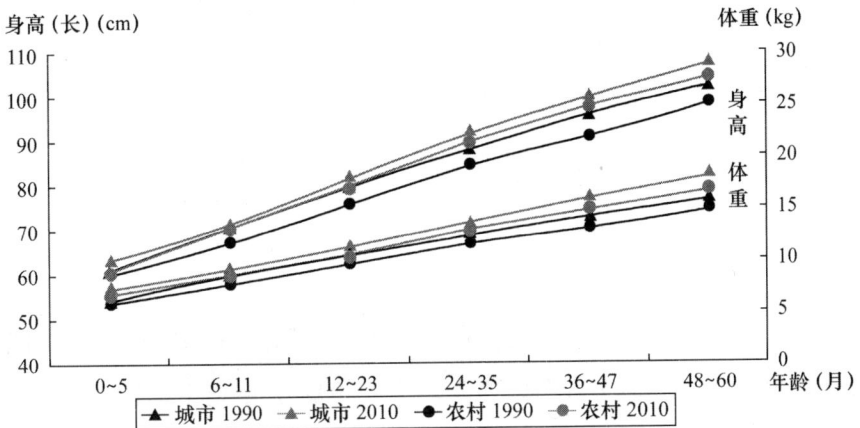

图2　1990～2010年中国城市和农村5岁以下女童身高体重比较

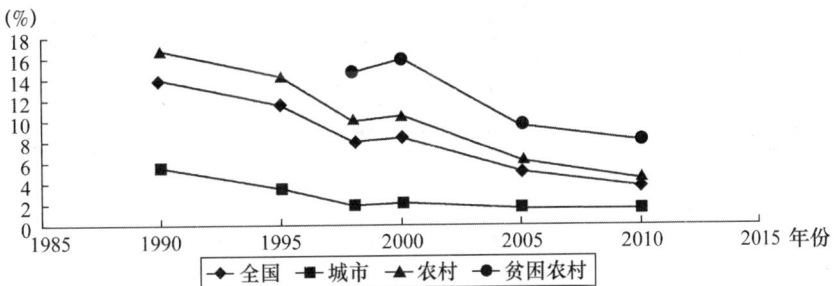

图3　1990～2010年中国5岁以下儿童低体重率变化趋势

数据来源：国家食物与营养监测系统。

从整个世界的范围来看，中国儿童的营养状况基本上好于大多数的发展中国家，在金砖国家排位中，中国处在一个中等水平，但比发达国家要差一点。如表1所示。

表1　　　　　　　　部分国家5岁以下儿童营养不良状况　　　　单位:%

	国　家	低体重率	生长迟缓率
金砖国家	中　国	4	10
	巴　西	2	7
	印　度	43	48
	俄罗斯	—	—
	南　非	9	24
其他国家	美　国	1	3
	土耳其	2	12
	墨西哥	3	16
	泰　国	7	16
	越　南	20	31

资料来源：联合国儿童基金会2012年2月28日发布的《2012年世界儿童状况报告：城市化世界中的儿童》。

另外，贫血与否也是衡量儿童营养状况的指标之一。2005～2010年间中国儿童的贫血状况整体上有明显的改善，从2005年的19.3%下降到2010年的12.6%；维生素A、维生素D、碘缺乏已不多见。如图4所示。

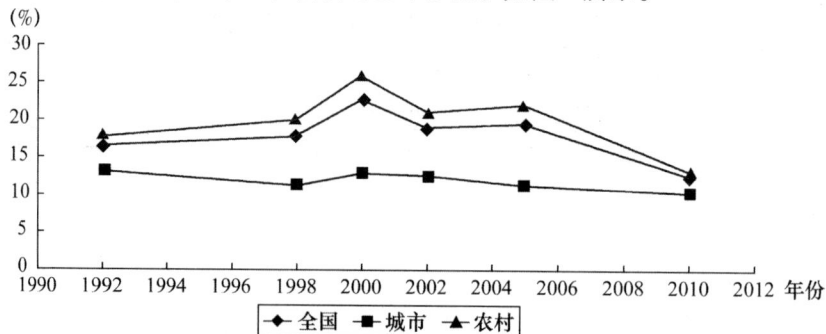

图4　1990～2010年中国5岁以下儿童贫血患病率变化趋势
数据来源：国家食物与营养监督监测系统和中国居民营养与健康状况调查。

各项营养指标的提升不断促使中国 5 岁以下儿童死亡率的明显下降。如图 5 所示。

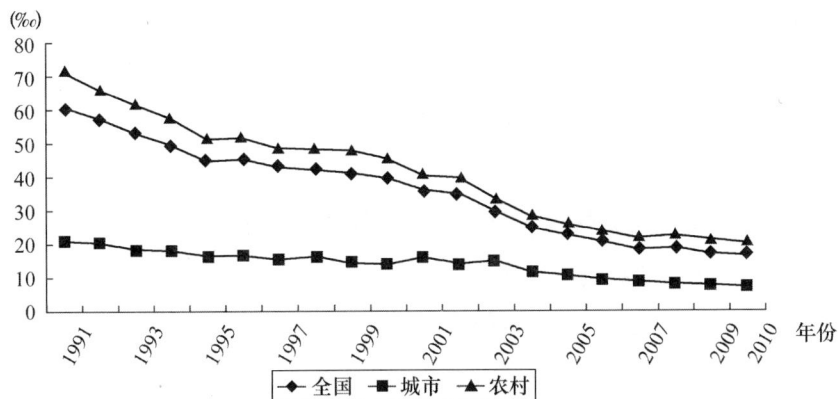

图 5　1991~2010 年全国 5 岁以下儿童死亡率变化趋势
数据来源：全国妇幼卫生监测系统。

二、中国儿童营养改善面临的挑战与问题

首要的问题是城乡和地区之间的差异比较大。目前，中国农村地区儿童低体重率和生长迟缓率约为城市地区的 3~4 倍；贫困地区农村为一般农村的 2 倍；中西部地区为东部地区的 2~3 倍。其次，中国目前 2 岁以下儿童贫血问题非常突出。2010 年，农村地区 6~12 月龄儿童的贫血率为 28.2%；13~24 月龄儿童贫血率为 20.5%。另外，流动儿童和留守儿童的营养问题也是非常突出的。2010年，5 岁以下留守儿童超过 1500 万；留守儿童生长迟缓率和低体重率为非留守儿童的 1.5 倍。最后，在营养不良的同时，在我国一些地区儿童超重和肥胖也逐步成为一个问题。2005 年，5 岁以下儿童肥胖率在城市达到了 5.3%，在农村达到了 3.9%，而到了 2010 年，该数据分别上升为城市 8.5% 和农村 6.5%。我国营养不良及超重和肥胖是并存的问题，而且地区差异非常明显。

三、改善儿童营养的策略措施

改善儿童营养是一个永恒的课题，中国政府历来非常重视。其策略措施具体而言有以下四项。

第一，进一步改善儿童营养和儿童健康，首先要把儿童营养问题纳入国家经济社会发展的战略规划。

第二，有法律法规和政策的保障。现在我国已经出台一系列相关法律法规，如《母婴保健法》及其实施办法、中国妇女儿童发展纲要、《母乳代用品销售管理办法》和《婴幼儿喂养策略》、《托儿所幼儿园卫生保健管理办法》及其工作规范、技术规范（儿童喂养与营养指导、营养性疾病管理等）等一系列的规章。

第三，促进社会经济的发展，加强扶贫开发战略也是儿童营养改善的一个非常重要的基础。贫困是造成儿童健康、儿童营养问题的一个非常重要的原因。因此，我们需要提高贫困人口的收入水平，使其解决生存和基本温饱问题；进一步提高贫困标准线，让更多人群受益；促进低收入家庭支出增加，改善饮食结构和营养状况。

第四，实施一批改善儿童营养干预的项目。这些项目的内容既要涵盖妇幼保健服务，宣传和普及营养和健康知识，加强合理膳食指导，也要落实婴幼儿喂养策略，开展科学喂养与营养素补充指导，预防和治疗营养不良、贫血、肥胖等儿童营养性疾病；同时要加强对营养强化食品生产和流通的监管、开展"预防碘缺乏行动"、"消除婴幼儿贫血行动"、推行基本公共卫生服务均等化、贫困地区儿童营养改善试点等。

我特别介绍，中国政府已经实施了贫困地区儿童营养改善的试点项目，项目将为农村 6～24 月龄儿童免费发放"营养包"，以促进儿童生长发育，预防营养不良和贫血，项目覆盖 10 个省和 100 个贫困县，投资额达到了 1 亿元。

投资儿童营养就是投资于国家和民族的未来，也是投资于国家核心竞争力。

2012 年 10 月 18 日

第三届"反贫困与儿童发展"国际研讨会讲话

营养：婴幼儿早期发展项目的关键部分

■ 蔡建华

国家人口与计划生育委员会培训交流中心主任

我国计划生育的基本国策包括了两个重要的部分，一个是控制人口数量，一个是提高人口素质。历史地看，30 多年来我们力争控制适度人口规模的政策发挥了非常大的作用。今天，我们客观地看到，中国人口的结构正在发生一个很大的变化。如表 1 所示，对比 2000 年和 2010 年两次人口普查数据可以发现，我国 60 岁以上的老龄人口占总人口的比重，在过去的十年间增长了不到 3 个百分点，但 0~14 岁年龄组人群所占总人口比重，却从 2000 年的 22.89% 下降到 2010 年的 16.60%，按照这样的速度，今年有可能会降到 15% 以下。0~14 岁年龄组人口占总人口比重低于 15% 这条红线，对我们的未来是一个很大的挑战。

表 1　　　　　　　　　　中国人口结构发生很大变化　　　　　　　单位:%

年龄组　　占总人口比重　　时　间	2000 年第五次人口普查	2010 年第六次人口普查
60 岁及以上	10.33	13.26
0~14 岁	22.89	16.60

现在我们要思考的问题是，中国未来的竞争力会在哪里？或者说，如果中国只是一部分孩子能够受到很好的教育，他们能否支撑未来中国的竞争力？

出于对未来发展的考虑，人口计生委在 2009 年与世界银行合作，在湖南开展了一个关于中国儿童早期发展与教育的深度研究。研究抽取 17 个县，并将其中城市和农村孩子、留守和非留守孩子、男孩和女孩、汉族和少数民族孩子，进行了深入比较分析，并以此为基础完成了《中国儿童早期发展与教育：打破贫困的代际传递与改善未来竞争力》的中英文版报告。报告中涉及儿童营养与未来发展的内容，有两个非常重要的结论：一是提供信息和干预影响育儿实践，可以改变遗传的不公平性，提高身体素质，发展社会认知能力；二是确保产前阶段适当的营养干预可以帮助改善儿童的身体发展。

婴幼儿早期发展是包括婴幼儿的潜能开发、健康和体格发展、营养、良好习惯培养和完整人格形成，以及孕产妇营养和保健等多方面内容的综合概念。具体到营养领域，我们应当重点关注两个人群，一是 6～24 个月龄的婴幼儿，一是孕产妇。让我们高兴的是，卫生部在国家支持下已经启动了对 100 个贫困县 6～24 个月婴幼儿的营养补充工作。对此，从研究的角度来说还有很多内容需要进一步的探索和深入研究。比如关于营养补充的选择，究竟应该给孩子补充什么，补充重点是否随不同的年龄阶段和地域特点加以调整？再比如关于营养补充的实施方式，如何操作才更有实效？是完全由政府免费发放，还是由家长首先承担部分购买费用，之后根据对孩子身体状况的测评结果，报销或补贴家长投入？总之，补充方案还需要更多研究。为了让政府改善中国儿童营养状况的资金运用更加有效，人口计生委将在 2012 年 12 月，与斯坦福大学、中国科学院农业政策研究中心、亨氏基金会等合作，在陕西等省启动营养补充方案有效性的评估研究，以期能够发现一些好的方法，使我们整个工作做得更有效。对于孕产妇人群，我们也希望合作开展营养研究，确定应该补充什么，如何进行有效的补充。

人口计生委期待与不同部门合作，共同推进中国的人口发展。目前，人口计生委可以借助遍布全国的 70 万个服务站的优势，将工作重点放在为父母提供更多的育儿指导上。我们正在推进的工作内容包括：一是改造场地、配备标准化设施，为孩子和父母互动创造活动场所；二是探索和提出儿童活动场所管理与服务的具体指导方案，遵循科学规律，避免拔苗助长；三是发展入户指导方案，发挥人口计生部门的优势开展入户指导；四是创设和提供一些基本的育儿工具，比如向家长推荐儿童基本发展状况的评估系统，以及推广"玩具图书包"活动，将城市家庭的闲置图书和玩具以"玩具图书包"的形式，送到边远地区的孩子手中。最后，人口计生委正着力建立或修订相关领域的职业标准，如育婴员标准的修订、婴幼儿发展指导师职业标准的建立等，以期由此能够培养一部分职业化人才，将婴幼儿早期发展的促进工作做得更加好一点。

2012 年 10 月 18 日
第三届"反贫困与儿童发展"国际研讨会讲话

云南寻甸儿童早期发展试点评估报告

■ 中国发展研究基金会项目组

一、贫困农村儿童早期发展

通过健康和教育手段提升人力资本，是解决贫困问题的根本途径。我国 6 岁以下学龄前儿童有 9026 万，其中农村儿童占 58.8%[1]。目前 1.28 亿贫困人口中，6 岁以下农村贫困儿童数量至少在 1024 万以上[2]。营养不良、早期教育缺乏等问题在农村贫困幼儿中十分突出。2010 年，农村地区儿童低体重率和生长迟缓率约为城市地区的 3~4 倍，而贫困农村地区又为一般农村地区的 2 倍，贫困地区尚有 20% 的 5 岁以下儿童生长迟缓（卫生部，2012）。在我国西部贫困县，2~5 岁幼儿的语言、认知发展与同龄城市儿童相差 40%~60%。

随着城市化不断推进，5000 多万农村幼儿在未来 20 年将陆续进入城市，成为劳动力市场主力。中国实现从中低收入国家向中高收入国家的转变，主要取决于人力资本水平的全面提升，而农村劳动力素质提高成为关键，农村儿童当前的营养、健康和教育状况直接关系到他们未来的身心素质和劳动能力。政府必须对农村儿童及时采取健康和教育综合干预措施，缩小城乡儿童早期发展差距，避免未来劳动力素质和社会生产力下降，对国家竞争力造成负面影响。

---

① 数据来源：中国 2010 年第六次人口普查统计结果。
② 目前我国 1.28 亿贫困人口的说法指的是农村贫困人口。根据 2010 年中国第六次人口普查，农村 6 岁以下儿童占农村总人口的比例为 8%，以此推算，农村 6 岁以下贫困儿童的数量为 1024 万。对农村贫困发生率的实证研究表明，6 岁以下儿童在各年龄段人口的贫困发生率最高。如果考虑贫困发生率的因素，我国农村学龄前贫困儿童的实际数量应该大于 1024 万。

（一）儿童早期发展的机遇窗口

儿童早期一般是指从出生到入学（一般为 6 岁）之前的生命阶段。儿童早期发展主要包括感觉—动作、认知、社会—情感等相互依存领域的能力发展。研究表明，社交技巧、情感控制、语言等受大脑支配的功能发育，最敏感时期均在 4 岁以前发生。早期营养、教育状况对上述领域的发展起到关键作用。国际研究表明，从母亲受孕开始（即 –9 个月）直至婴幼儿满 2 岁的 1000 天是营养干预的黄金时期。通过 1000 天的机遇窗口，对母婴提供微量营养素补充，指导家长正确进行婴幼儿辅食添加和合理膳食喂养，并对营养不良的婴幼儿及时开展治疗，将有效地降低儿童营养不良比率。重视早期 1000 天的意义不仅在于营养改善，而是直接影响儿童的智力发育，关系到儿童入学以后的学校表现，以及成年后的收入能力。同时，婴幼儿通过与父母或主要看护人在家庭开展亲子互动，有益于刺激儿童的语言、动作、社会—情感等方面的发展。

发达国家和发展中国家都充分认识到儿童早期发展的重要性。OECD 国家平均 90% 的儿童在 5 岁以前接受了儿童早期教育和看护服务。美国联邦政府自 1965 年开始实施"开端计划"，对 3～5 岁儿童、尤其是处境不利的儿童开展健康和教育服务。近年来，"开端计划"的服务对象延伸到孕期至 3 岁（称为"早期开端计划"），并充分动员父母、家庭和社区力量，共同参与计划执行。智利、巴西、墨西哥、古巴等拉美和地中海国家从 20 世纪 70 年代开始实施营养健康和早期教育相结合的综合性儿童早期发展项目。印度政府自 1974 年以来实施的"综合儿童发展服务"（ICDS）计划成为目前由政府支持、规模最大的儿童早期发展项目。

实施以营养、健康和教育为主的儿童早期发展政策或项目是回报率最高的人力资本投资，将对社会生产力提高产生积极效果。诺贝尔经济学奖获得者詹姆斯·赫克曼对美国密歇根州在 20 世纪 60 年代初开展的一个针对 3～4 岁非裔儿童、为期两年的儿童早期发展项目进行了了追踪研究。通过对参加项目儿童在成年（年满 40 岁）后的犯罪率、纳税，以及社会福利使用情况分析，采用内部收益率的计算方法，赫克曼计算出该儿童早期发展项目的社会收益率为 7%～10%，高于美国二战以后股市的平均净资产收益率（5.8%）。从成本—收益的角度来解释，儿童早期发展项目每投入1美元，对社会带来7~12美元的回报（Heckman，et al. 2010）。《哥本哈根共识》在2012年将减少儿童慢性营养不良列为关系全球发展的重大问题，在投资成本效益的排序中位于第一。根据经济学家测算，以每年30亿美元的投入，可使全球1亿名儿童免于遭受生长迟缓或营养不良，发展中国家的儿童慢性营养不良比例将降低36%[1]。

（二）我国农村儿童早期发展面临的挑战

受到生活水平、环境闭塞、看护人文化程度较低等因素制约，我国农村贫困儿童早期营养不良状况较为严重。以缺铁性贫血为例，2010年我国农村6~12月龄婴幼儿贫血率为28.2%，13~24月龄为20.5%。对西北、西南贫困县的抽样调查结果显示，西部贫困农村6~24月龄婴幼儿的贫血率高达60%以上，比全国贫困地区平均水平高出1倍以上[2]。2012年4月，中国发展研究基金会与中国疾病预防控制中心对贵州省松桃县贫困地区的3~6岁儿童开展了一项营养状况抽样调查，结果表明，该地区3~4岁和4~5岁儿童的贫血率分别为29%和19.7%，是城市同龄儿童的2~3倍。贫血直接影响智力发育，农村贫困地区低龄儿童患贫血的比例如此之高，将对他们的入学、学习成绩和升学造成严重不利后果。

我国在幼儿学前教育方面的投入在近两年有所增加，但在教育经费总支出，以及在国家整体经济中所占比重仍然偏低。2010年，学前教育支出占教育经费总支出的1.52%，达到了近十年来的最高水平。按照我国教育经费支出占GDP的4%计算，目前我国学前教育支出约占GDP的0.06%。在墨西哥，学前教育支出占到GDP的0.5%以上。

学前教育资源在城乡之间分布极不均衡，农村学前教育质量较差。在农村贫

---

① 详情参见 http://www.copenhagenconsensus.com/Projects/CC12.aspx。
② 中国发展研究基金会与中国疾病预防控制中心于2009~2010年合作开展的贫困地区2岁以下婴幼儿营养状况抽样调查。

困地区，有限的学前教育投入主要用于县城，乡镇以下则基本没有投入，村级以下仅在村小学设有一年制学前班，贫困地区 3~5 岁幼儿基本没有接受早期教育的机会。教育部 2009 年的统计数据显示，全国幼儿园教职工数 143.42 万，其中农村幼儿园教职工数 31.54 万，仅占 22%。在贫困农村，乡镇中心幼儿园的学生—教师比率高达 24[①]，而民办幼儿园这一比率更高。为满足贫困农村家庭、尤其是隔代抚养家庭对学前教育的强大需求，贫困地区幼儿园往往以低收费形式，维持低成本运行，提供低质量服务，幼儿园通常设施简陋，活动、休息场地拥挤不堪，有些还存在安全隐患。

（三）"贫困地区儿童早期发展"项目试点

中国发展研究基金会（以下简称"基金会"）是以支持政策研究、促进科学决策、服务中国发展为宗旨的全国性社团组织。基金会通过对青海、云南、广西壮族自治区等省（区）进行广泛深入的实地调研，了解到我国儿童早期发展政策的重点和难点是解决中、西部农村儿童早期营养不良，学前教育缺乏而且质量没有保障的问题。发达国家对实施儿童早期发展政策，予以较为庞大的财政资金支持。美国联邦政府 2009 年"开端计划"用于每名儿童的平均成本支出为 7600 美元[②]。北欧各国政府承担了 70%~75% 的教育开支，基本保证为所有 3~6 岁幼儿免费提供两年以上的学前教育（OECD，2006）。我国目前还无法达到这些发达国家的财政支付水平，针对农村贫困地区经济欠发达、居住分散、交通不便等特点，农村儿童早期发展政策必须考虑成本、可及性、效率和质量等因素，保证政策或项目的可持续性。

通过实地调研，并组织中国疾病预防控制中心、北京师范大学、北京大学等机构专家进行咨询论证，基金会分别于 2009 年 9 月和 2010 年 4 月在青海省海东地区乐都县和云南省昆明市寻甸县启动了"贫困地区儿童早期发展"项目试点。

---

① 中国发展研究基金会 2009 年对广西、云南等省贫困地区幼儿园的实地调研。国际而言，学生—教师比率一般不宜超过 8，否则幼儿学前教育的质量和效果都将受到影响。
② 详情参见 http://eclkc.ohs.acf.hhs.gov/hslc/mr/factsheets/fHeadStartProgr.htm。

试点包括营养干预和学前教育两部分，分别针对孕妇、6~24个月婴幼儿实施免费营养干预，并对婴幼儿家长开展"妈妈学校"营养保健知识培训；对3~6岁①幼儿提供免费学前教育。旨在实现新生儿出生健康，婴幼儿营养正常，学前教育基本覆盖的目标②。

截至2012年6月，青海、云南试点地区共有13个试点乡镇实施了营养干预试点，参加项目的6~24个月婴幼儿累计达到5865名、孕妇4709人。学前教育试点范围扩大到18个乡镇，其中青海乐都县已实现全县14个山区乡镇全覆盖。两地总共设立了204个"山村幼儿园"③，参加山村幼儿园的3~6岁幼儿累计达到4256名，幼教志愿者162名。

2012年1月，中央电视台主办"春暖2012"大型公益慈善晚会，基金会应邀参加，并将学前教育试点独立成为山村幼儿园项目。计划在中西部19个省推广青海、云南学前教育试点经验。每个省至少选择1个贫困县，按照每个幼儿园配备1名幼教志愿者，招收20名幼儿，每年25000元左右经费投入的标准配置，设立约100所山村幼儿园，从当地招募培训幼教志愿者，普及幼儿学前三年教育。2012年4~6月，通过企业和个人公益募捐方式，中国发展研究基金会已在贵州省松桃县、织金县设立了172个山村幼儿园，为3844名幼儿提供免费学前教育。2012年，山村幼儿园项目将逐步扩展到四川、山西、新疆、湖南等省（区），为国家制订和实施有质量保证的学前教育政策提供参考。

（四）制订并完善中国儿童早期发展政策

2010年以来，中国政府在农村幼儿学前教育、早期营养方面颁布了一系列新政策，并加大了中央财政投入力度。学前教育作为终身教育的开端，是国民教育体系的基石，是体现教育起点公平的最重要方面。2007年，胡锦涛总书记在党的十七大报告中明确提出"重视学前教育"。2008年，中央十七届二中全会进

---

① 中国发展研究基金会"贫困地区儿童早期发展"项目针对的是3~5周岁（即36~72月龄）的学前儿童。本报告中所用3~6岁的提法，实指未满6周岁的36~72月龄儿童。
② 详情参见《贫困地区儿童早期发展项目青海试点中期评估报告》。
③ 项目启动时称为"村级早教点"。

一步提出"发展农村学前教育"。《国家中长期教育改革和发展规划纲要（2010
－2020年)》制定了学前教育改革和发展规划，提出"到2020年，普及学前一
年教育，基本普及学前两年教育，有条件的地区普及学前三年教育"的目标。
2010年11月，《国务院关于当前发展学前教育的若干意见》明确提出"保障适
龄儿童接受基本的、有质量的学前教育，必须坚持政府主导，社会参与，公办民
办并举"的原则。"十二五"期间，中央财政将安排500亿元，重点支持中西部
地区和东部困难地区发展学前教育。2010年，国家投入资金5亿元，在10个省
启动农村学前教育推进工程试点，规划建设幼儿园416所。2011年，试点资金
增加至15亿元，试点范围扩大到中西部25个省，规划建设幼儿园8912所。近
几年来，我国学前教育普及程度在逐步提高。2005～2010年期间，全国适龄幼
儿（3～6岁）在园率从37%提高到52%，幼儿园总数增加了20%，入园人数和
在园人数分别增加了25%和37%。卫生部自2000年以来在贫困地区实施了"降
消项目"以及一系列婴幼儿营养补充、母婴健康教育项目，对降低儿童死亡率，
提高贫困地区儿童营养和保健水平发挥了积极作用。据中国疾病预防控制中心监
测统计，2010年我国5岁以下儿童死亡归因于营养不良的比例已从2000年的
22%降低到13%。

中国发展研究基金会开展早期营养干预、学前教育试点取得的成效，获得
了卫生部、教育部的高度重视和充分肯定。2012年6月，卫生部召集专家，
对"贫困地区儿童营养干预试点项目"方案进行讨论和审议，基金会在西北、
西南贫困地区开展的6～24个月婴幼儿营养干预试点为这一国家重大妇幼公共
卫生项目提供了政策参考依据，为各省（区）落实和执行项目，开展成本预
算提供了经验借鉴。2012年，中央财政拨付1亿元专项补助资金，用于中西
部10省集中连片特困地区100个贫困县6～24个月婴幼儿营养干预。2011年
10月，教育部采纳山村幼儿园的有益模式，制定中西部偏远地区推行学前教
育"巡回支教"试点方案，通过教师巡回指导和上门服务，为中西部偏远地
区的散居适龄儿童提供灵活多样的教育。中央财政对巡回支教志愿者在岗期间
的工作生活以及社会保险等费用给予补助。2012年，巡回支教试点工作已在
中西部贫困县实施。

二、云南试点评估调查

为评估项目在云南寻甸县开展营养干预和学前教育试点的效果，总结试点经验，改进项目管理和提高项目质量，中国发展研究基金会于 2012 年 4 月组织实施对云南寻甸试点的评估调查。中国疾病预防控制中心、华东师范大学学前教育学系为此次调查提供了技术支持。

（一）寻甸县概况

云南省寻甸回族彝族自治县位于昆明市东北部，面积 3519 平方千米，共辖 16 个乡镇。2008 年①全县人口 52 万，农业人口 47.3 万，回族、彝族、苗族等少数民族人口占全县总人口的 21.8%。全县人均纯收入约 2795 元，为国家重点扶持贫困县，贫困人口占 33.8%。

近十年来，由于实施贫困地区降消项目，寻甸县孕产妇死亡率已从 1999 年的每 10 万人 98 例，下降到 2009 年的 18 例。婴儿死亡率和 5 岁以下儿童死亡率分别从 1999 年的 35.32‰和 43.94‰，下降到 2009 年的 16.68‰和 21.27‰。然而，寻甸县婴幼儿营养不良状况仍然较为严重。根据 2010 年 2 月中国发展研究基金会与中国疾控中心合作开展的基线调查，寻甸县 6~11 月、12~23 月婴儿生长迟缓率分别为 21.7%和 35.7%，中度和重度生长迟缓比例分别达到 9%和 13%，远远高于 2009 年贫困农村的平均水平。婴儿贫血状况更为严重，6~11 月、12~23 月婴儿贫血率分别高达 71.7%和 58.5%。

寻甸县以发展民办幼儿园的方式普及幼儿学前教育，学前教育资源集中在县城及交通较发达乡镇，偏远山区乡镇的学前教育普及程度仍然很低。2009 年，全县 3~6 岁适龄儿童 15769 名。全县公办、民办幼儿园在园幼儿及学前班幼儿人数总计 11671 人，学前教育普及率约 74%，其中县城所在乡镇达到 81%以上，

---

① 中国发展研究基金会项目组于 2009 年 12 月对寻甸县进行了前期调研，县卫生、教育部门提供 2008 年全县儿童保健、学前教育基本情况介绍。

而距县城较远的偏远乡镇普及率仅达到25%，有3个乡镇还没有幼儿园。

（二）调查对象和方法

本次调查地点设在寻甸县和昆明市。寻甸县调查分别在试点乡镇和非试点乡镇开展，昆明市调查在中心城区开展。经过抽样，寻甸县的七星镇、河口镇两个试点乡镇，六哨乡、功山镇两个非试点乡镇，以及昆明市五华区、盘龙区、官渡区三个城区被选取开展调查。

1. 对象

在寻甸县和昆明市，调查对象包括儿童和父母（或主要看护人）两类人群。

（1）0~6岁幼儿。儿童调查包括0~35月（即0~3岁）、36~72月（即3~6岁）两个年龄段。针对0~3岁婴幼儿，主要检测身高、体重和血红蛋白，评估婴幼儿的营养状况；针对3~6岁幼儿，主要测试语言、认知、动作、记忆、社会规则等心理发展领域，以及社会交往、情绪控制等社交—情感领域的发展。

（2）父母/主要看护人。幼儿父母或主要看护人在幼儿接受体检或测试的同时，接受问卷调查。调查分别针对0~36月、36~72月儿童的父母或看护人设计了问卷。0~36月儿童家长调查问卷包括婴幼儿母乳喂养、辅食添加，以及父母文化程度、年龄、职业、民族、家庭消费支出状况等内容；36~72月儿童家长调查问卷包括幼儿学前教育、家庭育儿活动，以及父母民族、年龄、职业、文化程度、家庭收入及消费支出状况、社区健康教育宣传等内容。针对寻甸试点乡镇样本，问卷还设计了开展6~24个月营养干预、3~6岁幼儿学前教育试点的相关问题。

2. 方法与工具

调查采用分层抽样、PPS抽样和整群抽样方法，通过问卷调查和心理测评方式搜集横断面数据，并采用方差分析、主成分因子分析、多元回归分析等定量研究方法，比较试点乡镇与非试点乡镇、城市在园儿童之间的早期发展差异，考察影响贫困农村儿童早期发展的各种因素，检验和评估项目试点效果，为下一步试点和研究奠定基础。

0~36月婴幼儿体检由中国疾控中心技术人员与寻甸县妇幼保健人员现场实

施，标准量床、电子秤和 HemoCue 血红蛋白仪均由调查方统一提供。昆明市婴幼儿体检由昆明市卫生局妇幼保健处组织协调，在被抽到的三个区的妇幼保健院实施调查。

36～72 月幼儿心理测试采用华东师范大学学前教育学系周念丽教授设计的 36～72 个月儿童心理测评指标（详见本文附录），对 36～47 月、48～59 月、60～72 月三个年龄段幼儿的语言、认知、动作、记忆、社会规则领域发展分别进行面对面的个体实测，并通过幼儿父母或主要看护人对幼儿的社会性—情绪情感发育状况进行评估。

（三）组织实施

此次调查获得了昆明市和寻甸县卫生、教育部门的大力支持。昆明市卫生局协调三个区的妇幼保健院/中心，配合开展 0～3 岁幼儿体检及其家长问卷调查。教育局协调 4 所幼儿园，配合开展 3～6 岁幼儿测试及其家长问卷调查。云南师范大学、昆明学院 45 名高校大学生参加了调查访谈工作。寻甸县卫生局和教育局分别组织被抽乡镇的卫生院、中心学校，开展 0～3 岁和 3～6 岁幼儿测试及其家长问卷调查。

三、云南 0～3 岁儿童营养干预试点评估

调查总共测试 0～3 岁儿童 626 名，并访谈儿童家长或主要看护人。在数据分析时，经过核对儿童出生信息，清除了超龄幼儿样本。同时，参照世界卫生组织（WHO）推荐的 0～3 岁儿童生长发育标准，清除了血红蛋白、身高、体重测量值疑似异常样本。经过筛查和清理，最终进入分析的有效样本为 593 人，占调查总数的 94.7%[①]（见表 1）。

---

① 昆明市 196 个有效样本中，有 93 名儿童没有参加血红蛋白测试，只有身高、体重两项体格测试结果。

表 1　　　　　　　　2012 年云南试点评估调查 0～3 岁儿童样本组成

年龄（月）	地区分组样本数（人）			
	昆明市	试点乡镇	非试点乡镇	小　计
0～11	89	72	85	246
12～23	45	80	75	200
24～35	62	45	40	147
合　计	196	197	200	593

（一）婴幼儿营养现状

0～3 岁儿童营养状况主要参照身高（长）、体重、血红蛋白三项指标。营养不良指标——生长迟缓（身高不足）率、低体重率和贫血率参照世界卫生组织推荐的各月龄幼儿生长发育标准，将低于标准身高（长）2 个标准差界定为生长迟缓，低于标准体重 2 个标准差界定为低体重。世界卫生组织推荐的贫血界值为 110 克/升，海拔高度在 1000 米以上地区，按每升高 250 米，界值标准提高 1 克/升的原则，对昆明市和寻甸县被调查乡镇的贫血界值分别作了相应调整。

调查结果显示，与 2010 年基线调查相比，寻甸县实施营养干预试点两年后，婴幼儿生长迟缓、低体重等营养不良状况有明显改善。6～24 月龄婴幼儿生长迟缓率从试点前的 30.8% 下降到 22.3%，降低了 27.6%。6～24 月龄婴幼儿低体重率从试点前的 15.1% 下降到 10%，降低了 33.8%。2 岁以下儿童贫血率也明显下降，试点前 6～11 月龄婴儿贫血率高达 71.7%，而此次调查已降低到 42%，下降了 41.4%；12～24 月龄婴儿在试点前的贫血率为 58.5%，此次调查为 41.2%，降低了 29.6%。

1. 生长迟缓率

调查结果显示，从 12 个月开始，寻甸干预组儿童的生长迟缓率低于对照组，而且在 24 个月以后，随着月龄增加，干预组与对照组生长迟缓率的差距呈现逐渐扩大的趋势。以 24～29 月龄幼儿为例，寻甸干预组的生长迟缓率为 23.3%，而对照组为 39.1%，即 24～29 月龄对照组幼儿比干预组幼儿的生长迟缓率高出

2/3。从图1①中三组儿童各月龄段生长迟缓率的变化趋势来看，寻甸对照组和昆明市幼儿满24个月以后均出现生长迟缓率迅速上升的趋势，而寻甸干预组则从24个月以后呈现持续下降的趋势。在寻甸营养干预试点中，幼儿满24月龄就不再食用"营养包"，三组地区24～36月龄儿童生长迟缓率比较分析表明，实施营养干预对降低儿童生长迟缓产生了持续效果。

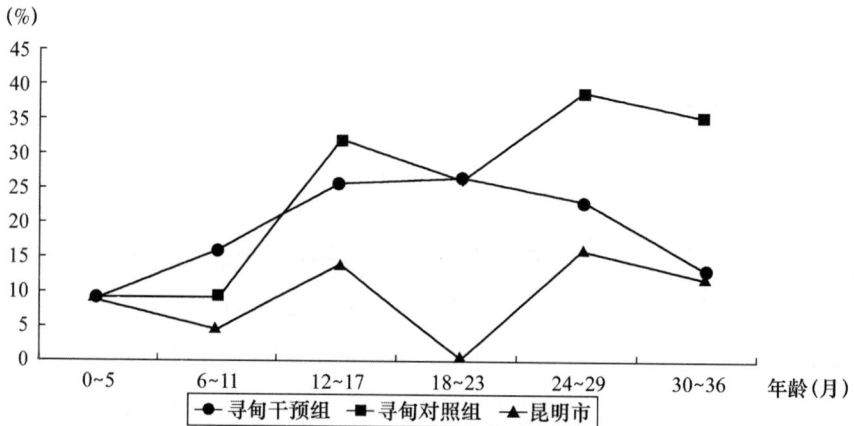

图1　不同地区0～36月婴幼儿生长迟缓率比较

2. 低体重率

与对照组相比，寻甸干预组各月龄段儿童的低体重率几乎都显著低于对照组。干预组6～11月龄婴儿的低体重率（4%）在三组地区中最低，仅为对照组的28%，昆明市该月龄段幼儿也比干预组高出18%。寻甸干预组幼儿满24个月以后显示了低体重率迅速下降的趋势，而对照组和昆明市24～29月龄幼儿则呈现迅速上升趋势（见图2）。这一差异反映了营养干预对改善儿童低体重的持续效果。

3. 贫血率

与对照组相比，寻甸干预组18月龄以下的婴儿贫血率明显较低，其中，12～17月龄婴儿贫血率约相当于对照组的2/3。从18月龄开始，随着月龄的增

---

① 数据来源：本报告中的图表数据均来自"中国发展研究基金会云南试点评估调查"（单独注明数据来源的除外）。

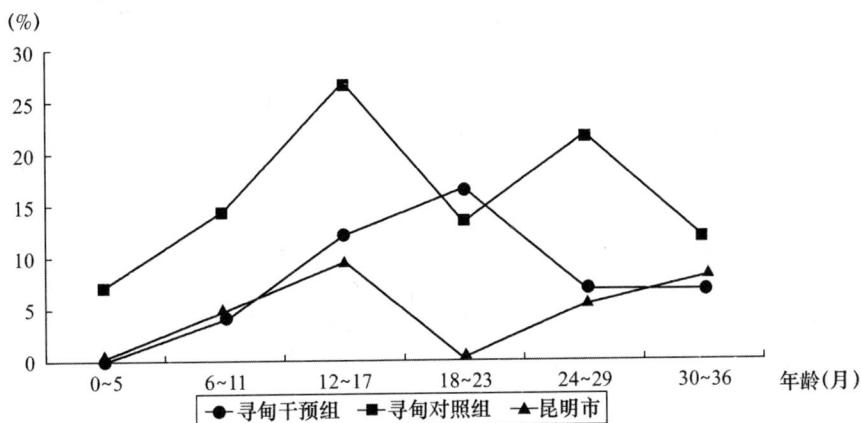

图2　不同地区0～36月婴幼儿低体重率比较

加，干预组幼儿的贫血率呈现持续下降的趋势，到30～36月龄时，幼儿的贫血率已降低到接近于昆明市的水平①。与干预组贫血率呈现下降趋势相反，对照组和昆明市幼儿在满24个月以后的半年内（24～29月龄），出现了贫血率上升的趋势（见图3）。

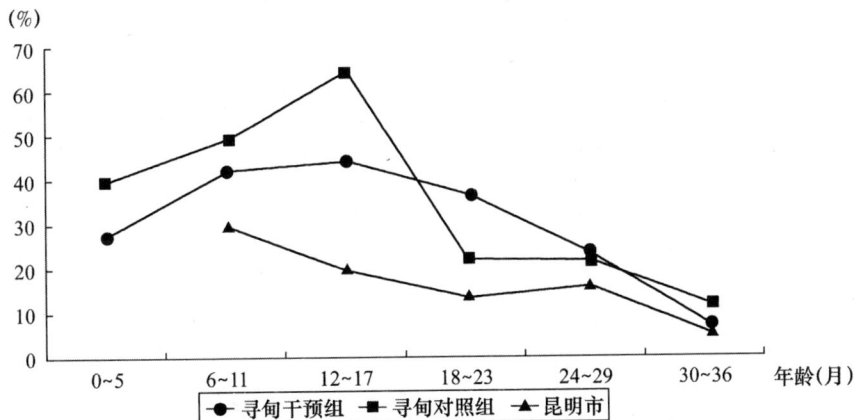

图3　不同地区0～36月婴幼儿贫血率比较

---

①　由于昆明市进行了血红蛋白测试的0～5月龄婴儿样本数较少，此处图中未显示昆明市0～5月婴儿的贫血率。

（二）营养包干预

1. 营养包依从率①

寻甸试点乡镇被调查的 6～24 月儿童 130 人，其中 103 人食用过营养包，营养包发放率为 79%。在 103 名食用过营养包的儿童中，77.7% 每周食用数量为 7 包，基本按照每天补充 1 包的推荐量食用；每周食用 3～6 包的比例占 9.7%；还有 13% 的儿童一周食用量少于 3 包。按照平均每周食用不少于 3 包的依从率标准计算，寻甸试点乡镇 6～24 月龄儿童的营养包依从率为 87.4%（见表 2）。

表2　　　　寻甸干预组 6～24 月龄儿童平均每周食用营养包数量

数量（包）	人数（人）	比例（%）
<3	13	12.6
3～6	10	9.7
7	80	77.7
总　计	103	100

试点乡镇被调查的 6～24 月龄婴幼儿中，52% 在食用营养包过程中出现中断现象，93% 只给参加干预项目的儿童本人食用，而没有给家中其他小孩食用。从婴幼儿对营养包的接受程度来看，54% 喜欢吃营养包，一次能吃完一包；18% 可以接受营养包，在一天内分几次吃完一包；还有 26% 的儿童不喜欢吃，喂起来比较费劲。调查结果还显示，在已食用营养包的 6～24 月龄婴幼儿家庭中，94% 的家庭表示如果营养包不是免费提供，他们仍然愿意花钱购买，表明寻甸试点乡镇的婴幼儿家庭对营养包较高的接受程度。

2. 依从率影响因素

（1）父母打工。父母常年外出打工家庭的 6～24 月婴幼儿对营养包的依从率相对较低。调查样本中，试点乡镇父母至少一方在外打工的 6～24 月龄婴幼儿家庭比例为 34%，这些留守儿童家庭的营养包依从率为 80%；而父母双方均在家

---

① 营养包依从率是指每周食用营养包 3 包及以上婴儿数占食用营养包婴儿总数的比例。

的婴幼儿营养包依从率为91.7%，比留守儿童家庭高出近12个百分点[1]。

（2）对村医评价。试点乡镇被调查食用营养包的6～24月龄婴幼儿家庭，89%通过"村医通知家长领取"的方式获得营养包，10%的家庭是由"村医送到家"。村医是执行营养包发放工作的一个重要环节，婴幼儿家庭对村医工作的评价影响到营养包依从率。调查结果显示，63%的家庭对村医工作"非常满意"，33%认为"比较满意"，认为村医工作"一般"或"不太满意"的比例为4%。对村医工作"非常满意"或"比较满意"家庭，对营养包的依从率分别为89%和85%，而评价"一般"的家庭则只有67%的依从率。

（3）主要看护人文化程度[2]。调查结果表明，试点乡镇接受营养包干预的6～24月婴幼儿主要看护人文化程度偏低。52%的看护人为初中文化程度，25%为小学文化程度，还有11%不识字。看护人具有高中以上文化程度的比例只有12%（见图4）。主要看护人为初中文化程度，或者看护人不识字，营养包依从率相对较高，达到90%。看护人为小学文化程度，或者具备高中以上较高文化程度的家庭，营养包依从率相对低一些，约为84%。

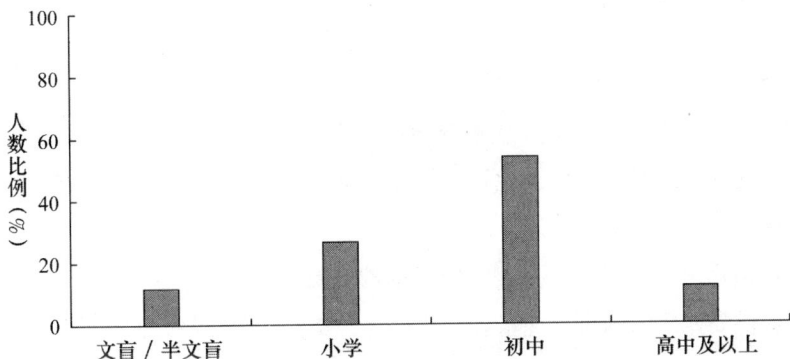

图4　寻甸试点乡镇6～24月婴幼儿主要看护人文化程度

（4）家庭收入。试点乡镇6～24月龄婴幼儿家庭41%的家庭年收入为1万

---

① 方差检验表明差异具有统计显著性。

② 主要看护人文化程度是根据被访者与被调查儿童的关系来确定，如果被访者即为主要看护人，则采用被访者文化程度；如果被访者不是主要看护人，则采用母亲文化程度。

~2万元，29%为2万~5万元，11%的家庭年收入为5万元以上，还有19%的家庭年收入不足1万元（见图5）。家庭年收入水平为1万~2万或5万以上，婴幼儿营养包依从率较高（93%）；家庭年收入水平为1万以下的贫困家庭营养包依从率为88%，与试点乡镇6~24月龄儿童总体的平均依从率水平相当；收入水平为2万~5万元家庭的营养包依从率略低于平均水平（81%）。

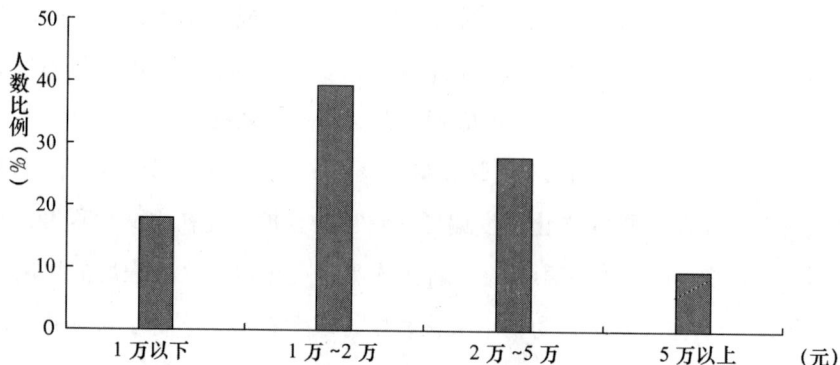

图5　寻甸试点乡镇6~24月婴幼儿家庭全年收入

（三）营养干预效果评估

1. 影响婴幼儿营养状况的因素

对营养干预效果的评估主要从喂养活动、家庭经济状况、看护人文化程度、父母打工、社区健康教育，以及性别、年龄、民族等人口特征，对影响婴幼儿营养状况的原因进行综合分析。

（1）母乳喂养。母乳喂养是婴儿重要的营养保障，6个月以前坚持纯母乳喂养，能够提供婴儿所需的所有能量和营养需求，是此时婴儿最好的食物。云南调查结果显示，0~5月龄婴儿中，昆明市的母乳喂养比例最高（83%），寻甸对照组的母乳喂养比例也达到81%，而寻甸干预组的母乳喂养比例相对较低，只有68%。昆明市和寻甸对照组从6~11月开始母乳喂养比例下降，昆明市下降幅度明显。干预组6~11月母乳喂养比例略有上升，12月龄以上的母乳喂养比例与对照组相似（见图6）。

总体而言，调查结果反映了6个月以下母乳喂养城市明显高于农村，而6~24个月母乳喂养农村明显高于城市的状况。这一结果表明，在贫困农村地区，

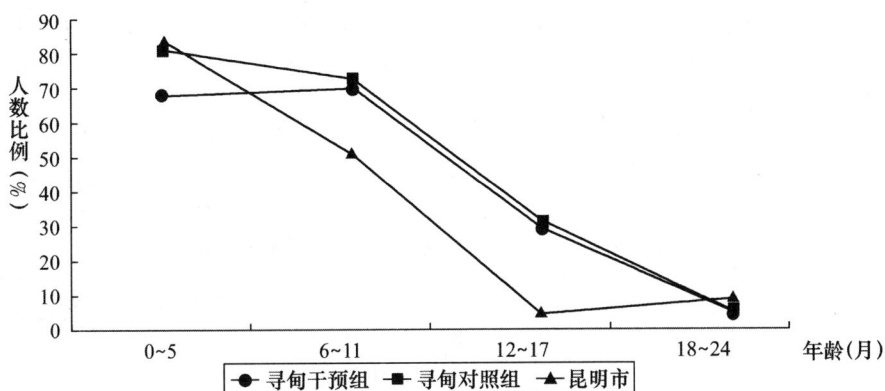

图6　不同地区2岁以下婴儿母乳喂养情况比较

仍然需要加强关于婴儿6个月以前纯母乳喂养的宣传教育。

（2）辅食添加。婴幼儿满6个月以后，由于母乳已经不能满足生长发育的需要，必须及时添加各类辅食补充营养，否则对幼儿生长发育将造成不利后果。

调查结果表明，整体而言，寻甸干预组6～24月婴幼儿的辅食喂养情况好于对照组，肉类、蔬菜、牛奶等辅食喂养情况好于昆明市。与对照组相比，干预组家庭喂坚果、肉类、鱼类、蔬菜、水果类辅食的比例较高。但与昆明市相比，干预组喂豆类、蛋类辅食的比例略低（见图7）。

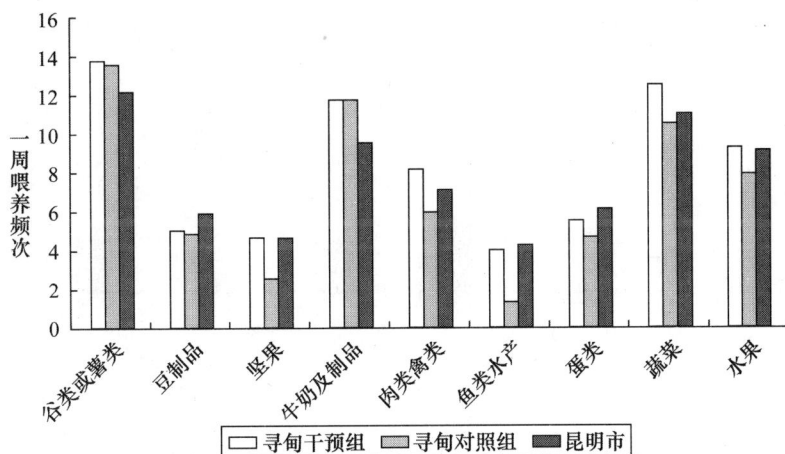

图7　不同地区6～24月婴幼儿辅食喂养情况比较

（3）家庭收入。寻甸试点乡镇被调查的0~3岁幼儿40.8%家庭年收入为1万~2万元，29.1%的家庭在2万~5万元水平，1万元以下的收入较低家庭的比例为20.4%。非试点乡镇1万元以下的低收入家庭比例占37.7%，高于试点乡镇。非试点乡镇家庭年收入在2万~5万元、5万元以上的比例比试点乡镇要低一些（见表3）。

表3　　　　　寻甸县试点乡镇与非试点乡镇0~3岁样本家庭年收入

家庭年收入（元）	试点乡镇（%）	非试点乡镇（%）
1万以下	20.4	37.7
1万~2万	40.8	38.8
2万~5万	29.1	19.7
5万以上	9.7	3.8

（4）主要看护人文化程度。调查全体0~36月样本中，寻甸干预组的主要看护人文化程度高于对照组，昆明市样本的主要看护人文化程度明显高于寻甸县农村样本。寻甸干预组主要看护人29%只有小学或小学以下文化程度，对照组这一比例为38%，昆明市为8%。干预组和对照组50%的主要看护人为初中文化程度，昆明市为29%。干预组21%的主要看护人具备高中以上文化程度，对照组为11%。昆明市23%的主要看护人具备大学本科或更高学历，13%为大专文化程度，具备高中文化程度的比例为25%（见图8）。

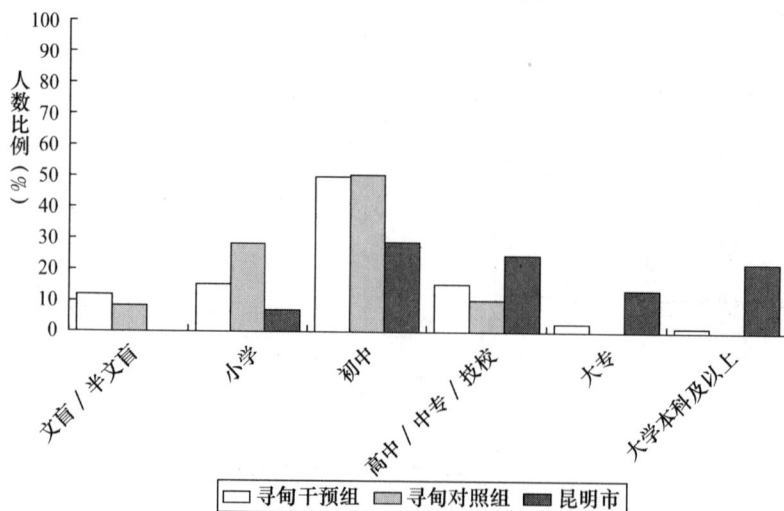

图8　不同地区0~3岁主要看护人文化程度

（5）父母打工。根据调查结果，寻甸试点乡镇0～3岁儿童父母至少一方常年外出打工的比例占33.5%，高于非试点乡镇（27%）。试点乡镇父母双方均常年外出打工的比例占14.7%，非试点乡镇为8%。如表4所示。

表4　寻甸县试点乡镇与非试点乡镇0～3岁儿童父母外出打工人数比例　单位：%

类　型	试点乡镇	非试点乡镇
至少一方	33.5	27
父母双方	14.7	8.0

数据来源：中国发展研究基金会"贫困地区儿童早期发展项目"2012年云南试点评估调查。

（6）民族。调查样本中0～3岁婴幼儿主要包括汉族、彝族、回族和苗族，少数民族占22.5%。寻甸干预组的回族、彝族各占11%和10%，对照组的彝族占19%（见图9）。

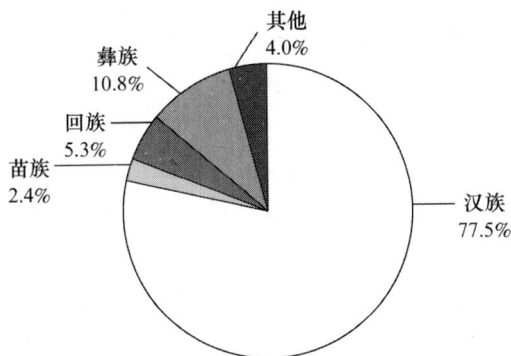

图9　全体样本0～3岁婴幼儿民族构成

2. 婴幼儿营养不良状况 Logistic 回归分析

采用 Logistic 回归分析方法，通过控制主要看护人文化程度、父母外出打工、社区健康教育、家庭年收入以及性别、年龄、民族等因素，本报告分别对寻甸农村全体0～36月龄婴幼儿样本、寻甸试点乡镇0～36月龄婴幼儿样本的生长迟缓、低体重、贫血状况进行考察。

（1）针对寻甸农村0～3岁儿童样本的分析。寻甸农村0～3岁婴幼儿营养不良 Logistic 回归分析变量描述见表5。对寻甸农村试点乡镇和非试点乡镇0～3岁幼儿全体样本的 Logistic 回归分析结果（见表6）表明：

表 5　　寻甸农村 0～3 岁婴幼儿营养不良 Logistic 回归分析变量描述

变　量		人数（人）	比例（%）
Dependent Variable	生长迟缓	85	21.4
	低体重	47	11.8
	贫　血	144	36.4
Independent Variables	父母至少一方在外打工　是	120	30.2
	否	227	69.8
	孩子性别　男	197	49.6
	女	200	50.4
	现在是否母乳喂养　是	145	37.7
	否	240	62.3
	主要看护人文化程度　文盲/半文盲	44	11.4
	小　学	123	31.9
	初中	179	46.5
	高中及以上	39	10.1
	孩子民族　汉　族	286	74.3
	少数民族	99	25.7
	孩子年龄（月）　0～5	65	16.4
	6～11	92	23.2
	12～17	87	21.9
	18～23	68	17.1
	24～29	53	13.4
	30～36	32	8.1
	参加社区健康教育或培训　是	42	10.6
	否	331	83.4
	孩子是否吃过营养包　是	150	38.1
	否	244	61.9
	家庭年收入（元）　1 万以下	109	28.8
	1 万～2 万	151	39.8
	2 万～5 万	93	24.5
	5 万以上	26	6.9

- 在控制了多种因素的影响后，家庭收入、月龄和母乳喂养对生长迟缓率具有显著影响。家庭年收入1万元以下、1万~2万元贫困家庭的婴幼儿患生长迟缓的概率分别是家庭年收入5万元以上农村家庭的5.95倍和6.844倍。
- 家庭收入和月龄对贫血率具有显著影响。家庭年收入1万~2万元贫困家庭婴幼儿患贫血的概率为年收入5万元以上农村家庭的3.787倍。

（2）针对寻甸试点乡镇0~3岁儿童样本的分析。寻甸试点乡镇0~36月龄婴幼儿营养不良状况Logistic回归分析变量描述见表7。对寻甸试点乡镇0~3岁幼儿样本的Logistic回归分析结果（见表8）表明：

- 在控制了各种因素影响后，父母外出打工、少数民族和月龄对试点乡镇婴幼儿贫血率具有显著影响。相对于父母双方均未外出的农村家庭，父母至少一方外出打工家庭的婴幼儿贫血概率较低，后者约为前者的66%。试点乡镇的少数民族婴幼儿患贫血概率高于汉族婴幼儿，约为后者的2.837倍。试点乡镇12~17月龄婴幼儿患贫血概率为30~36月幼儿的13.899倍。
- 家庭收入和母乳喂养对试点乡镇婴幼儿生长迟缓率具有显著影响。试点乡镇家庭年收入低于1万元的贫困家庭婴幼儿患生长迟缓的概率为年收入5万元以上农村家庭的8.187倍。

（四）青海、云南6~24月婴幼儿营养干预试点效果比较

与2011年青海试点评估结果相比，2012年云南试点评估显示，在云南寻甸县开展的营养干预措施同样取得了婴幼儿营养不良状况改善的预期效果。

- 两地6~24月龄婴幼儿生长迟缓率变化趋势显示，青海乐都和云南寻甸干预组12~17月龄婴幼儿生长迟缓率均低于各自对照组。
- 乐都干预组12~17月龄婴幼儿生长迟缓率比对照组低16%，18~24月龄婴幼儿生长迟缓率持续降低，比对照组低53%；云南寻甸干预组12~17月龄幼儿生长迟缓率比对照组低20%（见图10）。
- 两地6~24月龄婴幼儿低体重率变化趋势显示，青海乐都和云南寻甸干预组6~11月龄、12~17月龄婴幼儿低体重率均低于各自对照组。
- 云南寻甸干预组的6~11月龄婴幼儿低体重率比对照组低72%，12~17月龄比对照组低56%；青海乐都干预组的6~11月龄婴幼儿低体重率比对照组低12%，12~17月龄比对照组低8.7%（见图11）。

表6　0~3岁母婴县全体样本 Logistic 回归分析结果

变量	营养不良状况	生长迟缓 β	生长迟缓 S.E.	生长迟缓 Exp(β)	低体重 β	低体重 S.E.	低体重 Exp(β)	贫血 β	贫血 S.E.	贫血 Exp(β)
父母至少一方在外打工（以未打工为参照）	父母至少一方在外打工	0.329	0.313	1.390	0.404	0.391	1.498	-0.356	0.273	0.701
孩子是否吃过营养包（以未吃过为参照）	吃过营养包	0.001	0.315	1.001	-0.199	0.403	0.820	-0.170	0.286	0.844
	一周辅食添加总次数	-0.001	0.006	0.999	0.000	0.008	1.000	0.006	0.005	1.006
现在是否母乳喂养（以母乳喂养为参照）	母乳喂养	1.031*	0.424	2.804	0.804	0.482	2.234	0.233	0.323	1.262
家庭年收入（元）（以5万以上为参照）	1万以下	1.783*	0.806	5.950	1.277	0.833	3.585	0.848	0.636	2.335
	1万~2万	1.923*	0.795	6.844	0.377	0.846	1.457	1.332*	0.620	3.787
	2万~5万	1.043	0.832	2.838	-0.260	0.938	0.771	1.223	0.634	3.397
社区健康教育或培训（以未参加为参照）	参加社区健康教育或培训	0.251	0.421	1.285	0.728	0.501	2.072	0.340	0.379	1.404
看护人文化程度（以高中及以上为参照）	文盲/半文盲	-0.618	0.634	0.539	0.190	0.826	1.209	0.680	0.540	1.973
	小学	-0.615	0.555	0.541	0.154	0.742	1.166	0.515	0.474	-1.674
	初中	-0.019	0.513	0.981	-0.102	0.710	0.903	0.262	0.435	1.300

续表

变量		生长迟缓			低体重			贫 血		
		β	S.E.	Exp(β).	β	S.E.	Exp(β).	β	S.E.	Exp(β).
营养不良状况										
孩子年龄（月） （以30～36月为参照）	0～5	-2.371**	0.785	0.093	-1.451	1.041	0.234	2.108*	0.867	8.228
	6～11	-1.714*	0.667	0.180	-0.535	0.876	0.585	2.520**	0.818	12.429
	12～17	-0.460	0.547	0.632	0.440	0.744	1.552	2.896***	0.786	18.095
	18～23	-0.359	0.557	0.699	0.163	0.771	1.177	1.901	0.800	6.694
	24～29	0.186	0.565	1.204	0.244	0.798	1.276	1.427	0.830	4.167
孩子性别 （以女孩为参照）	男孩	0.294	0.281	1.342	0.448	0.365	1.565	-0.087	0.245	0.917
孩子民族 （以汉族为参照）	少数民族	1.331***	0.308	3.785	0.703	0.383	2.020	0.392	0.276	1.480
常数项		-2.824*	1.091	0.059	-3.511**	1.330	0.030	-4.571***	1.096	0.010
有效样本量		364			364			366		
卡方值		53.321***			32.098*			49.153***		
Cox & Snell R² 方		0.136			0.084			0.126		
Nagelkerke R²		0.208			0.165			0.173		

注：*P<0.05;

**P<0.01;

***P<0.001。

表 7　寻甸试点乡镇 0~36 月龄婴幼儿营养不良状况 Logistic 回归分析变量描述

变　量		人数（人）	比例（%）
父母至少一方 在外打工	是	66	33.5
	否	131	66.5
孩子性别	男	97	49.2
	女	100	50.8
现在是否 母乳喂养	是	69	35.0
	否	128	65.0
主要看护人 文化程度	文盲/半文盲	27	13.7
	小　学	52	26.4
	初　中	93	47.2
	高中及以上	25	12.7
孩子民族	汉　族	144	73.1
	少数民族	53	26.9
孩子年龄 （月）	0~5	22	11.2
	6~11	50	25.4
	12~17	50	25.4
	18~23	30	15.2
	24~29	30	15.2
	30~36	15	7.6
如何评价村医发 放营养包的工作	非常满意	96	64.0
	比较满意	50	33.3
	一般	3	2.0
	不太满意	1	0.7
家庭全年收入 （元）	1 万以下	40	20.4
	1 万~2 万	80	40.8
	2 万~5 万	57	29.1
	5 万以上	19	9.7

表8 寻甸试点乡镇0~36月龄婴幼儿营养不良状况 Logistic 回归分析结果

变量	营养不良状况	生长迟缓			低体重			贫血		
		β	S.E.	Exp(β).	β	S.E.	Exp(β).	β	S.E.	Exp(β).
父母至少一方在外打工（以未打工为参照）	父母至少一方在外打工	0.399	0.538	1.490	−0.290	0.852	0.748	−1.086*	0.530	0.337
如何评价村医发放营养包的工作（以非常满意为参照）	比较满意	0.133	0.482	1.142	0.132	0.849	1.142	0.308	0.442	1.361
	一般	1.001	1.350	2.722	0.112	1.677	1.119	1.768	1.309	5.858
	不太满意	20.584	40192.970	8.70E+08	40.669	40602.935	4.60E+17	20.928	40192.970	1.23E+09
现在是否母乳喂养（以未母乳喂养为参照）	母乳喂养	1.982**	0.678	7.261	1.648	0.999	5.196	0.218	0.559	1.243
家庭年收入（元）（以5万以上为参照）	1万以下	2.103*	0.987	8.187	1.336	1.090	3.804	−0.425	0.911	0.654
	1万~2万	1.193	0.956	3.296	−1.432	1.171	0.239	0.647	0.835	1.909
	2万~5万	0.769	1.000	2.157	−0.249	1.093	0.780	0.667	0.877	1.948
看护人教育程度（以高中及以上为参照）	文盲/半文盲	−0.551	0.945	0.577	−0.357	1.493	0.700	1.475	0.944	4.370
	小学	−0.880	0.841	0.415	−19.573	5755.301	0.000	1.171	0.814	3.224
	初中	−0.171	0.714	0.843	0.755	1.101	2.128	0.628	0.730	1.873

续表

变 量	营养不良状况	生长迟缓			低体重			贫 血		
		β	S.E.	Exp(β).	β	S.E.	Exp(β).	β	S.E.	Exp(β).
孩子年龄(月)(以30~36月为参照)	0~5	-18.242	40192.97	0.000	-18.659	40192.970	0.000	-16.381	40192.970	0.000
	6~11	-0.950	1.115	0.387	-1.105	1.640	0.331	2.132	1.214	8.431
	12~17	-0.045	0.930	0.956	-0.370	1.412	0.690	2.632*	1.147	13.899
	18~23	0.971	0.948	2.640	1.618	1.369	5.045	2.091	1.193	8.094
	24~29	0.663	0.936	1.941	0.935	1.525	2.547	1.544	1.181	4.684
孩子性别(以女孩为参照)	男孩	-0.171	0.455	0.842	0.084	0.736	1.087	-0.491	0.417	0.612
孩子民族(以汉族为参照)	少数民族	0.647	0.510	1.910	0.502	0.808	1.652	1.043*	0.478	2.837
常数项		-3.017*	1.302	0.049	-3.092	1.856	0.045	-3.872**	1.458	0.021
有效样本量		149			149			149		
卡方值		29.703*			35.454**			35.783**		
Cox & Snell R²方		0.181			0.212			0.213		
Nagelkerke R²		0.270			0.428			0.295		

注: $*P<0.05$; $**P<0.01$; $***P<0.001$。

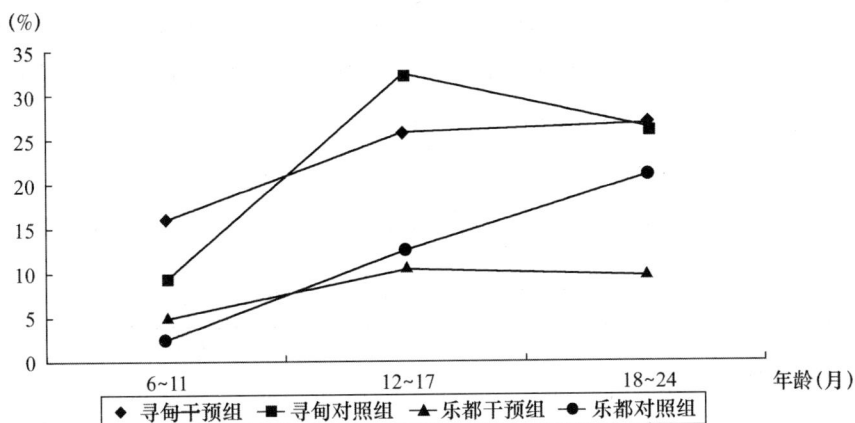

图10　青海、云南试点地区6～24月婴幼儿生长迟缓率

数据来源：中国发展研究基金会"贫困地区儿童早期发展项目"青海、云南试点评估调查。

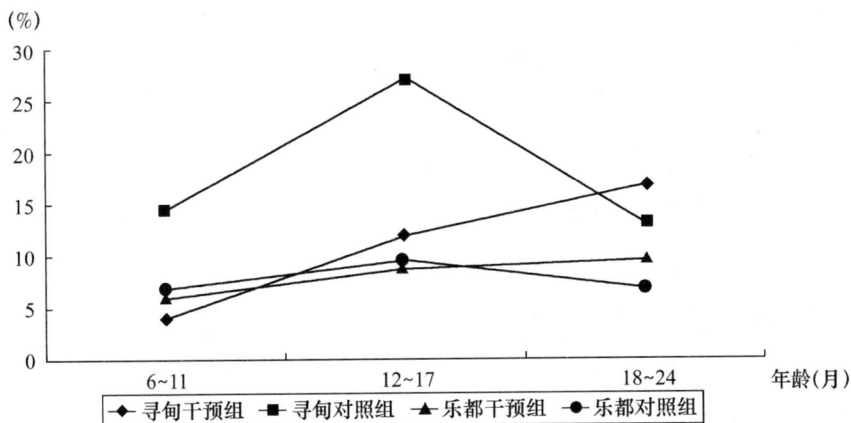

图11　青海、云南试点地区6～24月婴幼儿低体重率

数据来源：中国发展研究基金会"贫困地区儿童早期发展项目"青海、云南试点评估调查。

四、3～6岁幼儿早期发展评估

云南中期评估总共测试36～72月（即3～6岁）幼儿375名，并对幼儿主要看护人进行了问卷调查。由于在抽样过程中对幼儿年龄进行了较严格筛选，因此超龄、低龄等无效样本的比例较低（0.5%），有效问卷总计373份。

36～72月幼儿调查在三类地区开展。①寻甸县试点乡镇：七星镇、河口镇两个试点乡镇参加山村幼儿园活动的36～72月幼儿，共计105名。②寻甸县非试点乡镇：六哨乡、功山镇两个非试点乡镇的36～72月幼儿，共计86名。③昆明市中心城区：五华区、盘龙区两个区、四所幼儿园的36～72月幼儿，共计182名。三类地区幼儿的基本人口特征如下（见表9）。

表9　　　　　　　　　云南调查3～6岁幼儿样本人口特征

调查地区	幼儿（人）	性别（%）		民族（%）				
		男	女	汉族	苗族	回族	彝族	其他
寻甸试点乡镇	105	43.8	56.2	51.4	21.9	22.9	3.8	0
寻甸非试点乡镇	86	46.5	53.5	90.7	0	2.3	7.0	0
昆明市中心城区	182	46.7	53.3	81.3	0	1.6	2.7	14.3

（一）社会性—情绪情感

在3～6岁幼儿看护人问卷中，我们采用了华东师范大学学前教育学系周念丽教授设计提供的幼儿社会性—情绪情感测评问题①，由家长根据幼儿平时的行为表现，对这些问题进行回答。

1. 探索性因子分析

采用主成分因子分析方法，10个原始变量适合进行因子分析②。主成分因子分析结果表明，特征值（Eigenvalue）大于1的因子数有4个，这4个因子解释方差的累积贡献率为53.781%（见表10）。

根据正交旋转后的因子负荷结果，被抽取的4个因子分别代表"情绪控制"（因子1）、"社会性"（因子2）、"挫折处理"（因子3）和"同伴交往"（因子4）四个维度的发展（见表11）。

---

① 周念丽教授提供的问题参考了美国教育心理学家 Mary Rothbart 设计的"儿童早期行为调查问卷"（Early Child Behavior Questionnaire）。本次调查问卷采用了10道问题。

② 在 SPSS 主成分因子分析中，KMO 检验结果0.596，Bartlett 球形度检验拒绝了10个变量相关矩阵为单位阵的原假设，表明适合进行因子分析。

表10　　　　　　　　　　　　主成分因子分析方差解释

成　分	特征值	贡献率（％）	累积贡献率（％）
因子1	1.869	18.693	18.693
因子2	1.293	12.928	31.621
因子3	1.210	12.095	43.717
因子4	1.006	10.064	53.781

表11　　　　　　　　　　　　正交旋转后的因子负荷矩阵

原始变量	成　分			
	因子1	因子2	因子3	因子4
公共场合陌生人靠近		0.641		
做一件事遇到困难			0.637	
被禁止做某事			0.427	
孩子不安的时候	0.530			
找不到可玩的东西或事情	0.661			
拜访熟悉同伴的家庭				0.563
别的孩子拿走玩具	0.567			
正热心做某事时被告知不准			0.542	
要求须等待后才可拿到想要的东西	0.605			
孩子得到一个礼物的时候		−0.366		

　　根据成分得分系数矩阵，采用回归法可以计算4个因子的因子值。根据因子值，以各因子对总方差的贡献率（见表10）为权重，可以得出反映幼儿社会性—情绪情感发育状况的一个综合指标：

$$F = 0.18693f_1 + 0.12928f_2 + 0.12095f_3 + 0.10064f_4$$

　　2. 不同地区幼儿社会性—情绪情感发育比较

　　此次调查的寻甸县非试点乡镇86名幼儿既包括在园儿童，也包括未上幼儿园的儿童。在与试点乡镇幼儿（寻甸干预组）的比较分析中，将非试点乡镇这两部分幼儿作了区分，分别为寻甸对照组（散居）和寻甸对照组（在园）。

　　比较寻甸干预组、寻甸对照组（散居）、寻甸对照组（在园）、昆明市对照组四类地区幼儿社会性—情绪情感发育状况，结果显示（见表12），寻甸干预组幼儿在四类地区中社会性—情绪情感发育水平最高。

表 12　　　　　　　幼儿社会性—情绪情感发育均值比较

调查地区	样本数（人）	均　值	标准差
寻甸干预组	97	0.069	0.245
寻甸对照组（散居）	33	−0.027	0.312
寻甸对照组（在园）	47	−0.007	0.264
昆明市对照组	168	−0.033	0.285

注：均值均已进行标准化处理。

图 12 显示，寻甸干预组 3~6 岁幼儿的社会性—情绪情感发育综合指标高于总体样本的平均水平，农村和城市对照组幼儿均低于总体样本的平均水平。与寻甸对照组无法上幼儿园的 3~6 岁散居幼儿相比，寻甸干预组幼儿的社会性—情绪情感综合发育水平高出 10%。

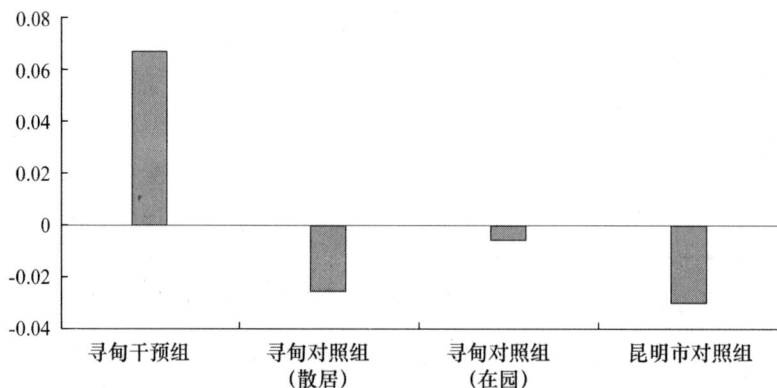

图 12　3~6 岁幼儿社会性—情绪情感综合指标比较
数据来源：中国发展研究基金会"贫困地区儿童早期发展"项目 2012 年云南试点评估调查。

对全体 3~6 岁幼儿社会性、挫折处理、情绪调节和同伴交往四个维度的均值比较可以看出（见表 13）。

• 寻甸干预组幼儿社会性、挫折处理发育水平均值明显高于寻甸散居未入园幼儿、寻甸在园幼儿和昆明市在园幼儿，在四类地区中最高。图 13 显示，寻甸干预组 3~6 岁幼儿的社会性、挫折处理发育水平在各组中最高。与

表13　四类地区幼儿社会性、情绪调节、挫折处理、同伴交往四个维度均值比较

调查地区	情绪调节	社会性	挫折处理	同伴交往
寻甸干预组	− 0.216	0.473	0.303	0.114
（N = 97）	(0.861)	(0.839)	(0.952)	(1.014)
寻甸对照组（散居）	− 0.493	0.104	0.184	0.289
（N = 33）	(1.106)	(0.991)	(0.919)	(1.176)
寻甸对照组（在园）	− 0.238	0.185	0.245	− 0.158
（N = 47）	(0.937)	(0.755)	(0.908)	(1.100)
昆明市对照组	0.288	− 0.345	− 0.280	− 0.079
（N = 168）	(0.992)	(1.024)	(0.997)	(0.913)

注：表格内数值为均值，括号内为标准差。

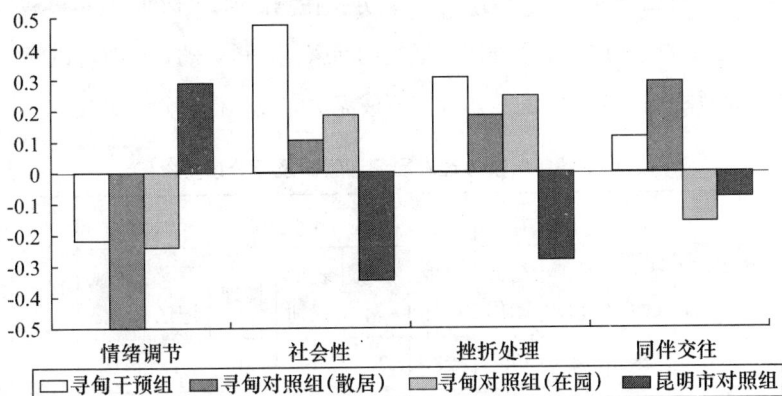

图13　3～6岁幼儿四个维度发展状况比较

寻甸对照组无法上幼儿园的散居幼儿相比，干预组幼儿社会性和挫折处理发育水平高出37%和12%。调查结果显示，昆明市幼儿在社会性和挫折处理方面不如寻甸农村幼儿。

- 寻甸干预组幼儿情绪调节发育水平高于寻甸散居未入园幼儿和寻甸在园幼儿。与寻甸对照组无法上幼儿园的散居幼儿相比，干预组幼儿情绪调节发育水平高出28%。

• 寻甸干预组幼儿同伴交往发育水平高于寻甸在园幼儿和昆明市在园幼儿①。

（二）幼儿心理发展测评

幼儿心理发展测评采用了周念丽教授设计的 36 ~ 47 月、48 ~ 59 月、60 ~ 72 月三个年龄段儿童的多维度心理发展测评指标。有关测评指标的内容和信效度检验，参见本文附录。

幼儿心理发展从语言、动作、认知、记忆、社会规则 5 个大领域，以及接受性、表达性、精细动作、粗大动作、自他认知、数概念、表情识别、推理、意义记忆、机械记忆 10 个小领域，综合考察幼儿早期发展状况。

幼儿在测评人员指导下回答本年龄段的测试问题或按要求完成动作。幼儿独立回答并答对一道题目或完成一个动作，得 2 分；在测试时由于幼儿不配合等原因，无法回答某道问题或完成某个动作时，通过询问家长，得知幼儿平时可以回答该问题或完成该动作，得 1 分；若完全不会回答或无法完成，得 0 分（见表 14）。

表 14　　　　　　　　3 ~ 6 岁各年龄段心理发展测评领域及评分设置②

大领域	语言		动作		认知				记忆		社会规则	满分
	接受性	表达性	精细动作	粗大动作	自他认知	数概念	表情识别	推理	意义记忆	机械记忆		
36 ~ 47 月	6	28	4	4	28	26	4	0	4	0	0	104
48 ~ 59 月	0	26	4	4	26	8	4	0	4	4	0	80
60 ~ 72 月	0	28	8	4	28	4	4	2	4	4	8	94

---

① 由于"同伴交往"这一维度是通过一道测评问题，即幼儿拜访他（她）熟悉的小朋友家庭时的行为表现来反映，而已上幼儿园的幼儿平时与其他小朋友家庭串门的机会相对较少，家长在回答这道问题时可能存在理解上的偏误。

② "意义记忆"和"机械记忆"领域的测试问题与 2011 年青海中期评估调查的内容稍有不同，主要差别是在此次云南测试中，幼儿被要求一次跟说若干个数字或词语，即跟说数字和跟说词语各自设置为一道题；而在青海测试中，幼儿被要求每次跟说一个数字或词语，并回答若干道类似的跟说数字或词语的问题，增加了题量设置。

各领域的分数设置由问卷中该领域的题目数量决定，没有考虑权重问题。为了开展不同地区幼儿在不同领域的发展情况比较，采取了计算得分率的办法，即用幼儿在每一领域得分除以该领域的满分。以下分析均基于得分率比较。

（1）3~4岁幼儿心理发展。调查结果显示，除语言领域外，寻甸干预组接受山村幼儿园学前教育的3~4岁幼儿在动作、认知和记忆领域的心理发展水平均高于寻甸对照组未上幼儿园的散居同龄幼儿。动作发展水平已达到昆明市对照组同龄幼儿的95%，认知和记忆发展分别比寻甸对照组散居同龄幼儿高36%和28%（见图14）。

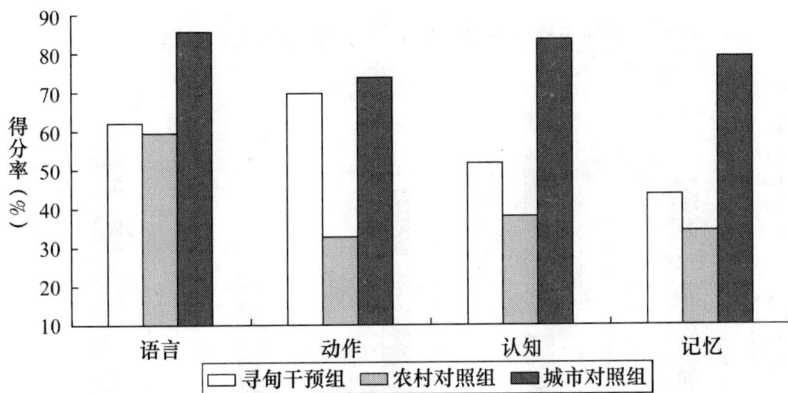

图14　寻甸干预组与对照组3~4岁幼儿心理发展比较

（2）4~5岁幼儿心理发展。寻甸干预组4~5岁幼儿心理发展4个领域的发展水平均高于对照组散居同龄幼儿，动作发展水平已达到昆明市对照组同龄幼儿的84%（见图15）。

（3）5~6岁幼儿心理发展。寻甸干预组5~6岁幼儿在动作、记忆和社会规则领域的发展水平高于对照组散居同龄幼儿，语言和认知发展不及对照组散居幼儿（见图16）。

（三）青海、云南试点地区3~6岁幼儿学前教育试点效果比较

通过开展山村幼儿园模式的学前教育试点，云南寻甸试点地区的学前教育普及率已提高到84%。与2011年青海试点评估结果相比，云南寻甸县开展的幼儿

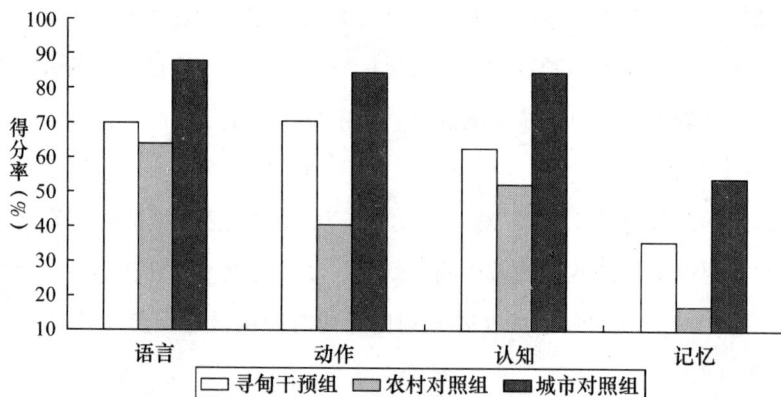

图15　寻甸干预组与对照组4～5岁幼儿心理发展比较

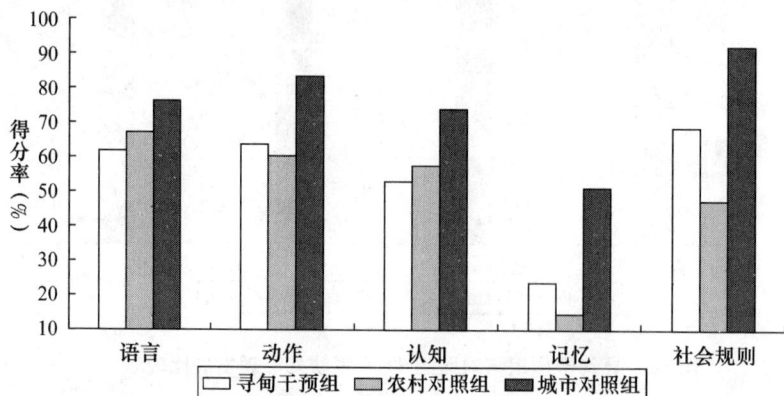

图16　寻甸干预组与对照组5～6岁幼儿心理发展比较

学前教育试点效果不及青海乐都县（见图17）。两县在学前教育试点项目执行方面的差异造成了这一结果。

五、结　论

中国发展研究基金会自2009年以来在西部贫困农村地区开展"贫困地区儿童早期发展"项目试点，充分利用农村基层现有的公共卫生、基础教育资源，动员地方政府、社区、学校、家庭等多方力量，取得了婴幼儿营养不良状况改

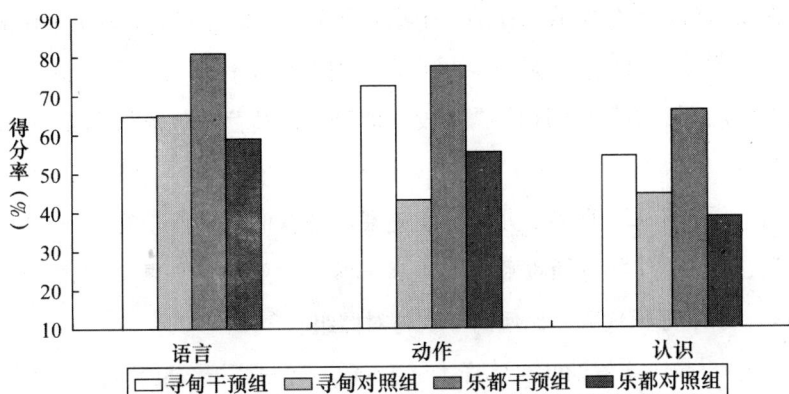

图17　云南试点地区3~4岁幼儿心理发展比较

数据来源：中国发展研究基金会"贫困地区儿童早期发展项目"青海、云南试点评估调查。

善、学前教育基本覆盖、贫困农村幼儿与城市幼儿早期发展差距缩小的预期效果，有力推动了国家儿童营养和学前教育政策制订。

（一）0~3岁婴幼儿营养干预

- 寻甸试点乡镇采取的营养干预措施对改善儿童营养不良产生了明显效果，6~24月龄婴幼儿生长迟缓率降低27.6%，低体重率降低33.8%，6~11月和12~24月婴幼儿贫血率分别降低41.4%和29.6%。实施营养干预对降低儿童生长迟缓率、贫血率具有持续效果。寻甸干预组24月龄以上、停止食用营养包幼儿生长迟缓率持续下降，而农村和城市对照组同龄幼儿则呈现上升趋势。干预组18月龄以上婴幼儿贫血率呈现持续下降趋势，30~36月龄幼儿贫血率已降低到接近于城市对照组同龄幼儿的水平。

- 试点乡镇营养包发放率为79%，6~24月龄婴幼儿对营养包的依从率达到87.4%，试点地区被调查婴幼儿家庭72%表示幼儿喜欢或比较接受营养包，94%表示如果营养包不是免费提供，仍然愿意花钱购买。

- 父母双方至少一方在外打工的留守儿童食用营养包的依从性相对较低，与父母双方均在家的幼儿相比，这些留守儿童对营养包的依从率低近12个百分点。

- 村医是执行营养包发放工作的一个重要环节，婴幼儿家庭对村医工作的评价影响营养包依从率。调查结果显示，对村医工作评价"非常满意"或"比较满意"的家庭比评价"一般"的家庭，其营养包依从率高约20个百分点。

- 寻甸干预组6~24月婴幼儿家庭正确喂养辅食的比例高于对照组。其中，肉类、蔬菜、牛奶等辅食喂养比例高于城市对照组，坚果、肉类、鱼类、蔬菜、水果等辅食喂养比例高于农村对照组。

- 对寻甸农村0~3岁幼儿全体样本的 Logistic 回归分析结果表明，在控制了多种因素的影响后，家庭收入、月龄和母乳喂养对生长迟缓率具有显著影响。家庭年收入1万元以下、1万~2万元贫困家庭的婴幼儿患生长迟缓的概率分别是家庭年收入5万元以上农村家庭的5.95倍和6.844倍。家庭收入和月龄对贫血率具有显著影响。家庭年收入1万~2万元贫困家庭婴幼儿患贫血的概率为年收入5万元以上农村家庭的3.787倍。

- 对寻甸试点乡镇0~3岁幼儿样本的 Logistic 回归分析结果表明，在控制了各种因素影响后，父母外出打工、少数民族和月龄对试点乡镇婴幼儿贫血率具有显著影响。相对于父母双方均未外出的农村家庭，父母至少一方外出打工家庭的婴幼儿贫血概率较低，后者约为前者的66%。试点乡镇的少数民族婴幼儿患贫血概率高于汉族婴幼儿，约为后者的2.837倍。试点乡镇12~17月龄婴幼儿患贫血概率为30~36月幼儿的13.899倍。家庭收入和母乳喂养对试点乡镇婴幼儿生长迟缓率具有显著影响。试点乡镇家庭年收入低于1万元的贫困家庭婴幼儿患生长迟缓的概率为年收入5万元以上农村家庭的8.187倍。

（二）3~6岁幼儿社会性—情绪情感发育和心理发展

- 寻甸干预组幼儿社会性—情绪情感发育水平高于农村对照组无法上幼儿园的散居幼儿。寻甸干预组幼儿社会性、挫折处理发育水平均值明显高于寻甸散居未入园幼儿、寻甸在园幼儿和昆明市在园幼儿。与寻甸对照组无法上幼儿园的散居幼儿相比，干预组幼儿在社会性和挫折处理发育水平高出

37%和12%。调查结果显示，昆明市幼儿在社会性和挫折处理方面不如寻甸农村幼儿。

- 寻甸干预组幼儿情绪调节发育水平高于寻甸散居未入园幼儿和寻甸在园幼儿。与寻甸对照组无法上幼儿园的散居幼儿相比，干预组幼儿情绪调节发育水平高出28%。寻甸干预组幼儿同伴交往发育水平高于寻甸在园幼儿和昆明市在园幼儿。

- 调查结果显示，除语言领域外，寻甸干预组接受山村幼儿园学前教育的3~4岁幼儿在动作、认知和记忆领域的心理发展水平均高于寻甸对照组未上幼儿园的散居同龄幼儿。动作发展水平已达到昆明市对照组同龄幼儿的95%，认知和记忆发展分别比寻甸对照组散居同龄幼儿高36%和28%。

- 寻甸干预组4~5岁幼儿心理发展各领域的发展水平均高于对照组散居同龄幼儿，动作发展水平已达到昆明市对照组同龄幼儿的84%。

- 寻甸干预组5~6岁幼儿在动作、记忆和社会规则领域的发展水平高于对照组散居同龄幼儿，语言和认知发展不及对照组散居幼儿。由于执行方面的差异，云南寻甸县开展的幼儿学前教育试点效果不及青海乐都县。

- 云南寻甸试点评估结果表明，低收入仍然是造成贫困地区儿童早期发展滞后的一个重要原因。与此同时，改善贫困地区儿童早期发展状况，除采取营养干预和提供基本学前教育保障措施外，需要进一步动员家庭和社区力量，采取综合性干预措施，提升项目质量，进一步强调对儿童早期营养和教育投资的优先权，使其成为消除贫困的根本手段。

刘 蓓 执笔

2012 年 10 月

参考文献

[1] 世界银行. 从儿童早期发展到人类发展：为儿童的未来投资. 北京：中国发展出版社，2011

[2] 中华人民共和国卫生部. 中国0~6岁儿童营养发展报告（2012）. 北京：卫生部，2012

[3] 中华人民共和国中央人民政府. 国家中长期教育改革和发展规划纲要（2010－2020 年）. 北京：

国务院，2010

［4］中华人民共和国中央人民政府. 中国儿童发展纲要（2011－2020年）. 北京：国务院，2011

［5］国务院人口普查办公室，国家统计局人口和就业统计司. 中国2010年人口普查资料. 北京：中国统计出版社，2012

［6］王梦奎主编. 为了国家的未来：改善贫困地区儿童营养状况试点报告. 北京：中国发展出版社，2009

［7］中国发展研究基金会. 贫困地区儿童早期发展项目青海试点中期评估报告. 北京：中国发展研究基金会，2011

［8］Bloom, Benjamin. Stability and Change in Human Characteristics. Hoboken：Wiley，1964

［9］Britto, Pia Rebello et al. Quality of Early Childhood Development Programs in Global Contexts. Social Policy Report，2011，25（2）：1－23

［10］Heckman, James et al. The Rate of Return to the HighScope Perry Preschool Program. Journal of Public Economics，2010，94：114－128

［11］Naudeau, Sophie et al（2010）. Investing in Young Children：An Early Childhood Development Guide for Policy Dialogue and Project Preparation. Washington D. C.：The World Bank，2010

［12］The World Bank & KDI School. The Regional Impact Evaluation Workshop "Evaluating the Impact of Development Programs：Turning Promises into Evidences". Seoul：The World Bank & KDI School，2011

［13］United Nations Educational, Scientific and Cultural Organization. Strong Foundations：Early Childhood Care and Education—EFA Global Monitoring Report 2007. Paris：UNESCO，2007

［14］United Nations Educational, Scientific and Cultural Organization. Reaching the Marginalized—EFA Global Monitoring Report 2010. Oxford：Oxford University Press，2010

附 录

36~72个月儿童心理发展测评构成及信效度说明

■ 周念丽

华东师范大学学前教育学系

一、出　处

心理发展领域的各指标构成，主要参考了格塞尔的发展诊断量表、贝利量表和维克斯勒量表。同时，参考了日本津守真和稻毛教子（1960）、津守真和磯部景子（1965）分别合著的婴幼儿精神发展诊断法（0~3岁）和（3~7岁）两个量表，以及日本的嶋津峯真和生澤雅夫研发的"新版 K 式发展检查法"（2003），还参考了中国版心理教育测查 PEP（Psycho Educational Profile）。

情绪情感部分参考了 ECBQ（The Early Childhood Behavior Questionnaire），Mary K. Rothbart（1990）。

二、内　容

在本心理测评量表中，除了心理测评中传统的感知觉、运动、思维、言语等能力，还把"共同注意"和"社会性"纳入了评估范围，由 7 大领域构成（见附表1）。

附表1　　　　心理测评各领域的构成

感知觉		运　动		记　忆		思　维			言　语		社　会		注　意	
感觉	知觉	精细动作	粗大动作	机械记忆	意义记忆	数的思维	图形空间	逻辑推理	接受性	表达性	对自己的认识	对他人的认识	自他互动	对人的注意	对物的注意

三、实　　施

1. 全国的预研究（见附表2）

附表2　　　　　　　　　　　测试地区及协作单位

地　区	协作单位
上　海	6个托幼机构
根　河	计生局
哈尔滨	人杰培训中心
西　安	陕师大心理、学前系
武　汉	华中师大
长　春	东北师大学前系
福　州	儿童发展教育学院
贵　阳	省幼儿师范学校
天　津	华夏未来教育集团
南　京	南京特殊教育学院
杭　州	浙江师范大学

2. 全国的通过率（见附表3）

附表3　　全国11省（区、市）4、5、6岁儿童心理发展的平均通过率

年龄段		感知觉	总分	动作	总分	记忆	总分	思维	总分	言语	总分	社会	总分
4岁	Mean	—	0.00	3.87	6.00	2.83	5.00	2.56	5.00	2.47	3.00	5.84	6.00
5岁	Mean	0.90	1.00	5.44	7.00	2.72	5.00	3.46	6.00	0.75	1.00	5.87	7.00
6岁	Mean	0.00		4.22	5.00	2.04	4.00	2.25	3.00	—	0.00	3.77	5.00
	N	1628	—	2575	—	2206	—	2207	—	2343	—	2631	—

各年龄段儿童的通过率均在50%～85%之间，说明本调查工具的难易度具适宜性。

四、信效度检验

（一）信度

1. 评分者一致性信度

对 8 个没参与测评量表构成的心理系一年级硕士研究生进行了测试训练，在确认其已完全掌握要领可以独立操作后，让他们根据前述的心理评分标准对两两配对，同时对 4、5、6 岁三个年龄段各 30 名儿童（共计 120 名）进行测试，进行独立评分，评分者一致性系数的范围为 0.78 ~ 0.85，说明具有较高的信度。

2. 重测信度

在上述心理测评后的一个月，在上海抽取了 60 名 4 岁儿童，进行同样的测试。两次测评的得分的相关系数如附表 4。

附表 4　　　　　　　　　　　　　　**重测信度**

感 知 觉	运 动	记 忆	思 维	言 语	社 会	注 意
$r = 0.86$	$r = 0.92$	$r = 0.88$	$r = 0.91$	$r = 0.93$	$r = 0.87$	$r = 0.91$

相关系数范围在 $r = 0.86$ ~ $r = 0.93$，说明本量表有较高的重测信度。

（二）效度

主要通过聚合效度来进行检验。

在哈尔滨、上海、贵阳分别抽取 4、5、6 岁年龄段各 50 个孩子在进行本研究的量表测试后又用格赛尔发展量表和韦克斯勒量表（WPPSI，适用 4 ~ 6.5 岁）进行测试。

将格塞尔发展顺序量表中的粗大动作能、精细动作能平均值与本量表的感觉运动平均值进行相关分析；把格塞尔发展顺序量表中的个人—社会能平均值与本量表的社会性平均值进相关分析，其结果见附表 5。

附表5　　　　　　**本量表部分维度与格塞尔发展顺序量表的相关分析**

感知觉 r = 0.66	运动 r = 0.88	社会 r = 0.78

将韦克斯勒量表中的言语部分中"常识、词汇、算术、类同、理解"5个分测验所得分数的平均值与操作部分的几何图形、积木图案所得分数的平均值与本研究的记忆、思维、言语、注意平均值进行了相关分析。其结果见附表6。

附表6　　　　　　**本量表部分维度与韦克斯勒量表的相关分析**

记　忆 r = 0.74	思　维 r = 0.80	言　语 r = 0.85	注　意 r = 0.68

从附表5和附表6的结果来看，本量表与经典的心理测评之间有较高的相关，说明本量表具有聚合效度。

青海乐都儿童早期发展试点评估报告

■ 中国发展研究基金会项目组

一、背　景

中国的扶贫事业在过去 30 年里取得了巨大进步，中国在减少绝对贫困方面已经卓有成效。由于地区发展不平衡，中国西部地区与东部沿海城市等经济发达地区之间仍然存在很大差距，在减少贫困的同时，通过人力资本提升减小差距，提高发展质量，成为中国消除贫困、促进社会公平的主要手段。中国 85% 的贫困人口在农村，66% 集中于西部地区。在所有年龄组中，0~6 岁幼儿的贫困发生率最高，比农村人口总体的贫困发生率高 96%（CDRF，2007、2008/09）。随着大量的年轻父母进城打工，农村幼儿留守比例不断上升，家中老人"隔代抚养"成为农村留守幼儿的主要看护方式。由于贫困农村地区覆盖婴幼儿健康、教育的社会保障体系尚待建立完善，农村家庭以老人为主的幼儿看护人缺乏科学育儿知识，贫困农村地区婴幼儿营养、学前教育状况存在很大问题，与城市幼儿的差距不断扩大。

神经科学和社会科学研究表明，0~6 岁是奠定人一生的能力发展的关键时期，这一时期大脑发育最快、可塑性最强，是采取儿童早期发展干预措施的最佳时机（Shonkoff，2000）。贫困弱势儿童早期的消极经历将影响到儿童入学后的学习成绩，以及成年后的就业和收入能力，形成贫困的延续和代际传递（世界银行，2011）。政府对儿童早期发展的投资是一项回报率获得保障的人力资本投资（James Heckman，2007），北欧各国高度重视对儿童早期的投入，已将儿童早期教育和保育（ECEC）作为提升国家竞争力的优先发展战略，予以综合性支持（OECD，2001、2006）。中国政府现阶段的减贫战略应优先考虑西部贫困农村地区婴幼儿，有针对性地采取健康、教育等综合干预措施，保证贫困农村地区儿童获得平等的早期发展机会，缩小与城市同龄儿童的差距，从根本上消除贫困。

中国发展研究基金会（以下简称"基金会"）是以支持政策研究、促进科学决策、服务中国发展为宗旨的全国性社团组织。基金会自2007年以来率先在贫困地区实施了农村寄宿制学校学生营养改善项目。2008年，温家宝总理在基金会提交的研究报告上作出批示："要增加政府对寄宿制学校贫困学生的补助力度，改善学生的营养状况。这件事关系国家的未来，也是扶贫事业的重要组成部分。"党的十七届三中全会公报进一步提出了"改善农村学生营养，促进城乡义务教育均衡发展"的目标。基金会从2009年开始对青海、云南、广西壮族自治区等省（区）进行了广泛深入的实地调研，了解西部贫困农村地区0~6岁婴幼儿营养保健、学前教育的现状。调研结果表明，政府在贫困地区提供的妇幼保健服务以"防"为主，没有采取直接的营养干预措施。而且，贫困地区居民由于信息闭塞，营养知识几乎空白。幼儿学前教育的问题也十分突出，贫困农村地区的学前教育供给水平很低，很难满足幼儿家庭的强烈需求。在西部贫困县，有限的学前教育投入主要用于县城，乡镇以下基本没有投入。而且，西部贫困地区的民办幼儿园虽然数量不断增加，但普遍设施简陋、场地拥挤，有些还存在安全隐患。由于西部贫困地区居住分散、交通不便，大规模建立正规幼儿园的成本相当高，而且很难覆盖到偏远山区的幼儿，必须寻找适合偏远贫困农村地区特点的学前教育普及方式。

二、贫困地区儿童早期发展项目试点

在对西部贫困地区进行实地调研，并组织中国疾病预防控制中心、北京师范大学、北京大学等机构专家进行咨询论证的基础上，基金会分别于2009年9月和2010年4月在青海省海东地区乐都县和云南省昆明市寻甸县启动了"贫困地区儿童早期发展"项目试点。项目由营养干预和学前教育两部分组成，针对孕期营养补充、6~24个月营养干预和3~5岁学前教育三个阶段分别开展试点[①]，旨在实现新生儿出生健康、婴幼儿营养正常、学前教育基本覆盖。

---

① 营养干预部分包括孕期营养补充、6~24个月婴幼儿营养干预，以及针对孕妇和婴幼儿母亲的"妈妈学校"培训，又称为"-9~24个月营养干预"。

（一）试点范围

乐都县项目启动时在 9 个乡镇同时实施营养干预和学前教育试点，并将其他 9 个乡镇（不含县城碾伯镇）作为对照组。在项目实施后，一方面，以"村级早教点"为依托开展 3～5 岁幼儿学前教育在乐都县山区乡镇取得了良好效果，非试点的山区乡镇也纷纷要求设立村级早教点，普及幼儿学前教育；另一方面，在距县城较近、地理位置和经济发展水平相对较好的川水地区，公办、民办幼儿园发展迅速，已基本能覆盖全乡适龄幼儿，村级早教点的需求相对减少。为此，乐都县教育局进行了统一协调，在全县 14 个山区乡镇全面设立早教点，同时撤掉了川水地区乡镇设立的早教点。寻甸县选择了 4 个乡镇开展试点，其中包括一些交通十分闭塞的彝族、苗族等少数民族村寨。

（二）试点内容

1.6～24 月婴幼儿营养干预

婴幼儿长到 6 个月时，母乳已经不能满足其生长发育的需要，必须及时添加其他食物（辅食）进行补充。在贫困农村地区，家庭为婴幼儿提供的辅食往往种类单一、缺乏营养，不能满足婴幼儿对矿物质和维生素的需要。为此，项目针对年满 6 月龄以上的婴儿实施营养干预，免费发放婴儿辅食补充剂——"营养包"[①]，每天一包，添加到家庭制作的辅食里，直至婴儿满 24 个月。营养包是以全黄豆粉为基础、添加了多种营养素的辅食喂养补充食品，包括钙、铁、锌、维生素 A、维生素 D、叶酸等 9 种微量营养素。

试点乡镇卫生院对进入项目的每一个婴儿在满 6、9、12、18 和 24 个月时将免费进行一次包括身高（长）、体重、血红蛋白等项目的体格检查，记录检查结果，建立完整的婴幼儿健康档案。村级卫生室具体负责营养包的发放，以及指导

---

① "营养包"由中国疾病预防控制中心陈春明研究员主创研制，已用于甘肃、"汶川"地震灾区，并开展了长期跟踪研究，证明对 2 岁以内婴幼儿营养不良状况具有改善效果，并有助于提高婴幼儿的长期智力发育水平。营养包的质量完全符合由卫生部和中国国家标准化管理委员会颁布的 GB/T 22570 -2008《辅食营养补充品通用标准》。

督促婴幼儿家庭正确地为婴幼儿添加营养包。

考虑到试点地区一些乡村地理位置偏僻、交通不便，家长按时带婴幼儿前往乡镇卫生院进行体检存在困难，项目采取了"有条件现金转移"制度。只要满足按时带婴幼儿到乡镇卫生院（或较大的村级卫生室）体检的条件，项目对每个家庭按照路程远近，每次给予 10～30 元不等的现金补助。

2. 孕妇营养补充及"妈妈学校"培训

营养学家强调，实施婴幼儿营养干预的黄金时期须从妇女受孕（即 -9 个月）开始。妇女在怀孕期间需要补充胎儿发育必需的蛋白质，以及多种维生素、铁、叶酸等微量营养素，以保证新生儿出生健康和出生后的正常发育。西部贫困农村地区居民的日常膳食中，含维生素、铁等微量营养素的食物摄入比例偏低，因此项目在试点乡镇免费向孕妇每天提供 2 片"学生营养素片"，补充维生素 A、钙、铁、锌等 7 种微量营养素①。

除了实物的营养干预，项目还针对贫困山区营养知识欠缺的突出问题，面向孕妇和婴幼儿家长（主要是母亲）开展营养知识培训。在乡镇卫生院和村卫生室设立"妈妈学校"，每月组织 1～2 次培训，由县、乡妇幼专干提供包括孕期营养保健、婴幼儿母乳喂养及辅食添加，以及营养包使用等实用知识培训和示范指导。基金会邀请首都知名的营养、妇幼保健专家，每年对试点地区县、乡、村妇幼保健人员进行 1～2 次统一培训，并组织专家编写了一套兼具科学性、地方性和实用性的项目专用教材，供妈妈学校培训人员参考使用。项目同样采取了有条件现金转移的方式，对参加妈妈学校培训的妇女给予 10～30 元现金补助。

3. 3～5 岁幼儿学前教育②

针对西部贫困地区人居分散、交通不便，农民收入低，开办正规幼儿园的单位成本太高的现实，基金会创造了一套依托村级早教点，由志愿者"走教"，为偏远山村无法接受正规幼儿园教育的 3～5 岁幼儿提供有质量的学前教育模式。

① 目前，中国尚未颁布孕妇营养补充的国家通用标准。项目采纳了中国疾控中心营养专家的建议，采用现有的包含足够微量营养素成分的"学生营养素片"作为孕妇营养补充产品。由于 2009 年开始，国家已对农村妇女免费发放叶酸，项目提供的孕妇营养补充品不含叶酸成分。

② 3～5 岁幼儿指 3～5 周岁，总共包括 3 年。

项目主要利用农村撤校并点后富余的村级小学校舍，配备基本的桌椅、电视机和DVD 机等设备，教具则主要由志愿者就地取材制作，教学大纲和教材由基金会聘请的学前教育专家提供初步方案，两县的教育局组织力量编写，志愿者根据大纲要求灵活地编写每天的教案。村级早教点设立以后，主要吸纳周围村组的幼儿到早教点每周接受 3 天以上的免费学前教育。

提供早教点教育服务的志愿者主要为当地中专或县职业学校幼师专业毕业生，或者大专以上毕业生，经过县教育局组织的公开报名、统一考核面试的招聘程序，被挑选到项目提供志愿服务。项目每月向志愿者提供 1500 元左右的生活费和交通补助。县教育局负责早教点布局，标准是 3~5 岁幼儿人数超过 10 名的村须设早教点。县教育局还组织县级示范幼儿园和幼师骨干对志愿者每月进行两次集中培训和早教点现场指导。乡镇中心学校安排专人具体负责早教点的教学活动安排，以及志愿者的考勤和生活管理，每个志愿者负责 1~2 个早教点的教学活动。

早教点开展以游戏为主的学前教育活动，并采取混龄教学方式。每个早教点一周开展 3 天以上的活动，由 1~2 名志愿者组织开展活动，并详细记录每一个幼儿在早教点的成长经历。

乐都、寻甸两地项目启动以来，截至 2011 年 9 月，13 个试点乡镇接受营养包干预的 6~24 月婴幼儿累计达到 4617 名、营养素片干预的孕妇人数累计 3578 人，共设立妈妈学校 61 个[①]。两地开展 3~5 岁幼儿学前教育试点的乡镇共计 18 个，设立村级早教点 211 个，参加早教点活动的 3~5 岁幼儿累计 4632 名，提供走教服务的志愿者 151 名。

三、青海试点中期评估

为评估项目在青海乐都县开展营养干预和学前教育试点的效果，比较西部贫

---

① 随着进入项目婴幼儿的月龄增加、妇女怀孕和生产情况的变化，每个月实际在项人数都有变化。根据试点地区每月动态汇总数据，两地 2011 年 9 月实际在项接受营养包的 6~24 月婴幼儿为 3331 名，接受营养素片的孕妇 1242 人。

困农村儿童与城镇儿童在早期发展方面的差异，并改进项目质量和管理，基金会于2011年5月主持开展了一项大规模评估调查。国家人口计生委培训交流中心、中国疾病预防控制中心、华东师范大学学前教育学系、世界银行东亚及太平洋地区人类发展部等机构为此次调查提供了技术和专家支持。

（一）调查对象和方法

本次调查在青海省海东地区、黄南藏族自治州的国家级贫困县和省会西宁市进行，范围涉及农区、牧区和城镇地区。经过随机抽样，正式调查在乐都县（包括农村地区和县城碾伯镇）、平安县（限农村地区）、尖扎县（限农村地区）①、西宁市（包括中心城区和城乡结合部）开展。

1. 对象

在各个地区，幼儿和幼儿父母（或主要看护人）同时接受调查。

（1）0~6岁幼儿。调查针对0~3岁、3~6岁两个年龄段幼儿分别进行体格检查和能力测试。0~3岁婴幼儿主要检查身高、体重和血红蛋白，评估婴幼儿营养状况；3~6岁幼儿主要测试语言、认知、动作、记忆、社会规则五个方面的能力，评估幼儿的综合能力发展。

（2）父母/看护人。对幼儿父母或看护人主要进行问卷调查，内容涉及0~3岁婴幼儿母乳喂养、辅食添加，3~6岁幼儿学前教育、家庭育儿活动，以及主要家庭成员的民族、年龄、文化程度，家庭消费支出状况，社区卫生医疗服务和健康宣传，学前教育资源和服务等情况。对乐都试点乡镇的幼儿父母或看护人，问卷调查还包括婴幼儿食用营养包、幼儿参加早教点活动的相关问题。

2. 方法与工具

调查采用分层抽样、PPS抽样和整群抽样等随机抽样方法，结合使用问卷调查方法和幼儿心理测评工具，获得项目试点地区和非试点地区的横断面数据，并采用方差分析、多元回归分析等定量研究方法，比较干预组和对照组婴幼儿的营养水平，以及幼儿在语言、认知、动作、记忆和社会规则等能力发展方面的差异，并考

---

① 尖扎县被调查的部分乡镇为牧区乡镇。

察影响以上儿童早期发展各方面的多种因素，从而检验和评估项目试点效果。

0~3岁婴幼儿体格检查由中国疾控中心的技术专家和乐都县妇幼保健站医务人员现场实施，基金会为各调查点提供了标准量床、电子秤和 HemoCue 仪器，用于测量0~3岁婴幼儿身高（身长）、体重和血红蛋白。在婴幼儿接受体检的同时，婴幼儿父母或看护人接受问卷调查。

3~6岁幼儿能力测评采用华东师范大学学前教育学系周念丽教授设计的36~72个月儿童心理测评指标（详见后文"五、3~6岁幼儿能力发展评估"），对幼儿的语言、认知、动作、记忆、社会规则等5个领域的能力进行测试，并通过5个领域得分加总，评估幼儿综合能力发展情况。在幼儿接受测评的同时，幼儿父母或主要看护人接受问卷调查。

（二）抽样

调查问卷参考了2010年3月世界银行与国家人口计生委在湖南合作开展的一项儿童早期发展和教育的抽样调查问卷内容，由基金会与中国疾病预防控制中心、华东师范大学学前教育学系等机构的营养和儿童心理测评专家共同讨论设计，增加了有关营养干预和走教干预的相关问题。

2011年4月，基金会项目组赴青海开展了试调查。根据试调查结果，对问卷进行了修改调整。由于此次调查包括藏族地区，我们对问卷根据藏语表达习惯进行了修改和翻译①。在试调查过程中，搜集了调查范围内0~6岁幼儿及其家庭的基本信息，确定了抽样框。

按照随机抽样方法，结合被调查地区人口分布特点，调查采取以下方式抽取样本。

（1）农村地区。主要采用分层抽样、PPS抽样和整群抽样方法。第一步，按照分层抽样原则，抽取乡镇；第二步，被抽乡镇按累计人口排序，计算抽样间隔，随机抽取村；第三步，被抽村的所有0~3岁婴幼儿、3~6岁幼儿参加测试，幼儿家长或看护人参加问卷调查。其中，乐都县3~6岁幼儿样本抽样方法

_____

① 其他少数民族，如回族、土族或撒拉族幼儿家庭基本能够通过汉语表达方式开展问卷调查和测评。

略有不同，在采用分层抽样方法抽取乡镇后，采用 PPS 抽样方法抽取早教点，被抽取早教点的所有幼儿接受调查。

（2）城镇地区。包括西宁市和乐都县城碾伯镇。在城镇地区，主要采用分层抽样和整群抽样方法。3～6 岁抽样分两步开展：第一步，按分层抽样方法抽取水平较高和一般的幼儿园各 1 所；第二步，将幼儿园的幼儿分成 3～4 岁、4～5 岁、5～6 岁三个组，然后在每组随机抽取一定数量的幼儿。0～3 岁抽样分两步进行：首先按照分层抽样原则抽取社区（居委），然后按照整群抽样原则，被抽取社区（居委）的所有 0～3 岁婴幼儿及其家长／看护人接受调查。根据碾伯镇和西宁市样本的特点，我们将碾伯镇样本与西宁市样本合并，组成青海城镇样本，便于与青海贫困农村地区样本进行比较分析。

（三）组织实施

此次调查组织了一支由北京、上海、青海高校大学生及职业学校学生组成的90 余人的访问员队伍，其中包括 20 名青海师范大学藏族班学生。中国疾控中心技术专家和乐都县妇幼保健站医务人员承担 0～3 岁婴幼儿体检工作，尖扎县、平安县和西宁市计生专干承担动员、召集和带领婴幼儿家庭到指定地点统一参加调查的引导员工作，以及调查过程中协助访问员翻译沟通的工作。

在正式调查之前，周念丽教授的研究团队、中国疾控中心的技术专家和基金会项目研究人员对调查员、体检员进行了培训和实测练习。

正式调查总共完成 1519 名婴幼儿体检工作和 1519 份 0～3 岁婴幼儿家长／看护人调查问卷；以及 1023 名幼儿能力测试和 996 份 3～6 岁幼儿家长／看护人调查问卷。在被抽取的 17 个乡镇和城镇地区累计调查 5057 人。

（四）目标

通过对 0～3 岁、3～6 岁两个年龄段幼儿和幼儿父母或主要看护人开展调查，此次评估旨在实现以下目标：

- 测试乐都试点乡镇 0～3 岁婴幼儿的体格状况，从而反映其营养水平，并通过与基线调查结果的纵向比较，评估项目实施 20 个月后试点地区婴幼儿整体营养状况的变化；

- 测评乐都试点乡镇 3~6 岁幼儿多项能力发展，通过与基线调查结果的纵向比较，评估项目以走教方式开展学前教育活动对幼儿综合能力发展的影响；
- 横向比较乐都试点乡镇 0~3 岁婴幼儿与其他非试点贫困农村地区、青海城镇地区同龄婴幼儿在营养发育方面的差异，从而评价项目对 6~24 月龄婴幼儿实施营养干预的效果；
- 横向比较乐都试点乡镇 3~6 岁幼儿与其他非试点贫困农村地区幼儿，以及青海城镇地区已上幼儿园幼儿在各项能力及综合能力发展方面的差异，从而评价项目实施走教干预的效果；
- 全面考察影响贫困农村地区婴幼儿营养发育、语言、认知、动作等能力发展的多种因素，进一步实证分析营养干预和走教干预的效果；
- 根据评估结果，推进下一步项目试点和研究；
- 基于对青海贫困农村和城镇地区儿童早期发展状况的整体调查，为国家制订针对西部贫困农村地区儿童早期发展的相关政策提供参考依据。

四、0~3 岁婴幼儿营养状况评估

调查总共测试 0~3 岁婴幼儿 1519 名。经过中国疾控中心的技术专家对调查数据的初步整理分析，清除了超龄幼儿样本，并参照世界卫生组织（WHO）推荐的儿童生长发育标准，清除了血红蛋白、身高、体重测量值疑似异常的样本，最终进入分析的有效样本 1408 名，占调查婴幼儿总数的 92.7%。对这 1408 名幼儿的父母/看护人调查问卷也同时进行了数据分析。

（一）婴幼儿营养现状

0~3 岁婴幼儿的营养状况主要以身高（长）、体重、血红蛋白三项指标来测量，相应的婴幼儿营养不良指标——生长迟缓（身高不足）率、低体重率和贫血率参照世界卫生组织推荐的各年龄段幼儿生长发育标准，其中，贫血率根据青海不同地区的具体海拔高度作了进一步界定①。此外，幼儿患腹泻、感冒发烧等疾病是营养不良和影响生长发育的重要原因。根据中国疾控中心陈春明教授等提供的项目定期监测评估报告，乐都试点地区婴幼儿在食用营养包后，患病率明显下降②。此次评估对婴幼儿患感冒发烧、腹泻情况也进行了调查分析。

与基线调查结果相比，乐都营养干预试点实施 20 个月后，婴幼儿的身高不足、贫血状况有显著改善，生长迟缓率下降程度最为明显。此次调查的 6～24 月龄婴幼儿生长迟缓率比基线调查时 6～24 月龄婴幼儿下降了 28.8%，贫血率下降了 12.9%③。

与全国农村地区比较，乐都干预组 0～3 岁婴幼儿的生长迟缓率（7.5%）已低于 2010 年全国农村平均水平（10%），低体重率（6.2%）已低于 2010 年全国贫困农村的平均水平（7%）。与青海其他贫困农村和城镇地区比较，乐都干预组的生长迟缓率、低体重率明显低于乐都对照组和平安、尖扎农村地区；乐都干预组的贫血率已低于青海城镇地区。如表 1 及图 1～3④ 所示。

表 1　　　　　　　　不同地区 0～3 岁婴幼儿营养状况比较　　　　　　单位:%

指　标	乐都干预	乐都对照	平安农村	尖扎农村	青海城镇	全国农村（2010）	全国贫困农村（2010）
生长迟缓率	7.5	15.8	24.6	17.2	5.8	10.0	16.0
低体重率	6.2	13.3	12.7	9.4	2.1	4.0	7.0
贫血率	44.0	44.2	45.9	64.0	48.4	19.2	23.2

数据来源：中国疾病预防控制中心陈春明、何武、王玉英等的报告《青海省乐都县社会公平项目实施 20 个月后营养保障效果》（2011 年 9 月）；中国发展研究基金会"贫困地区儿童早期发展"项目 2011 年 5 月中期评估调查。

---

① 对调查的青海农村地区，贫血的临界值根据被抽查乡镇的海拔高度作了相应调整。

② 根据中国疾控中心提交的年度监测评估报告，在项目实施一年后（2010 年 9 月），被调查地区各年龄段幼儿患病率下降幅度均在 50%～80%。

③ 此次中期评估调查抽取的乐都县 3 个试点乡镇与中国疾控中心专家组基线调查和定期跟踪监测的 3 个项目试点乡镇不同。此处与基线调查结果的比较反映乐都试点地区营养状况整体改善情况，有关试点地区婴幼儿营养状况改善的具体效果分析，以中国疾控中心实施的跟踪监测评估为准。详情参见陈春明、何武、王玉英等的报告《青海省乐都县社会公平项目实施 20 个月后营养保障效果》（2011 年 9 月）。

④ 数据来源：本报告中的图表数据均来自中国发展研究基金会"贫困地区儿童早期发展"项目 2011 年 5 月青海乐都中期评估调查（单独注明数据来源的除外）。

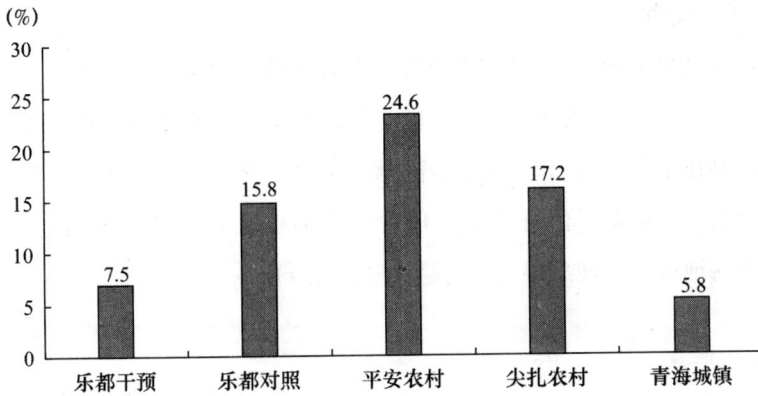

图1　不同地区0~3岁婴幼儿生长迟缓率比较

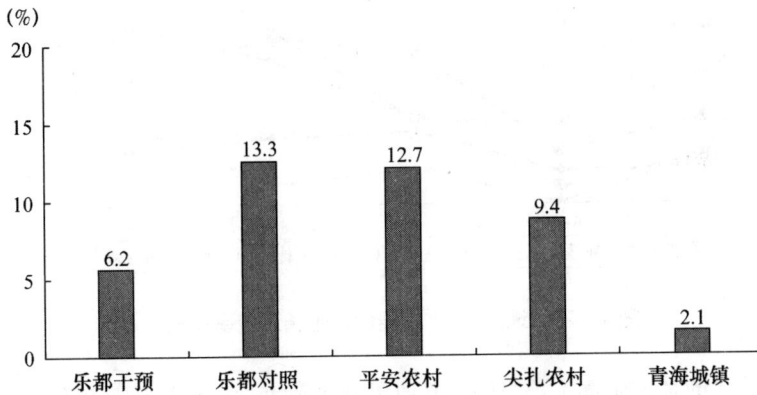

图2　不同地区0~3岁婴幼儿低体重率比较

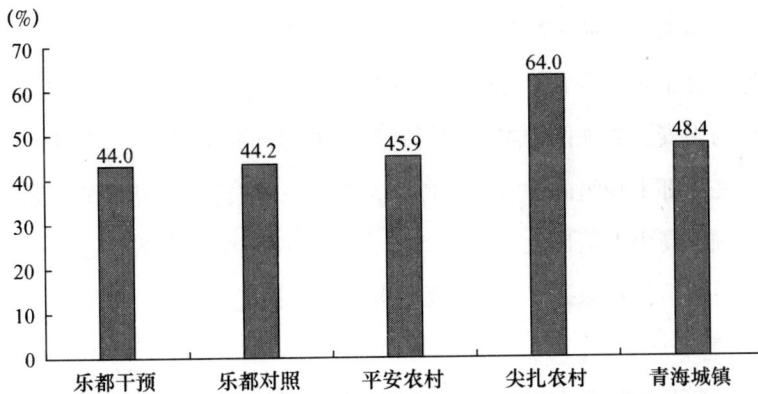

图3　不同地区0~3岁婴幼儿贫血率比较

1. 生长迟缓率

此次调查结果显示，干预组 18 个月以上各月龄段的生长迟缓率在各类地区中最低。以 18~23 个月为例，对照组的生长迟缓率比干预组高 1 倍以上，平安和尖扎农村则比干预组高 1.5 倍。随着月龄的增加，不同地区的生长迟缓率呈现不同的变化趋势。乐都干预组幼儿在 12 个月以后生长迟缓率明显下降，而对照组和平安农村地区则呈现急剧上升的趋势（见图4）。

(%)

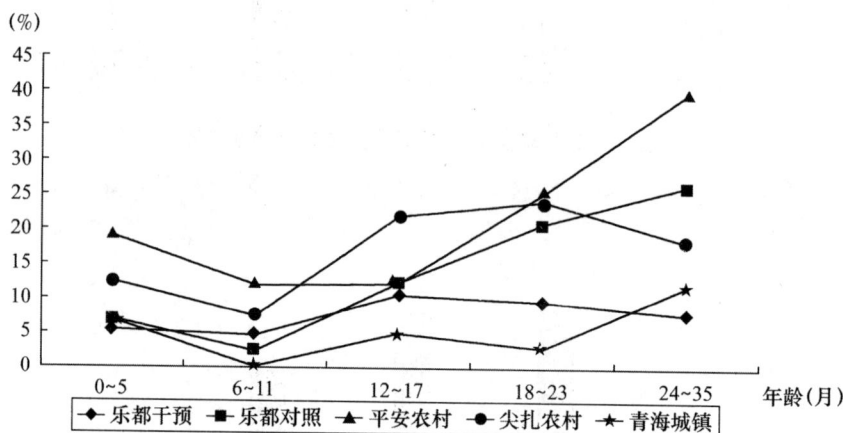

图4 不同地区 0~3 岁婴幼儿生长迟缓率比较

值得关注的是，乐都干预组的营养改善效果在干预结束后持续得到体现。基线调查 6~11 月龄婴幼儿在此次调查时年龄为 26~31 个月，已不再接受营养包干预（截至2岁）。从调查结果来看，乐都对照组 2~3 岁（包含了 26~31 月）的生长迟缓率比干预组高出 2 倍以上，前者比例达到 26.39%，后者为 7.69%。乐都干预组与平安、尖扎两个贫困农村地区的差异同样显著，平安 24~35 月的生长迟缓率是乐都干预组的 5 倍多，高达 39.86%；尖扎该年龄段的生长迟缓率也比乐都干预组高出 1 倍以上（见图5）。因此，调查结果表明吃过营养包的幼儿在退出项目后，仍然保持了生长迟缓率相对较低的优势。

2. 低体重率

乐都干预组不再吃营养包的 2~3 岁婴幼儿的低体重率同样保持了相对优势。乐都对照组 2~3 岁幼儿低体重率高达 27.78%，约相当于干预组的 7 倍；平安和尖

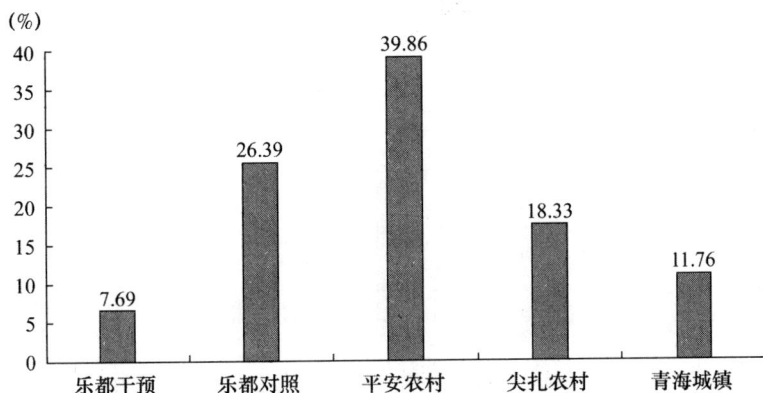

图5 不同地区2～3岁幼儿生长迟缓率比较

扎2～3岁幼儿的低体重率则分别是乐都干预组的4.24倍和1.56倍（见图6～7）。

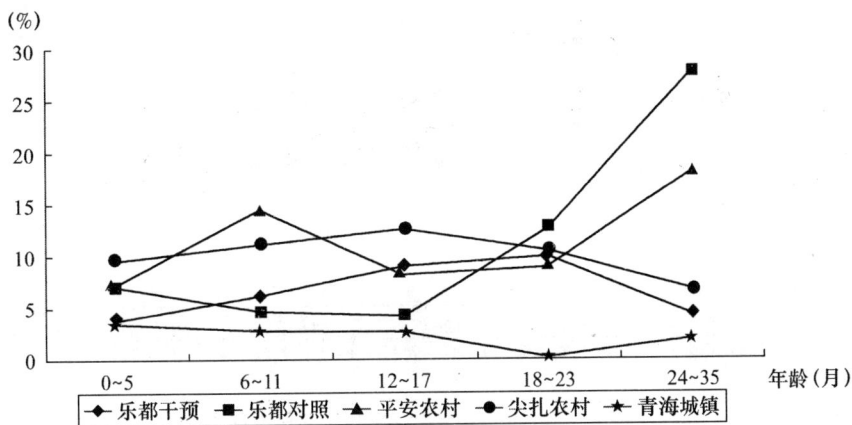

图6 不同地区0～3岁婴幼儿低体重率比较

3. 贫血率

乐都干预组的贫血率在18个月以后开始低于对照组，而且干预组18～24个月的贫血率在各类地区中最低，不仅低于其他贫困农村地区，而且降低到了比青海城镇地区更低的水平（见图8）。

同样，干预组的贫血率在超出营养包干预年龄范围的2～3岁年龄组中仍然保持了相对较低的优势（见图9）。干预组2～3岁婴幼儿的贫血率为32.48%，比对照组低出约16.48%，比尖扎、平安农村分别低出约39.09%和10.35%。

(%)

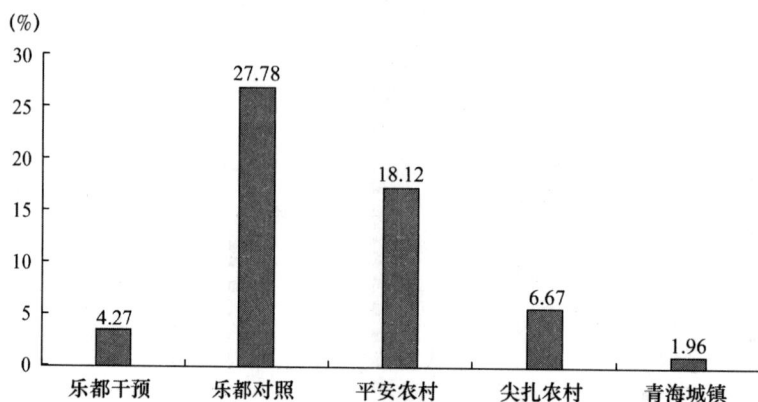

图7　不同地区2~3岁幼儿低体重率比较

(%)

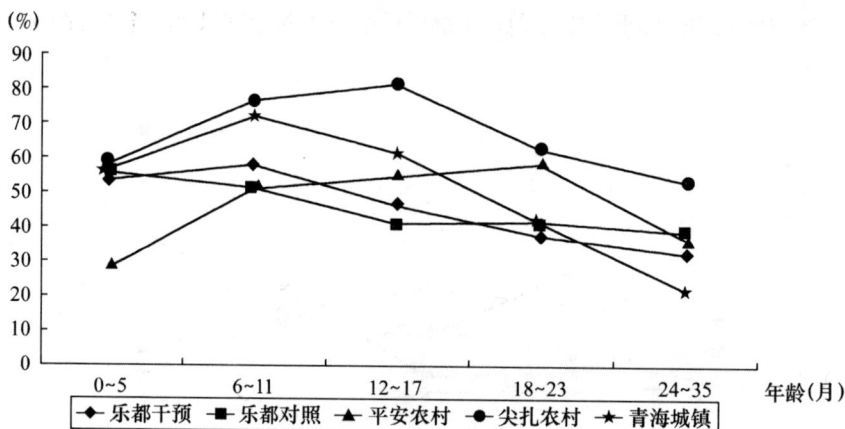

图8　不同地区0~3岁婴幼儿贫血率比较

4. 患病率

乐都干预组各年龄段婴幼儿患感冒发烧、腹泻等疾病的发生率均明显低于对照组及其他贫困农村地区，表明了营养干预对增强婴幼儿抵抗力的积极效果。从0~3岁婴幼儿总体来看，乐都干预组患感冒发烧的比例（50.79%）低于对照组和平安、尖扎农村地区（见图10）。

干预组的18~23个月婴幼儿的患感冒发烧比例在各类地区中最低，比对照组低出约44%，而且比青海城镇地区同龄婴幼儿低出约16%（见表2）。

(%)

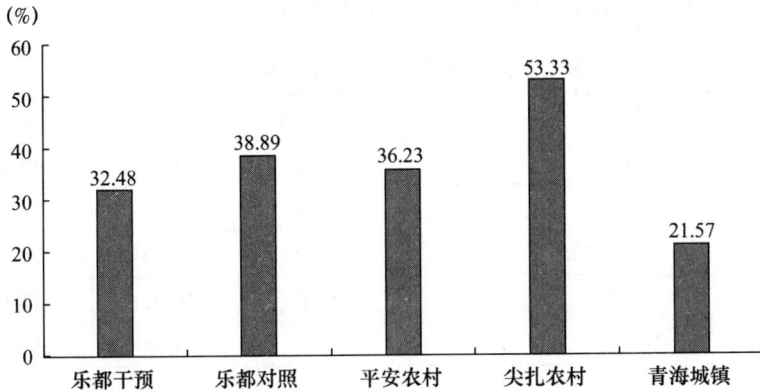

图9 不同地区2~3岁幼儿贫血率比较

(%)

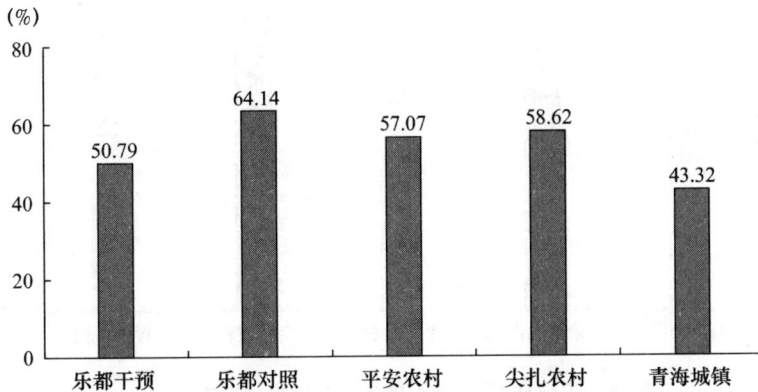

图10 不同地区0~3岁婴幼儿两周内感冒发烧率比较

表2　　　　　　　不同地区0~3岁婴幼儿两周内感冒发烧率　　　　单位:%

年龄（月）	乐都干预	乐都对照	平安农村	尖扎农村	青海城镇
0~5	43.64	42.86	54.76	62.07	46.67
6~11	52.38	65.12	57.33	61.54	44.44
12~17	56.14	66.67	60.00	67.74	35.14
18~23	50.70	72.92	53.25	58.62	58.82
24~35	50.44	64.29	58.21	50.85	36.00
总　计	50.79	64.14	57.07	58.62	43.32

乐都干预组在6个月以后的各年龄段腹泻发生率都明显低于对照组及平安、

尖扎农村，与青海城镇地区的比例接近（见表3和图11）。

表3　　　　　　　不同地区0~3岁婴幼儿两周内腹泻率　　　　　单位:%

年龄（月）	乐都干预	乐都对照	平安农村	尖扎农村	青海城镇
0~5	39.62	33.33	47.62	39.29	40.00
6~11	26.51	40.00	26.67	37.50	17.65
12~17	22.64	34.04	28.00	43.33	18.42
18~23	15.49	21.74	22.08	31.03	17.65
24~35	12.61	16.18	10.53	20.69	12.00
总　计	21.56	27.31	22.89	31.95	19.89

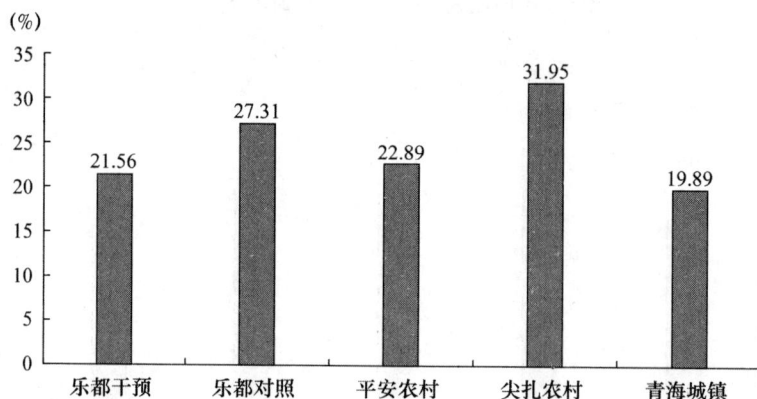

图11　不同地区0~3岁婴幼儿两周内腹泻率比较

总体而言，不同地区的比较结果充分显示，经过20个月的营养干预试点，乐都试点乡镇婴幼儿的营养不良状况不仅明显低于乐都非试点乡镇和青海其他未开展试点的贫困农村地区，而且接近于青海城镇地区的平均水平，低于全国农村和贫困农村地区的平均水平。

（二）营养包干预

针对3岁以下婴幼儿，项目主要采取对6~24个月婴幼儿免费提供营养包的营养干预措施。婴幼儿接受营养包干预情况可以通过婴幼儿进入项目以来食用营养包的时间和平均一周食用数量来反映。此次抽查的3个乐都试点乡镇（干预组）总共调查半岁以上（含6月龄）婴幼儿331名，其中270名接受过营养包干预，比例占81.6%①。在接受营养包干预的婴幼儿中，每周食用营养包7包，即按照一天一包的推荐量食用的比例占65.9%，每周食用3～6包的比例占14.8%，还有19.3%的婴幼儿一周食用量少于3包。按照平均每周食用不少于3包的依从性标准，乐都干预组6月龄以上婴幼儿的营养包依从率为80.7%。

表4　　　　　　　乐都干预组6～35月婴幼儿一周食用营养包数量

数量（包）	人数（人）	比例（%）
<3	51	19.3
3～6	39	14.8
7	174	65.9
总　　计	264	100

父母外出打工、母亲文化程度均对营养包依从性具有一定的影响。在接受过营养包干预的婴幼儿中，父母至少一方在外打工的婴幼儿的营养包依从率为77.2%，而父母均未外出打工的婴幼儿依从率为87.4%，后者比前者高10个百分点②。从母亲文化程度来看，对于母亲学历低于大专水平的婴幼儿家庭，随着母亲文化程度的提高，营养包依从率呈现逐步上升趋势③（见图12）。

家庭人均年支出与是否依从营养包也存在相关性，依从营养包的家庭人均年支出比不依从营养包的家庭低313元④，即经济条件较差的家庭对营养包的依从性高于经济状况较好的家庭，这可能与经济条件较好的家庭更有能力购买营养包

①　此处包括调查时已满24月龄以上、不再领取营养包的婴幼儿。乐都县被抽查的3个试点乡镇6个月以上婴幼儿食用过营养包的比例分别为：李家乡85.4%，高庙镇71.3%，寿乐镇（含引胜乡）87.5%。

②　方差检验表明具有统计显著性。

③　母亲具有大专文化水平的营养包依从率最低（33.3%），虽然母亲具有本科以上学历的营养包依从率上升到50%，但这一比例仍然低于样本总体的平均依从率。对样本进行进一步分析发现，乐都干预组母亲具有大专以上文化程度的仅5人，在这5个家庭中仅1个家庭的幼儿母亲外出打工，该家庭的人均年支出为7718元，这名32个月幼儿的血红蛋白、身高、体重均处于较高水平。由此可以判断，这个家庭具备经济能力，通过营养包以外的途径保证幼儿的正常营养水平。另外3个家庭的幼儿母亲均未外出打工（还有1人母亲打工情况缺失），而且家庭人均年支出均高于乐都干预组的平均水平。

④　方差检验结果表明差异具有统计显著性。

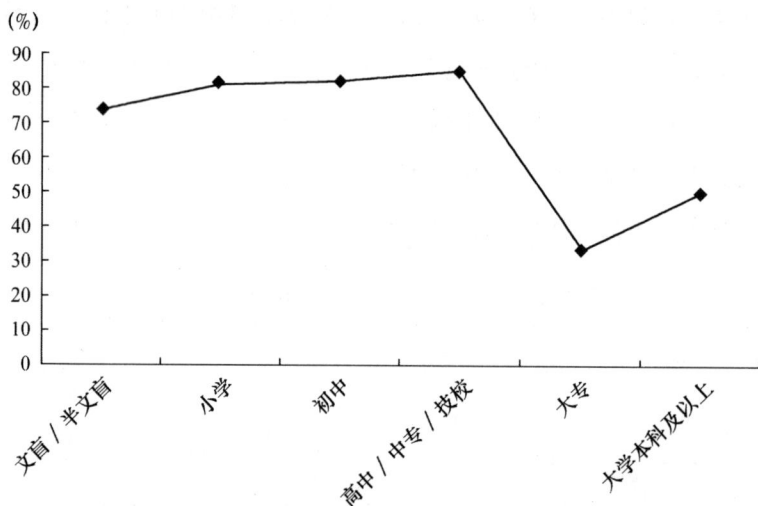

图12 母亲文化程度与营养包依从率

以外的营养补充品，保证婴幼儿正常的营养水平有关。

根据幼儿每周食用营养包的频次和幼儿开始使用营养包的时间，我们计算出接受营养包干预的婴幼儿从开始食用营养包到调查时为止的营养包食用总数，并采用这一变量作为实施营养干预的主要指标[①]。相关分析结果表明，营养包食用量与幼儿身高（长）、体重、血红蛋白之间的相关系数分别为 0.21、0.17 和 0.07[②]。方差分析结果也表明，贫血、低体重幼儿的营养包食用量显著少于不贫血、体重正常幼儿。因此，相关分析结果初步揭示了营养包干预对婴幼儿营养状况的促进关系。

（三）营养干预效果评估

1. 婴幼儿营养状况的影响因素

为评估营养干预效果，分析改善贫困农村地区婴幼儿营养状况的原因机制，

---

① 乐都干预组以外地区婴幼儿食用营养包频次全部设为0。由于营养包食用频次是以每周平均食用包数计算，营养包食用时间也须换算成周，即食用总月数乘以4.3周（一个月按4.3周计算）。

② 身高和体重与营养包食用量之间的相关性显著水平为0.000，血红蛋白与营养包食用量的相关性显著水平为0.012。

我们的分析不仅限于"营养包"单个因素，而是将多种因素纳入分析框架。首先，需要考虑与婴幼儿生长发育直接相关的因素，如6～24月婴幼儿辅食添加、低月龄幼儿的母乳喂养等。其次，家庭经济条件和父母（尤其是母亲）文化程度等家庭环境和社会经济因素对婴幼儿的营养状况同样具有一定影响。婴幼儿的性别、年龄、民族等人口特征也须加以考虑。

（1）母乳喂养。营养学家一直强调，母乳喂养是婴幼儿营养的重要保障。婴儿6个月以前要坚持纯母乳喂养，因为母乳能够提供婴儿所需的所有能量和营养需求，是此时婴儿最好的食物。从调查结果来看，贫困农村地区88%以上的婴幼儿出生后采取母乳喂养，城镇地区这一比例与贫困农村地区基本相同。0～5月母乳喂养的比例同样都在85%左右，乐都干预组和对照组0～5月婴幼儿母乳喂养比例更高，达到92%以上。

随着月龄增加，婴幼儿母乳喂养的比例降低。从12～17月婴幼儿贫血率来看，母乳喂养的婴幼儿贫血率（52.8%）略低于已停止母乳喂养的婴幼儿（57.7%），这说明在贫困农村地区，受经济条件限制，婴儿家庭在无力购买营养补充产品的情况下，母乳喂养能够在一定程度上阻止大月龄婴儿营养不良的发生。

调查结果显示，12个月以上大月龄婴幼儿在母乳喂养方面存在地区差异。乐都干预组12～17月的母乳喂养比例在各类地区中最低，该月龄段婴幼儿的母乳喂养比例从6～11个月的66.3%骤然降低到9.4%，下降幅度最快。而对照组12～17月婴幼儿母乳喂养比例仍占1/4（25.6%）[①]。同时乐都干预组这一比例也低于平安农村（13%）、尖扎农村（17.2%）和青海城镇（18.9%）（见表5和图13）。

表5　　　　　不同地区0～2岁婴幼儿分年龄组母乳喂养比例　　　单位:%

年龄（月）	乐都干预	乐都对照	平安农村	尖扎农村	青海城镇
0～5	92.6	92.3	84.2	83.3	87.0
6～11	66.3	58.3	45.6	48.0	51.5
12～17	9.4	25.6	13.0	17.2	18.9
18～23	8.1	7.0	13.9	24.0	12.1

---

① 方差分析结果显示，二者差异具有统计显著性。

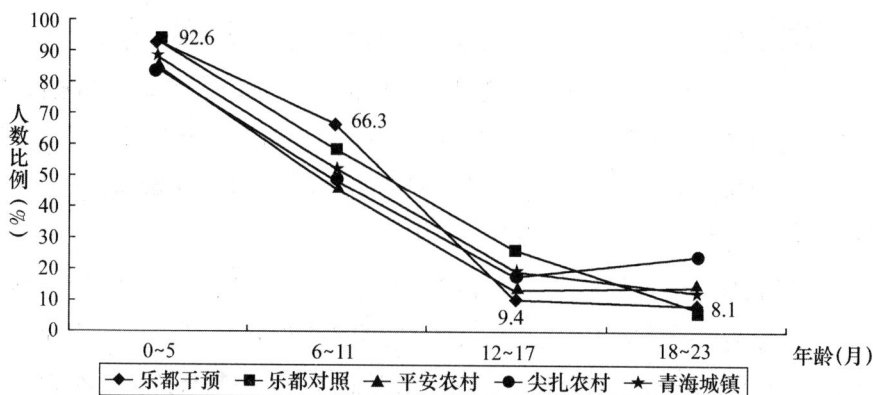

图13 不同地区0～3岁婴幼儿母乳喂养情况比较

母亲外出打工可能是造成乐都干预组12～17月龄婴幼儿母乳喂养比例降低的原因。而事实上，乐都干预组母亲外出打工的比例与对照组相差很小，分别为22.6%和23.3%，干预组还略低于对照组（见图14）。进一步分析表明，乐都干预组和对照组的12～17月龄婴幼儿在性别、民族、母亲文化程度、家庭经济状况，以及辅食喂养情况等各方面都无显著差异。因此，干预组的1岁以上婴幼儿家庭中，可能存在用营养包取代母乳喂养的误解，从而在一定程度上影响了营养包补充的营养改善效果。

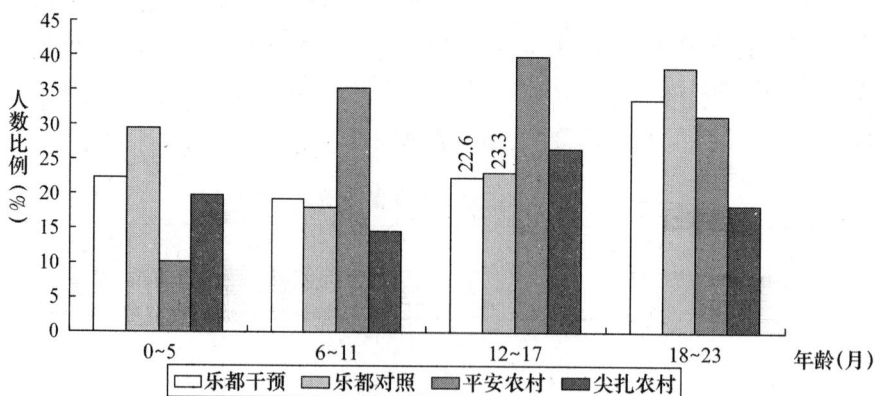

图14 农村地区0～3岁婴幼儿母亲外出打工情况比较

（2）辅食添加。婴幼儿长到6个月时，母乳已经不能满足其生长发育的需要，这时需要及时添加其他食物（辅食）进行补充。如果不及时添加辅食，将对幼儿日后的生长发育造成无法弥补的损失。

调查结果表明，在西部贫困农村地区，家庭为婴幼儿提供的辅食种类单一、缺乏营养，不能满足婴幼儿对矿物质和维生素的需要。总体而言，青海城乡地区2岁以内辅食添加的种类主要是面粉（主要是馍馍）、土豆，一周喂过此类辅食的比例达到90%以上；其次是牛（羊）奶或奶制品（不包括婴幼儿配方奶），一周喂养的比例占70%左右；再次是蔬菜和水果。所有调查地区给婴幼儿添加蛋类、肉类辅食的比例和数量均不足，鱼类、豆类和干果食物则严重缺乏。具体而言，城镇地区为婴幼儿添加蔬菜、水果、蛋类和肉类等含蛋白质、铁、维生素等成分的食物比例相对高于贫困农村地区；乐都农村婴幼儿辅食构成中含蛋类、豆类、肉类等营养食物的比例高于尖扎县和平安县；乐都干预组在蔬菜、水果、干果和蛋类的喂养比例上又明显高于对照组（见图15）。

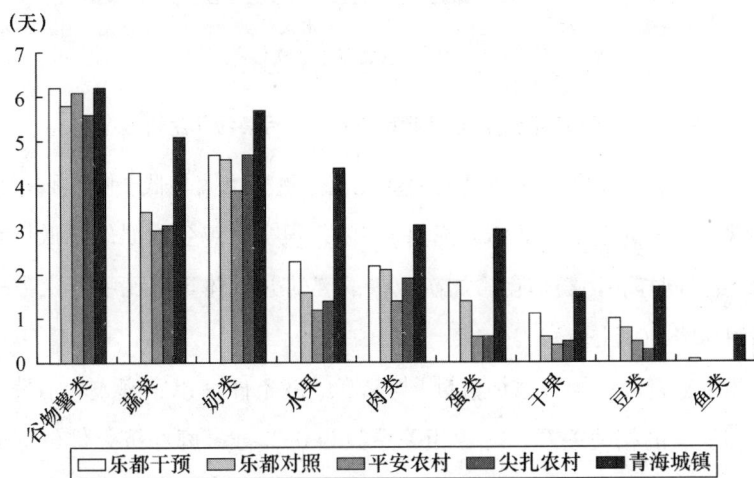

图15　农村地区6~24月婴幼儿一周辅食喂养频率比较

调查结果表明，以一周喂养次数不低于3次为划分喂养频率高低的标准，6~24月婴幼儿的生长迟缓率和低体重率与鸡蛋、肉类、豆类、蔬菜和水果等辅食喂养频率之间存在显著关联①。

———————

① 方差分析检验结果表明差异具有统计显著性。

鸡蛋、蔬菜、水果或豆类（含豆制品）喂养频率高的婴幼儿生长迟缓率明显低于喂养频率低的婴幼儿。比如，经常吃鸡蛋的婴幼儿的生长迟缓率比很少吃鸡蛋的婴幼儿低44.27%，前者的生长迟缓率为7.3%，后者为13.1%（见图16）。

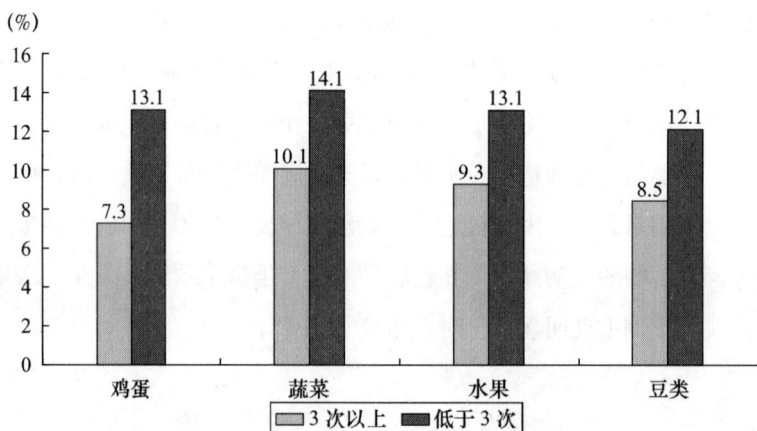

(%)

	鸡蛋	蔬菜	水果	豆类
3次以上	7.3	10.1	9.3	8.5
低于3次	13.1	14.1	13.1	12.1

图16　一周内不同辅食喂养频率与6~24月婴幼儿生长迟缓率

鸡蛋、肉类、蔬菜喂养频率高的婴幼儿低体重率也明显低于喂养频率低的婴幼儿。经常吃鸡蛋的婴幼儿低体重率为3.9%，很少吃鸡蛋的婴幼儿低体重率比之高1.36倍。同样，肉类辅食添加次数少的婴幼儿低体重率比喂养次数多的婴幼儿高出约60%（见图17）。

婴幼儿家庭营养类辅食添加数量①与家庭经济条件（以家庭人均消费支出为指标）存在显著的相关关系，二者相关系数为0.22。家庭经济条件较好的家庭添加辅食的种类和数量更多。

（3）家庭经济状况。农村地区相当一部分幼儿看护人是奶奶、爷爷或外婆、外公，许多老人对家庭收入情况并不清楚，通过问卷调查较难获得准确信息。相对于家庭收入而言，家庭支出是反映婴幼儿家庭经济状况的一项更可靠的指标。此次调查涉及家庭在食品、水电、日用品、燃料、通信、交通以及教育、医疗等

---

① 营养类辅食指蛋类、肉类、鱼类、干果、蔬菜、水果、奶类、豆类等8种含蛋白质、微量营养素较高食物，不包括谷物薯类。营养类辅食数量为一周内8种辅食喂养次数的总和。

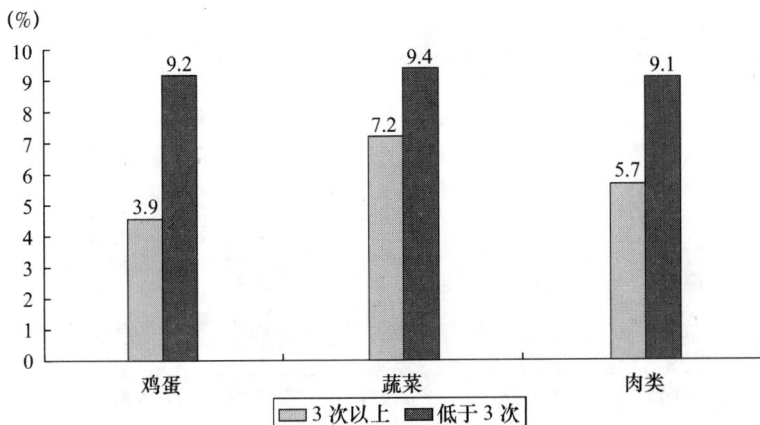

图 17　一周内不同辅食喂养频率与 6～24 月婴幼儿低体重率

12 方面的消费支出情况。根据 12 项开支和家庭人口数（指共同居住人数），可以计算出婴幼儿家庭的人均年支出，用来衡量家庭经济状况。

从调查结果来看，青海城镇地区的家庭人均年支出为 6925 元，比农村地区均高出 1 倍以上。在农村地区，乐都干预组的家庭人均年支出为 3264 元，高于对照组（2941 元）和平安、尖扎。平安样本的家庭人均年支出为 2525 元，在被调查的各类地区中最低。调查所反映的家庭经济条件方面的地区差异与被调查地区农村居民人均纯收入所反映的地区差异基本一致[①]（见图 18）。

从家庭经济状况与营养包干预之间的关系来看，经济状况较差的家庭对营养包的依从性相对更高。经济状况较好的家庭之所以对营养包的依从性相对较低，可能是由于这些家庭更有能力购买营养包以外的营养消费品，满足婴幼儿正常生长发育的营养需要。调查数据显示，在乐都干预组接受过营养包干预的婴幼儿当中，每周吃营养包数量平均达到 3 包以上的婴幼儿（即具有依从性）的家庭人均年支出显著低于每周少于 3 包的婴幼儿家庭，前者的家庭人均支出相当于后者的 85%（相差 566 元）。

（4）母亲文化程度。调查的农村地区婴幼儿母亲文化程度较低，乐都干预

---

① 基金会汇总了被调查乡镇人口、人均纯收入、交通通信设施等基本情况，并进行了乡镇之间的比较。

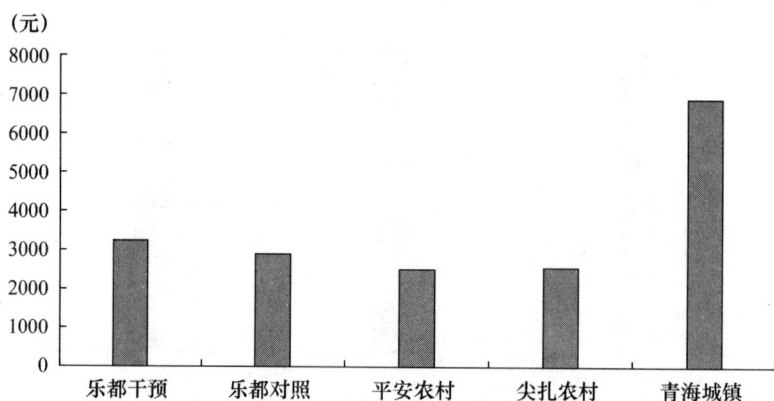

图18　不同地区0～3岁婴幼儿家庭人均年支出

组56%为初中文化程度，32%为小学文化程度或文盲、半文盲，母亲受过大专以上教育的比例仅为2.6%。对照组（乐都非试点乡镇）的母亲文化程度分布与干预组相似，46%为初中文化程度，小学以下文化程度的比例为44%，仅2.5%的母亲接受大专以上教育。尖扎有55%的母亲为文盲或半文盲，平安样本有45%的母亲仅具小学文化（见图19）。

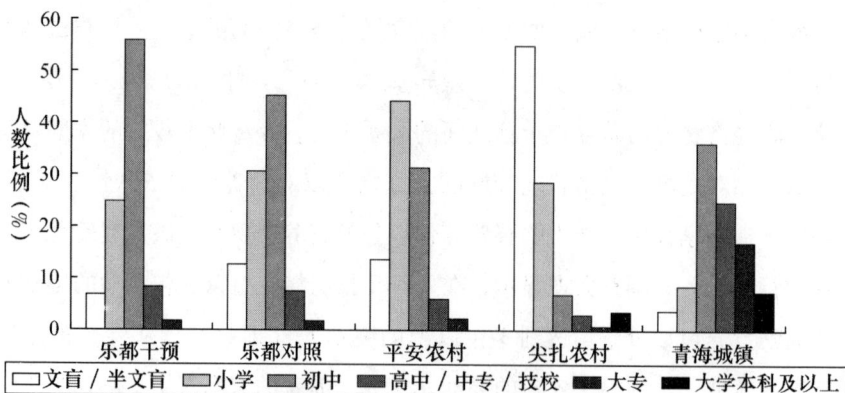

图19　不同地区0～3岁婴幼儿母亲文化程度

　　婴幼儿营养状况由于母亲文化程度不同而呈现显著差异，随着母亲文化程度的提高，婴幼儿贫血率、低体重率和生长迟缓率呈下降趋势。从贫血率来看，母亲为文盲或半文盲的婴幼儿贫血率为58%，而母亲受过大专教育的婴幼儿贫血率下降到31%，后者比前者降低了87%；母亲仅受过小学或初中教育的婴幼儿贫血率（46%）也比母亲具备大专教育水平的婴幼儿贫血率（33%）高出39%（见图20）。

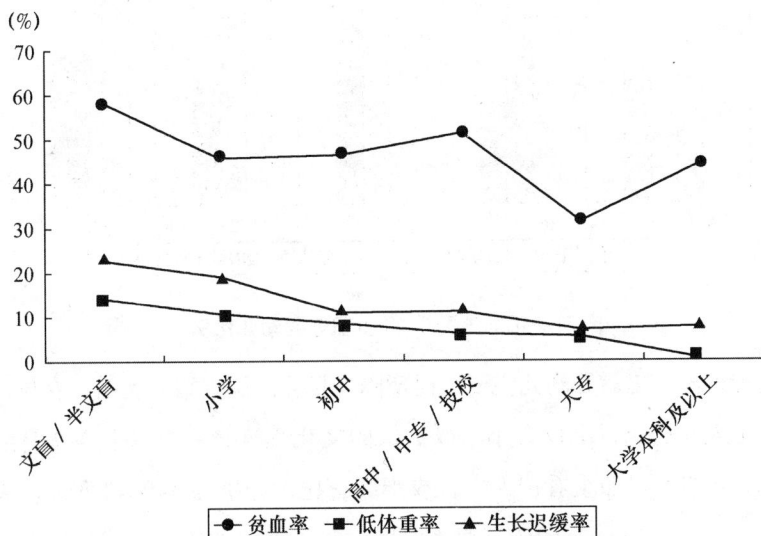

图20　母亲文化程度与婴幼儿营养不良比例

（5）父母打工。在此次调查中，农村地区婴幼儿家庭有60%以上父母至少一方在外打工，其中，乐都干预组和对照组这一比例分别为65%和67%，平安农村为60%，尖扎农村的比例略低，占38%①。其中，外出打工的母亲39%为初中文化程度，47%只有小学文化程度或者是文盲、半文盲。

在调查农村地区，父母双方均在外打工的留守婴幼儿比例超过1/5。乐都干预组的留守幼儿比例低于对照组和平安农村，略高于尖扎农村。平安农村样本的0~3岁婴幼儿留守比例接近1/3。可以看出，随着幼儿月龄的增长，父母双方外出打工的比例呈现逐渐上升的趋势（见图21）。

父母外出打工对贫困农村地区婴幼儿营养状况存在潜在的不利影响。在农村

_____

① 接受调查的婴幼儿家长47.6%为孩子的母亲，32.1%为祖母（奶奶），被访者中父亲和祖父（爷爷）所占比例分别为7.6%和8.8%。

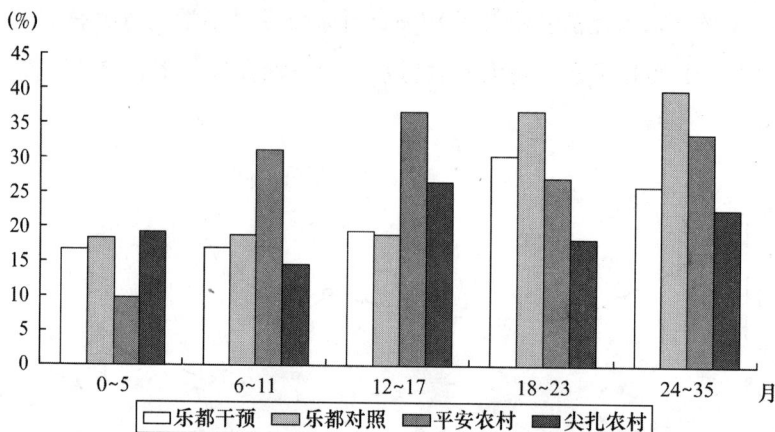

图21　不同地区0～3岁留守婴幼儿比例

地区，父母外出打工后婴幼儿主要由祖辈隔代抚养。调查结果表明，农村地区父母以外看护人有七成以上仅有小学或更低的文化程度，一半以上为文盲或半文盲。乐都干预组和对照组看护人文盲或半文盲比例分别为54%和50%，尖扎农村达到66%，平安农村为62%（见图22）。农村家庭中的老人不仅缺乏科学喂养知识，而且除种地以外基本没有其他收入来源，外出打工的子女给家里老人支付的幼儿抚养费很少，还有相当一部分不支付抚养费（参考3～6岁幼儿调查结果），加之老人往往习惯省钱，舍不得花钱给婴幼儿增强营养。对于正处于营养需求最高时期的婴幼儿，隔代抚养极易造成营养不良的后果。对调查数据的进一步分析表明，调查所有农村地区的留守婴幼儿家庭的人均支出水平均低于非留守婴幼儿家庭，其中，乐都干预组这一差异最大，留守幼儿家庭的人均支出比非留守幼儿家庭低233元。①

　　乐都干预组0～3岁留守婴幼儿的贫血率明显低于非留守婴幼儿，留守幼儿的贫血率为34.9%，非留守婴幼儿则高达45.7%，二者相差11个百分点。而乐都对照组的情况截然相反，对照组留守婴幼儿的贫血率为46.3%，比非留守婴

---

① 方差检验结果表明，差异均在 P < 0.05 水平具有统计显著性。

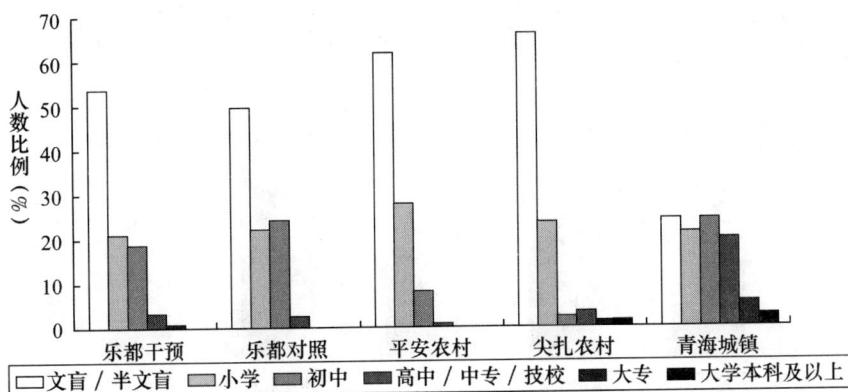

图22　不同地区0~3岁婴幼儿父母以外看护人文化程度

幼儿高出4个百分点（42.4%）。乐都干预组和对照组的比较结果初步揭示了营养干预机制对贫困农村留守婴幼儿的营养状况改善尤其重要。

（6）性别。从调查分析结果来看，0~3岁婴幼儿营养不良状况存在性别差异，男孩的生长迟缓率、低体重率、贫血率均高于女孩。此次调查的1408名婴幼儿中53.76%为男孩，女孩占46.24%。样本总体男孩的低体重率为10%，女孩为8.1%；男孩、女孩的生长迟缓率分别为17.3%和12.1%；男孩的贫血率为49.1%，女孩为46.1%。除贫血率以外，生长迟缓率和低体重率的性别差异具有统计显著性。

具体到各类地区，婴幼儿在营养状况方面的性别差异有所不同。

- 生长迟缓率：城乡地区的调查结果均显示，男孩的生长迟缓率明显高于女孩，城镇地区和尖扎农村这一趋势尤为明显，乐都干预组男孩的生长迟缓率也大约相当于女孩的2倍（见图23）。

- 低体重率：在所有被调查地区，男孩的低体重率也高于女孩，但差异程度略小于生长迟缓率。其中，尖扎农村、城镇样本的男孩低体重率约为女孩的2倍（见图24）。

- 贫血率：贫血率的性别差异在各地区有所不同。乐都干预组、对照组，以及尖扎农村三个地区为男孩贫血率高于女孩，而平安农村则是女孩贫血率高于男孩（见图25）。

反贫困与中国儿童发展

(%)

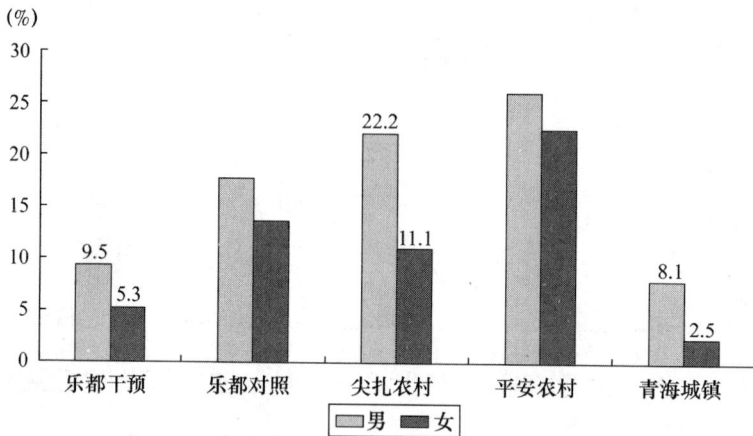

图23　不同地区0～3岁婴幼儿生长迟缓率的性别差异

(%)

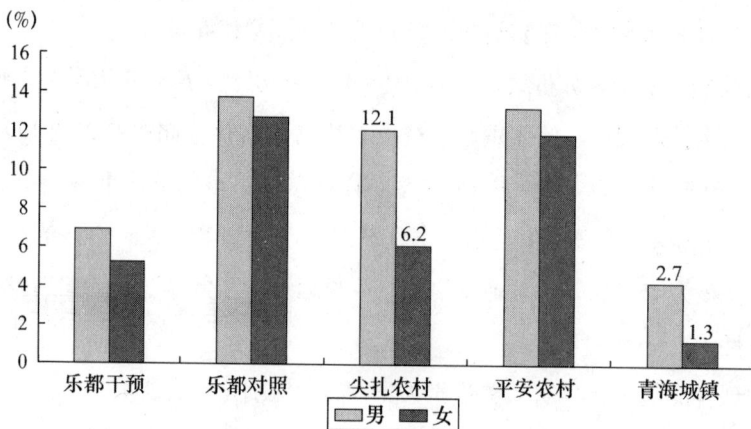

图24　不同地区0～3岁婴幼儿低体重率的性别差异

　　从此次调查结果来看，女孩的家庭子女数大于男孩，即女孩家中的兄弟姊妹更多①，家庭用于女孩的营养开支可能相对更少。而且，女孩留守比例也高于男孩，女孩有28%为留守幼儿，男孩为24%。在排除了这些家庭环境因素的影响后，青海0～3岁男孩的营养状况明显不如女孩的原因有待开展营养学的研究分析。

————————

①　经方差分析检验，差异具有统计显著性。

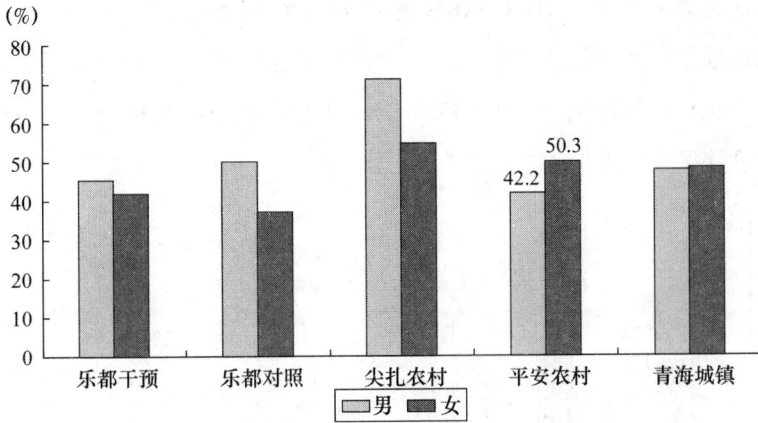

图25　不同地区0～3岁婴幼儿贫血率的性别差异

（7）少数民族。此次调查的0～3岁婴幼儿主要包括汉族、回族和藏族，少数民族占到35.3%① （见图26）。尖扎、平安农村样本的少数民族幼儿比例较高，尖扎样本有57.2%为藏族，39.4%为回族。青海城镇样本的回族幼儿比例占到1/3（33.3%）。乐都干预组的藏族和回族幼儿比例分别为3.9%和4.4%，对照组的藏族幼儿占14.2%。

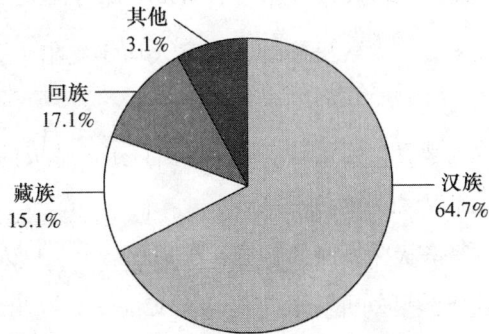

图26　青海调查0～3岁婴幼儿民族构成

在乐都干预组中，少数民族婴幼儿的营养包依从率（76.9%）略低于汉族（81.2%）。总体而言，少数民族婴幼儿的辅食添加次数较少，一周营养类辅食

----

① 另外，还有3.1%的幼儿为撒拉族、土族、蒙古族等少数民族或人口较少民族。

平均喂养次数为 12.7 次（不含谷物薯类），汉族为 15.5 次①。

少数民族婴幼儿的母亲近七成为小学以下文化程度（69.3%），汉族母亲为小学以下文化程度的比例为 1/3（33.3%）。少数民族 10.3% 的母亲具备初中以上文化程度，汉族超过 1/3（见图 27）。

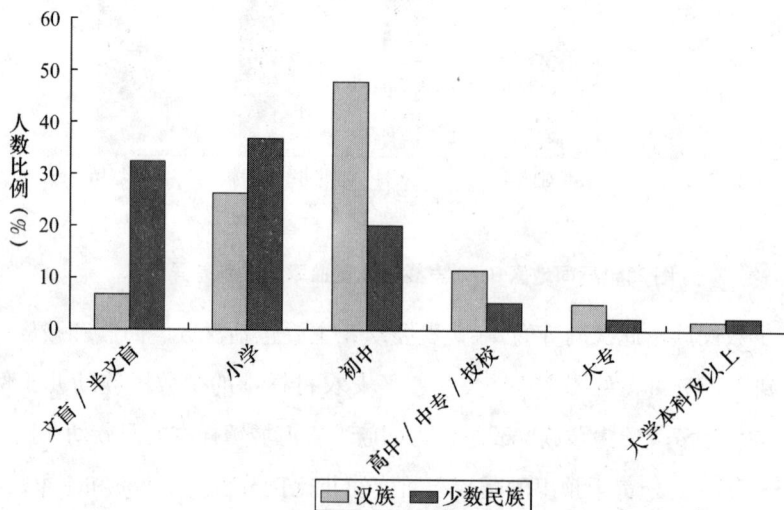

图 27　少数民族 0～3 岁婴幼儿母亲文化程度

从家庭经济状况来看，少数民族幼儿家庭人均年支出为 3038 元，汉族家庭为 3596 元。

从婴幼儿留守情况来看，因父母双方均外出打工而造成的少数民族婴幼儿留守比例为 25.1%，汉族为 26.6%。

鉴于家庭教育、经济状况方面的差异，少数民族 0～3 岁婴幼儿生长迟缓率较高，达到 19%，比汉族婴幼儿生长迟缓率（12.6%）高出 51%。调查结果还显示，少数民族与汉族 0～3 岁婴幼儿在贫血率、低体重率方面差异不显著。

2. 婴幼儿营养状况的多元回归分析

根据婴幼儿是否生长迟缓、低体重和贫血三项指标，我们重新设立了一个序数变量，综合反映婴幼儿的营养状况。以上三项指标均不合格者变量值等于 0，三项

---

① 方差分析结果显示，差异具有统计显著性。

指标中一项合格者变量值等于1，以此类推，三项指标均合格的变量值等于3。

分析采用序数回归模型（PLUM ordinal regression），针对0~3岁全体对象、2~3岁幼儿以及农村样本分别进行了多元回归分析。

（1）针对0~3岁全体样本的分析。回归模型包括了营养包食用量、一周辅食添加总次数①、是否母乳喂养、家庭人均年支出、母亲文化程度、幼儿性别、月龄以及是否少数民族等16个变量，变量的基本描述如表6所示②。

表6　　　　　　　　0~3岁全体样本序数回归分析变量描述

变 量			人数（人）	比例（%）
Dependent Variable	生长迟缓、低体重、贫血三项综合	0	35	2.9
		1	97	8.0
		2	560	46.1
		3	524	43.1
Independent Variables	幼儿性别	男	655	53.9
		女	561	46.1
	现在是否母乳喂养	非母乳喂养	867	71.3
		母乳喂养	349	28.7
	母亲文化程度（以初中为参照）	文盲/半文盲	178	14.6
		小 学	369	30.3
		高中/中专/技校	122	10.0
		大专及以上	73	6.0
		初 中	474	39.0
	民 族	汉 族	806	66.3
		少数民族	410	33.7
合 计			1216	100.0

注：变量描述不包括连续变量。

---

① 一周辅食添加总次数是一周喂养肉类、蛋类、蔬菜、水果、干果、鱼类、豆类、奶类等8种含蛋白质和微量营养素较高食物次数的总和。

② 序数回归模型中，所有分类变量（包括序列变量）均选取了一组作为参照组。三项综合指标中，选取了三项指标均合格（即变量值等于3）这一组作为参照组。

回归分析结果表明，在控制了母乳和辅食喂养、家庭经济和教育环境、幼儿年龄、性别等因素的影响后，营养包干预对婴幼儿营养水平提高具有显著的促进作用。此外，母亲具有大专以上学历的婴幼儿营养水平提高的几率显著高于母亲为初中文化程度的婴幼儿，而且母亲文化程度低于大专不利于婴幼儿营养状况改善。少数民族对婴幼儿营养水平存在显著影响。家庭人均年支出、辅食添加对婴幼儿营养改善的效果不显著（见表7）。

表7　　　　　　　　　　0～3 岁全体样本序数回归分析结果

变　　量		Estimate	Wald	Sig.
Threshold 三项综合	0	-3.428	181.489	0.000
	1	-2.002	91.329	0.000
	2	0.445	5.055	0.025
营养包食用量		0.001**	7.199	0.007
一周辅食添加总次数		0.009	2.059	0.151
现在是否 母乳喂养	否	-0.275	3.223	0.073
	是	0	—	—
家庭人均年支出		-7.9E-006	0.169	0.681
母亲文化 程度	文盲/半文盲	-0.217	1.396	0.266
	小　学	-0.126	0.820	0.434
	高中/中专/技校	-0.036	0.033	0.631
	大专及以上	0.531**	4.202	0.007
	初　中	0	—	—
幼儿月龄		0.003	0.220	0.639
幼儿性别	男	-0.188	2.842	0.092
	女	0	—	—
幼儿民族	汉族	0.413**	10.482	0.001
	少数民族	0	—	—
-2 Log Likelihood		2438.281		
Chi-Square		47.139		
Valid cases		1216		

注：$*P<0.05$，$**P<0.01$，$***P<0.001$。

（2）针对0~3岁农村样本的分析。对农村样本的分析，除了考虑了上述变量的影响以外，还增加了婴幼儿留守状况的因素（见表8）。

表8　　　　　　　　0~3岁农村样本序数回归分析变量描述

变　　量			人数（人）	比例（%）
Dependent Variable	生长迟缓、低体重、贫血三项综合	0	32	3.2
		1	87	8.6
		2	453	44.8
		3	440	43.5
Independent Variables	幼儿性别	男	541	53.5
		女	471	46.5
	现在是否母乳喂养	非母乳喂养	723	71.4
		母乳喂养	289	28.6
	母亲文化程度（以初中为参照）	文盲/半文盲	168	16.6
		小　学	346	34.2
		高中/中专/技校	73	7.2
		大专及以上	23	2.3
		初　中	402	39.7
	民　族	汉　族	669	66.1
		少数民族	343	33.9
	是否留守儿童	非留守儿童	743	73.4
		留守儿童	269	26.6
合　计			1012	100.0

注：变量描述不包括连续变量。

回归分析结果表明，在控制了留守儿童的影响之后，营养包干预对婴幼儿营养改善的效果仍然显著。此外，在农村地区，性别因素的影响变得显著，男孩的营养水平提高几率低于女孩。少数民族因素的影响仍然显著。在农村地区，母亲具有大专以上学历的婴幼儿营养水平提高几率同样显著高于母亲为初中文化程度的婴幼儿，而且影响程度大大增强，农村地区母亲文化程度低（低于大专水平）同样不利于婴幼儿营养状况改善。留守状况对全体0~3岁农村婴幼儿营养状况的影响在统计上不显著，但后面的分析将指出，对 2～3 岁农村婴幼儿，留守因素具有显著影响（见表9）。

表9　　　　　　　　　　0～3 岁农村样本序数回归分析结果

变　量		Estimate	Wald	Sig.
Threshold 三项综合	0	− 3.674	146.934	0.000
	1	− 2.251	73.551	0.000
	2	0.094	0.143	0.705
营养包食用量		0.001 **	8.199	0.004
一周辅食添加总次数		0.013	3.470	0.062
现在是否母乳喂养	否	− 0.245	2.048	0.152
	是	0	—	—
家庭人均年支出		− 6.6E − 006	0.052	0.819
母亲文化程度	文盲/半文盲	− 0.172	0.804	0.370
	小　学	− 0.077	0.275	0.600
	高中/中专/技校	− 0.131	0.284	0.594
	大专及以上	1.271 **	7.008	0.008
	初　中	0	—	—
留守儿童	否	− 0.107	0.586	0.444
	是	0	—	—
幼儿月龄		− 0.011	1.838	0.175
幼儿性别	男	− 0.264 *	4.693	0.030
	女	0	—	—
幼儿民族	汉　族	0.320 *	5.183	0.023
	少数民族	0	—	—
− 2 Log Likelihood		2061.155		
Chi-Square		45.278		
Valid cases		1012		

注：* $P < 0.05$，* * $P < 0.01$，* * * $P < 0.001$。

（3）针对 2～3 岁全体样本的分析。前面的分析已经指出，乐都干预组与青海其他贫困农村地区和城镇地区在营养状况方面的差异在 2～3 岁这个年龄段最明显。这一年龄段婴幼儿已不再接受营养包干预，为判断营养包干预的持续影响，我们对这一年龄段幼儿单独进行了多元回归分析（见表10）。

表10 2~3岁全体样本序数回归分析变量描述

变 量			人数（人）	比例（%）
Dependent Variable	生长迟缓、低体重、贫血三项综合	0	17	4.3
		1	38	9.6
		2	148	37.6
		3	191	48.5
Independent Variables	幼儿性别	男	211	53.6
		女	183	46.4
	现在是否母乳喂养	非母乳喂养	369	93.7
		母乳喂养	25	6.3
	母亲文化程度（以初中为参照）	文盲/半文盲	65	16.5
		小 学	135	34.3
		高中/中专/技校	27	6.9
		大专及以上	26	6.6
		初 中	141	35.8
	民 族	汉 族	256	65.0
		少数民族	138	35.0
合 计			394	100.0

注：变量描述不包括连续变量。

回归分析结果表明，接受过营养包干预对2~3岁幼儿营养状况改善的作用显著。此外，母亲受过大专以上教育对2~3岁幼儿营养水平的促进作用也呈显著。与0~3岁全体样本分析结果不同的是，少数民族因素对2~3岁样本的影响不显著（见表11）。

（4）针对2~3岁农村样本的分析。在对2~3岁农村样本的多元回归分析中，同样增加了留守状况对幼儿营养状况这一影响因素（见表12）。

表 11　　　　　　　　2～3 岁全体样本序数回归分析结果

变　量		Estimate	Wald	Sig.
Threshold 三项综合	0	− 2.302	4.501	0.034
	1	− 1.004	0.885	0.347
	2	0.988	0.858	0.354
营养包食用量		0.001 *	5.202	0.023
一周辅食添加总次数		0.013	1.681	0.195
现在是否 母乳喂养	否	0.735	3.393	0.065
	是	0	—	—
家庭人均年支出		3.66E − 005	0.685	0.408
母亲文化 程度	文盲/半文盲	− 0.328	1.071	0.301
	小　学	− 0.074	0.090	0.765
	高中/中专/技校	− 0.039	0.009	0.924
	大专及以上	0.984 *	4.008	0.045
	初　中	0	—	—
幼儿月龄		− 0.011	0.119	0.730
幼儿性别	男	− 0.255	1.646	0.200
	女	0	—	—
幼儿民族	汉　族	0.405	3.183	0.074
	少数民族	0	—	—
− 2 Log Likelihood		816.297		
Chi-Square		34.739		
Valid cases		394		

注：* $P < 0.05$，** $P < 0.01$，*** $P < 0.001$。

表 12　　　　　　　　2～3 岁农村样本序数回归分析变量描述

变　量			人数（人）	比例（%）
Dependent Variable	生长迟缓、 低体重、贫 血三项综合	0	16	4.8
		1	34	10.1
		2	132	39.3
		3	154	45.8

续表

变 量			人数（人）	比例（%）
Independent Variables	幼儿性别	男	177	52.7
		女	159	47.3
	现在是否母乳喂养	非母乳喂养	317	94.3
		母乳喂养	19	5.7%
	母亲文化程度（以初中为参照）	文盲/半文盲	59	17.6
		小　学	130	38.7
		高中/中专/技校	17	5.1
		大专及以上	10	3.0
		初　中	120	35.7
	民　族	汉　族	215	64.0
		少数民族	121	36.0
	是否留守儿童	非留守儿童	231	68.8
		留守儿童	105	31.3
合　计			336	100.0

注：变量描述不包括连续变量。

　　根据回归分析结果，营养包干预对 2～3 岁农村幼儿营养水平的促进作用仍然显著。尤其值得指出的是，在 2～3 岁幼儿中，父母双方外出打工的留守婴幼儿的营养改善几率显著高于非留守婴幼儿。这一发现可以从两方面来解释：首先，2～3 岁幼儿对母乳喂养的依赖性减小，从而使父母外出打工、尤其是母亲外出打工对幼儿造成的影响相对减小；其次，父母双方外出打工可使家庭收入增加，用于孩子的支出可能相应增加。

　　母亲文化程度、家庭经济条件、少数民族和性别等因素对 2～3 岁农村幼儿营养水平都不具有显著影响（见表 13）。

表 13　　　　　　　　2～3 岁农村样本序数回归分析结果

变　量		Estimate	Wald	Sig.
Threshold 三项综合	0	-3.183	7.041	0.008
	1	-1.903	2.596	0.107
	2	0.142	0.015	0.904

续表

变 量		Estimate	Wald	Sig.
营养包食用量		0.002**	9.349	0.002
一周辅食添加总次数		0.012	1.167	0.280
现在是否母乳喂养	否	0.564	1.543	0.214
	是	0	—	—
家庭人均年支出		-0.248	0.535	0.465
母亲文化程度	文盲/半文盲	-0.248	0.535	0.465
	小 学	0.048	0.033	0.856
	高中/中专/技校	-0.812	2.717	0.099
	大专及以上	1.102	2.250	0.134
	初 中	0	—	—
留守儿童	否	-0.573*	5.867	0.015
	是	0	—	—
幼儿月龄		-0.016	0.230	0.631
幼儿性别	男	-0.278	1.682	0.195
	女	0	—	—
幼儿民族	汉 族	0.329	1.780	0.182
	少数民族	0	—	—
-2 Log Likelihood		706.943		
Chi-Square		33.199		
Valid cases		336		

注： $*P < 0.05$， $**P < 0.01$， $***P < 0.001$

五、3~6岁幼儿能力发展评估

调查总共测试3~6岁幼儿1023名，经过对超龄、低龄幼儿样本的清理，有效样本1005名，占调查总数的98.2%。在项目启动后，乐都县最初的非试点乡镇也纷纷设立村级早教点，截至2011年5月，全县14个山区乡镇已全部开展依托早教点、以志愿者走教方式开展学前教育活动。为此，此次调查将与乐都县毗邻的平安县作为对照组。平安县为国家级贫困县，调查抽取的乡镇在地理位置、人口、自然资源等方面均与抽取的乐都试点乡镇比较接近。①

总体调查结果表明，青海贫困农村地区3~6岁幼儿接受学前教育的比例很低，农村样本有七成以上没有上过幼儿园。平安县被调查的355名幼儿中有98名上过幼儿园，占27.6%；尖扎县被调查的224名幼儿仅25人上过幼儿园，占11.2%。样本地区3~6岁幼儿基本人口特征如表14所示。

表14　　　　　　　　不同样本地区3~6岁幼儿的基本人口特征

样本地区	幼儿人数（人）	性别（%）		民族（%）			
		男	女	汉族	藏族	回族	其他
乐都农村	244	46.3	53.7	82.3	13.3	0	4.4
平安农村	355	52.7	47.3	61.8	14.8	21.4	2
尖扎农村	224	42.4	57.6	1.4	68.4	30.2	0
青海城镇	182	47.3	52.7	81.3	8	4.6	6.3

（一）3~6岁幼儿能力测试

幼儿能力测试采用了华东师范大学学前教育学系周念丽教授设计的3~6岁儿童心理发展测评指标的一部分内容。关于测评指标的详细内容和信效度检验。

幼儿在调查员的指导下回答测评指标问题或完成动作。幼儿每独立回答一道题目或完成一个动作得2分；在测试时由于幼儿不配合等原因，无法回答某道问题或完成某个动作时，通过询问家长，得知幼儿平时可以回答该问题或完成该动作，得1分；若不会回答或无法完成，得0分。如表15所示。

幼儿能力测试主要从语言、动作、认知、记忆、社会规则等5个领域，考察幼儿的能力发展，并以幼儿各领域得分加总这一指标来反映幼儿综合能力发展。每个地区幼儿各领域能力得分均值除以该领域满分，即获得该地区幼儿不同领域能力得分率；同样，每个地区幼儿综合能力得分均值除以综合能力满分，即获得该地区幼儿综合能力得分率。以下分析主要基于各地区幼儿的不同领域能力得分

---

① 由于平安县距离省会西宁市较近，而且是海东地区行署所在地，该县的劳务输出、农民人均收入略高于乐都县。

表 15　　　　　　　　　　　3~6 岁不同年龄段能力测试的满分设置①

大领域	语 言		动 作		认 知				记 忆		社会规则	满 分
小领域	接受性	表达性	精细动作	粗大动作	自他认知	数概念	表情识别	推理	意义记忆	机械记忆		
3~4 岁	6	28	4	4	28	26	4	0	10	0	0	110
4~5 岁	0	26	4	4	26	8	4	0	10	12	0	94
5~6 岁	0	28	8	4	28	4	4	2	28	24	8	138

率和综合能力得分率的比较。

测试结果表明，乐都县参加早教点活动的 3~6 岁幼儿综合能力得分率与青海城镇同龄在园幼儿相差约 17%（低 12 个百分点），前者得分率为 69%，后者为 81%。尖扎、平安农村 3~6 岁幼儿综合能力得分率分别为 50%、49%，与青海城镇同龄在园幼儿相差 60% 以上。

在 2009 年项目启动时，北京大学心理学系王莉教授采用最新改编设计的一套测查工具，对乐都县 304 名 2~5 岁幼儿进行了语言、认知、动作和社会交往等能力的基线测试。根据测试结果，当时乐都农村未上幼儿园幼儿的语言、认知能力发展水平比全国城市同龄在园幼儿低出 58% 和 43%。可见，乐都县幼儿在参加早教点活动后，与城镇儿童的发展水平差距已大大缩小。

从不同年龄组来看，乐都 3~4 岁、4~5 岁、5~6 岁幼儿综合能力得分率分别比青海城镇同年龄段在园幼儿低出 18%、12% 和 16%（见图 28）。

1. 语言

调查结果显示，乐都农村 3~6 岁幼儿全体的语言能力得分率与青海城镇在园同龄幼儿最接近，与后者仅相差 7%。平安农村和尖扎农村幼儿的语言能力得分率则与城镇在园幼儿相差近 1/4，分别低出 25% 和 22%。乐都低龄组（3~4岁）幼儿在语言能力发展方面的相对优势更为显著（见图 29）。

2. 认知

乐都农村 3~6 岁幼儿全体的认知能力得分率与青海城镇同龄在园幼儿相差

① 表格由华东师范大学学前教育学系周念丽、徐芳芳等提供。

(%)

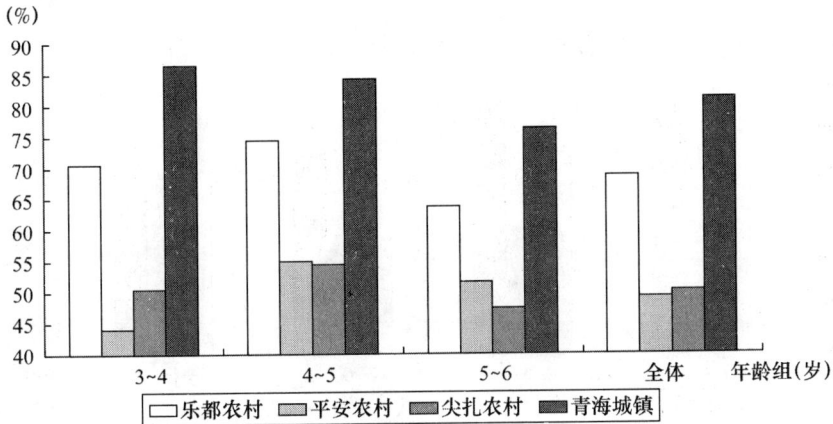

图28　不同地区3~6岁幼儿综合能力得分率比较

(%)

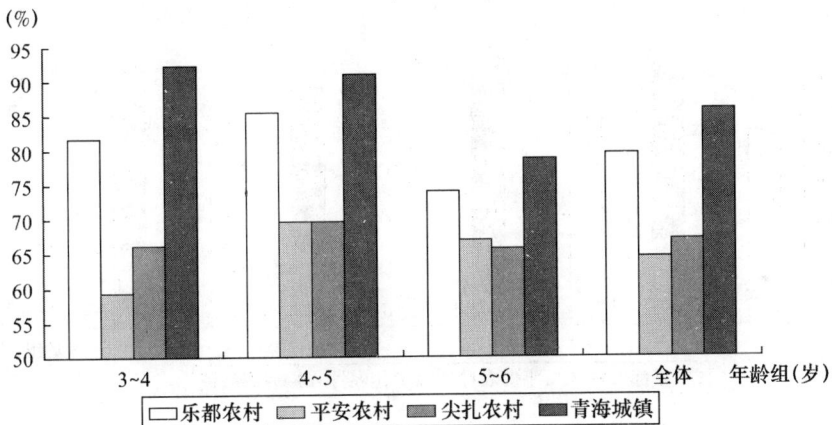

图29　不同地区3~6岁幼儿语言能力得分率比较

14%，而对照组平安县农村幼儿的认知能力得分率则只比城镇幼儿低出40%。乐都低龄组（3~4岁）幼儿在认知能力发展方面的相对优势同样显示更为显著（见图30）。

　　3. 动作

　　乐都农村3~6岁幼儿全体的动作能力得分率比青海城镇同龄在园幼儿低13%。与平安、尖扎农村幼儿相比，乐都低龄组（3~4岁）幼儿在动作能力发展方面的相对优势尤其明显（见图31）。

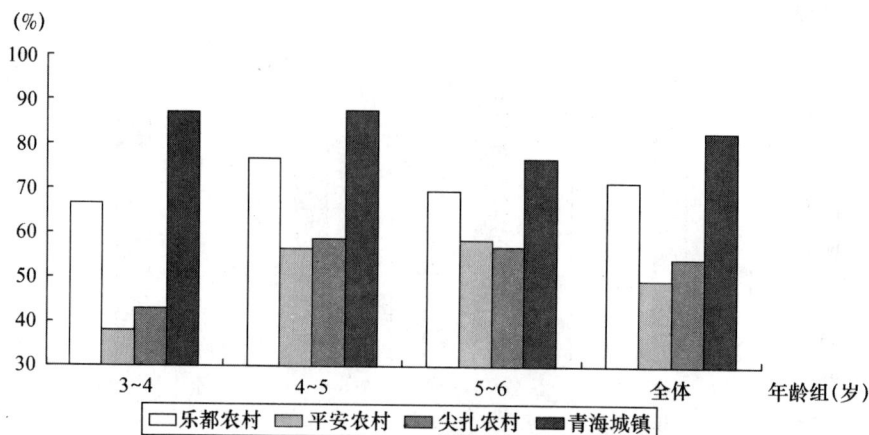

图30 不同地区 3~6 岁幼儿认知能力得分率比较

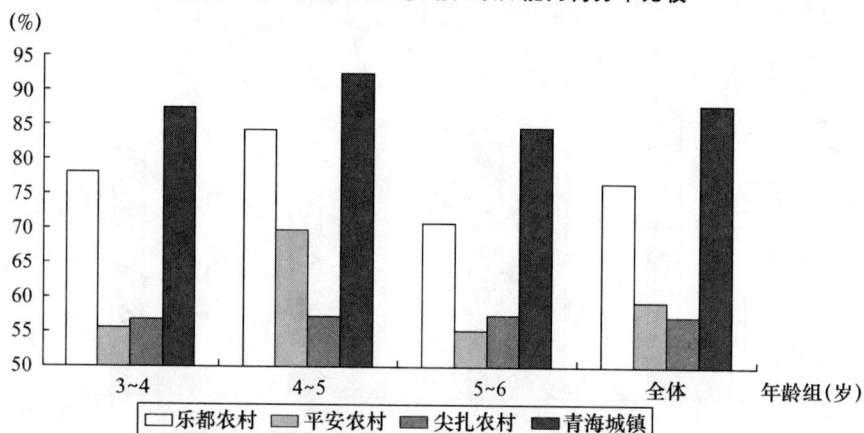

图31 不同地区 3~6 岁幼儿动作能力得分率比较

4. 记忆能力

乐都农村 3~6 岁幼儿全体的记忆能力得分率比青海城镇同龄在园幼儿低 23%，而平安农村幼儿则与青海城镇同龄在园幼儿相差 60%。乐都低龄组（3~4 岁）幼儿在记忆能力发展方面的相对优势同样更明显（见图 32）。

5. 社会规则

对 5~6 岁幼儿而言，理解社会规则成为能力评估的一个重要方面。乐都幼儿的理解社会规则能力得分率比青海城镇同龄在园幼儿低出 25%，而平安农村幼儿则比青海城镇同龄在园幼儿低出近 50%（见图 33）。

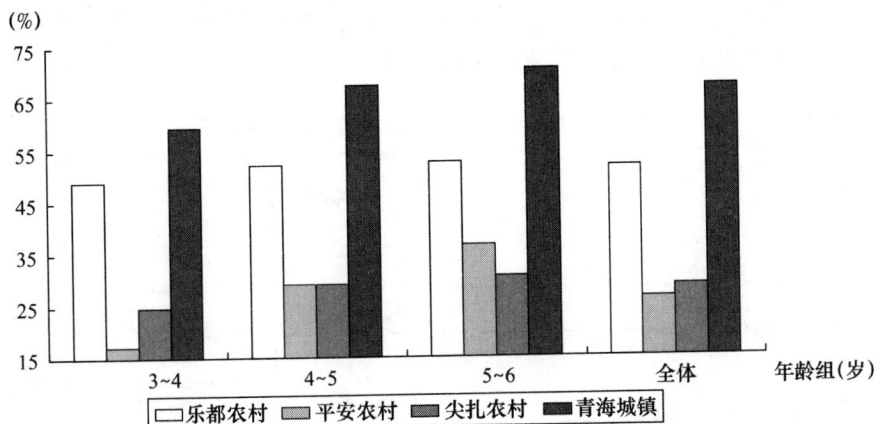

图32　不同地区3~6岁幼儿记忆能力得分率比较

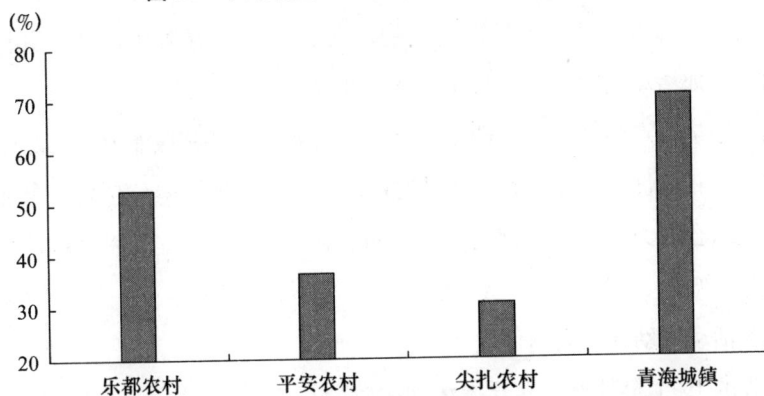

图33　不同地区5~6岁幼儿社会规则能力得分率比较

（二）走教干预

幼儿参加早教点活动情况可以通过幼儿进入早教点的时间长短和早教点一周开展活动的次数来反映。

此次调查总共对19个早教点的244名幼儿（清除了年龄不符样本）进行了测试和看护人问卷调查。在被调查的幼儿中，参加早教点活动时间最长达18个月，即项目启动以来一直坚持参加早教点活动①，这一比例占21%。近1/3的幼

① 早教点一年开展10个月的活动，1月和7月放寒暑假。在计算每个幼儿参加早教点总月数时，已扣除了2个月的假期时间。

儿参加早教点时间为一年至一年半之间，还有 1/3 的幼儿参加活动的时间为半年至一年，半年以下占 18%。如表 16 所示。

表 16 乐都 3~6 岁幼儿参加早教点活动时间分布

月数（个）	人数（人）	比例（%）
<6	37	18.3
6~11	59	29.2
12~17	63	31.2
18	43	21.3
总　计	202	100

幼儿家庭经济状况、民族状况与参加早教点活动时间之间存在相关性。家庭人均收入较低（即家庭经济状况较差）的幼儿参加早教点活动的时间更长，少数民族幼儿参加活动的时间也略长于汉族幼儿[①]。

幼儿参加早教点活动时间与幼儿综合能力发展以及各领域能力发展之间均存在显著的正向相关性，参加早教点活动时间越长，综合能力得分越高。参加活动时间与幼儿综合能力得分率的相关性为 0.24。在 5 个领域的能力发展方面，参加活动时间与认知能力发展的相关性最强，相关系数为 0.27。这一结果初步揭示了走教干预活动对幼儿发展的促进作用。

被调查的 19 个早教点一周开展活动次数分布如表 17 所示。在项目启动时，早教点活动次数主要根据志愿者的人员安排和幼儿参加率来决定，随着项目试点日益获得幼儿家长及农村社区的认可，为满足要求，许多早教点已能保证一周 5 天全部开展活动。从调查情况来看，近一半的早教点已经达到这一要求。所有早教点每次（天）开展活动的时间均为 5 小时。

---

① 家庭人均收入与参加早教点活动时间二者的相关系数为 -0.14，具有统计显著性。汉族和少数民族在参加早教点活动时间方面的差异，经方差检验不显著。

表 17 早教点一周活动次数分布

次数（天）	早教点（个）	比例（%）
2	3	15.8
2.5	4	21.1
3.5	3	15.8
4.5	9	47.4
总　计	19	100

（三）走教干预效果评估

1. 幼儿能力发展的影响因素

为分析走教干预对幼儿能力发展的影响，需要对幼儿是否在幼儿园接受学前教育，以及父母文化程度、家庭经济状况、家庭育儿活动等进行全面考察。

（1）幼儿园。在平安、尖扎被调查的幼儿中分别有28%和11%上过幼儿园。为此，我们将乐都参加早教点的幼儿与平安农村、尖扎农村从未上过幼儿园的幼儿进行了比较。结果表明，平安、尖扎未上过幼儿园的农村幼儿的综合能力得分率比乐都参加早教点幼儿低出36%和30%（见图34）。

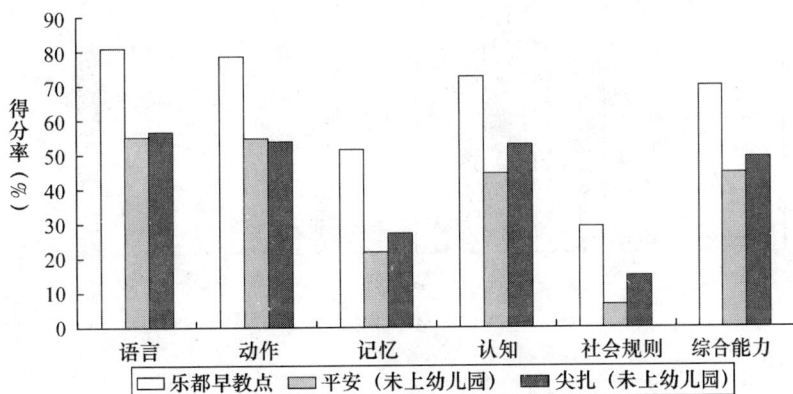

图34　乐都幼儿与农村未上幼儿园幼儿能力发展比较

平安农村已上幼儿园幼儿的综合能力得分率比乐都参加早教点幼儿低18%，尖扎农村已上幼儿园幼儿的综合能力得分率则比乐都参加早教点幼儿低出26%（见图35）。结果表明，乐都早教点提供的学前教育是有质量保证，走教是一种有助于提高农村幼儿早期发展水平的学前教育普及方式。

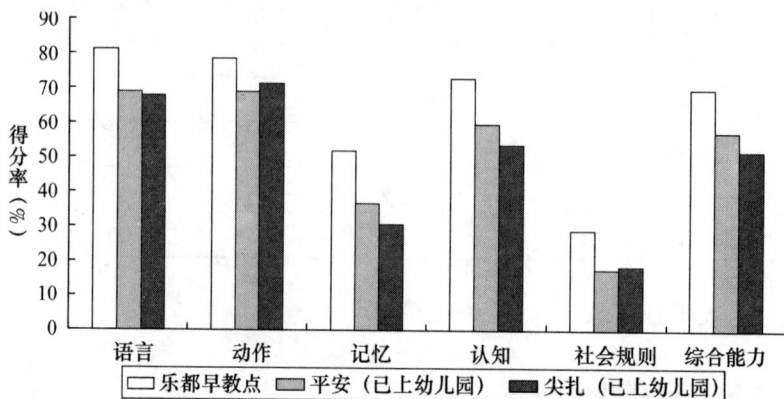

图35　乐都幼儿与农村已上幼儿园幼儿能力发展比较

（2）父母文化程度。父母文化程度由父母双方文化程度较高一方来确定。从不同地区的比较可以看出，城镇地区父母具有高中以上学历的比例明显高于贫困农村地区，贫困农村地区80%以上幼儿父母低于高中文化程度（见图36）。

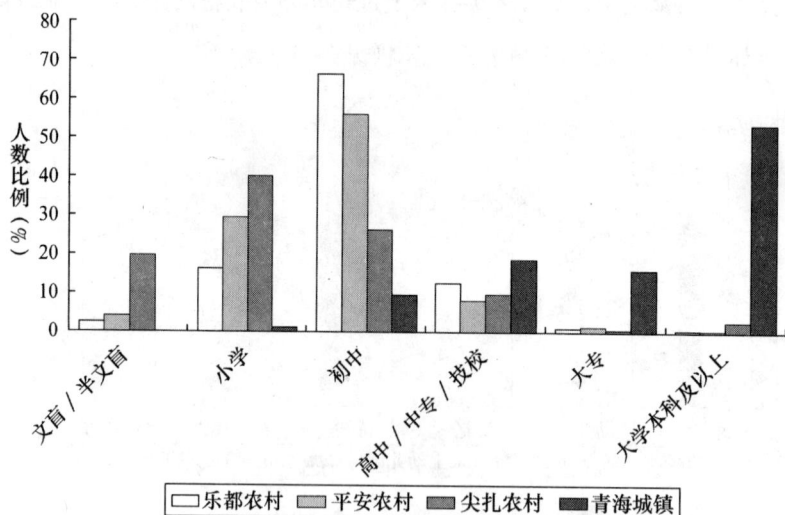

图36　不同地区3～6岁幼儿父母文化程度比较

5岁以前的幼儿期是人的大脑发育最关键时期，早期阶段语言、认知等方面的潜能是否获得充分发展将直接影响到儿童一生的能力发展，充分的外界环境刺激则是"催化"各项潜能得以表现的关键环节。而对幼儿来说，父母提供的环境刺激最直接、重要。

调查结果充分显示，父母文化程度与幼儿的语言、认知能力发展以及综合能力发展呈现高度相关性。随着幼儿父母文化程度的提高，幼儿语言、认知能力得分逐步提高，而且父母具有高中以上文化程度的幼儿，在这些方面能力发展提高的幅度更快（见图37）。

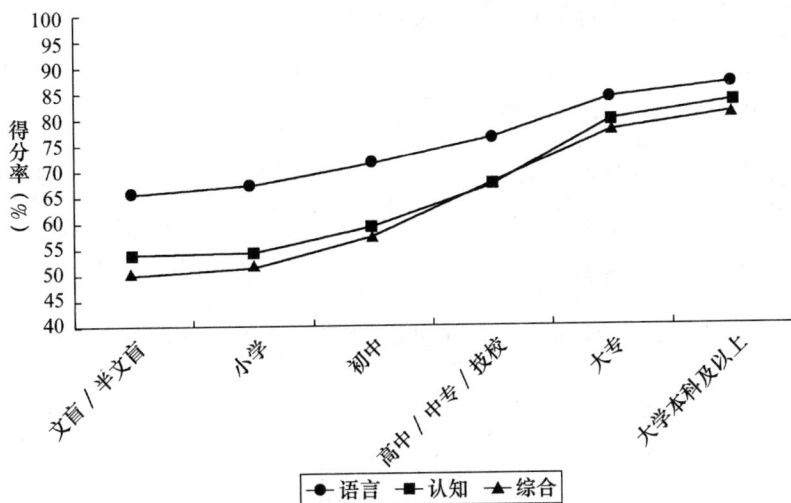

图37 父母文化程度与幼儿能力发展

（3）家庭经济状况。3～6岁幼儿的家庭经济状况通过家庭收入、家庭支出、幼儿开支三项指标反映。其中，幼儿开支是指家庭用于幼儿食品、衣着、图书、玩具四项开支的总和。从幼儿支出占家庭总支出比例来看，乐都、平安、尖扎农村地区和青海城镇地区的比例分别为12.1%、13.9%、17.4%和17.5%，方差分析检验结果表明，各地区间的差异显著。以上三项指标之间存在较强的相关性，家庭人均收入与人均支出相关系数为0.55，与幼儿支出的相关系数为0.39，家庭人均支出与幼儿支出的相关系数为0.52。

家庭人均支出与幼儿能力发展之间的相关关系最强（相关系数0.34），家庭人均收入与幼儿综合能力发展的相关系数为0.33，家庭幼儿开支与幼儿综合能力发展的相关系数为0.27。考虑到幼儿开支既直接体现了家庭对幼儿的物质投入，又与家庭经济收入和支出存在较强的相关性，我们在以下分析中采用这一指标反映家庭经济状况。

（4）父母打工。3~6岁农村幼儿有一半以上父母至少一方外出打工，平安农村这一比例达到60%，乐都农村为52.6%，尖扎农村为30%。总体样本中父母双方均外出打工的留守幼儿占26.1%。其中，平安农村比例最高（31.5%），乐都和尖扎农村的留守幼儿比例分别为27.9%和15.6%。从父母支付抚养费的情况来看，53%的幼儿父母没有给看护人支付任何抚养费。

通过参加项目开展的早教点活动，乐都县留守幼儿在语言、认知、记忆、动作、社会规则等所有领域的能力发展，以及综合能力发展均高于非留守幼儿。相反，作为对照组的平安县，留守幼儿在所有5个领域以及综合能力发展方面均低于非留守幼儿。这一结果说明了早教点活动对贫困农村留守幼儿的能力发展具有更明显的促进作用。如表18所示。

表18　　　　乐都、平安留守与非留守幼儿能力发展（得分率）比较　　　单位:%

发展维度	调查地区			
	乐都县		平安县	
	留　守	非留守	留　守	非留守
语　言	82.0	78.6	62.4	65.5
记　忆	54.4	50.8	22.8	28.3
认　知	73.0	70.9	46.8	50.5
动　作	78.3	76.0	58.1	60
社会规则	30.5	29.3	7.7	11.0
综合能力	71.0	67.9	46.7	50.2

（5）少数民族。3~6岁幼儿样本中少数民族比例为41.4%，略高于0~3岁幼儿样本。其中，尖扎和平安农村的少数民族幼儿比例较高，分别占到93.3%和37.8%。

受经济条件限制，少数民族家庭的幼儿开支低于汉族幼儿家庭，少数民族幼儿家庭全年幼儿开支相当于汉族的77%。

少数民族幼儿父母文化程度存在差异。少数民族幼儿近一半父母为小学以下文化程度（48.1%），汉族这一比例为 16.9%。少数民族幼儿父母具备大专以上学历的比例很低，占 7.7%，汉族为 19.6%（见图 38）。

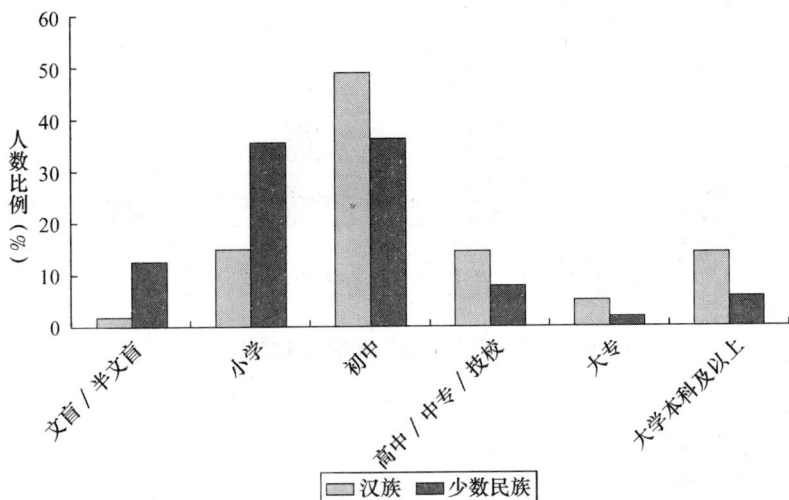

图38　3~6岁少数民族幼儿的父母文化程度

少数民族的留守幼儿比例低于汉族，调查 3~6 岁幼儿样本中，少数民族的留守幼儿比例为 21.1%，汉族留守幼儿比例则接近 1/3（32.3%）。回族的留守幼儿比例相对较高（26.6%），比藏族高 10 个百分点。

由于父母文化程度、家庭经济条件等原因，少数民族 3~6 岁幼儿在动作、记忆、认知、社会规则领域的能力发展低于汉族，但语言能力和综合能力发展与汉族幼儿没有显著差异。

（6）家庭育儿活动。家庭育儿活动对幼儿能力发展具有显著影响。此次调查结果显示，农村地区幼儿家庭拥有电视的比例超过 92%，城镇地区达到 99% 以上。城乡地区看电视时间均以 1 小时以内居多，城镇地区看电视时间在 1~2 小时以内的比例较高，达到 35.2%（见图 39）。

城镇地区幼儿看护人陪孩子读书讲故事时间相对较长。平安、尖扎贫困农村地区看护人 70% 以上陪孩子读书讲故事时间不足半小时。城市地区 1/3 以上（37.7%）的家庭每天陪孩子读书讲故事时间在 0.5~1 小时，乐都农村也接近 30%。乐都县每天陪孩子读书讲故事时间为 1~2 小时的比例在各地区中最高（见图 40）。

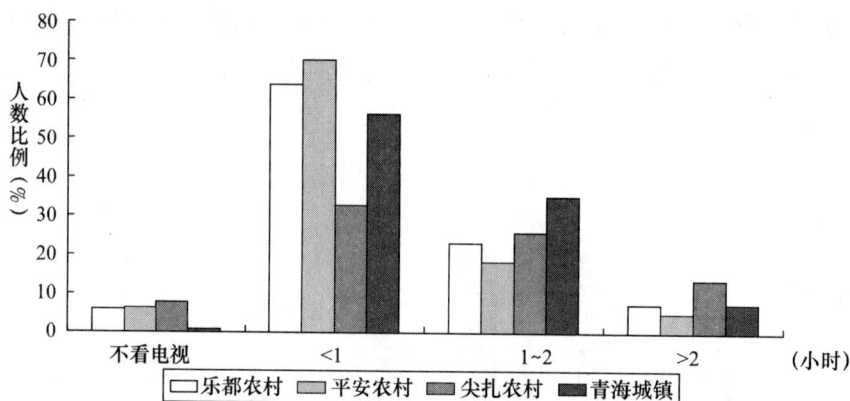

图39　不同地区幼儿看电视时间比较

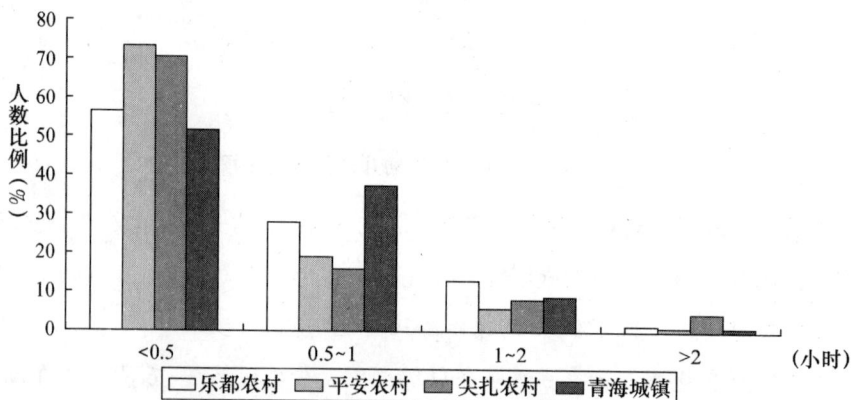

图40　不同地区幼儿看护人陪孩子读书讲故事时间比较

城镇地区家长或看护人陪幼儿玩游戏时间明显长于贫困农村地区。城镇57%以上家庭每天陪孩子玩游戏时间在1小时以内，尖扎和平安农村仅占22%和19%。乐都农村这一比例（36%）高于其他两个农村地区。此外，平安和尖扎农村从不陪孩子玩游戏的比例占70%和63%（见图41）。

可以看出，在被调查的贫困农村地区，幼儿家长或看护人在家对幼儿的启蒙教育和亲子互动很少，在这些地区尤其需要在家庭以外提供可及的学前教育服务，保证幼儿接受有质量保证的早期启蒙教育。

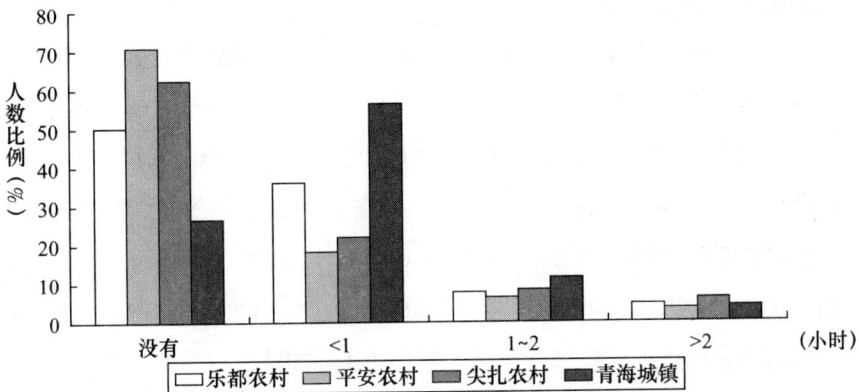

图41 不同地区幼儿看护人陪孩子玩游戏时间比较

2. 幼儿综合能力发展的多元回归分析

为分析早教点干预活动、家庭经济状况、父母文化程度、家庭育儿活动、父母打工等因素对幼儿综合能力发展的影响，我们对总体样本（含城镇）和农村样本分别进行了多元回归分析。在回归模型中，主要分析以下影响因素：幼儿参加早教点活动的总月数、是否上过幼儿园、每天在家看电视时间、家长或看护人每天陪幼儿玩游戏时间、读书讲故事时间，父母文化程度、家庭用于幼儿的开支，家庭子女人数，以及幼儿性别、民族。对于农村样本，在分析时考虑了幼儿留守情况的影响。

（1）对全体3～6岁幼儿的回归分析。在考虑了幼儿是否上过幼儿园、家庭经济状况、父母文化程度、家庭育儿活动等多方面因素后，幼儿参加早教点活动仍然对幼儿综合能力发展具有统计显著性影响，随着幼儿参加早教点活动月数的增加，幼儿综合能力得分率平均提高1.2个百分点。同时，上幼儿园明显促进幼儿的综合能力发展。对全体幼儿而言，上过幼儿园的幼儿比从未上过幼儿园的幼儿综合能力得分率平均高8.1个百分点。

从家庭育儿活动来看，父母每天陪孩子玩游戏时间1小时以内对幼儿综合能力发展具有显著性影响，综合能力得分率平均提高3.9个百分点。每天看电视时间2小时以内的幼儿，综合能力得分率平均高出12个百分点，但超过2小时则对幼儿综合能力发展没有显著性影响。父母陪孩子读书讲故事时间对幼儿综合能力发展影响不具统计显著性。

父母文化程度、家庭经济状况对幼儿综合能力发展都显示了显著性影响。父母接受过大专以上教育的幼儿，其综合能力得分率比父母文化程度不具备大专水平的幼儿平均高14个百分点，而父母为初中以下文化程度则对幼儿综合能力发展具有负面影响。随着家庭幼儿开支水平的提高，幼儿综合能力发展得分率提高。少数民族对幼儿综合能力发展的影响具有统计显著性。

（2）对3~4岁幼儿的回归分析。分析结果表明，早教点活动对3~4岁低龄幼儿综合能力发展提高的效果最明显。随着幼儿参加早教点活动月数的增加，幼儿综合能力得分率平均提高2.2个百分点。此外，上过幼儿园对3~4岁幼儿综合能力发展的促进作用仍然具有显著性，上过幼儿园的3~4岁幼儿比从未上过幼儿园的同龄幼儿综合能力得分率平均高8.6个百分点。其他控制因素对3~4岁幼儿均未表现显著性影响。

（3）对4~5岁幼儿的回归分析。早教点活动对4~5岁幼儿综合能力发展仍然具有显著性影响，随着幼儿参加早教点活动月数的增加，幼儿综合能力得分率平均提高1.6个百分点。上过幼儿园的4~5岁幼儿比从未上过幼儿园的同龄幼儿综合能力得分率平均高8.1个百分点。

此外，每天看1~2小时电视对4~5岁幼儿综合能力发展具有显著性影响，父母具有高中、本科以上学历对幼儿综合能力发展具有显著性影响。

（4）对5~6岁幼儿的回归分析。早教点对幼儿综合能力发展仍然作用具有显著性。除此之外，影响5~6岁幼儿综合能力发展的显著性因素有所增加。看电视时间2小时以内可以提高5~6岁幼儿综合能力得分率，父母具有本科以上学历才对幼儿综合能力发展具有显著性影响。家庭对幼儿开支的影响在5~6岁样本中变得具有显著性。此外，少数民族因素也具有统计显著性影响。如表19所示。

（5）对农村幼儿的回归分析。在单独对农村3~6岁幼儿样本进行的回归分析中，早教点活动对幼儿综合能力发展的影响更强，随着幼儿参加早教点活动月数的增加，幼儿综合能力得分率平均提高2.5个百分点。相反，是否上过幼儿园的影响变得不具显著性，而且影响程度也大大降低，在包括城镇幼儿在内的全体

表 19　　　　　　　　　　3～6 岁全体样本多元线性回归分析

变量	年龄（岁）	3～6	3～4	4～5	5～6
参加早教点月数		1. 164 *** (0. 000)	2. 185 *** (0. 000)	1. 552 *** (0. 000)	0. 821 *** (0. 000)
每天看电视 时间（小时）	< 1	11. 407 ** (0. 002)	1. 962 (0. 807)	16. 337 (0. 058)	12. 258 * (0. 010)
	1～2	12. 860 ** (0. 001)	1. 894 (0. 822)	18. 277 * (0. 039)	15. 597 ** (0. 002)
	> 2	5. 740 (0. 206)	− 5. 740 (0. 569)	12. 871 (0. 188)	5. 716 (0. 341)
游戏时间 （小时）	< 1	3. 911 * (0. 021)	4. 766 (0. 220)	1. 042 (0. 733)	3. 399 (0. 140)
	1～2	2. 757 (0. 319)	4. 727 (0. 434)	0. 482 (0. 919)	2. 464 (0. 541)
	> 2	3. 077 (0. 435)	2. 623 (0. 740)	1. 289 (0. 865)	4. 172 (0. 489)
父母最 高学历	小学	− 0. 243 (0. 957)	− 5. 523 (0. 607)	8. 926 (0. 280)	1. 642 (0. 783)
	初中	− 1. 111 (0. 979)	− 8. 597 (0. 399)	6. 250 (0. 424)	4. 871 (0. 396)
	高中	6. 852 (0. 150)	− 4. 192 (0. 709)	18. 519 * (0. 046)	11. 955 (0. 052)
	大专	13. 985 * (0. 011)	16. 819 (0. 167)	18. 996 (0. 065)	11. 157 (0. 131)
	本科及以上	14. 484 ** (0. 004)	10. 146 (0. 389)	24. 760 ** (0. 007)	16. 217 * (0. 016)
读书讲故事 时间（小时）	< 0. 5	1. 137 (0. 853)	− 4. 621 (0. 845)	− 4. 837 (0. 605)	9. 361 (0. 260)
	0. 5～1	4. 178 (0. 500)	− 2. 990 (0. 900)	0. 290 (0. 976)	10. 174 (0. 236)
	1～2	2. 603 (0. 686)	5. 528 (0. 819)	0. 275 (0. 978)	− 0. 149 (0. 999)

年龄（岁） 变量	3～6	3～4	4～5	5～6
是否上过幼儿园	8.144*** (0.000)	8.577* (0.042)	8.109* (0.028)	7.331** (0.008)
幼儿开支	0.0004* (0.020)	0.0005 (0.576)	0.0005 (0.151)	0.0005* (0.045)
幼儿兄弟姐妹个数	−1.084 (0.287)	−2.480 (0.301)	−0.264 (0.880)	−1.404 (0.337)
幼儿性别	2.691 (0.070)	5.350 (0.110)	3.354 (0.202)	0.964 (0.643)
幼儿是否少数民族	−6.077*** (0.000)	−3.672 (0.352)	−1.468 (0.658)	−7.424** (0.001)
常数	39.585*** (0.000)	54.979* (0.047)	32.256* (0.047)	30.467** (0.008)
F 统计量	15.95	4.77	5.73	7.97
R-squared	0.385	0.340	0.448	0.444
N	530	147	162	221

注：$*P < 0.05$，$**P < 0.01$，$***P < 0.001$。

样本回归分析中，上幼儿园可使幼儿综合能力得分率平均提高8.1个百分点，而在针对农村样本的分析中，幼儿园因素仅影响3.8个百分点，而且影响不具统计显著性。

此外，每天看电视2小时以内对农村幼儿综合能力发展有显著性影响。少数民族影响因素对农村幼儿综合能力发展的影响也呈统计显著性。

（6）对3～4岁农村幼儿的回归分析。对3～4岁农村幼儿，在控制了所有因素之后，仅早教点活动的影响具有显著性，而且在各年龄组中，早教点活动对3～4岁低龄组幼儿的效果最强。随着幼儿参加早教点活动月数的增加，3～4岁幼儿综合能力得分率平均提高2.5个百分点。

（7）对4～5岁农村幼儿的回归分析。与3～4岁农村幼儿分析结果相似，在控制了所有因素之后，仅早教点活动的影响具有显著性。在包括城镇幼儿的全体

4~5岁幼儿分析中具有显著性影响的上幼儿园、看电视时间、父母最高学历等因素，对农村4~5岁幼儿无显著性影响。

（8）对5~6岁农村幼儿的回归分析。对5~6岁农村幼儿综合能力发展具有显著性影响的因素包括早教点活动时间、看电视时间和幼儿是否为少数民族。看电视2小时以内对5~6岁农村幼儿综合能力发展有显著性影响，少数民族因素对5~6岁幼儿影响具有统计显著性。以上如表20所示。

表20　　　　　　　　　　3~6岁农村样本多元线性回归分析

变　量	年龄（岁）	3~6	3~4	4~5	5~6
参加早教点月数		1.292*** (0.000)	2.451*** (0.000)	1.678*** (0.000)	0.940*** (0.000)
每天看电视 时间（小时）	<1	10.302* (0.016)	0.452 (0.958)	16.386 (0.164)	12.347* (0.024)
	1~2	12.069** (0.009)	0.733 (0.935)	19.667 (0.102)	16.198** (0.007)
	>2	6.928 (0.195)	-10.585 (0.340)	19.913 (0.139)	4.208 (0.567)
游戏时间 （小时）	<1	3.524 (0.112)	2.068 (0.679)	0.419 (0.923)	3.828 (0.205)
	1~2	1.170 (0.753)	7.497 (0.294)	-1.205 (0.874)	-5.024 (0.363)
	>2	0.528 (0.916)	0.408 (0.972)	-2.913 (0.780)	3.839 (0.587)
父母最 高学历	小　学	0.232 (0.962)	-2.700 (0.812)	11.465 (0.220)	1.701 (0.794)
	初　中	0.140 (0.976)	-4.941 (0.653)	8.417 (0.346)	4.210 (0.502)
	高　中	0.350 (0.949)	-4.433 (0.721)	7.410 (0.510)	7.121 (0.321)
	大　专	12.798 (0.147)	27.598* (0.076)	10.747 (0.635)	-5.634 (0.673)
	本科及以上	1.696 (0.859)	-16.417 (0.375)	37.699 (0.082)	5.777 (0.671)

续表

年龄（岁）		3~6	3~4	4~5	5~6
读书讲故事时间（小时）	<0.5	1.751 (0.812)	-11.412 (0.665)	-9.092 (0.501)	8.729 (0.344)
	0.5~1	4.157 (0.580)	-10.472 (0.697)	-3.936 (0.781)	7.390 (0.442)
	1~2	4.185 (0.595)	1.090 (0.968)	-1.549 (0.915)	-2.740 (0.785)
是否上过幼儿园		3.825 (0.096)	3.380 (0.498)	3.744 (0.435)	3.649 (0.256)
幼儿开支		0.001 (0.229)	0.001 (0.467)	-0.000 (0.897)	0.001 (0.125)
幼儿兄弟姐妹个数		-0.823 (0.503)	-2.988 (0.253)	0.021 (0.993)	-1.300 (0.478)
幼儿性别		3.745 (0.072)	6.661 (0.095)	5.365 (0.149)	0.336 (0.906)
幼儿是否少数民族		-5.069 * (0.018)	-0.586 (0.898)	-1.591 (0.726)	-6.737 * (0.024)
幼儿是否留守		-2.545 (0.252)	-3.411 (0.426)	-6.704 (0.180)	-0.372 (0.911)
常数		36.301 ** (0.001)	55.622 (0.067)	28.890 (0.239)	32.502 * (0.015)
R-squared		0.260	0.344	0.424	0.342
F 值		5.76	2.33	2.78	3.20
N		367	115	101	151

注：$*P<0.05$，$**P<0.01$，$***P<0.001$。

（9）对农村幼儿的回归分析（加早教点活动次数）。作为反映走教干预质量的一项重要指标，我们加入了早教点一周开展活动次数对幼儿综合能力发展的影响因素。回归分析结果表明，一周开展活动次数对幼儿综合能力发展的影响具有统计显著性，每周增加1次（天）的早教点活动次数，可提高幼儿综合得分率

2.5 个百分点。幼儿参加早教点活动时间的影响仍然具有统计显著性（见表21）。

表21　　　3～6 岁农村样本多元线性回归分析（加早教点活动次数）

		系数	标准差	t	p 值
参加早教点月数		0.700*	0.272	2.57	0.011
早教点每周活动次数		2.497**	0.918	2.72	0.007
每天看电视时间（小时）	<1	10.432*	4.234	2.46	0.014
	1～2	12.520**	4.587	2.73	0.007
	>2	7.352	5.293	1.39	0.166
游戏时间（小时）	<1	3.838	2.193	1.75	0.081
	1～2	0.918	3.678	0.25	0.803
	>2	0.450	4.932	0.09	0.927
家庭最高教育水平	小　学	0.327	4.855	0.07	0.946
	初　中	−0.133	4.690	−0.03	0.977
	高　中	−0.695	5.437	−0.13	0.898
	大　专	10.693	8.759	1.22	0.223
	本科及以上	1.134	9.459	0.12	0.905
读书讲故事时间（小时）	<0.5	1.287	7.289	0.18	0.860
	0.5～1	3.846	7.443	0.52	0.606
	1～2	3.827	7.794	0.49	0.624
是否上过幼儿园		4.140	2.272	1.82	0.069
幼儿开支		0.001	0.004	1.37	0.172
幼儿兄弟姐妹个数		−0.945	1.218	−0.78	0.438
幼儿性别		3.442	1.910	1.8	0.072
幼儿是否少数民族		−4.358*	2.126	−2.05	0.041
幼儿是否留守		−3.228	2.214	−1.46	0.146
常数		35.584	10.414	3.42	0.001

R-squared = 0.2753

F（22，344）= 5.94

N = 367

注：*P < 0.05，**P < 0.01，***P < 0.001。

六、结　论

中国发展研究基金会自 2009 年以来在西部农村开展的"贫困地区儿童早期发展"项目试点充分利用农村基层现有的卫生、教育资源，动员地方政府、社区、学校、家庭等多方力量，实现了低成本、广覆盖、有质量的目标。青海试点中期评估结果充分表明，项目实施一年半后，项目开展的婴幼儿营养干预、幼儿学前教育试点取得了明显效果。

（一）0～3 岁婴幼儿营养状况

- 乐都干预组婴幼儿生长迟缓（身高不足）率、低体重率和贫血率明显降低，生长迟缓率下降程度最为明显。与基线调查相比，中期调查的 6～24 月龄婴幼儿生长迟缓率下降了 28.8%，贫血率下降了 12.9%；与全国农村相比，乐都干预组 0～3 岁婴幼儿的生长迟缓率（7.5%）已低于 2010 年全国农村平均水平（10%），低体重率（6.2%）已低于 2010 年全国贫困农村的平均水平（7%）；与青海其他贫困农村地区比较，乐都干预组的生长迟缓率为乐都对照组和平安、尖扎农村地区的 1/2～1/3，低体重率为后三个地区的 1/3～2/3。

- 婴幼儿营养干预已初步显示长期改善效果。乐都干预组结束营养包干预后的 2～3 岁婴幼儿的生长迟缓率、低体重率大大低于乐都对照组，乐都干预组的生长迟缓率约为乐都对照组的 1/3，低体重率约为对照组的 1/6。

- 营养干预措施对父母外出打工的留守婴幼儿贫血状况改善作用明显。乐都干预组 0～3 岁留守婴幼儿的贫血率（34.9%）比非留守婴幼儿（45.7%）低 11 个百分点。而在乐都对照组，留守婴幼儿的贫血率（46.3%）则高于非留守婴幼儿（42.4%）。

- 除营养包干预以外，中期评估综合考察了喂养方式、母亲文化程度、家庭经济状况、父母外出打工、少数民族等因素对婴幼儿营养状况的影响，在控制各种影响因素后，营养干预显著降低婴幼儿营养不良概率。

- 在贫困地区，家庭经济条件越差的婴幼儿家庭对营养干预的依从性越高。由于缺乏经济能力购买婴幼儿营养补充产品，这些家庭更需要、也更愿意参加免费营养干预服务项目。政府应有针对性地对这些贫困农村婴幼儿采取营养保障措施。

- 采取妈妈学校培训手段普及营养知识十分必要。母亲文化程度与婴幼儿营养状况存在明显相关性，调查的贫困农村地区婴幼儿母亲90%左右为初中或初中以下文化程度，这是导致婴幼儿营养不良水平较高的重要原因之一。妈妈学校培训是普及营养知识、改变不正确喂养习惯的重要手段。

- 少数民族婴幼儿营养状况值得关注。在采取营养干预措施时，应有针对性地对少数民族家庭予以营养指导，保证少数民族婴幼儿营养正常。

- 西部地区婴幼儿贫血问题较为严重，有待开展进一步营养学调查和分析。从调查结果来看，青海城镇地区0~3岁婴幼儿贫血率高达48.4%，相当于2010年全国贫困农村地区贫血率的2倍。由于贫血对婴幼儿大脑发育和智力发展极为不利，并累积形成长期性后果，西部地区有必要尽快采取有效的婴幼儿营养干预措施，防止东西部地区在人力资本方面的差距进一步扩大。

（二）3~6岁幼儿能力发展

- 乐都参加早教点活动的3~6岁幼儿综合能力已接近于青海城镇地区同龄在园幼儿，其综合能力得分率与青海城镇同龄在园幼儿仅相差约17%，而平安、尖扎农村幼儿综合能力得分率则比青海城镇同龄幼儿低出64%，与乐都早教点幼儿相差近1/3。其中，乐都幼儿在语言、认知能力方面的发展与城镇同龄在园幼儿更为接近，得分率分别只相差7%和14%。

- 乐都幼儿的综合能力发展大大高于青海贫困农村未上过幼儿园的幼儿，乐都幼儿综合能力得分率比尖扎、平安未上幼儿园的幼儿高30%~36%。

- 以走教方式开展的学前教育活动对留守幼儿能力发展具有更突出的促进作

用。参加乐都早教点活动的留守幼儿在语言、认知、动作、记忆和社会规则5个领域及综合能力发展方面均高于非留守幼儿;而在平安县和尖扎县,留守幼儿在所有5个领域及综合能力发展方面都低于非留守幼儿。

- 走教干预效果与活动频次之间存在明显关系,随着早教点一周开展活动次数的增加,幼儿综合能力发展将显著提高。

- 除走教干预以外,中期评估全面考察了家庭育儿活动、父母文化程度、家庭经济状况、父母外出打工、少数民族等因素对幼儿综合能力发展的影响,分析指出,在控制各种影响因素后,幼儿参加早教点活动对幼儿综合能力发展具有显著性影响。

- 乐都走教干预对3~4岁低龄幼儿综合能力发展影响明显。由于农村家庭的幼儿看护人文化程度低,无法为幼儿提供早期教育的家庭环境,而电视媒介对认知水平较低的低龄幼儿作用有限,依托村级早教点开展学前教育活动,更便于年龄较小的幼儿接受早期启蒙教育。

- 父母文化程度和家庭育儿活动对幼儿综合能力发展具有显著性影响。调查贫困农村地区80%以上3~6岁幼儿父母低于高中文化程度,平安、尖扎农村60%以上的看护人从不陪孩子玩游戏,70%以上的看护人每天陪孩子读书讲故事的时间不足半小时。由于缺乏家庭早期教育氛围,更需要政府提供相关学前教育保障措施。

- 少数民族幼儿的认知、记忆、动作能力发展较为滞后,有必要有针对性地开展干预措施,提高少数民族幼儿综合能力发展。

青海试点中期评估对乐都县开展儿童早期发展项目一年半后的效果进行了全面总结,并客观反映了青海农村和城镇地区0~6岁儿童的早期发展现状。基金会开展的贫困地区儿童早期发展项目试点为青海全省推广儿童早期发展项目,为国家制订西部贫困农村地区婴幼儿营养改善、推广幼儿学前教育政策提供了参考依据。

刘 蓓 执笔

2011年11月

参考文献

［1］陈春明、何武、王玉英等．青海省乐都县社会公平项目实施 20 个月后营养保障效果．北京：中国疾病预防控制中心，2011

［2］Heckman, James and Dimitriy Masterov. The Productivity Argument for Investing in Young Children. Review of Agricultural Economics, 2007, 29 (3)：446 – 493

［3］Naudeau, Sophie et al. Investing in Young Children：An Early Childhood Development Guide for Policy Dialogue and Project Preparation. Washington D. C：The World Bank, 2010

［4］Organization for Economic Co – operation and Development. Starting Strong：Early Childhood Education and Care. Paris：OECD, 2001

［5］Organization for Economic Co – operation and Development. Starting Strong II：Early Childhood Education and Care. Paris：OECD, 2006

［6］世界银行东亚及太平洋地区人类发展部，国家人口计生委培训交流中心．中国的儿童早期发展与教育：打破贫困的代际传递与改善未来竞争力．北京：中国人口出版社，2011

［7］Shonkoff, Jack and Deborah Phillips. From Neurons to Neighborhoods：The Science of Early Childhood Development. Washington D. C：National Academy of Sciences Presses, 2000

［8］中国发展研究基金会．中国发展报告 2007：在发展中消除贫困．北京：中国发展出版社，2007

［9］中国发展研究基金会．中国发展报告 2008/2009：构建全民共享的发展型社会福利体系．北京：中国发展出版社，2009

青海省乐都县社会公平项目
早期儿童营养保障效果评估

■ 陈春明　何　武　王玉英
　　中国疾病预防控制中心食物与营养监测项目工作组
■ 黄　建　李文仙
　　中国疾病预防控制中心营养与食品安全所食物强化办公室

　　2009 年中国发展研究基金会启动社会公平项目，在青海省海东地区乐都县进行社会试验，以探求实现适合我国国情的消除贫困、实现社会发展公平的策略。经过反复论证认为，自"儿童早期发展"入手是从根本上消除贫困的重要策略之一。因为它投入成本低、产出效益高且持久。中国疾病预防控制中心食物营养监测工作组和营养与食品安全所食物强化办公室积极参与了营养部分的工作。

　　中国发展研究基金会基于自身在项目组织、协调方面的优势，将充分利用已建立的地方政府网络，以及包括高校、研究机构、国际组织在内的研究网络，结合社会试验、课题研究、培训交流等方法开展项目。通过项目在贫困地区的开展，实现"婴儿出生健康，幼儿营养正常"，并保证贫困地区幼儿获得学前启蒙教育，平等地站在人生起跑线上。

　　项目自 2009 年 9 月启动至 2012 年 8 月，以乐都县 20 个乡中的 9 个乡为试点乡镇，干预工作包括：①对出生后满 6 个月婴儿免费发放营养包，动员家长在正常家庭制作的辅助食品外，每天给儿童加喂一包营养包；②免费发放并动员所有孕妇每天加服两片营养素片。以上这些补充是为提高 2 岁以下儿童和孕妇营养为目的，配方是针对儿童主要的营养缺乏设计的。

　　由于项目是社会试验，儿童和孕妇使用营养包和营养素片的覆盖率，是通过教育和推动逐步实现扩大覆盖的，在全县卫生系统的长期努力下，儿童食用营养包每周在 3 包以上的大约是 80%。

我们为了能客观地跟踪监测项目的效果和实施中的问题，每 3 个月进行一次监测，2011 年 5 月作了中期评估，2012 年 8 月进行了终期评估。现对干预地区儿童营养的改善提出总结。

一、为什么要以 2 岁以下儿童的营养保障为首选

通过我国在儿童生长发育方面的多年研究，尤其是自 1990 年以来的 20 年儿童营养监测说明，随着经济快速发展，在总体上儿童营养——以体格发育看——得到了较大的改善。2010 年城市和农村的 5 岁以下儿童的生长迟缓（身高不足）率和低体重率均较 2005 年降低了 50% ~60%。全国儿童生长迟缓率和低体重率分别为 9.9% 及 3.6%，人数约为 800 万人和 300 万人，人数比例仍占全球 1.95 亿生长迟缓儿童的 4.5%，在全球生长迟缓儿童人数排名中为第 4 位（在 2008 年占 6.5%，为第 2 位）。城市 5 岁以下儿童体格发育已基本处于正常状态，农村儿童生长迟缓率和低体重率分别达到 12.1% 和 4.3%，而贫困农村的生长迟缓率为 20.3%，自 2005 年以后一直未变。而从儿童各年龄段的生长迟缓率看，则普遍存在 1 岁以上儿童的生长迟缓率居高不下的状况。2 岁以下儿童的营养状况决定了 5 岁以下的营养水平，说明了 2 岁以下儿童喂养的重要性。

我们通过营养包的现场干预效果观察，证明 2 岁以内食用营养包的儿童在 24 月龄测定发育智商及 6 岁的智商均高于 2 岁以内未食用营养包的儿童。

国际的众多研究，尤其是 2008 年专家们总结了数千篇各类研究和现场观察，在世界著名医学杂志《柳叶刀》（Lancet）上发表总结性观点，提出了营养改善的"机遇窗口"由 5 岁以下集中到了 2 岁以下，即：从母亲孕育开始到出生 24 个月（-9 ~24 月）内的营养状况，是关系人类一生发展的因素。此时营养保证所得到的益处是终生的。将营养的机遇窗口定为 -9 ~24 月，即目前广为推动的"千日营养"（nutrition for 1000 days，简称为"Thousand days"）。

归纳起来，2 岁以下儿童发育和健康所需的微量营养素，以单位体重计，是一生中最高的。此时期的营养不足，包括生长发育的滞后和微量营养素缺乏

（主要以铁、碘、维生素 A 缺乏为代表），可以导致一生的损伤；造成体格和认知能力的发育潜力损失以及疾病风险的增加，甚至发生夭亡。这样的损伤发生在 2 岁以内，却是以后无可补偿、不可逆的损伤。由于营养不足带来的智力发育的滞后和身高不足带来的劳动生产能力缺损（由于 2 岁以内身高不足带来的成年身高缺 1%，可使劳动生产力降低 1.4%），以及成年后疾病如心血管病的危险，都会成为社会生产能力降低和社会财富积累缺损的重要根源。值得认识的是：营养不足而致矮小的女孩，将生育低体重和身高不足的婴儿，会发生代际相传，就形成了儿童营养不良以致社会经济发展滞后的恶性循环。所以，2 岁以内女性儿童营养又是妇女健康的重要因素。

儿童营养不足与贫困总是共存的、相互关联的，儿童营养不足不仅是贫困的结果，更重要的是早期儿童营养不足是不可忽视的贫困的根源。

因此，社会公平项目的内容首选早期儿童的营养保障和教育。我们则以 2 岁以内儿童营养保障（包括孕妇营养素补充和 6 月龄以上儿童的营养包补充）为切入点，以贫困人群中的儿童，在人生的开端能和一般儿童站在同一起跑线上为目的，为地区的今后发展走出一条康庄大道。

二、我们的开始

1. 24 月龄以下婴幼儿的营养保障干预措施

乐都县 9 个项目乡，从 2009 年 9 月 1 日开始进行婴幼儿的营养保障项目，包括以下干预措施。

（1）对 6～12 月龄儿童发放营养包（每天 1 包）。除正常喂给家庭制作的辅助食品外，每天补充一包营养包，其成分为每包含全黄豆粉及强化营养素共 12 克，其中每包中含热能 170～220 千焦（约 40～52 千卡）、蛋白质≥3 克、铁 5 毫克（其中来自依地铁－NaFeEDTA 中的铁 2.5 毫克，富马酸亚铁 2.5 毫克）、锌 5 毫克、钙 250 毫克、维生素 A 250 微克、维生素 D 5 微克（200 国际单位）、维生素 B_1 0.5 毫克、维生素 B_2 0.5 毫克、维生素 B_{12} 0.5 微克、叶酸 75 微克。项目开始以后，所有婴儿到达 6 月龄即开始发给营养包，直至 24 月龄。营养包产品符合国家发布的《辅食营养补充品通用标准》。

（2）对所有孕妇发给营养素片。每天两片，每片含钙 400 毫克、铁 5 毫克、锌 5 毫克、维生素 A 360 微克、维生素 B_2 0.5 毫克、维生素 C 30 毫克、维生素 D_3 5 微克（200 国际单位）。

2. 项目评估

（1）2009 年 8 月 27～31 日对青海乐都县婴幼儿的营养状况及孕妇贫血进行抽样基线调查，以便从横断面对儿童和孕妇的干预前基本情况作记录。根据乐都县提供的 9 个项目乡中，按人口数进行抽样，抽中的乡镇为寿乐、洪水和共和三个乡，其全体适龄儿童均作为基本样本进行监测。

基线调查收到调查表 586 份，按照儿童出生日期和体检日期计算生理年龄（每月按 30.4375 天计算）。

样本人群由三部分组成：①基线调查 6 月至 24 月以下（下文均以 6～24 月表示）儿童的身高、体重和血红蛋白，做干预前状况比较用，其中 6～12 月婴儿全部进入干预；②随后在干预 3 个月、6 个月、9 个月和 12 个月进行监测；③抽样调查乡镇全部孕妇。

经过年龄范围数据清理，6 月至 12 月儿童 212 名，12～23 月儿童 358 名，孕妇 152 名。再根据计算 Z 评分，去掉异常值，实际 6～12 月儿童 210 名，12～24 月儿童 356 名，有效抽样儿童数为 566 人。

（2）2011 年 5 月进行了项目实施 20 个月的评估调查，将之作为参考比较，并在乐都 9 个项目乡重新抽样进行人群测量。

（3）2012 年 8 月，在青海乐都县农村随机整群调查了约 400 名 2～3 岁儿童，进行体格生长和心理发育调查，其中 200 名儿童来自参加了社会公平项目的 9 个乡镇，另外 200 名来自其他未参加项目乡镇，作为对照。利用问卷调查儿童的基本信息，并用首都儿科研究所"0～6 岁儿童心理发育测试量表"测试儿童发育商，评估开展"社会公平项目"对当地儿童体格生长和心理发育的影响。

3. 方法和指标

（1）根据基线体检测量日期、身长、体重及儿童出生日期，参考世界卫生组织 2006 年标准，计算年龄别身长的 Z 评分和年龄别体重的 Z 评分，计算生长迟缓率和低体重率。

（2）利用 HemoCue 仪器测量儿童、孕妇血红蛋白值，根据 2001 年世界卫生组织与联合国儿童基金会制定的贫血标准，以及海拔高度修正公式确定贫血标准，得到当地贫血率。

三、乐都项目乡基本情况

1. 乐都儿童生长迟缓率和低体重率

乐都的 2 岁以下儿童的低体重率比 2009 年农村平均值略高；12～24 月龄儿童生长迟缓率也与农村平均值相近，如表 1 所示。

表 1　　　　　2009 年乐都 6～24 月龄儿童营养不良状况

年龄（月）	生长迟缓率（%）				低体重率（%）			
	乐都	全国农村	一般农村	贫困农村	乐都	全国农村	一般农村	贫困农村
6～11	6.4	6.8	3.8	12.5	5.4	4.2	3.3	5.8
12～24	13.7	15.9	12.3	22.7	5.6	5.1	4.5	6.2
6～24	11.1	12.6	9.1	19.3	5.5	4.7	4.0	6.1

注：2009 年处于全球经济危机中，我国贫困农村 6～11 月龄儿童的生长迟缓率由 2008 年的 6.7% 上升到 12.5%，12～24 月龄儿童则仍保持高发，2008 年和 2009 年分别为 23.5% 和 22.7%，乐都儿童营养不良状况接近一般农村水平。

2. 儿童贫血率

乐都项目乡 6～24 月龄儿童贫血率高于 2009 年全国贫困农村近 20 个百分点，见表 2。

表 2　　　　　乐都儿童贫血率与全国农村比较

年龄（月）　　贫血率（%）　　地区	乐　都	全国农村	一般农村	贫困农村
6～11	58.0	34.5	30.3	42.3
12～24	52.5	23.3	18.6	32.2
6～24	55.0	12.6	23.0	35.6

3. 孕妇贫血率

2009 年 9 月乐都项目乡的孕中期妇女 56 人，贫血率为 21.4%，孕晚期妇女 142 人，贫血率为 36.6%。

四、实行营养保障的干预效果

在实行 24 月龄以下儿童的营养保障干预后的 18 个月里，食用营养包的 6 月龄以上儿童的覆盖率是随着项目的推动不断提高的，在 2011 年 5 月，项目实施 20 个月时对 206 人的抽样调查显示，领取营养包的儿童达到87%。在领取儿童中每周食用 3 包以上的占 80.3%。可以估计在项目乡里，有效食用营养包的儿童占 2 岁以下儿童的近 70%。因此可以认为我们得到的是在营养包推广过程中覆盖率逐步提高下的效果，是实际推广的效果，必然较实验性的干预（覆盖率在本年内可达 70%）效果低。如果以食用覆盖 90% 以上的效果衡量，我们的效果分析是保守的。

我们的分析，是从公共卫生的角度判定效果的，列出的是实施项目前后该社区儿童人群的营养状况变化，而并不以个体的变化或贫血儿童的变化进行分析。

1. 营养包干预较大幅度地降低了 6 ~ 24 月龄儿童生长迟缓（身高不足）率

大量的研究已经证明 2 岁以下儿童的生长迟缓会影响儿童的脑发育、智能、体力发育，以及成年后的劳动效率（包括入学和辍学、肺活量、学习能力、同样时间内的劳动收入等）。项目乡儿童在出生 6 个月以后补充营养包，在 20 个月的干预过程中，干预儿童的生长迟缓率从 12 月龄开始降低，在 2 ~ 3 岁其生长迟缓率仅是未干预儿童的 30%（见表 3）。

随年龄的增长，小儿童的生长迟缓率会随之升高，其升高趋势难于比较，所以我们将干预前的基线结果和 2011 年 5 月的调查结果同时列出，便于与同年比较。由表 3 可见，干预过程中，各年龄段儿童的生长迟缓率一直在变化，处于下降过程；20 个月干预后（见表 3B），70% 的 24 以内儿童都得到了补充，生长迟缓率呈现稳定的下降。与同一年的 6 ~ 24 月儿童比较，18 月龄以后儿童营养明显改善，从 2 ~ 3 岁儿童的身高大大优于未干预地区得以证实。2011 年干预乡

表3 营养包干预与儿童生长迟缓率（%）变化

生长迟缓率（%） 监测时间	儿童年龄(月)	6~11	12~17	18~24	24~36
A 项目监测结果 （定期抽样监测）	干预前2009年9月	6.3	12.2	14.9	—
	干预实施6个月	3.0	11.9	—	—
	干预实施12个月	6.1	3.9	17.4	
B 项目实施20个月后（2011年5月的评估结果）	项目乡（干预人群）	4.7	10.5	9.7*	7.7*
	非项目乡	2.3	12.5	20.2	26.4

注：* 与非项目乡比较，$P < 0.05$。

儿童0~36月的生长迟缓率（7.5%）与未干预者（15.8%）比较，相差一倍。干预儿童平均身高高出1.8厘米。这为他们今后的各方面发育提供了基础。

非项目乡12月龄以上的儿童生长迟缓率持续上升，到2~3岁时可高达26.4%，高于我国贫困农村2010年的同龄儿童的生长迟缓率（22.5%）。

2. 营养包干预明显降低了6~24月龄儿童的低体重率，但显示了同时改善家庭辅食喂养的必要性

我国农村24月龄以下儿童各年龄段的低体重率一般在3%~5%间，贫困农村在4%~7%间，这一指标主要说明辅食喂养量的不足。而儿童低体重率变化受儿童疾病影响也较大，并与儿童死亡率升高有关。2009年未干预前乐都县农村6~24月龄儿童的低体重率为5.5%，但2011年未干预乡儿童低体重率在12月龄以后大大升高，2~3岁儿童的低体重率达到27.9%（见表4），平均体重比干预乡轻0.7千克，说明儿童喂养不足（孩子没吃饱），是否存在经济危机等因素的影响有待调查。

营养包是补充蛋白质和微量营养素的，必须在喂饱的基础上补充，会有更好的效果。由表4可见，虽然与2009年基线比较，未监测到营养包减少儿童低体重率的效果，但与2011年未干预儿童比，却显示了干预对于12月龄儿童低体重率的降低效果明显，说明在20个月期间非干预乡的儿童低体重率在上升，而项

目乡的儿童的低体重率并未如此恶化。

表4 营养包干预与儿童低体重率变化

低体重率（%）儿童年龄（月）监测时间		6~12	12~18	18~24	24~36
A 项目监测结果（定期抽样监测）	干预前 2009 年 9 月	4.8	5.6	—	—
	干预实施 6 个月	5.1	5.0	—	—
	干预实施 12 个月	4.2	3.4	11.5	—
B 项目实施 20 个月后 2011 年 5 月的评估结果	项目乡（干预人群）	5.9	8.8	9.7	4.3*
	非项目乡	4.7	4.2	12.5	27.8

注：＊与非项目乡比较，$P<0.05$。

2011 年 5 月，项目乡与非项目乡 0~36 月龄儿童的低体重率分别是 6.2%、19.3%。非项目乡的 2~3 岁儿童生长迟缓率（26.4%）和低体重率（27.8%）均明显高于 2010 年我国贫困农村同龄儿童（分别为 7.6% 和 22.5%），可见营养包对于随年龄增长出现的低体重率恶化有预防作用。但是，即使营养包的补充可以降低低体重率，仍然不能完全弥补家庭辅食喂养数量不足（即能量短缺）的缺陷，教育家庭保证基本辅食喂养的足量，是亟待解决的问题，也只有在此基础上补充营养包以提高辅食的喂养质量，才是高效的。

3. 营养包干预明显减少了儿童贫血，但进一步提高的空间是存在的

在儿童 2 岁以内脑发育和精神发育的关键时期，充足的铁营养是极为重要的。儿童贫血率是儿童体内铁储存衰竭的反映，贫血率的高低与年龄相关，其高发年龄在 6~18 月龄间，尤其 12 月龄时是高峰，一般情况下，自 18 月龄以后儿童贫血率渐降。因此儿童人群的年龄结构不同时，其均值的高低往往是不可比的，加之贫血率还受社会条件、疾病和饮食环境的影响。鉴于我们在比较分析时难于排除多种因素的影响，我们认为以监测数据进行分析是较为符合实际的。

首先以同一样本的变化比较为原则：①以年龄结构相近为基础，即干预后的

贫血率与 2009 年基线时 6～12 月龄儿童贫血率比较；②为了排除自然变化，干预后贫血率又与同一样本的同年龄基线比较。观察干预不同时间的贫血率降低效果，见表 5。

表 5　　　　　　　　　　营养包干预期间的儿童贫血率变化

监测时间　　　　　　监测项目	跟踪数据人数（人）	基线贫血率（%）	干预后贫血率（%）	贫血率降低幅度（%）
A 以监测个体干预后均值与其基线调查时均值比较				
干预 3 个月	171	61.4	38.0*	38.1
干预 6 个月	123	65.8	64.2	2.4
干预 12 个月	106	66.0	38.7*	41.4
B 以监测个体干预后均值与基线 586 人中同龄儿童均值比				
干预 3 个月	171	56.2	38.0*	32.4
干预 6 个月	123	58.7	64.2	-9.4（上升）
干预 12 个月	106	46.9	38.7*	17.5

注：$*P<0.05$。

各次监测人数在 313～420 人之间，但不是每个儿童都具有连续结果，我们取其跟踪样本比较如表中的 A 部分；又以历次监测中同年龄的基线数据比较，如 B 部分。即干预儿童年龄增长，贫血率与同年龄儿童在干预前的基线数字比较。

表 5 的结果说明营养包干预对儿童贫血率的降低是有效的，干预 12 个月后，贫血率较干预前降低了 41.4%，最明显是干预 3 个月后的效果，贫血率降低了 38.1%，在以后的快速生长中，直至 18～24 月龄都能保持贫血率 38% 的水平，较同龄的基线（46.9%）低 17.5%。

图 1 可见干预后血红蛋白分布曲线右移，证明了干预后的人群中低于贫血界值的人数比例减少。

2011 年 5 月进行了项目实施 20 个月评估，比较了 0～36 月各年龄段儿童的贫血率，见表 6。

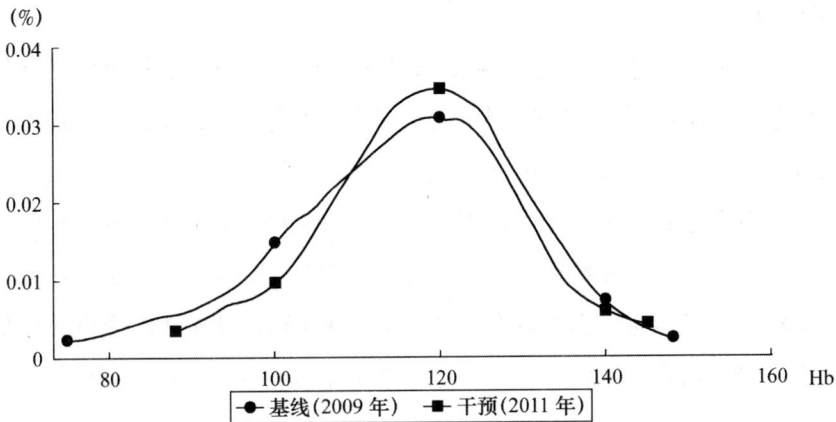

图1　项目乡监测人群干预前后血红蛋白分布曲线

表6　　　　项目实施20个月后与对照乡0～36月各月龄儿童贫血率

月龄（月）	6～12	12～18	18～24	24～36
项目乡（%）	61.2	46.4	40.3	33.3
测试人数（人）	85	56	72	117
对照乡（%）	55.8	47.9	45.8	40.3
测试人数（人）	43	48	48	72

可见在干预20个月后，项目乡的贫血率在干预6个月后（即12月龄时）贫血率开始趋向低于非项目乡，以后持续下降，干预12个月后比非干预乡低12%；在停止干预的一年后仍可比非项目乡低17.4%。由于人数较少，数据只可参考。

从监测结果看，营养包对降低儿童贫血率的效果明显，但是从6个月干预看，营养包铁的强化量（每天5毫克，吸收率高的NaFeEDTA为2.5毫克，其余系富马酸铁）仍不足以满足其快速生长的需要，以致其后降低，效果上不去。与我们2001～2003年甘肃的实验（半年营养包补充，贫血率下降44%，每天铁6毫克，但全部来自NaFeEDTA）以及2011年中国疾控中心营养与食品安全所进行的地震灾区8县的营养包干预半年补充效果（营养包发放覆盖率90%，半年补充，人群贫血率下降46%。铁强化量为每天7.5毫克）比较，可以认为本项目的儿童贫血率降低效果不够理想的主要原因是铁的强化量不足，并可以预期，如将营养包铁强化量增至7.5毫克，其降低6～24月龄儿童贫血率的效果可能会到40%以上。

在不断监测的过程中，生产企业已经从2010年8月开始提供铁强化量增为7.5毫克的营养包。但由于发放中使用营养包的批号无法跟踪，不能提出改进后的儿童贫血率变化，只有在下一个年度进行专题评估。

有关营养包对儿童预防贫血的持续效果，在2012年8月终期调查的24～36月龄儿童中，参加项目乡镇儿童贫血率（14.2%）要低于未参加项目乡镇儿童（23.6%），降低40%，差别具有显著性（$P < 0.05$），儿童血红蛋白的分布曲线也说明了这个现象（见图2）。这说明早期服用营养包对儿童后期贫血具有一定的预防作用。

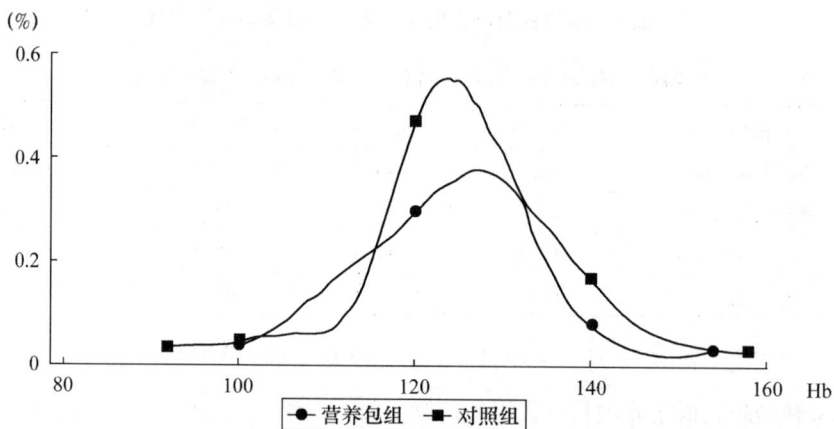

图2　24～36个月儿童血红蛋白分布曲线

4. 营养包干预明显降低儿童的两周腹泻和发烧发生率，保护了儿童的健康，并减轻了家庭负担

营养包干预对降低儿童疾病发生率的效果是明显的，有20%家长感觉儿童在补充营养包后"疾病少了"。我们对监测儿童两周内是否发生腹泻和发烧作了记录，证实在项目乡儿童的腹泻和发烧两周发生率大幅度降低。

表8中数据说明监测儿童中腹泻和发烧的两周发生率一直在下降，但是由于疾病发生与季节、年龄密切相关，以干预12个月，即2009年9月和2010年9月比较是最可信的，即在营养包12个月的干预下，各年龄段儿童的疾病发生率显

著下降（$P < 0.05$），降低幅度均在50% ~ 80%之间。这不仅是儿童健康改进的表现，也是儿童生长发育改善和贫血率降低的基础。

表8　　　　　　　　　项目乡儿童腹泻及发烧两周发生率

监测项目	监测时间	问卷人数（人）	儿童年龄（月）			
			6 ~ 12	12 ~ 18	18 ~ 24	24 ~ 36
腹泻两周发生率（%）	2009 年基线	538	29.4	30.1	18.7	21.0
	干预 3 个月	—	14.3	23.4	22.7	—
	干预 6 个月	—	25.0	11.1	11.1	—
	干预 12 个月	397	10.6	10.8	9.5	2.1
发烧两周发生率（%）	2009 年基线	540	28.9	36.6	33.3	28.9
	干预 3 个月	—	20.0	23.7	21.0	—
	干预 6 个月	—	15.0	23.6	17.4	—
	干预 12 个月	400	8.5	14.3	13.3	10.6

表9　　　　　　　　项目乡儿童两周内发烧和腹泻患病天数及费用

	干预时间	平均天数（天）	平均直接费用（元）
发 烧	基 线	5.22	288
	干预 12 个月后	3.04	77
腹 泻	基 线	4.41	173
	干预 12 个月后	3.97	34

对儿童家庭来说，孩子两周发烧率、腹泻发生率、平均天数和直接医疗费用都随着干预时间持续降低，减轻了经济负担和人力资源消耗。表9说明在营养包干预12个月以后，儿童的患病天数减少，平均直接花费仅是干预前的27%和14%（$P < 0.05$）；这从另一个侧面反映了儿童患病的时间和程度的降低，这方面的收益是不可低估的。加之，由于儿童健康状况的好转，家庭在精神负担减轻、心理上的愉悦，则不是金钱可以估算的。

5. 营养干预明显提高儿童发育

2012年8月调查，在干预3年后，干预乡的24 ~ 36月龄儿童总发育商虽略高于非干预乡但统计学上没有显著差别。但是精细运动和适应能力方面，参加营养包项目干预的儿童要高于对照儿童，差别有显著性（$P < 0.05$），即使调整了母亲文化程度、儿童性别、月龄、营养状况等影响因素后，二者的差别仍有统计学意义。这与甘肃贫困农村儿童辅食强化研究结果基本一致。如图3所示。

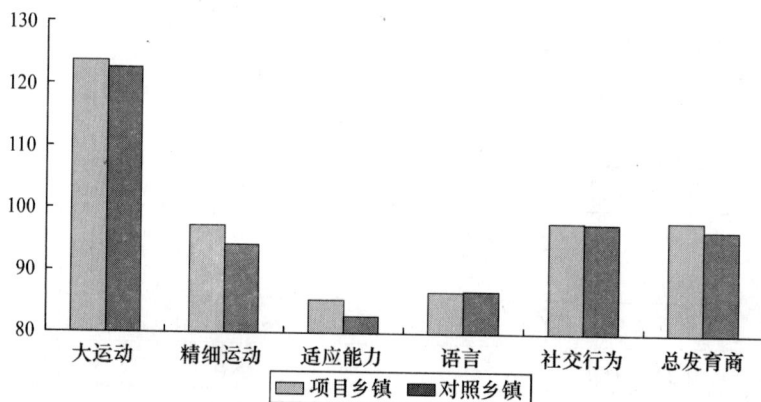

图3　24～36月儿童发育商比较

6. 孕妇补充营养素片明显降低了新生儿的低出生体重率

新生儿出生低体重率，是反映孕妇怀孕期间营养状况的重要指标，也是婴儿出生以后发育的关键指标。2009年9月对乐都6～24月龄儿童进行了摸底调查，共调查465名儿童，从他们的预防接种记录得到儿童的低出生体重率为7.31％。在对孕妇营养素干预进行了3个月后，对曾经食用营养素片的93位正常分娩孕妇进行统计，新生儿低出生体重率为5.38％。截至2010年4月，对项目进行过程中曾经食用营养素片的361位正常分娩孕妇进行统计，新生儿低出生体重率为4.17％，$P < 0.05$，统计学检验说明结果具有显著性。到2010年9月时，即对孕妇干预一年内，项目乡共有655名孕妇正常分娩，新生儿低出生体重率由7.31％降为3.21％。如表11所示。

低出生体重率的高低是儿童在宫内营养状况的反映，出生时胎儿的体格和脑发育、精神发育是出生后发育的基础。研究证明儿童的视觉、语言、听力等的发育都起始于胎内时期，大脑1/3的重量和脑细胞80％的数量都在这个时期完成；多项现场研究说明低出生体重预示着儿童在出生2年内可能发生的缺损，而此期

表11　　　　　　干预过程中儿童低出生体重率比较

监测时间	新生儿低出生体重率（%）	正常分娩儿童人数（人）
基线	7.31	465
干预3月	5.38	93
至干预6月合计	4.17	361
至2010年9月合计	3.21	655

间的体格，智能发育的缺损是无可补偿的。我们于2001年在甘肃贫困农村进行的观察，也证明了6～24月龄的营养保障得到的智力发育优势可以延续到6岁。所以这次对孕妇的营养补充，虽然我们没能作更多的评价，但仅对低出生体重率的效果也应是重要的提示，说明了低成本投入而取得大收获的可能性。

五、其他相关儿童营养保障项目

自2010年5月开始至2011年10月，在卫生部领导和UNICEF资助下，中国疾病预防控制中心营养与食品安全所开展了汶川地震灾区婴幼儿营养改善项目。项目覆盖了川、甘、陕3省8县近3万名婴幼儿，力求改善震后灾区婴幼儿营养状况。中国疾病预防控制中心营养与食品安全所组织了干预效果评估，并进行了卫生经济学评价研究。干预期间项目地区6～24个月儿童贫血率从52.8%降为24.8%，8个项目县总计有7804人的贫血状况得到改善。以伤残调整生命年（DALY）分析，在推广1.5年的项目中计算，实施营养包补充后8县避免损失伤残调整生命年5820.72人年，按支出费用计算，每避免1 DALY需要1426元人民币。以PROFILE模型预测，今后10年的经济效益为8273.91万元人民币；两种方法估算的成本效益比均为1:10。相应的灵敏度分析说明，贫血率降低13个百分点以上的人群中，采取营养包干预措施就有经济效益。

六、建议和呼吁

我们认为婴幼儿营养保障可以从根本上消除贫困，为社会公平打下基础，是一个投入成本最低而对未来社会收益最高的人力资源投资。婴幼儿营养保障项目实施的监测已经为之提供了证据——项目期间的儿童营养状况提高、贫血减少、疾病发生率下降以及低出生体重儿减少，都可以预见到人力资源发展的优化，为未来社会发展打下了更好的人力资源基础。我们强烈呼吁政府作出决策，将婴幼儿的营养保障纳入社会经济发展计划，不但为人民造福，更是为未来作贡献的良机。我们的建议如下。

- 本项目已就婴幼儿营养保障得到了有效实施框架的科学证据，将之作为政府的民生策略是有科学根据的。希望在全省推广，在推广中进行成本—效益研究，取其优化实施框架，以取得用最少投入得到最大效益的策略内容，为今后的全面决策提供根据。

- 项目 20 个月的实施，营养包发放的覆盖率逐步达到了 87%，在得到营养包的儿童中依从率（即每周喂给 3 包以上者）为 80%，实际上，儿童营养保障的提高还有不小的空间，如能将每周喂给 7 天的比例加大，其效果会大大提高。因此高效发放和更可行而有效的婴幼儿喂养教育，应是未来推广中的重要元素。

- 为了有效地实施婴幼儿营养保障项目，相关队伍的培育和提高是根本。队伍的建设和项目执行机制，应放在项目推广中的重要位置加以落实。

- 在 2011 年 5 月的项目评估中，看到贫血问题确是青海省的重要公共卫生问题，在西宁市发现儿童贫血率达到了 64.5% 的社区；且青海省的贫困县和少数民族县儿童贫血率也明显高于全国平均值。应先对城市和农村人群的贫血情况作一次横断面调查，以便估计问题的严重程度以及重点区域或人群，然后研究策略和最好的、成本效益良好的措施。

这关系到儿童的智力发育、未来的劳动能力和疾病抵抗力的问题；对成人来说，关系到妇女健康和所有劳动者的劳动生产力，这实质上，是社会经济发展滞后的原因之一，而克服这一营养问题的投资却是很有限的，值得政府就此采取措施。

2012 年 10 月

参考文献

[1] Chen CM, He W, Wang YY, Deng LN, Jia FM. Nutritional status of children during and post-global economic crisis in China. Biomed Environ Sci, 2011, 24（4）: 321 – 328

[2] Chen CM, Wang YY, Chang SY. Effect of in-home fortification of complementary feeding on intellectual development of Chinese children. Biomed Environ Sci, 2010, 23: 83 – 91

[3] 王玉英, 陈春明, 王福珍等. 营养强化辅助食品补充物对甘肃贫困农村婴幼儿体格生长的影响. 卫生研究, 2007, 36: 78 – 81

[4] Black R E, Allen L H, Bhutta Z A, et al. Maternal and child undernutrition: global and regional exposures and health consequences. Lancet, 2008, 371: 243 – 260

[5] Victora C G, Adair L, Fall C, et al. Maternal and child undernutrition: consequences for adult health and human capital. Lancet, 2008, 371: 340 – 357

[6] WHO Multicentre Growth Reference Study Group. WHO Child Growth Standards: Length/height-for-age, Weight-forage, Weight-for-length, Weight-for-height and Body mass index-for-age: Methods and Development. Geneva: World Health Organization, 2006.

[7] 世卫组织. 血红蛋白浓度用于诊断贫血及评估其严重性. 维生素和矿物质营养信息系统. 日内瓦: 世卫组织, 2011. http: //www. int/vmnis/indicators/haemoglobin_ zh. pdf

[8] 中华人民共和国国家质量监督检验检疫总局, 中国国家标准化管理委员会. GB/T 22570 – 2008 辅食营养补充品通用标准. 北京: 中国标准出版社, 2009

[9] 中国疾病预防控制中心食物强化办公室. 婴幼儿辅食营养补充品技术指南

学龄儿童健康干预措施
将教育的效益最优化

——从大型美国联邦研究项目中学到的经验

■ 詹姆斯·格里芬（James Griffin）

美国国家儿童健康与人类发展研究所儿童发展和行为部副主任

　　美国联邦政府持续资助了有关提高学前教育项目质量的大型研究和评估项目，但是这些项目的研究成果很少出现在经同行评议的文献回顾或政策摘要里。这是因为这些文献回顾或政策摘要往往以发表在学术期刊上的研究为主，因此基本上排除了政府报告中的研究发现（Shanahan & Lonigan，2010）。然而，大多数联邦研究项目有助于人们了解什么是高质量的学前教育。这些项目中还包括具体的研究，专门评估那些旨在提高儿童学前技能的项目是否有效。尽管人们不将此类研究视为经同行评议的出版物（因为它们主要是政府发布的技术报告），但它们的研究发现对学前教育这个领域很有价值。此类项目包括描述性的纵向研究（如"儿童早期纵向研究"和"新生儿同龄群研究"）、对国家干预项目的评估（如"开端计划"和"早期阅读优先"项目）、集多种干预研究于一体的大规模倡议（如"跨部门入学准备度研究联盟"）。

　　本文简要回顾了这些主要的研究项目，并突出强调了其研究发现，因为它们不仅展示了目前如何采用循证课程和教师培训来提高学前教育项目的质量，而且提示了继续为全国的学龄前儿童提供循证式学前教育时还需要哪些方面的研究。本文不涉及任何大规模收集数据的联邦项目（例如，Zhai，Brooks-Gunn & Waldfogel，2011），这超出了本文的范畴；本文只关注那些直接评估儿童入学准备度的研究。最后，本文用一个案例来介绍如何利用这些研究生成的数据集进行次级资料分析，以完成可供同行评议的研究文献。

描述性纵向研究

美国联邦政府资助了三项重要的描述性纵向研究，它们不仅提供了关于儿童早期发展和学习的重要发现，而且为其他相关分析提供了极其有用且记录完整的数据。这三项研究为：美国国家儿童健康和人类发展研究所（NICHD）[①] 早期儿童保育和青年发展、新生儿同龄组和幼儿园同龄组的儿童早期纵向研究。

NICHD 关于早期儿童保育和青年发展的研究

在 20 世纪 90 年代初期，绝大部分美国儿童都是从 6 月龄起开始接受托育照顾。NICHD 于 1991 年启动了"早期儿童保育和青年发展研究项目"（SECCYD），也被称为"儿童保育研究或日托研究"。该项目的主要目标是检验儿童保育如何影响儿童的社会性、情绪、智力和语言发展以及他们的身体发育和健康水平。研究人员收集了 1364 个在不同家庭背景中健康出生的儿童的数据。这些儿童所在的家庭均使用英语，而且从他们出生起就开始记录数据。这些数据来源于全国十个不同地方。除儿童保育的情况和所在家庭的特征以外，研究人员还收集了他们从出生到 15 岁之间，在认知和语言发展、社会行为、情绪发展、亲子关系、健康与身体发育等方面的深度数据。

保育质量较高的儿童在 0 ~ 3 岁的认知功能和语言发展方面更胜一筹（NICHD Early Child Care Research Network，2000）。保育质量最重要的特征是儿童看护者所使用的语言。他们通过语言提问和对儿童声音作出回应刺激儿童发育，使儿童的认知和语言发展更充分。我们还可以通过高质量的儿童保育预测出儿童在四岁半时具备更高的入学准备度——这可以通过标准化的早期识字和算术

[①] NICHD 于 2008 年被美国国会更名为尤尼斯·肯尼迪·施莱佛国家儿童健康与人类发展研究所。

技巧测试进行衡量（NICHD Early Child Care Research Network，2002）。然而，与儿童保育的质量相比，父母和家庭特点能更准确地预测出儿童所能掌握的早期识字技巧。

SECCYD 的优势之一是，它在儿童发展的不同时期进行了深度评估（Vandell，et al. 2010）。它评估了儿童 4.5~15 岁的入学准备度和学业成绩，发现评估结果表现出惊人的一致性，即儿童保育的质量与儿童 4 岁时的入学准备度技巧相关（（$d=.06$），入学准备度与一年级的学业成绩相关（（$d=.97$），一年级的成绩可以预测三年级成绩（（$d=.95$），三年级的学业成绩可以预测五年级的成绩（（$d=.92$），五年级的成绩可以预测 15 岁时的学业成绩（（$d=.89$）。造就这种稳定性的部分原因在于儿童入学后所处的教育环境。SECCYD 项目对于项目儿童在学校上学时的教学质量进行了评估研究。Pianta，Belsky，Houts，Morrison 和 NICHD 早期儿童保育研究网络（2007）在这项研究中发现，大多数儿童接受的教学质量至多只能算普通，而且来自弱势家庭的儿童很难接受高质量的教学。在各个年级中只有 10% 的学生能享受高质量的教学。总而言之，SECCYD 的研究发现表明，早期保育的质量对学业成绩的稳定性产生长期影响，而且这种影响长达十年以上。

儿童早期纵向研究——新生儿同龄组

儿童早期纵向研究——新生儿同龄组（ECLS－B）是美国第一个直接评价儿童早期心理和生理发育、儿童早期保育和教育背景的质量、父母对儿童生活的贡献，且具备全国代表性的研究。ECLS－B 的设计初衷是就美国儿童的发育、健康和入学前的早期学习经历提供详细信息。它从儿童出生开始一直追踪研究到他们上幼儿园。2009 年，该项目发布了项目儿童从出生到 4 岁的数据（Chernoff，Flanagan，McPhee & Park，2007）。当时它已经对项目儿童和他们的家长采集了 3 次数据，时间点分别是：儿童 9 月龄时（2001），2 岁左右时（2003）和开始接受学前教育时（即 4 岁，2005 年）。由于我们希望检验的是关于早期识字的研究发现，所以没有广泛地研究之前更早的大量数据报告（Flanagan & West，2004；Mulligan & Flanagan，2006）。我们采集到的数据包括：父母提供的家长直接评估报告、提供儿童早期保育和教育的人提供的信息和对早期保育和教育背景的观察（Chernoff，et al. 2007）。

ECLS－B 评估了 48～57 个月龄的儿童在语言、文学、数学、颜色知识和精细运动技能方面的表现——虽然其中也包含 44 个月龄和 65 个月龄的儿童。20%的儿童没有接受定期儿童保育或早期教育，但是 44% 的儿童参与了"开端计划"，约 21% 的儿童在家接受照顾（Chernoff，et al. 2007）。

正如我们强调地那样，关于儿童能力的研究结果只是描述性的，它们粗略地用比例来介绍研究发现。基本上来说，绝大部分儿童（63.3%）可以在没有提示的情况下说出 5 种颜色——虽然相对来说，能够做到这一点的白种人和亚裔美国人儿童多于非裔美国人或西班牙裔儿童。针对早期读写能力的研究最关心的是语言和识字能力。对语言技巧来说，女孩在接受性词汇和表达叙述能力方面都超过男孩。社会经济条件（SES）较差的孩子在读写能力方面逊于社会经济条件最好的孩子，出生体重非常轻的儿童逊于体重正常或略轻的儿童——这些都在意料之中。家庭类型不同（如双亲家庭、单亲家庭和其他家庭）的孩子表现并无差别。

这项研究通过字母识别、语音意识和对印刷品的概念（例如，英语文章的阅读顺序是从左至右）等考查读写能力。双亲家庭的孩子在综合读写能力以及各个单项上均优于单亲家庭的孩子。在综合读写能力考查中，亚裔美国儿童表现最好（在 37 分潜能分数中拿到 17.5），接下来是白种人儿童（得分 14.2），然后是非裔美国儿童（得分 12），西班牙裔儿童（得分 10.7），美国印第安和阿拉斯加原住民儿童（得分 9.6）。体重正常的儿童表现优于体重略轻或非常轻的儿童（得分分别是 13.3，11.9 和 11.4）。众所周知贫穷是一个影响早期学习的风险因素，所以正如我们预期的那样，家庭社会经济条件较好的儿童比那些中等家庭或贫困家庭的儿童表现更优异（得分分别是 18、12.7 和 9.2）。这个模式同样体现在识字能力的三个组成领域中：字母识别、语音意识和对印刷品的概念。

Denton、Flanagan 和 McPhee（2009）报告了这些儿童进入幼儿园后的数据（即 5 岁或 6 岁时的数据）。他们针对 9850 名儿童采集了两个学年（2006～2007 学年和 2007~2008 学年）的数据，这样因为生日晚于入学时间而不能进入幼儿园的儿童和那些达到年龄要求却没有在当年进入幼儿园的儿童就都可以被涵盖在内。对于幼儿园数据波，收集的信息包括早期阅读和数学，良好的运动技巧以及学校和班级特征。对于幼儿园评估，主要采集了有关早期阅读和数学、精细运动技能、学校和课堂特点的信息。在幼儿园评估中，评估阅读能力时主要衡量了儿童的字母认知能力、字母发声知识、认识简单的字词、语音意识，接受性和表达性词汇知识、对印刷品的概念等技能。除了作为整体阅读评估的组成部分以外，语言能力本身并没有得到专门评估。

总的来说，在阅读和数学方面表现最好的儿童来自双亲家庭，他们的家庭条件达到或在贫困线以上、并且英语是家庭使用的主要语言。白种人和亚裔美国儿童的表现优于其他种族或其他民族的儿童。此外，在入园之前参加早期保育和教育项目的儿童比没有参加此类项目的儿童表现要好（Denton, et al. 2009）。笼统地来讲，参加 ECLS－B 项目的儿童在四岁和入园后采集的数据显示，贫穷对读写和学习能力是一个显而易见的风险因素；有学前教育经历的儿童入园后更善于完成读写任务。

儿童早期纵向研究——幼儿园同龄组

幼儿园和小学一年级是一个儿童飞速成长和学习的时期。在这一时期，人们对汲取阅读知识给予了更多关注。在儿童早期纵向研究——幼儿园同龄组项目（ECLS－K）启动之前，几乎没有关于儿童阅读技巧的全国性数据。ECLS－K 从1998 年秋季开始，对具有全国代表性的幼儿园儿童追踪收集数据，直至他们进入八年级。这项研究直接从儿童及其家庭、老师和学校获取信息。ECLS－K 项目的基准年样本为 1998 ~ 1999 学年里，1000 余所幼儿园中的 22000 多名儿童（West, Denton & Germino－Hausken, 2000）。

我们特别感兴趣的是，ECLS－K 评估了儿童的阅读技巧，并且收集了有关儿童家庭读写环境和学校阅读教学的详细信息。Denton, West 和 Walston（2003）总结了 ECLS－K 关于幼儿园和一年级儿童的阅读技巧以及这些初级阅读者的课堂体验的研究发现。

ECLS－K 评估了在幼儿园和一年级初始儿童阅读能力的各个组成部分。

ECLS－K 研究人员开发了一种由个人管理且不限时的适应性评估工具，涵盖了各种基本阅读技巧（如识别印刷字体）、词语能力（如了解单个词的意思）和阅读理解能力。阅读理解能力又被细分为四个部分：识别段落的主要观点或理解词语在简单段落中的意思；将文章中的信息联系起来并且关注细节信息；把文中的信息与个人背景知识或经历联系起来；客观地理解文章，譬如文章中的哪些事情看起来是可信的。研究人员将听力理解和书面文章理解都纳入评估范围，因为幼儿园儿童刚刚开始进行阅读。鉴于给写作评分需花费一定时间和成本，所以此项研究没有评估写作能力。除了在词汇和听力理解有所涉及以外，该研究也没有直接评估语言能力（Denton，et al. 2003）。

在 1998 年秋季入园的儿童中，有大约 2/3 的儿童已经认识了字母表，大约 1/3 儿童知道了单词开头，字母与发音之间的关系，大约 1/5 儿童知道单词结尾时字母与发音的关系。一些儿童已经可以阅读单个单词。这些儿童即将从幼儿园毕业时，几乎所有儿童都认识字母，70% 的儿童可以识别单词开头的字母与发音的关系，一半儿童可以识别单词结尾的字母对应的发音。在一年级伊始，1/4 的儿童可以读出常见单词，1/10 的儿童可以阅读并理解单词在一定语境里的意义，到了一年级期末，以上这些比例分别增长至 3/4 和 4/10（Denton & West，2002）。

这项研究考察的一些因素可能与阅读能力的提高相关。在刚入园时，白种人儿童对于字母以及字母—发音的对应关系的认知优于非裔或西班牙裔儿童，母亲受教育程度较高的儿童比母亲受教育程度较低的儿童表现更好（West，et al. 2000）。同样，来自中等或富裕家庭的儿童比来自贫困家庭的儿童表现更好，受到多个风险因素困扰的儿童逊于只受到一个风险因素困扰或没有风险因素的儿童（Zill & West，2000）。受到风险因素困扰的儿童确实在幼儿园期间取得一些进步——特别是在基本阅读技巧方面，但是面对更困难的任务时，比如单词阅读，存在此类风险因素和没有这种风险因素的儿童之间的差距实际上在不断拉大（Denton & West，2002）。

这些数据表明，文化氛围浓厚的家庭环境（即经常给儿童阅读、唱歌、讲故事，并且家里有大量书籍，磁带和 CD）对开发读写能力非常重要。无论家庭收入水平如何，家庭环境都与同龄组中儿童的读写能力相关，这不仅表现在幼儿园初期而且从幼儿园一直延续到小学一年级（Denton & West，2002）。此外，在入园初期表现出较高读写技能的儿童在幼儿园结束和一年级期末表现突出的可能性更高。

另外两个与阅读能力增长相关的因素是态度和健康。在幼儿园和一年级的春季学年中，那些坚持完成任务、注意力集中而且表现出强烈求知欲的儿童在阅读技巧评估上的得分高于其他同龄人。入园时身体健康的儿童在幼儿园和一年级期末的阅读成绩也更高。总体来说，ECLS－K采集到的数据与SECCYD及ECLS－B的研究发现完全吻合，这表明幼儿园和一年级的阅读成绩与儿童、家人及家庭文化氛围相关，同时无论家庭贫困与否，无论是何种种族或民族，儿童的阅读成绩与早期读写技巧和学习态度相关。

ECLS－K还通过教师的报告和课堂观察记录了关于儿童教育经历的其他数据（Walston & West，2004）。根据1999年春季学年的数据，全日制课堂比半日制课程更容易采用混合分级（48%对42%）、阅读成绩分组（26%对14%）和同学间阅读指导（23%对15%）。最常见的阅读教学活动是识读字母表，将字母与发音对应起来。全日制课堂每天将大多数时间花费在这些教学活动上：了解关于印刷品的概念、词语、根据文章进行推测、根据背景线索理解文章、使用押韵的单词、大声朗读等。总之，由ECLS－K数据得出的研究发现说明，参加全日制公立学校的儿童在阅读和数学方面学到的知识多于参加半日制课程的儿童（Walston & West，2004）。

综上所述，ECLS－K项目对幼儿园始末和一年级的数据分析表明，儿童在入园时所具备的能力至关重要。对ECLS－B和ECLS－K的次级数据分析清楚地显示出，在美国，来自弱势社会人口群体的儿童与来自上层社会人口群体的同龄人之间的差距在24月龄时开始出现（Fuller，et al. 2009；Hillemeier，Farkas，Morgan，Martin & Maczuga，2008）并且延续到48月龄及以后（Chernoff，et al. 2007；Zill & West，2000）。如果弱势儿童在起跑线上就落后于他人，那么即使他们的能力有所提高，也很有可能一直落后于别人；很少有人能消除这种差距。在学校里接受更多的阅读教学会给所有幼儿园儿童带来积极影响，而且这种影响一直持续到小学一年级。

必须指出的是其他联邦政府资助的大型数据收集项目也可用于次级数据研究，如"脆弱家庭和儿童福利研究"（Reichman, Teitler, Garfinkel & McLanahan, 2001）。由于 SECCYD、ECLS – B 和 ECLS – K 的规模较大，而且覆盖了儿童早期发展阶段，所以被作为此类研究的范本。这些纵向数据帮助我们更加清楚地认识到早期儿童贫困带来的长期后果（Duncan, Ziol-Guest & Kalil, 2010），以及入学准备技巧对之后儿童发展的重要性（Duncan, et al. 2007）。但是我们不太清楚如何采取有意义的干预措施，以缩小儿童早期发展的差距，避免它对儿童今后的生活产生不利影响。

国家级项目评价的研究

联邦政府资助了多项研究来评估联邦学前教育项目的成效。我们在此报告以下几项研究的内容："早期开端教育计划影响力研究"（Early Head Start Impact Study）、"开端计划影响力研究"（Head Start Impact Study）以及两项描述性纵向研究，"早期开端教育计划家庭和儿童体验调查"（Early Head Start Family and Child Experiences Survey，简称 Baby FACES）和"开端计划家庭和儿童体验调查"（Head Start Family and Child Experiences Study，简称 FACES），同时重点关注与早期识字能力发展相关的研究结果。

开端计划影响力研究

开端计划于 1965 年开始实施，是时任美国总统林顿·约翰逊开展的"向贫困开战"计划的一部分，旨在提高美国低收入家庭儿童的入学准备度。开端计划的规模相当可观。以 2009 年为例，全国共有来自 49200 个班级的 904153 名儿童参加了这个项目，其中近半数儿童参加的是全日制项目。这些儿童中大约 46% 参加该项目时不超过 3 岁时，其余是在 4 岁时加入的。参加项目的儿童中半数以上是男孩。这些儿童中大约 1/3 是非洲裔，1/3 是西班牙（或墨西哥）裔，另外 1/3 是白人（ACF，2010）。

1998 年，国会再次批准了这个项目，并授权美国卫生与公众服务部开展研究来评估开端教育项目在国家层面发挥的影响力。卫生与公众服务部为此还接到一项明确的任务，即调查该项目在推动儿童（在多个层面上）发展和习得，以及改善父母育儿实践上发挥了什么样的作用，并分析这种作用是在什么情况下发挥的（也即哪项服务对哪些儿童发挥了作用）。

为了回答国会委托解答的问题，卫生与公众服务部经过认真思考，开展了一项针对两组儿童（一组 3 岁，一组 4 岁，均具备参加开端教育项目的资格；ACF，2010）的随机控制试验。这项研究搜集了 2002～2006 年期间全国具有代表性的项目和儿童样本。样本包括来自 23 个州的 383 个随机抽取的项目中的4667 名儿童。研究者随机选取一组参加开端计划的儿童，与之对比的控制组随机选取了原本具备资格但未参加项目的儿童。然而，控制组的儿童是可以参加其他儿童早期教育项目的；事实上，其中大约有 60% 的儿童参加了此类项目。这样，研究者就可以对比参加开端教育项目的儿童和参加其他学前教育项目的儿童了。这项研究考察了儿童在多个层面上的学习能力，并对这些儿童从幼儿园开始直到小学一年级进行了持续追踪，以判断项目的长期影响情况。我们在此只考察与识字能力有关的研究结果。

整体研究结果表明，儿童在与早期识字能力相关的领域有所收获（ACF，2010）。为了考察儿童的认知表现，这项研究直接评估了儿童掌握的语言能力、识字能力、前书写技能（仅针对参加开端教育项目期间的时期）和数学能力，参考了教师对儿童在校表现的报告，还参考了父母对儿童识字技巧和阶段性提升情况的报告。

研究结果表明，在参加开端教育项目期间，儿童的入学准备度在多个层面受到了积极影响。具体而言，参加开端计划一年后，4 岁年龄组的儿童包括词汇量在内的语言能力和识字能力有所提高（使用皮博迪图片词汇测验成绩［简称PPVT］来衡量；Dunn & Dunn，1981），其字词识别能力、拼写能力、字母认知能力也有所提升（通过伍德柯克－约翰逊测验第三版［简称 WJ－III］中的口头语言能力和阅读能力子测试成绩来衡量；Woodcock，McGrew，& Mather，2000），父母报告的读写萌发现象也有所增多。参加开端教育项目一年后，3 岁年龄组的儿童也有类似 4 岁年龄组儿童的表现。与早期读写能力相关的研究结果包括词汇量（PPVT 测试成绩）、字词识别和字母认知（WJ – III 测试成绩）、通过学龄前全面语音和印刷流程测试来衡量的元音省略（TOPEL；Lonigan，Wagner，Torgeson & Rashotte，2002）、父母报告的读写萌发现象、知觉运动技能和前书写技能（通过 McCarthy 的抽取图案任务测试成绩来衡量，该结果是 McCarthy 使用的儿童能力标尺的一部分；McCarthy，1972）。然而，这些优势在这两组儿童身上都没有保持下去。整体而言，样本儿童在幼儿园结束时和一年级结束时测试的结果并未出现统计显著性差异。在一年级结束之际，4 岁组儿童只有词汇量一项数据与控制组儿童有统计显著差异。在一年级结束之际，3 岁组儿童只有在 WJ – III 口头理解的测试结果上与控制组儿童有统计显著差异（ACF，2010）。

为了在大背景下考察上述结果，开端教育项目研究者对比了参加研究的儿童的技能水平与当时美国 3 岁和 4 岁人口（其中包括来自中高收入家庭的儿童）的平均技能水平。参加研究的儿童在字母认知测试中成绩较低：55% 的参加开端教育项目的 4 岁组儿童在幼儿园阶段结束时能够认识字母表中的所有字母，而参加开端教育项目的 3 岁组儿童有 65% 能做到。同样，在控制组中，58% 的 4 岁儿童和 64% 的 3 岁儿童在幼儿园阶段结束时能够认识字母表中的所有字母。可以为这项研究结果提供参考的是，早期儿童纵向研究（ECLS – K）曾发现，美国 95% 的儿童在幼儿园阶段结束时能够认识字母表中的所有单词（ACF，2010）。

除了开端计划影响力研究，目前另一项描述性研究也在进行中，旨在揭示儿童在参加开端教育项目期间以及在刚刚步入幼儿园之际受到的积极影响。这项研究是“开端计划家庭和儿童体验调查”（FACES）。儿童和家庭事务局于 1997 年推出了开端教育项目家庭和儿童体验调查，作为一项评估开端教育项目成效的定期纵向研究。这项调查所考察的开端教育项目样本具有连续性及全国代表性。开端教育项目可以提供项目工作人员、服务对象和课堂行为的描述性信息（ACF，2003，2006，2008）。该研究还使用了对项目质量和儿童收益的测量方法，包括一系列从多个发展领域对儿童开展的直接评估。此外，这项研究还引入了对家长、教师和开端教育项目管理者的访谈，并直接对课堂进行观察。到目前为止，研究已经收集了 5 组样本的数据，采集时间分别是 1997 年、2000 年、2003 年、2006 年和 2009 年。尽管政府定期发布报告提供以上研究的描述性成果，但是直到最近 1997 年至 2006 年的样本数据才向外部研究者开放，供其开展二次数据分析。

早期开端教育项目影响力研究

1994 年，儿童、青年和家庭局（ACYF）推出了"早期开端教育项目"（EHS），旨在改善幼儿的成长和健康状况，加强家庭和社区的合作关系，并安排工作人员为有孕妇、婴儿或幼儿的低收入家庭提供这些服务（儿童和家庭事务局［简称 ACF］，2002）。该项目在 1995 年正式成为开端教育项目的一部分。

为了确定早期开端教育项目的成效，儿童、青年和家庭局设立了 17 个项目（为大约 3000 个家庭提供服务），与地方研究者合作开展了一项严谨的大规模随机分配评估研究。这些早期开端教育项目可以通过为家庭提供的不同服务来区分：①基于社区服务中心的项目，通过基于中心的儿童保教、父母教育提供所有服务，同时每年开展至少两次家访；②基于家庭的项目，通过每周家访和每月至少两次的集体社交活动提供所有的服务；③混合型项目，给部分家庭提供基于社区中心的服务，给其他家庭提供基于家庭的服务，或者同时给某些家庭提供两种服务。尽管起初各种项目类型的分配是均衡的，但是到了 1997 年秋季，基于家庭的项目变为 7 个，基于中心的项目变为 4 个，混合型项目变为 6 个（ACF，2002）。

短期影响力研究表明，这些项目的整体效果并不明显，尽管某些小组在特定领域的发展方面展示出了较为显著的效果（ACF，2002）。在 2 岁儿童样本的认知能力发展上，早期开端教育项目展示出了具有统计显著性的积极影响力，而且这种影响力可以持续到 3 岁时。这些儿童在贝利婴儿发展量表（Bayley，1969）中的智力发展指数测试（简称 Bayley MDI；参加早期开端教育项目的儿童的平均成绩为 91.4，而控制组儿童的平均成绩为 89.9）中获得的成绩较高，尽管距离全国平均成绩（100）还有些差距。另外，参加早期开端教育项目的儿童中成绩（与控制组相比为 27.3% 对 32%）在危险线以下（Bayley MDI 成绩低于 85）的较少；这可能表明儿童在长大后出现认知发展和学习成绩不佳的风险有所减少，但是在作出这样的推测时，必须考虑到这些儿童的表现依然低于全国平均水平。

研究还表明，参加早期开端教育项目的儿童还在语言能力发展领域受到持续影响，他们的词汇量成绩（PPVT 测试成绩；Dunn & Dunn，1981）比控制组儿童高（参加早期开端教育项目的 3 岁儿童的平均成绩为83.3，而控制组儿童的平均成绩为81.1），尽管这样的成绩依然低于全国平均成绩（100）。从整体认知能力的发挥情况来看，参加早期开端教育项目的3岁儿童在词汇量方面出现潜在问题的比率低于控制组儿童（51.1% 对57.1%；ACF，2002）。

在这些项目中，研究者注意到有些项目的影响力存在差异。尽管所有项目方法对儿童和家长都产生了积极效果，但是有些项目对儿童识字能力的影响更为积极。基于中心的项目普遍对于儿童的认知能力发展有所帮助；基于家庭的项目对 2 岁儿童的语言发展（词汇量）有积极影响，但对 3 岁儿童就没有这样的效果；参加混合型项目的儿童的词汇量普遍有所提高（2 岁组和 3 岁组都是如此）（ACF，2002）。

从参加项目的时间长短看，早期开端教育项目影响力研究结果表明，儿童越早参加收效越好。例如，对于在母亲怀孕时就参加项目的家庭，儿童受到的积极影响往往较大，儿童的父母也更倾向于每天给孩子读故事。值得注意的是，开展影响力研究的研究者发现，有证据表明参加早期开端教育项目的儿童获得积极影响的同时，也受到了家长的积极影响。例如，在与识字能力相关的领域，认知能力分数较高的 2 岁儿童，其支持性认知和识字环境往往更好；认知能力分数较高的 3 岁儿童，其父母的支持水平往往更高（ACF，2002）。

在早期开端教育项目结束 7 年后，研究者对进入五年级的儿童开展了一项跟踪研究（Vogel, Xue, Moiduddin, Kisker & Carlson, 2010）。这项针对全部五年级儿童及其家庭样本的追踪研究结果表明，早期开端项目在幼儿阶段展示出的内容广泛的积极影响力并没有持续下去。全面意向性分析结果表明，实验组儿童和控制组儿童在五年级时并没有显著差异（Vogel, et al. 2010）。非实验性分析表明，参加过早期开端教育项目、在 3 岁到 4 岁时接受正式保育（开端教育项目参与者也是如此）并在很少提供免费和优惠价午餐的学校上学的儿童，其五年级时的 PPVT 测试成绩要比那些从来没有接受过上述服务、在享受午餐补贴的特别贫困的学校上学的儿童高 6 分（Vogel, et al. 2010）。

整体而言，早期开端教育项目影响力研究结果表明，该项目对儿童的早期语言能力和识字前阶段能力产生短期的积极推动作用，但在五年级时这些积极效应已经不复存在。这项研究还表明，越早实施干预效果越好，也就是要让儿童和家庭尽早参加项目，甚至是在母亲怀孕之际就开始参与。那些从出生开始直到 3 岁及以上都在接受项目服务的儿童能够在识字能力相关领域获得积极影响，他们的词汇量和整体认知能力发展都将受益。

2008 年，儿童和家庭事务局推出了早期开端教育计划家庭和儿童体验调查。这项研究使用了纵向设计，选取了具有代表性的早期开端项目，并在每个项目中选取了两组家庭：产期组和 1 岁婴儿组。相关数据每年春季采集一次，直到儿童年满 3 岁为止。同时，研究还对 3.5 岁儿童家长开展了关于过渡活动的访谈。

第一份早期开端教育项目家庭和儿童体验调查报告（Vogel，et al. 2011）将具有全国代表性的 89 个项目中在 2009 年春季时参加项目的 976 位两岁儿童作为样本：当时有 194 名新生婴儿（包括怀孕妇女和刚出生不超过 8 周的婴儿）和 782 名 1 岁婴儿（包括 10 ~ 15 个月大的婴儿）。在这些儿童达到 2 岁和 3 岁时，研究者直接评估其认知能力和语言能力发展情况，并记录儿童与家长的交流情况。早期开端项目工作人员在报告中指出，在语言能力发展方面，儿童的词语理解能力可以达到国家标准水平，但是词语输出能力却稍显落后。工作人员还指出，与来自双语家庭的儿童相比，来自说英语的家庭的儿童可以理解更多的英语单词。对这些双语学习者而言，家中占据主导地位的语言往往是西班牙语。据称双语学习者儿童可以理解更多的西班牙语单词，而且可以理解的单词也更多（英语和西班牙语单词加在一起）（Vogel，et al. 2011）。我们预计，这项研究的数据集将在政府发布总结报告后再向外部研究者开放，供其开展二次数据分析。

阅读优先和早期阅读优先影响力研究

2002 年 1 月 8 日，小布什总统签署了 2001 年《有教无类法案》（*No Child Left Behind Act*，PL 107 - 110），旨在引入基于实证的新型教学实践活动，从而提升美国学生的学习成绩。该法案在 1965 年《中小学教育法案》（*Elementary and Secondary Education Act*，PL 89 - 10，115 Stat. 1425）的基础上加入了两个重要的新型阅读项目——"阅读优先"（RF）和"早期阅读优先"（ERF）。阅读优先项目旨在解决许多儿童上幼儿园前基础不好，不能从学校教育中全面获益这一问题。其目标是通过基于科学阅读研究的战略和专业开发方案，支持地方机构努力加强学龄前儿童的早期语言能力、识字前能力和识字发展能力，特别是那些来自低收入家庭的儿童的上述能力。同样，阅读优先项目旨在向各州和地区提供资金，开设基于科学阅读研究的项目（也就是经过研究证明行之有效的项目），确保幼儿园到三年级学生在三年级结束之际能够具备良好的阅读能力。《有教无类法案》还为以上两个项目的评估拨出了资金，其评估结果如下所述。

早期阅读优先项目为多个幼儿项目提供定向资金，这些项目主要为低收入家庭儿童服务，包括开端教育中心、一号条款学前班①、公平开端中心②、幼儿园预科班和儿童保育中心。早期阅读优先项目影响力研究使用了准实验设计（断点回归），旨在对项目的影响力做出公正的评估（Jackson, et al. 2011）。这项评估考察了 65 个 2003 年获得拨款的场所，对比了来自 28 个接受早期阅读优先项目资金的场所和 37 个未接受早期阅读优先项目资金的场所的儿童的成绩。采集的数据包括对 4 岁儿童的早期语言和识字技能的个人评估、课堂观察、项目工作人员调查和儿童父母调查的结果。

研究表明，早期阅读优先项目对于改善课堂环境和教师实践有显著影响，特别是在与早期识字能力发展相关的领域，包括课堂语言环境、阅读实践、语音意识活动，以及为书面知识、单词知识和写作提供支持的教学实践。对儿童的直接评估表明，早期阅读优先项目对儿童的书面知识和单词知识有显著的积极影响，但是对口语的语音意识并无显著影响（Jackson, et al. 2011）。据此可知，早期阅读优先项目似乎改变了学龄前为弱势儿童提供教师实践的设置，但儿童的识字技能发生的变化仅限于书面和单词知识。

---

① 一号条款指的是《中小学教育法案》中的一款规定，这项联邦法规旨在向地方教育机构提供财务援助，为拥有高比例低收入家庭儿童的学校提供帮助，确保这些儿童的教育需求得以满足。

② 公平开端中心旨在提供家庭识字能力服务。其法律依据如下：公平开端家庭识字能力项目——1965 年《中小学教育法案》第 1 款，第 B 部分，第 3 小节。该项目开始于 1988 年，首期拨款为 1480 万美元。1992 年，项目划归国家管理，其拨款也随之达到 5000 万美元。最近，项目又获得了授权，这次的法律依据为 2000 年的《识字能力与家庭密不可分法案》和 2001 年的《有教无类法案》。

与早期阅读优先项目评估一样，阅读优先项目评估使用的也是准实验断点回归设计（Gamse，Jacob，Horst，Boulay & Unlu，2008）。研究基于量化评分或排名过程选取全国范围内各个学区的学校提供项目资金。评估比较了获得项目资金的 125 个学校和未获得项目资金的 125 个学校。研究采集的数据包括一至三年级学生阅读理解水平的直接评估结果、一年级学生在春季时的摘要能力水平和一、二年级学生阅读课程的课堂观察数据。研究表明，阅读优先项目对于与识字技能相关的课堂环境和教师行为产生了显著影响，教学实践更多地面向阅读教学的 5 个基本组成部分（即语音意识、字母拼读、词汇量、流畅度和阅读理解）。一年级学生在春季时的直接评估结果表明，与对照组相比，参加项目的学生的摘要技能有显著提升。然而，阅读优先项目并未对一、二或三年级学生提升阅读理解测试成绩有显著帮助（Gamse，et al. 2008）。

总体而言，早期阅读优先项目和阅读优先项目的评估结果表明，两个项目在改善学前班和学校中与识字前能力、识字能力和阅读技巧的教学实践方面是成功的，但是对于儿童在上述领域的成绩提升效应却极为有限。全国教育统计中心提供了阅读优先项目影响力研究的数据，供二次数据分析使用，但没有提供早期阅读优先项目影响力研究的数据。

多种干预研究倡议

除了联邦政府出资开展的描述性纵向研究和对国家级干预项目的评估以外，联邦机构还定期（多通过合作完成）启动大型项目，资助一系列围绕某一主题展开的研究，旨在推动相关领域的科学进步。在下文中，我们将对此类倡议进行探讨，集中介绍了其对儿童早期识字认识的贡献。

跨部门教育研究倡议

国家科学基金会（NSF）、美国教育部（ED）和国家儿童健康和人类发展研究所（NICHD）通过合作推出了跨部门教育研究计划（IERI），旨在推行针对十二年级前阶段儿童教育的新型研究。该计划以多种习得相关学科的跨学科合作为特色，专注十二年级前阶段儿童的阅读、数学和理科教育，并开展相当规模的研究项目以得出具有概括性的经验，说明哪些措施行之有效，为什么有效。跨部门教育研究计划的目标是探索如何利用有效的大规模实证干预来改善十二年级前阶段儿童的习得效果和考试成绩。在 2000 年到 2007 年间，跨部门教育研究计划资助了超过 200 项研究，大约半数研究专注于提高识字能力和提高阅读成绩。跨部门教育研究计划项目的研究结果集中体现在两本汇编中（Schneider & McDonald，2007a，2007b），跨部门教育研究计划数据研究和开发中心网站（http：//drdc. uchicago. edu/）也提供了一份记录部分相关发表文章的清单。跨部门教育研究计划资助的研究者还继续在同业期刊上发表他们的研究结果（例如 Lonigan，Farver，Phillips & Clancy – Menchetti，2011），但是相关数据集并没有一个集中的资料库。

学前课程评估研究项目

此前，多项幼儿教育干预研究表明，早期干预价值对提升弱势家庭的儿童的入学准备度，改善其后续学术成就有积极效应，而如果不对这些儿童实施早期干预，他们就有入学后成绩不佳的风险（Barnett，2011）。然而，据这些传统的干预研究和数据反映，在加强儿童的识字前能力和早期阅读能力，现行的学前课程发挥的效果不尽相同。2002 年，隶属于美国教育部的教育科学研究所（IES）推出了一项旨在弥补相关研究证据空白的计划，即学前课程评估研究项目（PCER）。学前课程评估研究项目由 12 个研究小组构成，每个小组用两项或多项正在使用的课程和另一项课程作比较，开展随机控制的实验；教育科学研究所雇佣了两家研究承办机构进行整体数据分析，并综合研究结果撰写报告。这 12 项学前课程评估研究包括一系列开端教育项目、第一条款项目、国立幼儿园预科项目和私立学前项目，这些项目为 20 个地方的超过 2000 名儿童提供了服务，使用了 15 种不同的学前实验课程（学前课程评估研究联盟［PCER – C］，2008）。

学前课程评估研究小组使用普通测试手段开展儿童评估、课堂观察、教师访谈和家长访谈；他们还通过教师报告搜集数据。运用直接儿童评估测试评估入学准备度和课堂条件。入学准备度的考察方面包括：阅读能力、语音意识、语言能力、数学能力和行为能力；课堂环境的考察方面包括：课堂质量、师生互动和教学实践（PCER – C，2008）。综合研究结果分析表明，在幼儿园预科学年结束后，10 项试验组课程并未对学生水平产生具有统计显著性的影响，只有 1 项课程（the DLM Early Childhood Express supplemented with Open Court Reading Pre – K；SRA/McGraw – Hill，2003a；2003b）不仅对多层面水平（早期阅读、语音意识、语言能力和数学能力）产生了显著的积极影响，而且对语音意识教学的课堂水平产生了积极影响。此后，这项课程继续对儿童在幼儿园期间的早期阅读、语音意识、语言能力和数学能力产生着积极影响。研究还表明，有两项在幼儿园预科学年结束时并未产生影响的课程，在幼儿园阶段结束后却产生了影响："好奇角落"（Success for All Foundation，2003）课程对阅读能力产生了积极影响，"早期识字能力和学习模型"（ELLM；Wood，2002）课程对语言能力产生了积极影响。

　　总体而言，学前课程评估研究计划为相关领域作出了重大贡献，因为这项计划表明（尽管也存在例外情况），被认为能够产生积极效果、被认为优于现有课程的实验课程并没有给儿童教育带来显著的积极影响。

　　跨部门入学准备度研究联盟

　　尽管对于针对特定领域（例如识字前能力、早期数学能力）的课程夯实了早期教育的知识根基，这些研究却脱离了典型学前教育课堂的现实，因为在这样的课堂上必须提高儿童的所有学前预备技能。为了支持一系列综合学前课程的开发和评估，跨部门入学准备联盟（ISRC）应运而生。跨部门入学准备联盟是国家儿童健康和人类发展研究所、儿童和家庭事务局、隶属于卫生和公众服务部的负责计划和评估实务的助理部长办公室、隶属于教育部的特殊教育和康复服务办公室联合推出的。跨部门入学准备联盟旨在为严谨的科学研究提供资金，从而揭示综合幼儿教育干预和项目在幼儿成长的各个阶段的效果。跨部门入学准备联盟计划提供总共 8 项面向在公共领域实施干预的研究资金，包括开端教育项目、国立幼儿园预科项目和儿童保育项目（ACF，2009）。

　　经过同业评估的跨部门入学准备联盟项目是通过多项标准甄选出来的，它们应用了体系、程序和多学科研究的方法来判定最有效的幼儿教育干预手段，用于改善儿童的入学准备度。具体而言，研究的设计初衷是加强对多种综合项目及其组成部分（单独和集体）的了解和认识，考察项目对多领域幼儿能力的习得和发展的影响，这些能力包括语言和沟通能力、早期数学能力、早期理科能力、自我行为管理能力、情感表达和专注程度、社交能力和学习动力；研究设计同时旨在加强教师、保育人员及家长行为对推动儿童发展的认识。到目前为止，已有 5 个跨部门入学准备联盟项目在报告中反映，其干预项目产生了短期积极影响，而这些影响也在早期语言能力和识字前技能上有所体现（Bierman，et al. 2008；Fantuzzo，Gadsen & McDermott，2011；Hamre，et al. 2010；McDermott，et al. 2009；Raver，et al. 2009；Sheridan，Knoche，Edwards，Bovaird & Kupzyk，2010）。相关研究的信息也可以从其他地方获取（Baker，Kupersmidt，Voegler-Lee，Arnold & Willoughby，2010；Fuligni，Howes，Lara-Cinisomo & Karoly，2009；Lara-Cinisomo，Fuligni，Ritchie，Howes & Karoly，2008；Odom，et al. 2010）。

除了发表独立的论文反映干预产生的影响力以外，跨部门入学准备联盟还编辑了两本专刊，其中的论文涵盖了饱受冷遇的幼儿教育的研究课题：干预措施在专业开发中地位（Griffin，2009）和干预实施的精确度（Griffin，2010）。这些专刊汇编了各种入学准备干预项目在专业开发和项目实施上的差异，（我们希望）可以为未来的干预研究提供重要的实践经验。跨部门入学准备联盟研究数据集现在并没有集中的资料库，只能向相关研究者单独索取。

尽管学前课程评估研究计划和跨部门入学准备联盟计划对于幼儿教育的知识基础作出了重要贡献，但是它们研究的大多数儿童并不包括英语学习者（ELL）。2008 年，国家儿童健康和人类发展研究所开展了实验性成效研究申请的征集活动，旨在考察综合幼儿程序方法对 3～5 岁的入学后可能面临困难的学习者儿童的入学准备度的积极效果。此次征集活动旨在加强对各类改善英语学习者儿童能力的习得和发展的综合程序方法的理解，加强对各类推动以上儿童在上述领域的能力发展的教师和家长行为的综合程序方法的理解。有 3 个研究项目获得了资金：1 个在佛罗里达州立大学（由 Christopher Lonigan 担任首席研究员），1 个在宾夕法尼亚大学（由 Carol Hammer 担任首席研究员），1 个在北卡罗来纳大学教堂山分校（由 Dina Castro 担任首席研究员）。这些项目目前都在进行之中。

总　　结

本文指出了大型联邦研究项目可以并且已经对儿童早期识字能力的知识基础作出贡献。从描述性纵向研究到有针对性的干预研究，所有这些项目都提供了与以后面临阅读困难的儿童或识字能力较低的儿童相关的重要信息，还提供了与各种正在各个层面上实施的成效不尽相同的干预措施相关的重要信息。由于考察这些项目的成效依然非常困难，研究者理应从这些项目中尽可能地获取有用信息。我在此鼓励研究者利用相关研究的存档数据开展二次数据分析。

1. 国家儿童健康和人类发展研究所早期幼儿保育和青年发展研究数据集

早期幼儿保育和青年发展研究的所有 4 个阶段的数据集以及相关信息都存放在密歇根大学州际政治学和社会学研究联盟处，网址为 http：//www. icpsr. umich. edu/icpsrweb/ICPSR/series/00233。

2. 开端计划影响力研究、早期开端教育影响力研究及开端计划家庭和儿童体验调查数据集

1997～2006 年的开端教育研究、开端教育家庭和儿童体验调查的样本数据收录在 Research Connections 处，这是一家基于网络的与儿童保育和早期教育相关的多种学科资源的交流中心，网址为 http：//www. researchconnections. org/childcare/data. jsp。在那里还可以找到开端教育家庭和儿童体验调查的测试工具和样本的其他档案。

3. 儿童早期纵向研究（初生婴儿组和幼儿园组）、阅读优先项目评估和学前课程评估研究项目数据集

早期儿童纵向研究——初生婴儿组、早期儿童纵向研究——幼儿园组、阅读优先项目评估和学前课程评估研究的数据都可以从国家教育统计中心获取，网址为 http：//nces. ed. gov/pubsearch/licenses. asp。

2012 年 10 月 18 日
第三届"反贫困与儿童发展"国际研讨会报告

参考文献

[1] Administration for Children and Families. Making a difference in the lives of infants and toddlers and their families: The impacts of Early Head Start. Washington, D. C. : U. S. Department of Health and Human Services, 2002

[2] Administration for Children and Families. Head Start FACES 2000: A whole-child perspective on program performance. Fourth progress report. Washington, D. C. : U. S. Department of Health and Human Services, 2003

[3] Administration for Children and Families. FACES 2003 research brief: Children's outcomes and program quality in Head Start. Washington, D. C. : U. S. Department of Health and Human Services, 2006

[4] Administration for Children and Families. Head Start FACES 2003: Recent trends in program Performance. Fifth progress report. Washington, D. C. : U. S. Department of Health and Human Services, 2008

[5] Administration for Children and Families. The Interagency School Readiness Consortium. Washington, D. C. : U. S. Department of Health and Human Services, 2009. http: //www. acf. hhs. gov/programs/ opre/hs/interagency/index. html

[6] Administration for Children and Families. Head Start fact sheet fiscal year 2010. Washington, D. C. : U. S. Department of Health and Human Services, 2010

[7] Administration for Children and Families. Head Start Impact Study. Final report. Washington, D. C. : U. S. Department of Health and Human Services, 2010

[8] Barnett, W. S. Effectiveness of early educational intervention. Science, 2011, 333 (6045): 975 – 978

[9] Bayley, N. Bayley Scales of Infant Development: Birth to two years. San Antonio, T. X. : Harcourt Assessment, 1969

[10] Bierman, K. L. , Domitrovich, C. E. , Nix, R. L. , Gest, S. D. , Welsh, J. A. , Greenberg, M. T. , & Gill, S. Promoting academic and social-emotional school readiness: The Head Start REDI program. Child Development, 2008, 79 (6): 1802 – 1817

[11] Chernoff, J. J. , Flanagan, K. D. , McPhee, C. , & Park, J. Preschool: First findings from the preschool follow-up of the Early Childhood Longitudinal Study, Birth Cohort (ECLS-B) (NCES 2008 – 025). Washington, D. C. : U. S. Department of Education, Institute of Education Sciences, National Center for Education Statistics, 2007

[12] Denton, F. K. , Flanigan, K. D. & McPhee, C. The children born in 2001 at kindergarten entry: First findings from the Kindergarten Data Collections of the Early Childhood Longitudinal Study, Birth Cohort (ECLS-B) (NCES 2010 – 005). Washington, D. C. : U. S. Department of Education, Institute of Edu-

cation Sciences, National Center for Education Statistics, 2009

[13] Denton, K. , & West, J. Children's reading and mathematics achievement in kindergarten and first grade (NCES 2002 – 125) . Washington, D. C. : Government Printing Office, 2002

[14] Denton, K. , West, J. , & Walston, J. Reading—young children's achievement and classroom experiences (NCES 2003 – 070) . Washington, D. C. : Government Printing Office, 2003

[15] Duncan, G. J. , Dowsett, C. J. , Claessens, A. , Magnuson, K. , Huston, A. C. , Klebanov, P. , … Japel, C. School readiness and later achievement. Developmental Psychology, 2007, 43 (6): 1428 – 1446

[16] Duncan, G. J. , Ziol-Guest, K. M. , & Kalil, A. Early-childhood poverty and adult attainment, behavior and health. Child Development, 2010, 81 (1): 306 – 325.

[17] Dunn, L. M. , & Dunn, L. M. Peabody Picture Vocabulary Test-Revised. Circle Pines, M. N. : American Guidance Service, 1981

[18] United States Congress. Elementary and Secondary Education Act of 1965, Washington, D. C. : U. S. Congress, 1965.

[19] Fantuzzo, J. W. , Gadsen, V. L. , & McDermott, P. A. An integrated curriculum to improve mathematics, language, and literacy for Head Start children. American Educational Research Journal, 2011, 48 (3): 763 – 793

[20] Flanagan, K. D. , & West, J. Children born in 2001: First results from the base year of the Early Childhood Longitudinal Study, Birth Cohort (ECLS-B) (NCES 2005 – 036) . Washington, D. C. : U. S. Department of Education, Institute of Education Sciences, National Center for Education Statistics, 2004

[21] Fuligni, A. S. , Howes, C. , Lara-Cinisomo, S. , & Karoly, L. Diverse pathways in early childhood professional development: An exploration of early educators in public preschools, private preschools, and family child care. Early Education and Development, 2009, 20 (3): 507 – 526

[22] Fuller, B. , Bridges, M. , Bein, H. J. , Jung, S. , Rabe-Hesketh, S. , Halfon, N. , & Kuo, A. The health and cognitive growth of Latino toddlers: At risk or immigrant paradox? Maternal and Child Health Journal, 2009, 13 (6): 755 – 768

[23] Gamse, B. C. , Jacob, R. T. , Horst, M. , Boulay, B. , & Unlu, F. Reading First Impact Study final report executive summary (NCEE 2009 – 4039) . Washington, D. C. : U. S. Department of Education, Institute of Education Sciences, National Center for Education Evaluation and Regional Assistance, 2008

[24] Griffin, J. A. Professional development and preschool intervention research: I would rather have a talking frog. Early Education and Development, 2009, 20 (3), 373 – 376

［25］Griffin, J. A. Research on the implementation of preschool intervention programs: Learning by doing. Early Childhood Research Quarterly, 2010, 25（3）: 267 – 269

［26］Hamre, B. K. , Justice, L. M. , Pianta, R. C. , Kilday, C. , Sweeney, B. , Downer, J. T. , & Leach, A. Implementation fidelity of My Teaching Partner literacy and language activities: Association with preschoolers' language and literacy growth. Early Childhood Research Quarterly, 2010, 25（3）: 329 – 347

［27］Hillemeier, M. M. , Farkas, G. , Morgan, P. L. , Martin, M. A. , & Maczuga, S. A. Disparities in the prevalence of cognitive delay: How early do they appear? Paediatric and Perinatal Epidemiology, 2008, 23（3）: 186 – 198

［28］Jackson, R. , McCoy, A. , Pistorino, C. , Wilkinson, A. , Burghardt, J. , Clark, M. , … Swank, P. National evaluation of Early Reading First: Final report to Congress（NCEE 2007 – 4007rev）. Washington, D. C. : Government Printing Office, 2011（2007）

［29］Lara-Cinisomo, S. , Fuligni, A. S. , Ritchie, S. , Howes, C. , & Karoly, L. Getting ready for school: An examination of early childhood educators' belief systems. Early Childhood Education Journal, 2008, 35（4）: 343 – 349

［30］Lonigan, C. J. , Farver, J. M. , Phillips, B. M. , & Clancy-Menchetti, J. Promoting the development of preschool children's emergent literacy skills: A randomized evaluation of a literacy-focused curriculum and two professional development models. Reading and Writing, 2011, 24（3）, 305 – 337

［31］Lonigan, C. J. , Wagner, R. K. , Torgesen, J. K. , & Rashotte, C. A. Preschool Comprehensive Test of Phonological & Print Processing. Austin, T. X. : ProEd, 2002

［32］McCarthy, D. McCarthy Scales of Children's Abilities. New York: The Psychological Corporation, 1972

［33］McDermott, P. A. , Fantuzzo, J. W. , Waterman, C. , Angelo, L. E. , Warley, H. P. , Gadsen, V. L. , & Zhang, X.（2009）. Measuring preschool cognitive growth while it's still happening: The Learning Express. Journal of School Psychology, 1972, 47: 337 – 366

［34］Mulligan, G. M. , & Flanagan, K. D. Age 2: Findings from the 2 – year-old follow-up of the Early Childhood Longitudinal Study, Birth Cohort（ECLS-B）（NCES 2006 – 043）. Washington, D. C. : U. S. Department of Education, Institute of Education Sciences, National Center for Education Statistics, 2006

［35］National Early Literacy Panel. Developing early literacy: Report of the National Early Literacy Panel. Washington, D. C. : National Institute for Literacy, 2008

［36］NICHD Early Child Care Research Network. The relation of child care to cognitive and language development. Child Development, 2000, 71（4）: 960 – 980

［37］NICHD Early Child Care Research Network. Early child care and children's development prior to school entry: Results from the NICHD Study of Early Child Care. American Educational Research Journal, 2002, 39 (1): 133 – 164

[38] United States Congress. No Child Left Behind Act of 2001. Washington. D. C. : U. S. Congress, 2001

[39] Odom, S. L. , Fleming, K. , Diamond, K. , Lieber, J. , Hanson, M. , Butera, G. , … Marquis, J. Examining different forms of implementation in early childhood curriculum research. Early Childhood Research Quarterly, 2010, 25 (3): 314 – 328

[40] Baker, C. N. , Kupersmidt, J. B. , Voegler-Lee, M. E. , Arnold, D. H. , & Willoughby, M. T. Predicting teacher participation in a classroom-based, integrated preventive intervention for preschoolers. Early Childhood Research Quarterly, 2010, 25 (2): 270 – 283

[41] Pianta, R. C. , Belsky, J. , Houts, R. , Morrison, F. , & the NICHD Early Child Care Research Network. Opportunities to learn in America' s elementary classrooms. Science, 2007, 315 (5820): 1795 – 1796

[42] Preschool Curriculum Evaluation Research Consortium. Effects of preschool curriculum programs on school readiness (NCER 2008 – 2009) . Washington, DC: Government Printing Office, 2008

[43] Raver, C. C. , Jones, S. M. , Li-Grining, C. , Zhai, F. , Metzger, M. W. , & Solomon, B. Targeting children' s behavior problems in preschool classrooms: A cluster-randomized controlled trial. Journal of Consulting and Clinical Psychology, 2009, 77 (2): 302 – 316

[44] Reichman, N. E. , Teitler, J. O. , Garfinkel, I. , & McLanahan, S. S. Fragile Families: Sample and design. Children and Youth Services Review, 2001, 23 (4): 303 – 326

[45] Schneider, B. , & McDonald, S. -K. Scale-up in principle: An introduction. In B. Schneider & S. -K. McDonald (Eds.), Scale-up in education: Ideas in principle (Vol. 1, 1 – 12) . Lanham, MD: Rowman & Littlefield, 2007a

[46] Schneider, B. , & McDonald, S. -K. Scale-up in practice: An introduction. In B. Schneider & S. -K. McDonald (Eds.), Scale-up in education: Issues in practice (Vol. 2, 1 – 15) . Lanham, MD: Rowman & Littlefield, 2007b

[47] Shanahan, T. , & Lonigan, C. J. The National Early Literacy Panel: A summary of the process and the report. Educational Researcher, 2010, 39 (4): 279 – 285

[48] Sheridan, S. M. , Knoche, L. L. , Edwards, C. P. , Bovaird, J. A. , & Kupzyk, K. A. Parent engagement and school readiness: Effects of the Getting Ready Intervention on preschool children' s social-emotional competencies. Early Education and Development, 2010, 21 (1): 125 – 156

[49] DLM Early Childhood Express. Desoto, T. X. : SRA/McGraw-Hill, 2003a

[50] Open Court Reading Pre-K. Desoto, T. X. : SRA/McGraw-Hill, 2003b

[51] Success for All Foundation. Curiosity Corner. Baltimore: 2003

[52] Vandell, D. L. , Belsky, J. , Burchinal, M. , Steinberg, L. , Vandergrift, N. , & the NICHD Early Child Care Research Network. Do effects of early child care extend to age 15 years? Results from the NICHD Study of Early Child Care and Youth Development. Child Development, 2010, 81 (3): 737 –756

[53] Vogel, C. A. , Boller, K. , Xue, Y. , Blair, R. , Aikens, N. , Burwick, A. , ⋯ Stein, J. Learning as we go: A first snapshot of Early Head Start programs, staff, families, and children (OPRE 2011 – 7). Washington, D. C. : U. S. Department of Health and Human Services, Administration for Children and Families, Office of Planning, Research, and Evaluation, 2011

[54] Vogel, C. A. , Xue, Y. , Moiduddin, E. M. , Kisker, E. E. , & Carlson, B. L. Early Head Start children in grade 5: Long-term follow-up of the Early Head Start Research and Evaluation Study sample (OPRE 2011 – 8). Washington, D. C. : U. S. Department of Health and Human Services, Administration for Children and Families, Office of Planning, Research, and Evaluation, 2010

[55] Walston, J. T. , & West, J. Full-day and half-day kindergarten in the United States: Findings from the Early Childhood Longitudinal Study, Kindergarten Class of 1998 – 99 (NCES 2004 – 078). Washington, D. C. : Government Printing Office, 2004

[56] West, J. , Denton, K. , & Germino-Hausken, E. America's kindergartners (NCES 2000 – 070). Washington, D. C. : Government Printing Office, 2000

[57] Wood, J. Early Literacy and Learning Model. Jackonsville, FL: Florida Institute of Education and the U-niversity of North Florida, 2002

[58] Woodcock, R. W. , McGrew, K. S. , & Mather, N. Woodcock-Johnson III: Complete Battery. Itasca, IL: Riverside, 2000

[59] Zhai, F. , Brooks-Gunn, J. , & Waldfogel, J. Head Start and urban school readiness: A birth cohort study in 18 cities. Developmental Psychology, 2011, 47: 134 – 152

[60] Zill, N. , & West, J. Entering kindergarten (NCES 2001 – 035). Washington, D. C. : Government Printing Office, 2000

投资于儿童营养改善，
确保中国早期营养干预的质量

■ 杨一鸣（Mary Eming Young）

哈佛大学儿童发展中心高级顾问、全球健康与儿童发展咨询顾问

我非常有幸能参与中国发展研究基金会举办的这个重要会议。祝贺卢迈先生在起点公平（即儿童早期发展公平）的问题上赢得了中央高层决策者的支持——这为所有儿童创造了公平的竞争起点。

能够与两位诺贝尔经济学奖获得者共同参与今天的会议，我感到万分荣幸。詹姆斯·赫克曼教授和阿玛蒂亚·森教授都强调了人力资本的质量是决定一国经济增长和公民社会的重要因素。此外，赫克曼教授及其他科学家还强调了，不平等在生命早期就已经形成，如果到了成年后才进行补救，那么不仅效果不如早期干预显著，而且成本更高（Heckman，2008）。

中国的领导人非常有先见之明。他们着力提升全体公民的人力资本质量，而且特别注意在最年轻的公民进入小学前就优先为他们创造公平的竞争环境。他们的举动向全球工业化国家和其他发展中国家表明，我们可以在一代人的时间里缩小贫困差距——这也正是迈克尔·马莫爵士（Sir Michael Marmot）在《健康的社会决定因素》（世界卫生组织，2008）这一报告中提出的预见。通过优先儿童发展，中国能够保持其经济增长并成为世界民族之林中的强国。

中国领导人意识到，儿童健康成长才能实现社会繁荣。更重要的是，正如诺贝尔经济学奖获得者赫克曼教授所言，在当今的全球经济竞争中，投资于儿童，无论在经济增长还是道德层面上都势在必行（Heckman，2007）。

我的演讲将分析如何在中国当前的公共服务供给框架内提供有效的早期营养干预。我精心挑选了几个案例来展示如何将营养元素融入宽泛的儿童早期发展（ECD）项目里。

如何将营养融入儿童早期发展

科学研究不断证实了营养对于儿童早期发展的重要性以及营养和养育之间的协同效果。神经科学和人口研究的成果都清晰地证明了它们之间的关联。

神经科学的研究表明，在生命早期注重幼儿养育能够强有力地促进大脑发育。从妊娠期开始，胚胎所处的环境（即对它产生影响的营养、污染物、药物和感染等，母亲的健康、营养和压力水平，以及婴儿听到的语言）就影响着婴儿基因的表达方式，进而影响幼儿大脑的结构与功能。婴儿出生后，它的早期经历继续影响大脑的结构与功能，以及它的基因是否会呈现出来或如何呈现出来。换句话说，早期经历决定了开启和关闭哪些基因（McCain, Mustard & McCuaig, 2011）。

David Barker（1998）的研究将成年人的健康状况与其幼年经历联系在了一起。他的研究结果表明，如果胎儿在特定的发育阶段陷入困境，如食物匮乏，那么这会与成年后患冠心病、中风、Ⅱ型糖尿病以及高血压的风险之间产生正相关。其他研究表明，妇女在怀孕期承受的压力水平将影响到胎儿的基因表达。举例来说，孕妇压力过大时会释放出大量皮质醇并渗透进胎盘，从而阻碍胎儿神经回路的正常发育（McCain, Mustard & d McCuaig, 2011）。

关于儿童早期发展的人群研究表明早期干预对于父母和儿童均大有裨益。成功的高质量儿童早期发展项目往往始于生命初期（即母亲的子宫），然后一直延续到儿童正式入学（Ludwig & Sawhill, 2006）。此类亲子干预将营养干预（其中包括养育和保育）和刺激融合在一起，关注儿童的整体发育，并且使父母和社区参与其中。Ludwig 和 Sawhill（2006）总结出成功的儿童早期发展项目需具备三个要素：早期介入，经常介入和有效介入。

牙买加的一项著名倡议展示了营养和刺激对儿童发育的协同效果。更重要的一点是，它展示了养育之于儿童发展的长期持续效果（Grantham-McGregor and others，1997；Powell and others，2004）。刺激和营养本身都能单独地促进儿童发展，但是二者结合时产生的效力更加显著。研究者对这些接受刺激的儿童进行了追踪研究，记录下来他们到 11～12 岁、17～18 岁的发展情况。研究结果显示，他们的智商和认知能力都有所提高，但是依然低于发育正常的中产阶级儿童。只接受营养补充的儿童未能提高智商和认知能力，也没有表现出其他持续性效果（Walker and others，2005）。牙买加的儿童早期发展干预项目将贫困儿童作为重点关注对象，并且采用了家访这种干预形式。

牙买加的儿童早期发展干预项目包括了一个为期两年的家访计划，受过培训的社区健康员工每周对每个家庭进行一小时的家访。家访工作者使用的结构化课程利用书籍和手工制作玩具来刺激儿童发育。这些玩具会留在受访家庭里或者在每次家访中相互交换。家访工作者与母亲们探讨养育孩子的技巧，告诉她们如何与儿童互动和玩耍，对儿童健康和营养提出建议。他们还会给受访家庭带来营养补充品，其中包括每周 1 千克配方奶粉。

重要的一点是，这些家访工作者要接受 6～8 周的母婴健康培训，而且还要额外参加两次为期一周的儿童发展研讨会。他们的工作受到干预项目的监督。监管员每个月要参加一次家访，观察家访工作者如何开展家访，每两周拜访一次诊所，和那里的工作人员讨论家访计划，并且检查工作纪录。

牙买加儿童早期发展干预项目收集的数据表明，两岁后发育不良的儿童很难再复原。–9 个月～2 岁是儿童发展的关键时期，即现在俗称的第一个千日（Thousand Days）。牙买加的研究还发现，与儿童成长后再通过营养补充来降低营养不良的做法相较而言，在妇女的整个孕期并从新生儿出生起就利用营养补充来预防营养不足的效果更加明显（Walker and others，2005）。

2008 年，《柳叶刀》（Lancet）杂志发表关于营养干预的系列文章，回顾了儿童营养改善所面临的挑战，并且推荐了公认有效的大规模干预方法（Bhutta，et al. 2008；Bryce，et al. 2008）。这些文章建议推广以下干预策略：

- 母乳喂养；

- 在必要的情况下进行辅食添加，无论是否搭配膳食补充品均可；

- 微量营养素干预；
- 通过广泛支持来提高家庭和社区的营养水平，降低疾病带来的负担（如通过洗手来降低孕妇患疟疾的几率）。

这些文章的作者强调说，鼓励母乳喂养可显著提高婴儿的存活率，但是对于发育不良的影响微乎其微。他们还指出，在食物充足的情况下，开展关于辅食添加的教育宣传能够有效地提高婴儿的营养水平，但是在食物不足的情况下，膳食补充就势在必行。关于孕妇微量元素干涉的有效措施包括：补充铁质叶酸和微量元素。针对儿童推荐的微量元素干预包括：（在不流行疟疾的地方）补充维生素A（主要适用于新生期和婴儿期）、锌和铁，并且普遍推广含碘食盐。

从胚胎至出生后的头 24 个月是降低营养不良、削弱其有害影响的一个关键机会窗。《柳叶刀》文章的作者（Bhutta，et al. 2008；Bryce，et al. 2008）强调了另外一个同样重要的问题，即采取正确的措施。譬如，为 2 岁以下儿童进行有效干预以避免营养不良，同时进行营养补充，而不是把资源用在那些尚未证明对改善营养不良产生直接效果的项目上，如独立的发育监测或对 2 岁以上儿童的营养补充和学校供餐项目。

2 岁以上儿童的学前教育项目和 5 岁以上儿童的学校供餐项目虽然对营养水平的提高作用不明显，但是对教育至关重要，如提高儿童的出勤率或在校表现。不过，学校供餐项目关注的往往是那些已经发育不良的儿童，或未能在预防发育不良的最佳年龄段惠及目标人群。由此传达出一个重要信息，即从整个生命周期入手采取有效的干预措施。社会政策应采取统一的综合性儿童发展干预手段。

简而言之，已经有坚实的研究结果证明将营养干预融入儿童早期发展干预至关重要。我们自始至终面对着将这种认识转变为政策和实践操作的挑战。

这对中国有何意义

即使在中国，确保生命起点公平也是一个严峻挑战。尽管中国在过去 20 年里取得了举世瞩目的经济增长和反贫成果，但是截至 2011 年，仍有 1. 28 亿人口

（即总人口的 10% 左右）生活在贫困线以下（国际贫困线标准为每日生活费低于
1 美元，即一年 366 美元，折算成人民币为 2300 元/年）。在这 1.28 亿贫困人口
中，3600 万人口处于绝对贫困（他们的年均收入约合 176 美元），其中 18% 左右
的赤贫人口为 12 岁以下儿童（Wu，Young & Cai，2012）。

生活在中国农村的儿童尤为弱势。中国每年的新生儿有 1600 万，其中约有
60% 生活在农村。此外，由于大量农民工涌入城市谋求生计，3 岁农村儿童中有
1/3 成为留守儿童，由他们的祖父母或亲戚照看。据估计，2005 年时留守儿童达
到 5500 万。

农村儿童的发展受到许多因素的威胁，如糟糕的卫生、营养、养育和刺激水
平。6 月龄的农村婴儿中有 1/3 以上的婴儿患有贫血，2 岁农村儿童中有高达
21% 的孩子发育不良。只有约 1/3 的农村儿童进入幼儿园或学前班，这些孩子中
有 1/3 只接受了一年学前教育，而不是三年的幼儿园教育（Wu，Young & Cai，
2012）。

中国政府承诺缩小城乡收入之间日益拉大的差距，并解决随之带来的弱势儿
童健康和发育不平等的问题。"十二五规划"（2011～2015 年）特别强调了改善
民生，并且为农村地区的妇女儿童发展及反贫困工作制定了一系列纲要。它将最
弱势群体（即赤贫人群、残疾人和少数民族）作为儿童早期发展的优先服务对
象，其中也包括了营养干预措施（Wu，Young & Cai，2012）。

中国如何有效地开展营养干预

和绝大多数国家一样，中国所面对的挑战是如何有效地进行营养干预。它已
经从世界各国的儿童早期发展干预项目中学到很多经验。我们可以重点关注两个
国家的成功典范，即古巴和哥伦比亚。以下因素促使它们成功地开展了包括营养
在内的儿童早期发展干预项目：

- 政治意愿；
- 从妊娠期开始就持续提供儿童保育；
- 将公共部门和地方社区结合起来；

●使父母参与儿童早期发展项目，并开展父母教育项目；

●将家访与基于中心的干预措施结合起来。

无论在工业化国家还是发展中国家，儿童早期发展干预措施都卓有成效地开展了家访项目。这种形式颇具吸引力，因为它不仅覆盖面广，而且涉及几代人。Gomby（2005）发现家访项目与基于中心的儿童早期发展项目结合在一起时最为有效。

在我所举的例子里，古巴优先关注了母亲和儿童的保育与教育。哥伦比亚基于社区建立起一个覆盖广泛的儿童保育网络。这些国家的儿童早期发展项目为其儿童带来积极持久的影响。接下来，我会简要介绍它们的经验。

古　　巴

与其他拉美国家相比，尽管古巴的收入水平很低，但是人口的文化水平很高，而且婴儿死亡率在拉美和加勒比海地区最低。古巴儿童在三年级语言和数学成绩测试中的表现居所有拉美国家之首。

古巴提供具有连续性的孕妇和婴儿保育服务，如帮助他们定期咨询卫生和教育团队。社区综合医院普遍提供的产前和产后卫生保健将产前营养作为头等大事，古巴的妇幼保育体系超越国家和地方层面。它对儿童的关怀始于母亲怀孕。每个社区为孕妇分发专门配给的牛奶和主食，母亲和其家庭成员可参加育儿教程。儿童从出生直到上小学期间会接受一系列儿童保育和早期发展服务。所有这些服务都使父母、社区（非正规部门）以及健康和教育机构（正规部门）参与其中。此外，这些服务都涉及几代人，譬如，为父母提供的识字计划与其子女的发展策略息息相关。

古巴的学前教育并非义务教育，但是与全国教育体系对接，并成为后者的组成部分。全面的学前教育计划以0～5岁儿童为服务对象，全国98%左右的儿童都参加了这些项目。此类服务包括正式的日托中心和非正规项目。古巴藉此传递出来的信息是：教育你的孩子。

哥伦比亚

哥伦比亚于 1987 年启动了 Hogares Comunitarios de Bienestar Familiar（HCBF）项目，主要服务对象是贫困孕妇、母亲和儿童。HCBF 项目是一个包含营养干预的大规模儿童保育项目。受助儿童每天在 HCBF 中心享受一顿午餐和两餐点心（其中包括被称作 bienestarina 的营养饮料），摄入热量占到每日摄入总量的 70%。

HCBF 的执行机构是 Instituto de Bienestar Familiar（ICBF，即"哥伦比亚家庭权益机构"）。HCBF 采取了独特的融资模式，其资金来源于工薪税的 3%。该项目覆盖了哥伦比亚的所有 1098 个市，约 100 万 7 岁以下的儿童从中受益。它将父母教育和儿童服务结合起来，它的服务中心每天提供 4 ~ 8 小时的父母教育和儿童服务。具体说来，它提供的服务包括父母教育和帮扶、早期刺激、营养和喂养服务、健康教育和预防性卫生保健、儿童身高/体重测量、日托和儿童保育、早期教育。

每个 HCBF 中心的负责人是 madre comunitaria（即"社区妈妈"）。他们负责提供儿童保育服务，其中也包括做饭。约 35% 的社区妈妈拥有高中学历——尽管农村地区完成高中教育的社区妈妈的比重少于城市地区（前者的比例为 25.6%，后者的比例为 39.4%）。社区妈妈在 HCBF 的平均任期为 8.2 年（Londoño Soto & Romero Rey，2007）。

哥伦比亚政府于 1997 年对 HCBF 项目进行了官方评估，结果表明该项目覆盖了最贫困人群，但是未能在以下方面达到标准：

（1）家庭中心的基础设施；

（2）教材、玩具和备餐设备；

（3）社区妈妈对儿童营养、健康和社会心理发育知识的了解和相关培训。

随后，HCBF 以此次评估暴露出来的不足之处为基础，制定了质量评测手段和质量标准，并将其付诸实施。此次政府评估表明，HCBF 对于儿童成长和入学产生了积极的影响，尽管人们尚不清楚它对儿童营养水平的影响（Londoño Soto & Romero Rey，2007）。

所有成功的儿童早期发展项目都包括的要素

为了充分发挥儿童早期发展干预的效果，儿童早期发展策略中必须包括营养干预。因此，促使儿童早期发展项目取得成功的要素也适用于幼儿的营养干预措施。下面列出了最主要的几个因素，它们屡屡出现在各种成功的儿童早期发展项目中：

- 政治意愿和财政可持续性；
- 执行儿童早期发展项目的地方能力以及地方政府对儿童早期发展项目的承诺，以此作为强大的国家儿童早期发展项目的有效补充；
- 采取"自下而上"而不是"自上而下"的方法；
- 儿童早期发展项目的灵活性及其获得的支持；
- 地方拥有儿童早期发展项目的所有权；
- 父母参与儿童早期发展项目。

1. 政治意愿和财政可持续性

高质量的儿童早期发展项目若想产生长期影响，必须保证其财政可持续性。为此，它需要全国层面的强大支持和政治意愿。然而，地方项目不应该完全依赖国家财政，国家应该鼓励地方政府自己找到维持、巩固和改善本地儿童早期发展项目的途径。像哥伦比亚那样用指定税收资助儿童早期发展项目，是避免项目预算在财政紧缩时被削减的方法之一——尽管政治选区（即本地商户）规模较小时，这种方法可能比较危险。国家公务员和地方社区可以携手探索有效的创新方法，使儿童早期发展项目获得具有可持续性的支持。

2. 地方能力和承诺

为儿童早期发展项目建设本地基础设施至关重要。哥伦比亚 HCBF 项目的独特之处在于设立了专门机构来从事儿童发展。在这种情况下，它所面对的挑战不是避免官僚机构为了满足自身工作人员的需求而耗尽原本用于儿童早期发展的资源，它的目标应该是拓展本地选区（即本地社区和商户）对儿童早期发展项目的支持。HCBF 项目由社区挑选本地妇女来担任家庭日托中心的"社区妈妈"，孩子的父母组成委员会来为日托中心采购物品，支付"社区妈妈"的工资。HCBF项目的下一个目标是将组织儿童早期发展活动的权力分散到各市和各儿童早期发展中心，从而建立可自我管理的机构。

3. 自下而上的方法

在基础设施齐全的地区，开展儿童早期发展项目时必须采取"自下而上"而不是"自上而下"的方法，这样才能使它兼具有效性和可持续性。从本质上来说，儿童早期发展项目是一个大而全的项目，包含儿童保育、营养、教育和刺激，而且需要各种机构——如地方、地区和国家性机构——的参与，来确保儿童早期发展项目所需的资金、管理和执行。

从"自下而上"的角度来看，儿童早期发展项目的全国性网络往往由数千个小项目（或小单位）组成，每个中心为15~20个儿童提供服务。每个小单位都是劳动密集型单位，而且极其依赖于儿童的父母。同在一个居住区里的数个中心聚集在一起，由它们的家长协会出面与卫生保健服务供应商以及非政府组织签订合同，保障中心的运转。然后，这个团体与本市的支持体系联结起来，后者帮助它采购和分发食物、培训儿童看护者并且倡导儿童早期发展项目。各市的儿童早期发展网络融入地区机制，进而在推动国家儿童早期发展政策和提供资金的同时也受到这些政策和资金的影响。

4. 项目灵活性

灵活性是设计和支持本地儿童早期发展项目的必要条件。我们应该鼓励人们采取创新性措施，以获得本地儿童保育和教育网络的支持，并且根据本地社区的需求"量身订制"儿童早期发展干预措施。譬如，并不是所有儿童早期发展项目都需要配置新设施。全球各地有很多像哥伦比亚HCBF项目那样成效显著、成本相对低廉、基于家庭的非正规儿童早期发展项目。在家庭卫生条件较差、儿童群体活动空间有限的地方，可以改造现有社区设施，用于儿童早期发展项目。设施方面的需求并不是限制儿童早期发展项目扩大覆盖面的原因。

5. 地方所有权

要想提高儿童早期发展取得成功且保持可持续性的可能性，必须使全社区的父母和家庭拥有儿童早期发展项目的本地所有权。在这方面的有效策略之一是由父母、基金会和 NGO 等本地或地区性机构为儿童早期发展项目提供配套资金、捐赠实物。随后，政府的角色是提供信息和标准、培训员工、对各个服务供应商进行评估等，从而使消费者在充分掌握信息的情况下作出决策。

新西兰的政策也很独特。政府把工作重点放在儿童早期发展项目的资金来源和监管上，由私营部门和 NGO 来提供儿童早期发展服务。它建立起监管体系和最低质量标准，监管服务供应方的表现，并且由独立机构公开透明地报告服务质量情况（NZIER and Early Childhood Council，2005）。

政府对各种筹资方式进行试点，希望借此提高儿童早期发展服务的质量，激励服务供应商和父母参与此类项目。新西兰为儿童早期发展提供的资金既有整笔补助金也有补贴，为开发和提供儿童早期发展服务的机构提供补助金和贷款（即"种子基金"），为希望接受儿童早期发展培训并担任老师的学生提供贷款，并且帮助贫困家庭支付儿童早期发展服务的费用。政府发放儿童早期发展补贴时以家庭经济情况调查为基础，并且覆盖了儿童的整个成长过程。所有达到监管标准的儿童早期发展服务供应商者也可以获得此类补贴，而且父母有权力选择不同的服务供应商。政府可直接为服务供应商付费，也可为家长提供代金券来支付服务费用。

6. 父母参与

在儿童早期发展项目的规划、执行和评估等各个阶段中，父母的全程参与至关重要。父母必须参与子女保育和教育的各个方面。研究结果表明，父母（包括整个家庭）都从儿童早期发展干预中获益良多。在哥伦比亚的 HCBF 项目中，社区妈妈是基于家庭的儿童早期发展项目的核心。在新西兰，政府通过儿童早期发展补贴使父母有能力为自己的孩子选择不同的儿童早期发展项目，从而参与其中——他们作决定时往往基于儿童早期发展项目的便利性、距离和灵活性以及他们自身需要何种形式儿童保育（如公立还是私立保育、基于中心还是家庭的保育中心或幼儿园）。

结　　语

作为儿童发展的实践者和拥趸，我们不能仅仅因为有扎实的研究结果证明儿童早期发展的重要性，就期待对儿童早期发展的支持从天而降。成功地推行儿童早期发展项目取决于支持者的政治技巧，而不仅仅是政治意愿。

要想持续开展儿童营养干预，我们需要坚持不懈地在以下领域开展工作：

- 提高人们对于儿童早期干预重要性的认识，以改善儿童早期发展的效果——从而为儿童创建政治选区；
- 保护对儿童的投资；
- 采取激励措施来鼓励公民社会和政府提出地方倡议，使新的力量参与儿童早期发展项目；
- 创造新的服务供应者。

中国有现成的基础设施，可以通过延伸这些设施来为保障高质量的儿童营养干预。中国可以通过其三级妇幼卫生（MCH）体系、家访项目、其他家庭帮扶网络和各省机构来采取行动。

MCH 体系为推行优生、婴儿的产前/产后健康以及和其他儿童早期发展项目并行的婴儿早期营养项目提供了一个行之有效的框架。换句话说，我们可以使卫生部门参与到产前营养干预中，为婴儿提供产前营养补充，并且为产妇提供营养建议。

人们在设计通过 MCH 体系开展的家访项目时，可以利用它找出在母亲怀孕、分娩期间和子女 6 岁前非常困难的家庭，并为他们提供支持。其工作重点在于提高父母和其他家庭成员（如祖父母）抚育和刺激儿童发育的能力。

计生委等其他帮扶网络的工作可以从提供传统服务向帮扶家庭转变，具体内容包括：帮扶父母、借给他们书籍和玩具、帮助和培训儿童看护者、为儿童早期教育者提供所需资源。

省级儿童早期发展机构可以负责中学后的培训项目，并建立高质量的监管和报告体系。像青海试点那样，我们应该对走教老师、MCH 工作者和村医提供支持，对他们进行培训，提供儿童早期教育的资源，认可他们有能力胜任全面提供儿童早期发展服务的工作（其中也包括营养干预措施）。

2012 年 10 月 18 日

第三届"反贫困与儿童发展"国际研讨会报告

参考文献

［1］ D. J. P. Barker. Mothers, Babies and Health in Later Life. Edinburgh：Churchill Livingstone, 1998

［2］ Z. A. Bhutta, T. Ahmed, T. R. E. Black, S. Cousens, K. Dewey, E. Giugliani, et al. What Works? Interventions for Maternal and Child Undernutrition and Survival. Lancet, 2008, 371 (9610): 417-440

［3］ J. Bryce, D. Coitinho, I. Darnton-Hill, D. Pelletier, and P. Pinstrup-Andersen. Maternal and Child Undernutrition: Effective Action at National Level. Lancet, 2008, 371 (9611): 510-526

［4］ P. Gertler, A. Zanolini, R. Pinto, J. Heckman, C. Vermeer, S. Chang, and S. Grantham-McGregor. Labor Market Returns to Early Childhood Stimulation: Following up the Jamaica Study 20 Years Later (unpublished). Presentation at the University of Chicago, CEDEC Conference, 2012

［5］ D. S. Gomby. Home Visitation in 2005: Outcomes for Children and Parents. Invest in Kids Working Paper No. 7. Committee for Economic Development. Invest in Kids Working Group, 2005 (www. ced. org/projects/kids. shtml)

［6］ S. M. Grantham-McGregor, S. P. Walker, S. M. Chang, and C. A. Powell. Effects of Early Childhood Supplementation With and Without Stimulation on Later Development in Stunted Jamaican Children. American Journal of Clinical Nutrition, 1997, 66 (2): 247-253

［7］ J. Heckman. Beyond Pre-K-Rethinking the Conventional Wisdom on Educational Intervention. Education Week, 2007

［8］ J. Heckman. Schools, Skills and Synapses. Economic Inquiry, 2008, 46 (3): 289-324

［9］ B. Londoño Soto, and T. Romero Rey. Colombia: Challenges in Country-Level Monitoring. In M. E. Young, with L. M. Richardson, eds., Early Child Development -From Measurement to Action. A Priority for Growth and Equity. Washington, D. C.: The World Bank, 2007

［10］ J. Ludwig, and I. Sawhill. Success by Ten: Intervening Early, Often, and Effectively in the Education of Young Children. Policy Intervention Initiative. Washington, D. C.: The Brookings Institution, 2006

［11］ M. N. McCain, J. F. Mustard, and K. McCuaig. Early Years Study 3: Making Decisions, Taking

Action. Toronto: Margaret and Wallace McCain Family Foundation, 2011

[12] NZIER [New Zealand Institute of Economic Research, Inc.], and Early Childhood Council. Putting Children First-Early Childhood Education Policies for a New Tomorrow. Report prepared for the Early Childhood Council, 2005. Wellington. www. nzier. org. nz

[13] C. Powell, H. Baker-Henningham, S. Walker, J. Gernay, and S. Grantham-McGregor. Feasibility of Integrating Early Stimulation into Primary Care for Undernourished Jamaican Children: Cluster Randomized Controlled Trial. British Medical Journal, 2004, 329: 89

[14] S. P. Walker, S. M. Chang, C. A. Powell, and S. M. Grantham-McGregor. 2005. Effects of Early Childhood Psychosocial Stimulation and Nutritional Supplementation on Cognition and Education in Growth-Stunted Jamaican Children: Prospective Cohort Study. Lancet, 2005, 366: 1804 – 1807

[15] S. Walker, S. Chang, M. Vera-Hernandez, and S. Grantham-McGregor. Early Childhood Stimulation Benefits Adult Competence and Reduces Violent Behavior. Pediatrics, 2011, 127 (5): 849 – 857

[16] World Health Organization. Closing the Gap in a Generation: Health Equity through Action on Social Determinants of Health. Final Report of the Commission on Social Determinants of Health. Geneva: WHO, 2008

[17] K. B. Wu, M. E. Young, and J. Cai. Early Child Development in China: Breaking the Cycle of Poverty and Improving Future Competitiveness. Washington, D. C.: The World Bank, 2012

儿童早期干预社区支持策略

■ 陈云英

　　中国教育科学研究院高级研究员、全国人大代表

一、保护儿童发展权利正在达成共识

　　1992 年世界儿童首脑会议提出全球目标及《儿童权利公约》以来，我国各项与保护人的发展和权利有关的法律在修订中增加了与保护儿童有关的条文。比如我国制定并实施《九十年代中国儿童发展规划纲要》、制定并实施《中国儿童发展纲要（2001－2010 年）》（国务院妇女儿童工作委员会，2000）、制定并实施《中国儿童发展纲要（2011－2020 年）》（国务院，2011）。

　　现在中国各部门推出了许多旨在保护儿童发展权利的报告，充分体现了相关部门都希望通过自身资源的优势，为我国儿童发展做一点事情。比如《中国 0－6 岁儿童营养发展报告（2012）》（卫生部，2012）、《中国少年儿童十年发展状况研究报告（1999－2010）》（中国青少年研究中心，2012）、《中国儿童发展状况国家报告（2003－2004 年）》（国务院妇女儿童工作委员会）、《中国特殊儿童教育权利报告》（中央教育科学研究所，2004；2005）。

　　本次采用"儿童早期干预社区支持策略"作为报告的选题，因为依据我对促进我国儿童早期发展的研究和实践经验中的体会，认为中国的儿童发展早期干预虽然需要借鉴国际经验，但更重要的是总结中国地方经验并有效普及推广。儿童早期发展干预工作在实施的过程中需要借重地方的社会资源和文化特点，我们不可能超越当前地方自身的资源和文化特点来谈儿童发展早期干预问题，因为这样不但不利于项目的实施和扎根，而且不利于儿童在获得早期干预的帮助后培养出与我国社会相适应的能力，在成年后成为成功的人才。我希望通过这个报告创造一个可持续发展并不断完善的体制和机制，这样的体制和机制建立在社会基层的社区和街道中，就近为每一个儿童的发展提供服务。

我所指的儿童早期干预，指0~6岁儿童全面发展监测，尽早发现发展中出现的问题，为儿童本人和家庭提供帮助，在社区开发促进儿童积极发展的服务项目，实现儿童全面发展的服务目标。

二、儿童早期发展存在多种可能危机

儿童早期发展没有侥幸的机会。关于儿童早期发展的知识在我国的家庭和社区中相当缺乏，大多数人认为一个生下来肢体健全的婴儿是绝对健全的，只要给他食品和医疗，儿童自然会成长。其实0~6岁儿童的发展中存在多种发展中的危机，包括：①出生缺陷—生理畸形（先天与遗传）、接生异常、神经发育缺陷等；②发展危机——低体重出生儿、免疫力低下、新陈代谢障碍等；③发展障碍——智力残疾、孤独症、注意力缺陷、言语障碍、学习障碍等；④环境伤害——环境灾害、家庭破碎、贫困、营养不足、铅中毒，等等。家长和育儿的人员不应该认为一个生下来那么好看的孩子，就会自然发展。如果不能及早发现处在发展危机中的儿童，造成儿童成长过程中可能出现的学习的问题、品德的问题、情感的问题、行为的问题等不良后果，由于错过干预发展的关键期，使发展障碍、发展落后以及残疾情况甚至可能终生伴随，无法改正。绝对健全、任其自然发展的错误育儿观念，使得家长无法察觉儿童发展中出现的问题，耽误了一个又一个儿童最好的能力发展的机会。

三、儿童早期发展具有重大意义与关键发展期

科学研究不断刷新纪录，婴幼儿的早期发展潜能令人称叹。儿童早期发展有重大的关键期，尤其是18个月或者两岁之前。因为在那个时间大脑神经是快速

发展的，如果适时介入儿童发展，可以修正儿童发展当中的不足。但一旦错过了
发展关键期，则可能让孩子的关键能力滞后发展或不能发展。儿童出生至 7 岁的
发展关键期见表 1。在 24 个月以前出现落后于关键期发展的能力，如果及时进行
专业干预，康复的概率有 80% 的可能，此后逐渐递减，到了 7 岁以后对发展落
后儿童的干预，比如语言沟通能力，只能借助语言沟通的信息辅助技术，儿童无
法在专业干预下恢复语言能力。

表 1 　　　　　　　　　儿童 0~7 岁的发展关键期

年龄	动　作	语　言	适应行为或认知能力
1 月	俯卧时尝试着要抬起头来；手紧握	细小喉音	微笑、能辨别一两种味道；眼睛能跟移动的红球到中线；注意人脸，减少活动
2 月	拉腕坐起时，头竖直片刻；俯卧时能将头抬离床面；拨浪鼓能在手中停留片刻	逗引时有情绪反应；发 a、o、e 音	见人走动随人看；眼睛能立刻注意到大玩具
3 月	直立位头可转动自如；俯卧时抬头 45 度；仰卧位能变为侧卧位；用手摸东西；能将两手握在一起；	成人逗引时会咿呀发音；笑出声；	头可随看到的物品或听到的声音转动 180 度；见人手足舞动表示欢乐；自发微笑迎人；注视自己的手
4 月	俯卧抬头 90 度，眼向前看；在帮助下能从俯卧到侧卧；扶髋部能坐；自己摇动并注视拨浪鼓	尖声叫；咿呀作语	认识奶瓶；见妈妈高兴；把玩具放入口中；能找到声源
5 月	抓住胸前玩具；独坐时身体稍前倾；扶腋下能站直；偶尔能抓住胸前悬吊物	看见熟人、玩具能发出声音	玩手、扒脚；辨认生、熟人；可以抓住近处玩具；手中玩具掉了两眼跟着寻找
6 月	仰卧翻身至俯卧；能拿起面前玩具	能发单音节；叫他/她名字会转头看	两手拿两个玩具；坚持伸手够玩具；会撕纸；口咬玩具

续表

年龄	动　作	语　言	适应行为或认知能力
7月	独坐自如；扶双腕能站；能拨弄桌上的小东西（大米花、葡萄干等）；将物换手	能发出"Ma－Ma"、"Ba－Ba"的音，但无所指	积木在两手中传递；玩藏猫猫；自己抱奶瓶吃奶；自食饼干；手握积木击桌
8月	用拇指和其他手指捏起大米花；有意识地摇动西（如拨浪鼓、小铃等）	重复大人所发出的单音节；试模仿声音	注意观察大人的行动；模仿大人动作，如拍手；拿掉玩具上的盖布；懂得成人面部表情
9月	自己会爬；自己坐起来躺下去；用拇指、食指取物；双手拿两物对敲	懂得几个词，如拍手、再见等	会挥手再见，招手欢迎；手跟动作可以协调；能安静等待喂食
10月	自己扶栏杆站起来；扶一手站立；扶双手迈步；自己扶物可巡走；自己会坐下	会发4～5个音；问"灯在哪儿呢？"，会看灯	用杯喝水但不熟练；手指活动灵活，时常伸出手指指物，但不固定指什么
11月	独站片刻；扶一手可走；自己扶物能蹲下取物，不会复位	有意识地发几个字音；出现难懂的话	将大圆圈套在木棍上；从杯中取物放物（如积木、勺子）；理解大人说"不"
12月	独站稳；独走几步即扑向人怀里；打开包糖的纸	向他索要东西知道给；叫爸爸妈妈有所指；用动作表示同意（如点头）或不同意（如摇头、摇手）	对自己要的东西能制出来；喜欢看图画；搭1～2块积木；试把小丸投入瓶中；穿衣知道配合
15月	走得稳；自己能蹲，不扶物，能复位；会跑，但不稳；自己乱画；盖上盒盖	懂得一些日用品名字（会指）；能说出几个词和自己的名字（不带姓）	从瓶中倒出小丸；握笔乱画；模仿翻书页；会把2～3块积木搭成塔
18月	扶他一手，上下楼梯（2、3级）；会扔出球去，但无方向	会用"动词"如抱、吃、喝；会说10个东西的名字	挑出不同物；模仿画道道；会把3～4块积木搭成塔；双手端碗喝水

续表

年龄	动　作	语　言	适应行为或认知能力
21 月	会跑，能控制；自己上下床（矮床）；会用脚尖走路（4～5岁），不稳；扶墙上楼（3～5级）；用玻璃丝穿进扣子洞眼；	说出身体部位（2～3个）；知道最熟悉小朋友的名字；会用"我"；主动说出30个左右的词；说3～5个字的句子，会回答最简单的问题	对周围事物有很大兴趣；会把5～8块积木搭成塔；自己脱鞋袜；模仿成人做事；开口表示个人需要；区别成人的表情；记住生活中的东西放的地方
24 月	一手扶栏杆自己上下楼梯（5～8级）；双脚跳起（同时离开地面）；连续跑3～4米，不稳	随大人念几句儿歌；会回答生活上的问题	口数1～5，口手合能数1～3；按指示办事（3件，连续的）；说出常见东西的名字（50个）和用途；听完故事能说出讲的是什么人、什么事
27 月	能随意滚球；能控制活动方向；独自不扶物上下楼（不交替足）；会迈过障碍物；模仿画垂直线，水平线；一页一页翻书页	会用几个"形容词"；会问"这是什么"；会说6～8个字的句子；会念儿歌4～6首（每首4～6句，每句5～7个字）；常用词汇300个左右	知道"大""小"；知道圆、方和三角形；知道红色；一手端碗喝水；和小朋友一起玩，会玩简单的游戏；有简单的是非观念，知道打人不好；会说外面衣服（单衣、裤）；用勺吃东西
30 月	举起手臂投掷，有方向；立定跳远；从楼梯末层跳下；独脚站2～5秒；会用玻璃丝穿扣子洞眼10个左右，速度快（每分钟20个左右）；自己画垂直线、水平线	会用"你、他""你们""他们"；会用连接词"和""跟"；知道日用品名字（50个）；会说复杂语句；会背儿歌8～10首（标准同前）	知道"上""下"、比多少、长短、大小；会穿鞋袜、解衣扣；用积木搭桥、火车；自己洗手、自己擦干；用纸折长方形；知道"1"与"许多"
36 月	独脚站（5～10秒）；原地双脚跳10～20下；按口令做操（4～8节），动作较准确；用积木（积塑）搭（或插）成较形象的物体。模仿画画、十字形	好提问题；理解故事主要情节；认识并说出100张左右图片名称	口数6～10，口手合能数1～5；会扣衣扣；会穿简单外衣；认识紫色、绿色等；懂得"里"、"外"；用纸折小飞镖；玩过家家

续表

年龄	动 作	语 言	适应行为或认知能力
4 岁	两脚交替上楼梯；能熟练骑三轮车；能按地上画的形状走路；能走好队形；会写四五个汉字	用自己的话解释图画的意思；会说200个生活用品的名称；会说5~8个反义词；会说10~15首儿歌；一般句型的句子都会说	说出自己的性别；说出一周包括哪七天；顺口数30；会穿衣裤，但不平整，须帮助；在相片中能辨认自己；会加1的加法
5 岁	独脚跳得好（10~15次）；会滑行；自己画十字（不模仿）；会写20个汉字；会系鞋带；连续排球10下左右	会解释字义；明确表示自己的思想；懂得有较复杂的情节的故事；说出几种东西是什么做成的，如门、窗子、桌子等；会说复合句子	能区别重量；顺口数到50；会加2的加法（按群计数）；懂得成人较复杂的情绪；懂得自己的年龄，准确到"月"；认识5~6种颜色；能做到一般的自我服务
6 岁	能在比赛中投球、踢球、扔球；能攀登	语言流畅，句型复杂，会讲较复杂的故事；能排4~6张故事情节卡片；会猜10个左右谜语；会说5个左右量词；知道家里地址，能说清楚怎样乘车可以到	能分辨时间，辨别早上、晚上、一会儿、刚才、昨天等；能讲出四季的名称和主要特点；顺口数到100；会做3的加法（按群计数）；会做减1的减法；会去小店购物
7 岁	动作灵活与成人无异；会打结	会问复杂问题；能描述碰到的事情；会自编简单故事；会说10个左右量词；看懂幼儿画报上的故事	能不按顺序连续说出5~6个数字，如1-4-5-3-2；8-4-6-3-1，能不按顺序数3堆东西，如7-4-5或5-4-7等；想象力很丰富；会做7以内的加减法；会自己洗澡，只需成人简单帮助

四、促进儿童发展，需要针对儿童发展情况实施早期干预

为了有效促进儿童的早期教育，教育部已经颁布了《3～6岁儿童学习与发展指南》。这个指南颁布后，经过广泛的宣传，将引起社会的广泛重视，根据我们的实践经验，大约有20%的儿童达不到为他相当年龄所预设的发展目标，尤其会集中在经济和教育欠发达的地区。对儿童早期发展的投入，将在日后获得10倍以上的经济效益，反之可能在日后成为20倍的社会保障的负担。我国6岁以下儿童接近1亿，儿童的早期发展素质将决定我国是不是可能成为人口强国。

我国善于把社会问题当成一个社会系统来操作，在过去的经济社会发展中有举世瞩目的贯彻执行能力，儿童早期干预同样存在系统提升的问题。儿童早期干预的内容是全面的、广泛的，儿童及他们的家长至少需要系列的专业服务：医疗保健服务——提供有关儿童生理发育，疾病预防与治疗方面服务；教育训练服务——促进儿童常规语言、技能和交往能力发展；社会心理咨询——儿童心理情感发展咨询与矫正等不同方面的专业服务，因此需要跨专业的合作。政府考虑提供儿童早期干预服务时，要考虑幼儿教育、特殊教育、儿童心理、儿童发展障碍、言语治疗、听力专家、职业治疗、物理治疗、医疗、营养、护理和社会工作等专业人才发挥各自的专业优势并协作攻克难题。在儿童早期干预中的各个领域的科学研究即将因为政府的提倡早期干预服务，快速地提高在诸多领域的科学研究水平，同时创造多种专业人员的就业机会，带动社会和经济发展的转型。

五、儿童早期干预社区支持策略

儿童早期干预方案从训练场所来说，早期干预有三种模式：中心模式（儿童发展机构、学校、发展中心），家庭模式（以家庭为服务的中心），综合模式（专业性的训练在中心进行加上家长配合，专家入户指导在家中进行的儿童教育和发展干预）。为什么要单独强调社区合作？社区管理中，可以将现有的环境设施资源开放用社区的方式来整合资源，组织队伍，建立儿童和家庭干预方案并评

估干预方案的效果。

1. 家庭式

家庭是儿童最熟悉、最有利于儿童发育的环境，家长也是最理想的有爱心的教育人员，教师巡回到各个家庭指导家长如何对他们的子女进行教育训练的家庭式干预方案极富优势。家长最理解、关心儿童，有大量的时间和儿童相处，所以家长是最好的训练人员。家庭式早期干预的优点还有：亲人与孩子不分离，家中的每一个成员都有机会在家里观察训练人员如何与父母共同工作，家长最了解孩子能力的优势和劣势，节省资金和时间，不需要特殊的场地。

波特奇（Portage）方案是比较典型的家庭式早期干预模式。波特奇方案以儿童为中心，以家长为主要的训练人员，另有专业人员即家访教师帮助家长与儿童，进行有效的训练。

2. 中心式

中心式以设置学校训练中心来对儿童进行教育训练。这种形式的优点在于可以集中许多专家在一个精心安排的环境中进行教育训练，设备较齐全，而家长也可正常工作；缺点是经费投入较高，不适合农村或交通不便的地方。

蒙台梭利儿童之家是比较典型的中心式早期干预模式。蒙台梭利把学校看成"儿童之家"，把 3 ~ 6 岁的儿童集中起来训练，教室布置得像家庭，所有的教具、教材都经过精心安排，相信每一个儿童有着自己发育的自然法则。遵循这个自然法则，教师的工作是观察、记录儿童的发育时刻表，理解儿童的需要并组织教学活动，引导儿童发展潜能，进行自我教育。蒙台梭利的教育内容主要有三大部分："动"的教育、感觉教育和语言教育。动的教育通过环境的安排来进行，而感觉与语言教育则需要借助蒙氏设计的教材来实施。经过发展，蒙氏的教学内容后来也包括书写、自由、阅读、算术和道德等。蒙氏的教育思想与方法已推广到早期干预。

3. 综合式

由于家庭式与中心式的做法各有利弊，因此，多采用二者结合的形式进行早期干预，以促进儿童发育为重点，而不是单纯坚持某一种形式。目前，0 ~ 3 岁儿童多进行家庭式训练，3 ~ 6 岁儿童进行中心式训练或中心—家庭式、家庭—中心式（一主一辅）的混合形式。这个模式的设计需要由多学科专家小组共同研究，有一个包括各项发育领域可以适应儿童不同需要的课程训练方案，有一个鼓励儿童交往并随时帮助儿童在自然状态中学习的环境，将儿童学习得到的经验引用到其他领域。教师应掌握基本特殊教育教学方法，师生比不低于1：3，需要行政与后勤人员的支持，充分考虑人力物力的组织与分配。

儿童发展干预策略要针对每一个儿童，一个都不能少。所以我想建议一个体制，一个机制，在我们国家里能够可持续发展的，扶持每个儿童发展的建议，这个建议是：制订儿童早期发展干预政策与法规；建立跨部门合作机制，涵盖卫生部、计生委、民政部、教育部、残疾人联合会、国家扶贫部门、国家农村事务部门等；建立新生儿登记制度；建立儿童发展监测制度；建立早期发展干预社区服务制度；实现入小学前的儿童学习心理准备目标。

借鉴中国传统医学理念，将促进儿童发展的整体系统，而不是割裂的、分别的体系。当前，我国不同政府部门经由分工各自都在为儿童发展开展分内的工作，但是儿童和他们的家长依然不能简便地获得应有的帮助，有时得到其中一项服务，而得不到其他项目的服务，各种各类的服务的分设，使得在获得服务的过程中，增加了儿童和他们家长的精力和财力的负担。如何在最基层的行政单位，比如社区或街道建立一个综合各部门的服务内容的管理部门，引导儿童和他们的家长获得与儿童早期发展有关的知识，并对已经发现的存在发展危机的儿童实施早期发展干预，对于每一个儿童，对于每一个家庭都是急迫的问题。

2012 年 10 月 18 日

第三届"反贫困与儿童发展"国际研讨会报告

参考文献

[1] 陈云英主编. 波特奇教程应用（内部资料）. 北京：中央教科所，北京市教育局小教处，1992

[2] 陈云英. 发育障碍儿童早期干预（全国第一届儿童发育与临床学术研讨会资料汇编）. 北京：中国优生优育协会儿童发育专业委员会，1996

[3] 陈云英. 智力落后：心理、教育、康复. 北京：高等教育出版社，2007

[4] 茅于燕，王书荃. 弱智儿童的早期干预. 北京：华夏出版社，1994

[5] 陈云英. 2004 中国特殊儿童教育权利报告. 北京：人民出版社，2005

强化激励机制，
确保农牧藏区母婴健康管理落实到户

■ 朱 玲

中国社会科学院学部委员

2000 年，我国的孕产妇系统管理项目开始实施。由于项目的目标是降低孕产妇死亡率和消除新生儿破伤风，通常简称为"降消项目"。在此项目下，农村妇女住院分娩平均可获得 500 元的补助。自 2009 年起，出生缺陷预防被列入国家重大公共卫生服务项目。项目为农村妇女在孕前 3 个月和孕早期 3 个月期间免费增补叶酸，目的是预防胎儿神经管缺陷。在西藏农牧区，项目还供给免费维生素 A 胶丸。2011 年，卫生部颁布的《孕产期保健工作管理办法》涵盖了这两个项目的全部服务内容。国际上的实践表明，这些服务能够有效降低母婴死亡率和减少出生缺陷，并进而通过提高人口素质，切断贫困的代际传递。对于我国的农牧户特别是贫困户，免费和补助性孕产妇服务措施，无疑也是显而易见的福利。可是，藏区农牧民对此反应并不积极。这种看似反常的现象，与知识、信息和服务的供给不足直接相关。

一、农牧藏区的孕产妇保健服务尚未完全抵达目标人群

2011 年 8 月，我们中国社会科学院藏区发展课题组在西藏昌都地区贡觉县、江达县和四川甘孜州的德格县调研。调研县平均海拔在 3200～3600 米之间，山高谷深、地广人稀、交通不便。平均每个乡镇的人口约 2000 人左右，但居住分

散，信息交流困难。笔者在调研中看到，免费营养素和相关宣传材料都已下发到乡镇卫生院。在毗邻国道的乡镇及村庄，一些孕产妇享用过免费药品。可是在远离交通要道的地方，提起免费补充营养素，孕妇及其家人大多一脸茫然，言及没听说过。问到产妇分娩问题，多数受访者回答，她们在自家住房（或帐篷），由家人、亲戚或邻家妇女接生。其中一位34岁的妇女，曾3次在家分娩，由丈夫用细绳扎断脐带，以致她出血过多，至今身体虚弱不能参加户外劳动。还有一位受访者的妻子，去年生产时用未消毒的藏刀自行切割脐带，产后不到1个月就因并发症死亡。此外，产前检查和产后访视尚未普及，家庭消毒接生亦未推广。调研地区的卫生统计也表明，孕产妇保健服务尚未抵达多数政策对象。以住院分娩为例，2010年，西藏昌都地区的孕产妇住院分娩率为47.4%；四川甘孜藏族自治州德格县的农村孕产妇住院分娩率为39.8%。很明显，将药品和服务分配到乡镇卫生院，正可谓"行百里者半九十"。为了确保所有孕产妇获得必要的保健服务，边远地区的政府和公共卫生机构还有很长的路程要走。

二、信息传播力度不足

在这几个调研县，针对农牧户的母婴健康知识宣传和信息服务显著薄弱。

其一，信息传播覆盖面漏洞较大。降消项目和出生缺陷预防项目包含的知识和服务信息，一方面以悬挂横幅标语和发放传单的形式，于主题宣传日在县城或在节日集会地点传播；另一方面，通过在乡镇卫生院悬挂招贴画来展示。这些做法固然有用，但对于目标受众，明显带有偶然性。"不在场者"很可能被宣传所遗漏。

其二，信息传播方式多半与目标受众的偏好和接受能力不匹配。例如，卫生院里张贴的预防鼠疫和艾滋病的招贴画上都有藏文说明，有关优生优育的宣传画上却只有汉语。然而边远藏区的农牧民藏文阅读尚且困难，就更谈不上汉语识字了。受访的卫生院医务人员解释道，如果来就诊的人询问宣传画的内容，他们会予以讲解。如此一来，未询问者就可能会落入信息盲区。

其三，关联信息的传播被忽略。"新农合"（即新型农村合作医疗制度，在西藏现称为农牧区医疗制度）在调研县均已普及，其中有关孕产妇医药费用的报销条款，与这项保健服务的供给和需求直接相关。可是，一些关键信息在自上而下的传达过程中流失。笔者注意到，西藏自治区政府颁布的管理办法中规定，医疗机构若在农牧民家庭提供消毒接生服务，发生的医药费可由产妇家庭签字证明，定期与医管办结算。这对于那些住地远离县乡卫生机构的农牧户，是一项因地制宜的福利安排。但在昌都地区的实施细则中，此项规定已被略去。另外，还有一些近期补充条例也未传达到村户。而这些条例，恰恰是足以影响农牧民决策的重要信息。例如，低保户的产妇若住院分娩，除了一般规定的医药费用报销及产妇和护送人员奖励以外，还可依据其分娩状况，得到 100～500 元的补助金。

不过，一些获得了部分信息的家庭，还是利用了相应的单项服务。贡觉县哈加乡一位怀孕 9 个月的妇女叙述道，为怀孕不适的事她曾请僧人打卦，喇嘛说应当去医院检查，她就去县医院妇产科检查了一次，最终确诊胎位不正。江达县同普乡的一位孕妇说，她因腹痛看过村医，听从村医（由村长兼任）的建议，去县医院检查过两次。村医还曾给她 2～3 次营养药，均已服用（村医解释道，那就是预防出生缺陷的免费药）。为了确定生产地点，她去瓦拉寺看过卦，活佛说应当去医院分娩。所以，家里人已经准备护送她去县医院。这些案例显示，藏区农牧孕产妇及其家庭在决策之前，会向自己信服的人士寻求信息。不难设想，只有将保健知识和信息完整地传递到户，才有可能引导他们利用全套的孕产妇保健服务。

三、卫生服务管理不到位

信息传递不到位，实质上是卫生服务管理不到位的一个表现。对此，调研县的卫生局长们强调的主要理由如下：第一，农牧民居住分散，基层卫生人员配备不足；第二，高海拔地区生活条件艰苦，卫生人员待遇低，人才流失严重，若要严格管理，那就更留不住人了。

其实，这些现状并非不可改变。首先，医学院校毕业的藏族专业人才越来越多地进入乡镇卫生院，从整体上提高了基层卫生队伍的医术水平。藏区就业机会难得，公共部门的工资水平远高于其他地区，这些"新人"实际上很珍惜这份收入稳定的工作。其次，通过财政转移支付，藏区的基础设施和公共服务投资逐年增加，卫生经费也是如此。医疗服务机构的房屋和设备等硬件设施都有实质性的改善。

如今，亟待改进的是卫生服务管理，扭转卫生人员激励不足的状况。事实上，一些优秀人才离去的一个重要原因，是对奖罚不明、干好干坏一个样的现状不满。这个问题的症结之一，是县级卫生官员多从乡镇行政干部直接提拔，未经必要的转岗培训。因此，他们既欠缺卫生行业的管理经验，又对外地行之有效的精细管理做法不够了解。例如，这些受访官员对于分解和量化公共卫生服务，依据到户服务的质量支付卫生人员报酬和津贴的做法，均缺少概念。

四、政策建议

基于上述研讨，对于改进农牧藏区的孕产期保健服务管理，特提出如下建议。

- 将县乡卫生系统领导人的管理能力培训，作为援藏项目的重要内容。这其中，成功的孕产妇保健管理经验可作为案例教学的一个重点。例如，中国扶贫基金会在云南山区实施的母婴平安项目，通过三级妇幼保健网确保服务到户；浙江淳安县乡镇卫生院医生分片签约住户，作为家庭医生定期巡回访视，等等。
- 把母婴健康管理落实到户，纳入基层卫生机构和卫生人员考核指标。对于服务供给人员，除了予以工作津贴外，还需补贴交通工具（例如摩托）维修和燃料费用。
- 整合计划生育和妇幼保健服务。调研县卫生局和计生委机构虽已合并，可是两个系统的宣传和服务活动还是"两张皮"。计划生育经费和流动服务设备相对充足，医疗卫生机构技术服务力量较强，如能在基层整合，必可形成互补效应。
- 吸纳村委会干部参与保健知识和信息宣传，并补助活动经费。

2011 年 9 月 27 日

母亲就业与儿童营养：
基于中国农村的证据

■ 王 震

中国社会科学院经济研究所

一、引 言

儿童时期营养状况是"生存与未来发展的基础"，其重要性已被广泛认同，社会经济影响也被广泛关注（UNICEF，2006）。从个体层面，儿童时期的营养不良导致儿童免疫力低下，增加疾病风险，影响儿童未来的教育成就以及性格发育，对其终生的收入与发展造成不利影响（Barnett，1995；Strauss & Thomas，1998）。在宏观方面，儿童营养状况是人力资本积累的基础，儿童时期的营养不良直接增加了健康和教育的成本，造成经济损失。研究表明，改善贫穷国家儿童的营养状况可以为这些国家每年带来 2%~3% 的 GDP 增长（Khan, et al. 2006）。此外，儿童获得充足的食物和营养，避免营养不良也是重要的人权，是联合国千年目标（MDGs）的重要内容之一（UNICEF，1990；UN & IFPRI，2000）。

改革开放以来，中国农村儿童的营养状况得到了显著改善，这得益于中国经济的快速发展以及农村居民收入的提高和生活方式的转变（陈春明等，2006）。但是，中国儿童营养状况存在明显的城乡差距。2005 年中国农村 5 岁以下儿童低体重率为 6.1%，而城市儿童只有 1.4%，生长迟缓率农村为 16.3%，而城市只有 3.1%（陈春明等，2010）。

近年来，政府部门和其他组织开展了一系列的农村儿童营养改善项目，去年中央政府出台了农村义务教育阶段儿童营养改善计划。但是，这些政策多关注物质营养的摄入，没有将母亲照料纳入政策框架中。而母亲的照料是影响儿童营养状况的不可忽视的因素。在收入水平不断提高，对儿童营养状况改善的边际效应逐渐减小的情况下，母亲作为儿童的主要照料者，其就业变化以及由此引致的时间配置变化，必然会影响其对儿童的照料，对儿童营养状况和健康产生诸多影响（Leslie，1988）。

中国农村女性的就业状况30年来发生了深刻的变化。在这些变化中与儿童照料最为相关的是农村女性非农就业，特别是外出就业的增加。20世纪80年代在农村外出就业人员中，女性比例为21.8%，到90年代这个比例逐年上升，1994年达到30.4%（翟振武、段成荣，2006）。根据第二次全国农业普查数据，2006年女性外出就业所占比例上升为36%。① 这些变化在提高女性经济收入的同时，也对其作为母亲对儿童的照料和哺育产生影响，从而影响儿童的营养状况。

母亲外出就业对儿童营养产生的影响，一方面是正向的收入效应，另一方面则是负面的替代效应。那么，在中国农村母亲的就业对儿童营养产生的总效应如何？对此，本文将使用2008年中国食物营养监测数据，应用倾向匹配得分（Propensity Score Matching，PSM）方法，控制选择性偏误，研究中国农村母亲就业对儿童营养状况的影响。本文安排如下，首先对已有研究进行评述，其次给出本文的分析框架和估计策略，再次介绍数据并对变量进行设定，复次是估计结果及解释，最后是结论以及政策含义的讨论。

二、已有研究述评

经济学中母亲就业对儿童营养状况影响的理论框架主要建立在家庭时间配置理论上（Becker & Tomes，1976；Wolfe & Behrman，1982；Glick，2002）。母亲就业对儿童营养状况的影响机制，一是收入效应，即母亲收入的增加提高对儿童

---

① 国务院第二次全国农业普查领导小组办公室，中华人民共和国统计局："第二次全国农业普查主要数据公报（第五号）"，见于 http://www.stats.gov.cn/tjgb/nypcgb/qgnypcgb/t20080227_402464718.htm，2008年2月27日。

食物和营养品的消费（Blumberg，1988）；二是替代效应，即母亲就业减少了照料儿童的时间，而母亲照料则是儿童营养状况改善的主要因素之一（Engle & Menon，1999；Ruel，et al. 1999）。虽然家庭可以通过购买服务的方式照料儿童，但无法完全替代母亲对儿童的照料（Anderson，et al. 2003）。母亲在时间约束和收入约束条件下，在就业和儿童照料之间进行选择以实现效应最大化。理论上，母亲就业对儿童营养状况影响的总效应等于收入效应和替代效应之和，但其正负和大小则是一个经验研究问题。

Leslie（1988）总结了 20 世纪 80 年代之前发展中国家女性就业对儿童营养影响的 50 多篇经验研究文章，其结论是没有明显证据表明母亲就业对儿童营养有负面效应。此后一些研究的结论并没有取得共识。例如，Engle（1991）对危地马拉母亲工作与儿童照料的研究发现，在控制了贫困程度和母亲教育后，母亲就业对儿童体质并没有显著影响。Blau 等（1996）使用菲律宾的数据对母亲劳动供给与儿童健康进行了研究，在控制了母亲劳动供给的内生性后，结果并没有发现母亲劳动供给对儿童健康有直接影响。Glick 和 Sahn（1998）对西部非洲母亲劳动供给对儿童营养状况影响的研究则发现，母亲劳动供给对儿童营养的总效应为负。Pierre-Louis 等（2007）对马里母亲经济活动对儿童营养状况的研究则发现，母亲经济活动对儿童营养摄入具有显著的负面影响。Lamontagne 等（1998）在尼加拉瓜的研究则发现在控制了诸如社会经济因素、母亲教育、父亲金融支持以及儿童照料等其他因素后，母亲工作对儿童营养有显著的正向影响。

迁移性就业，特别是从农村到城市的迁移性就业对儿童营养状况也有影响。留守儿童接受母亲照料的机会将大大减少，从而影响其营养状况。当然，迁移性就业增加家庭收入，从而对儿童营养状况产生正向影响。从已有研究来看，对发展中国家经济性迁移就业对儿童营养状况和健康影响的研究，其结论也不一致。例如，Mansuri（2006）对巴基斯坦农村地区的经济性迁移对儿童年龄别身高（HAZ）的影响进行了研究，发现迁移对儿童营养状况有显著正向效应。Nobels（2007）对墨西哥移民的研究则发现，迁移到国外的移民对留在老家儿童的营养状况（HAZ）有负向影响。Hildebrandt McKenzie（2005）研究则发现，迁移到国外的移民对留在墨西哥的儿童死亡率、出生体重等健康指标有正向影响。

中国农村母亲就业状况对儿童营养和健康影响的研究也有一些。Brauw 和 Mu（2011）使用 1997、2000、2004 和 2006 年 CHNS（China Health and Nutrition Survey，中国健康与营养调查）数据研究了中国农村外出就业劳动力对留守儿童健康状况的影响，结果发现总体而言迁移对 12 岁以下儿童健康状况（BMI）没有显著影响；对 2～6 岁儿童低体重没有影响，但是与 7～12 岁学龄儿童低体重则显著相关。他们给出的解释是有迁移人口的家庭中，7～12 岁儿童需要做更多的家务，从而影响了他们的营养摄入。陈在余（2009）使用 2000、2006 和 2008 年 CHNS 数据研究了母亲外出就业对留守儿童健康（HAZ）的影响，结果发现母亲外出务工对 5 岁以内儿童健康没有显著影响；但是对 6～18 岁学龄儿童健康则有显著的负向影响。刘靖（2008）使用 1989～2004 年 6 轮 CHNS 数据研究了中国农村母亲非农就业对儿童健康（WAZ）的影响，发现母亲劳动时间的增加对儿童健康有显著负面影响，且母亲非农劳动时间的增加对儿童健康的负面影响大于农业劳动时间的负面影响；母亲收入增加带来的正向收入效应不能抵消照料时间减少带来的替代效应。李强、臧文斌（2010）使用 1991～2006 年间 6 个年份 CHNS 数据研究父母外出就业对留守儿童患病率的影响，结果发现母亲外出或父母均外出就业对留守儿童健康有显著负面影响。宋月萍、张耀光（2009）使用第四次国家卫生服务调查数据研究了父母外出就业对 14 岁以下儿童患病率的影响，结果发现父母外出的留守儿童两周患病率远高于非留守儿童，其中母亲外出的儿童患病率最高。

从已有研究的结论来看，母亲就业状况对儿童营养和健康状况的影响并不确定，这既与不同国家特殊的环境和制度条件有关，也与研究者所使用的数据和方法有关。对中国农村母亲就业状况对儿童营养和健康影响的研究，大多使用 CHNS 不同年份的数据。从估计方法上，研究母亲就业状况对儿童营养和健康的影响，最主要的是如何控制估计中的内生性问题（Glick，2002）。已有研究在解决这一问题上，一是寻找工具变量，使用 2SLS 进行估计；二是使用 Panel 数据建立估计模型消除内生性。但寻找合适的工具变量不仅依赖于数据本身，而且工具变量是否合适也与研究者的判断相关。

基于此，本文使用 2008 年中国食物营养监测数据，采用倾向匹配得分方法（PSM）控制内生性偏误，对中国农村母亲就业状况对儿童营养的影响进行研究。

三、分析框架与估计策略

根据家庭时间配置理论（Becker，1965），母亲在时间约束和收入约束条件下，在就业和儿童照料之间进行选择以实现效应最大化。通过家庭产出方程，可以得到儿童营养产出方程：[①]

$$H = h\ (M_E,\ M_I;\ X) \tag{1}$$

其中 M_E 为母亲就业状态，M_I 为母亲收入，X 为其他控制变量。由（1）式可以得到儿童营养状况的经验估计模型：

$$H_I = \beta_0 + \beta_1 M_{Ei} + \beta_2 M_{Ii} + \beta_3 X_i + \varepsilon_i \tag{2}$$

对（2）式的估计，一般的估计方法是使用 OLS 方法。但是，在母亲就业和儿童营养的研究中，一个突出的问题是内生性导致的估计偏误（Glick，2002；Glick & Sahn，1998）。内生性来源于两个方面，一是不可观测因素同时影响儿童营养状况和母亲就业，导致选择性偏误（selection bias）；二是联立性偏误，即母亲就业影响儿童营养状况的同时，儿童营养状况也影响到母亲的就业选择。在已有研究中，解决内生性问题的方法，主要是选择工具变量，使用 2SLS 进行估计，也有一些研究在面板数据（Panel Data）的基础上，使用固定效应模型进行估计（例如 James-Burdumy，2005）。这两种方法对数据都有一定的要求，而且工具变量的选择不仅依赖于数据，也依赖于研究者自身的判断。在本文中，我们尝试使用倾向匹配得分（Propensity Score Matching，PSM）的方法估计母亲就业状态对儿童营养状况的影响。

匹配（Matching）方法的基本思想是将实验组（或处理组）和对比组（或控制组）中可观测特征（或处理前特征）相同或相似的样本进行配对，以观察实验产生的效应。在有效控制处理前特征的条件下，处理组和对比组结果的差别只来源于实验，从而剔除自选择以及其他内生性偏误。如果可观测特征只有一个或少数几个，那么可以通过单一变量配对或对几个变量加权进行匹配（Cochran &

---

① 参见 Blau，et al.（1996）、James-Burdumy（2005）及 Glick & Sahn（1998）。

Rubin，1973）。但是，如果处理前特征较多，且量纲不一致，那么简单匹配就会遇到匹配标准的"多维度（dimensionality）"问题。为解决匹配中的多维度问题，自 Rosenbaum 和 Rubin（1983）开始，发展了倾向匹配得分的方法，将多维可观测特征变量综合为倾向得分，并根据倾向得分进行匹配。

具体而言，对于一个实验（或项目），我们需要评估其对参加实验样本的平均处理效应（ATT，Average Treatment Effect on the Treated）：

$$\tau_{ATT} = E(\tau|D=1) = E[Y(1)|D=1] - E[Y(0)|D=1] \tag{3}$$

其中，$Y(1)$ 为处理组结果，$Y(0)$ 为对比组结果，$D = \begin{cases} 1，处理组 \\ 0，对比组 \end{cases}$

上述（3）式中右手第一项是可观测到的实验结果；第二项指若处理组样本未参加实验时的结果，是一个"反事实"结果，无法观测。一个易操作的做法是使用 $E[Y(0)|D=0]$，即对比组的结果来替代。如果参与实验/项目是完全随机的，那么上述做法也会产生无偏误的估计。但是，在社会科学研究中，所使用的数据大部分是非实验数据，很难做到完全随机，更多的情况是是否参与实验/项目与结果之间存在某种联系，从而产生选择性偏误（Heckman，et al. 1998）。对（3）式进行转换可以得到：

$$\triangle = E[Y(1)|D=1] - E[Y(0)|D=0]$$
$$= \tau_{ATT} + E[Y(0)|D=1] - E[Y(0)|D=0]$$
$$= \tau_{ATT} + SB \tag{4}$$

即若直接使用 $E[Y(0)|D=0]$ 来代替 $E[Y(0)|D=1]$，那么将产生偏误 SB。而如果我们选择的对比组样本的可观测特征与处理组的可观测特征相同或相似，即是否参与实验/项目是随机的，那么就可以消除选择性偏误。倾向匹配得分方法就是通过构造倾向得分，并通过倾向得分对处理组和对比组进行匹配，从而最大限度消除选择性偏误。

使用倾向匹配得分方法需要满足两个条件：

条件1：非混淆性条件（Unconfoundedness）[①]

---

① 或者条件独立假设（Conditional Independence Assumption，CIA）。

$$Y(0),Y(1) \amalg D \mid X \tag{5}$$

非混淆性条件是说给定一组可观测变量 X，在控制 X 后结果变量与是否参与实验/项目独立。这一条件实际上设定了在控制 X 后，是否参与实验是"随机"的。

条件2：共同支持条件（Common support）[①]

$$0 < P(D = 1 \mid X) < 1 \tag{6}$$

共同支持条件意味着对于每一个可能的 X 的值，处理组和控制组的样本所占比例必须大于0。该条件保证了匹配后的处理组和对比组有重叠部分（Overlap）。

如果这两个条件满足，那么倾向得分匹配方法就能够消除 X 可观测变量带来的偏误（Imbens，2004）。但是这两个条件在现实中很难满足。如果我们的目的仅在于估计 ATT，那么可以放松假定（Heckman，et al. 1998），即弱非混淆性条件，$Y(0) \amalg D \mid X$，以及弱共同支持条件，$P(D = 1 \mid X) < 1$。

若上述条件成立，那么使用倾向匹配得分方法估计 ATT 的经验方程如下（Caliendo & Kopeinig，2008）：

$$\tau_{ATT}^{PSM} = E_{P(X) \mid D = 1} \{ E[Y(1) \mid D = 1, P(X)] - E[Y(0) \mid D = 0, P(X)] \} \tag{7}$$

本文使用倾向得分匹配方法估计母亲就业状态对儿童营养状况影响的步骤如下：

第一步，估计母亲就业状态的 Logit 模型：

$$P(X_i) = Pr(D_i = 1 \mid X_i) = \exp(\beta X_i)/1 + \exp(\beta X_i) \tag{8}$$

X_i 为影响母亲就业状态的一组变量。此处的 X_i 需满足如下条件：首先，仅包含那些同时影响母亲就业状态和儿童营养状况的变量；其次，X_i 中的变量不能包括受到母亲就业状态影响的变量（Hill，2008；Smith & Todd，2005）。

第二步，根据第一步的估计结果计算母亲就业状态的倾向得分（PS 值），即母亲就业状态的概率值 $\hat{P}(X_i)$。

第三步，根据每个样本的倾向得分在不同就业状态之间进行匹配。在本文中

---

① 或者重叠性条件（Overlap condition）。

我们使用核匹配方法（Kernel matching）。核匹配属于非参数匹配，处理组中每一个样本的结果与控制组中所有样本的核加权平均结果进行比较，距离最近的样本赋予的权数最高。这一匹配方法的优点是几乎所有控制组样本的结果都被使用，从而容纳更多信息；缺点是一些样本的匹配效果较差。[1]

第四步，平衡性检验和共同支持条件检验，并估计母亲不同就业状态对儿童营养状况的平均处理效应。

四、数据与变量描述统计

本文数据来源于中国疾病预防控制中心"中国食物与营养监测系统（CFNSS）"2008年的全国调查数据。CFNSS成立于1989年，截至2008年共进行了1990、1995、1998、2000、2005、2008年6轮监测。1990年到2005年的调查分为城市和农村；由于我国城市儿童营养状况明显改善，自2008年起调查只在农村进行。对该数据的抽样方法、特点、建立和运行等详细介绍，参见陈春明等（2006，2010）。数据中5岁以下儿童样本量共10726个，分布在20个省（直辖市、自治区）[2]，其中女童所占比例为46.26%。从东、中、西部的分布看，样本主要分布在西部地区，占41.25%，其次是中部地区，占39.47%，东部地区所占比例最小，为19.27%。

测度儿童营养状况的常用指标是Z评分，包括三个Z评分指标：一是年龄别身高（Height for Age，HAZ），二是年龄别体重（Weight for Age，WAZ），三是身高别体重（Weight for Height，WHZ）[3]。Z评分的计算公式如下：

$$Z = (W - RM)/SD \tag{9}$$

其中，W为观测样本的身高或体重；RM为参考标准（身高或体重）中位数；SD为参考标准（身高或体重）的标准差。此处参考标准使用世界卫生组织

---

① 核匹配方法需要选择核函数和窗宽。本文使用的核函数为epanechnikov函数，窗宽为0.06。
② 包括天津、山西、内蒙古、辽宁、黑龙江、江苏、安徽、江西、山东、河南、湖北、湖南、广东、广西、四川、贵州、云南、陕西、青海和宁夏。
③ 对儿童营养状况的定义与测度，可以参见Ke-You和Su-Ying（2001）。

推荐的标准①。在本文中，为了更全面了解母亲就业状态对儿童营养的影响，我们使用 HAZ 和 WAZ 表示儿童营养状况。

2008 年中国农村 5 岁以下儿童的生长迟缓率为 13.71%，低体重率为 5.08%；不同年龄段的生长迟缓率与低体重率有明显差别，0~6 个月儿童生长迟缓率和低体重率都比较低，12~24 个月儿童生长迟缓率和低体重率最高；随着年龄增大，生长迟缓率和低体重率又逐渐降低（见图 1）。从 HAZ 和 WAZ 的均值分布来看，也呈现 HAZ 与 WAZ 随年龄变化的这种趋势。在女童与男童之间也存在营养状况的差别，在 HAZ 上，女童好于男童，而在 WAZ 上则男童好于女童。

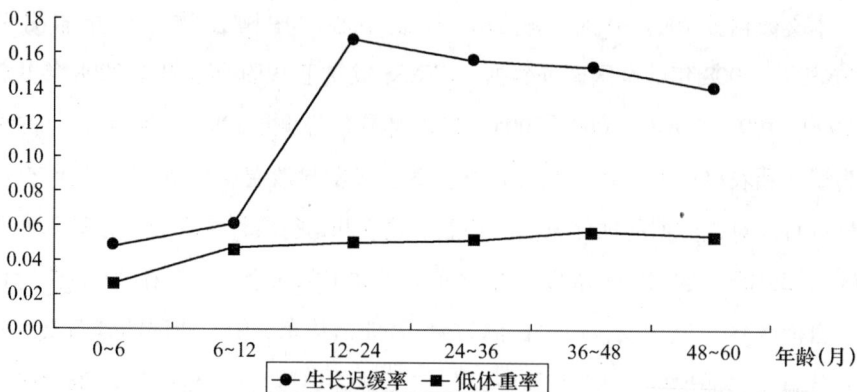

图 1　月龄段儿童发育迟缓率（HAZ < -2）与低体重率（WAZ < -2）

不同于其他发展中国家，由于城乡分割的二元体制，特别是城乡有别的户籍制度，中国农村迁移人口并没有融入城市，形成别具特色的"农民工"。这一状况导致农村人口出现三种不同的就业状态：本地务农、本地非农就业和外出务工。农村女性就业也呈现出这三种状态。这三种就业状态对母亲时间配置的影响

---

① 根据世界卫生组织的标准，在实际测算中，如果计算出来的 HAZ、WAZ 和 WHZ 小于 -2，那么就表示儿童处于营养不良状况。具体而言，如果 HAZ < -2，表示发育迟缓（Stunting），是因长期、慢性食物不足和疾病所导致的营养不良；如果 WHZ < -2，表示消瘦（Wasting），是近期、急性的营养不良状况；如果 WAZ < -2，表示低体重（Underweight），反映了综合性的营养不良状况，包括近期和长期影响所导致的营养不良（Nandy, et al. 2005）。因为 Z 评分中的年龄已经被标准化了，所以使用 Z 评分的优点是可以在不同年龄别儿童中进行比较。

是不同的：由于农业生产的特征，本地务农母亲有更多的自由支配时间用来照顾小孩；而本地非农就业虽然已经脱离了农业生产，但是由于仍然和自己的家庭成员生活在一起，所以也有机会亲自照顾小孩。外出务工则不同，特别是对于那些不能随母亲一同外出的"留守"儿童，很少能够得到母亲的照料，从而影响其营养状况。

基于上述分析，本文将母亲就业状态分为 4 类①：外出就业，本地务农，本地非农就业，其他。本文使用的数据显示，2008 年农村母亲外出就业的比例已经达到 22.86%，本地非农就业也占到了 14.77%。但是，母亲在本地务农的比例还是超过一半（50.45%）。

在不同就业状态下，5 岁以下儿童的营养状况也有差异（见图 2）：母亲外出务工的儿童，不论以 HAZ 和 WAZ 的均值、HAZ 和 WAZ 的分布，还是以生长迟缓率和低体重率衡量都远低于母亲本地务农和本地非农就业的儿童；母亲在本地非农就业的儿童营养状况表现最好。②

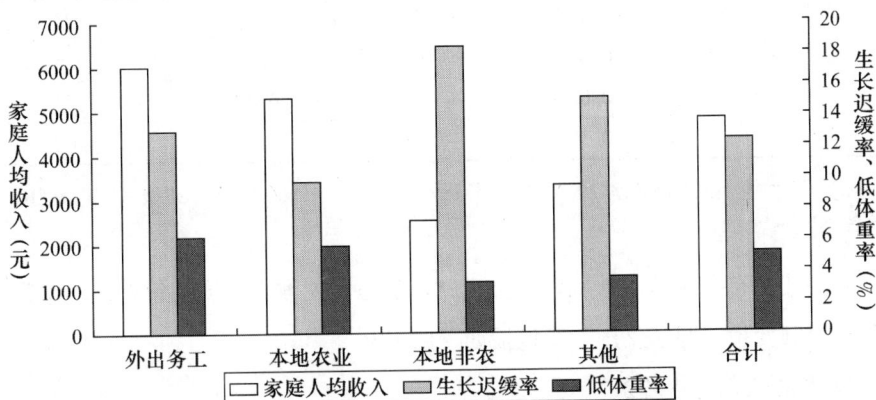

图 2　母亲不同就业状态下的儿童生长迟缓率、低体重率与家庭人均收入

---

①　数据问卷中，母亲职业分为 8 类：1. 外出打工；2. 务农；3. 经商；4. 本地职工；5. 干部；6. 教师；7. 医务人员；8. 其他。根据本文研究目的，我们将经商、本地职工、干部、教师、医务人员合并为本地非农就业。

②　不论是参数检验（F 检验），还是非参数检验（The Kruskal Wallis Test），在 0.01 显著水平上都显著。

我们将农村母亲的受教育程度分为 5 类：文盲/半文盲、小学、初中、高中/中专、大专及以上。农村母亲的受教育程度主要集中为初中（60.16%），文盲/半文盲和大专及以上所占比例都不大，分别只有 4.6% 和 1.6%（见表 1）。从统计描述看，母亲受教育程度与儿童的 HAZ 与 WAZ 正向相关，受教育程度越高，儿童营养状况越好。

表 1　　　　　　　母亲就业状态、受教育程度与儿童营养状况

		HAZ	WAZ	HAZ_R	WAZ_R
就业状态	外出务工	−0.840	−0.447	17.15	6.16
	本地务农	−0.617	−0.186	15.11	5.54
	本地非农	−0.258	−0.007	7.11	3.24
	其他	−0.278	0.011	9.45	3.46
	合计	−0.575	−0.196	13.72	5.09
受教育程度	文盲/半文盲	−1.220	−0.658	27.96	10.2
	小学	−0.905	−0.476	20.08	7.56
	初中	−0.442	−0.086	10.74	3.93
	高中/中专	−0.312	0.027	9.63	3.46
	大专及以上	−0.066	0.130	6.47	3.53
	合计	−0.576	−0.197	13.7	5.08

注：HAZ，年龄别身高 Z 评分；WAZ，年龄别体重 Z 评分；HAZ_R，生长迟缓率；WAZ_R，低体重率。

除了儿童自身年龄、性别以及母亲就业状态、受教育程度变量外，本文涉及的其他控制变量（见表 2）主要包括如下两组[①]。

1. 家庭收入及生活条件

包括家庭收入、家庭人口、居住房间的地面类型、生活用水类型、家中是否有患病/残疾/70 岁以上老人。家庭收入对儿童营养状况的影响主要是收入效应（Case，et al. 2002）。家庭收入与母亲就业状态之间存在相互影响的关系，即不仅家庭收入对母亲是否外出就业有影响，而且母亲就业状态还直接影响家庭收

---

① 这些控制变量既包括对儿童营养状况的 OLS 估计所使用的变量，也包括在 PSM 方法中对母亲就业状态的 Logit 估计所使用的变量。

表 2   变量与描述统计

变量代码	变量说明	统计值	变量代码	变量说明	统计值
agem	儿童年龄（月）	31.06*	medu	母亲受教育程度	
mage	母亲年龄（岁）	29.3*	medu_1	文盲/半文盲	4.6
pinc	家庭人均收入（元）	4331.19*	medu_2	小学	24.96
fam	家庭人口（口）	4.95*	medu_3	初中	60.16
dis1	最近卫生院/诊所步行时间（分钟）	14.31*	medu_4	高中/中专	8.68
dis2	最近县城乘车时间（分钟）	41.53*	medu_5	大专及以上	1.6
gender	男童	53.74	water	生活用水	
			water_1	自来水	39.16
fam_sta	家中有患病/残疾/70岁以上老人	13.45	water_2	井水	48.73
			water_3	地表水	0.37
floor	居住地面为土地	12.18	water_4	管道水	11.44
moccu	母亲就业		water_5	其他	0.3
moccu_1	外出就业	22.86	part	地区	
moccu_2	本地务农	50.45	part_1	东部	19.27
moccu_3	本地非农	14.77	part_2	中部	39.47
moccu_4	其他	11.91	part_3	西部	41.25

注：*为均值，其余为百分比。

入。对于中国农村女性而言，外出就业的一个主要目的就是提高家庭收入。母亲不同就业状态下的家庭人均收入也有明显差别：本地务农母亲的家庭人均收入最低（3396元），其次是外出务工家庭（4559元），最高者为本地非农就业家庭的人均收入（6434元）（见图2）。比较不同就业状态下的家庭收入和儿童营养状况，可以发现虽然外出打工母亲的家庭人均收入高于本地务农家庭，但是在儿童营养状况方面，外出打工家庭儿童的表现却显然不如本地务农者。

家庭人口对儿童营养状况的影响主要体现两个方面：一方面家庭人口多可以为儿童提供更多的照料，从而有利于儿童营养状况；另一方面，家庭人口多也可能减少了用于儿童的营养支出。同时家庭人口也影响到母亲的就业状态，人口多的家庭，其家庭成员更倾向于外出就业或从事非农就业。家中是否有患病/残疾/70 岁以上老人也会对儿童营养状况及母亲就业状态产生影响，因为家庭中的这些成员更需要其他成员的照料。

居住房间的地面类型代表了儿童生长的居住环境。传统上，中国农村住房的地面以土地居多，土地地面不仅易潮，而且也容易滋生各种细菌；砖地、水泥地和地板相对而言则比较卫生。此处，我们将类型分为两类：土地为一类，砖地、水泥地和地板为第二类。生活用水对儿童的营养状况和健康也有显著影响。一些研究表明，自来水的普及对儿童营养和健康状况有显著的正面影响（Jalan & Ravallion，2003）。在本文中，家庭生活用水类型包括五类：第一类为自来水，第二类为井水，第三类为地表水，第四类为管道水，第五类为其他。[①]

2. 儿童所在地区的社区和地区环境变量

儿童居住地区和社区的经济发展状况、公共基础设施以及医疗卫生资源等也对儿童营养和健康状况产生影响（Thomas & Strauss，1992；Thomas，et al. 1996）。地区和社区在公共基础设施及医疗卫生资源的差异上对儿童营养和健康状况产生影响的途径，主要在于母亲和儿童是否有更多的机会获得各种资源。

在本文中，儿童所在地区和社区的环境变量主要包括：距离最近卫生院/诊所的距离、距离最近县城的距离以及东、中、西部地区。距离最近卫生院/诊所的距离代表了家庭获取医疗卫生资源的便利程度。到最近县城的距离则代表了家庭能够使用各种公共基础设施的便利程度。本文使用到最近卫生院/诊所单程步行所需时间和到最近县城单程乘车所需时间表示其距离。此外，我们使用东、中、西部地区的虚拟变量来控制地区差异。

---

① 自来水中也包括纯净水；井水包括深井水和浅井水；地表水包括河水、湖水、塘水、窖水。

五、估计结果

本文首先使用 OLS 方法估计母亲就业状态对 5 岁以下农村儿童营养状况的影响。儿童营养状况使用 HAZ 和 WAZ 测度。控制变量包括儿童月龄、儿童性别、母亲年龄（对数）、母亲受教育程度、家庭人均收入（对数）、家庭人口、家中是否有患病/残疾/70 岁以上老人、家庭居住地面类型、生活用水类型、到最近卫生院/诊所距离、到最近县城距离以及东、中、西部地区。因变量分别为HAZ 和 WAZ（估计结果见表 3）。

不论 HAZ 还是 WAZ 的估计结果都显示，母亲外出就业的儿童其营养状况显著低于母亲在本地就业者；在本地就业的母亲，非农就业母亲的儿童营养状况要好于务农的母亲。这一结果表明，母亲的外出就业对儿童营养状况的替代效应远大于收入效应。虽然外出就业者的家庭人均收入高于本地务农者，但是儿童营养状况却较差。这也表明收入提高对农村儿童营养状况的改善作用已经不能抵消母亲外出带来的照料缺失对儿童营养的负面影响。

表 3　　　　　　　　儿童营养状况（HAZ、WAZ）OLS 估计结果

变　量		HAZ	WAZ
就业状态 （外出打工为基准）	本地务农	0.170 *** 0.039	0.178 *** 0.031
	本地非农	0.251 *** 0.053	0.192 *** 0.042
	其　他	0.232 *** 0.057	0.210 *** 0.045
r2_a		0.1071	0.1372
N		8568	8568

注：限于篇幅，其他变量的估计结果省略，有需要者可与作者联系。母亲就业以外出打工为基准。$*P<0.1$，$**P<0.05$，$***P<0.01$。

根据研究目的，母亲的就业状态分为四组：第一组为外出就业和本地就业，

本地就业包括本地非农就业和本地农业就业；外出就业为实验组，本地就业为控制组。① 第二组为外出就业和本地务农，外出就业为实验组，本地农业为控制组。第三组为外出就业和本地非农就业，外出就业为实验组，本地非农为控制组。第四组为本地非农就业和本地务农，本地非农为实验组，本地务农为控制组。我们分别对这四组就业状态进行 PSM 估计。使用的选择方程为 Logit 模型，自变量包括儿童性别、月龄、母亲年龄、母亲年龄的平方、母亲受教育程度、家庭人口、居住地面类型、生活用水类型、家中是否有患病/残疾/70 岁以上老人、到最近卫生院/诊所的距离、到最近县城的距离，以及东、中、西部地区。PSM 估计中选择方程中自变量的选择，一是对母亲就业和儿童健康都有影响的变量，二是不能包括受母亲就业影响的变量。由于母亲就业对家庭收入有显著影响，因此这里我们没有将家庭收入放入 Logit 模型的估计中。Logit 模型的估计结果见表 4。

表 4　　　　　　　　　　母亲就业的 Logit 模型估计结果

变　量	外出就业/ 本地就业	外出就业/ 本地务农	外出就业/ 本地非农	本地非农/ 本地务农
gender	− 0.011	− 0.013	− 0.092	− 0.014
	0.057	0.059	0.091	0.076
agem	0.023 ***	0.027 ***	0.007 **	0.021 ***
	0.002	0.002	0.003	0.002
mage	0.213 ***	0.224 ***	0.117	0.125
	0.067	0.068	0.104	0.081
$mage^2$	− 0.005 ***	− 0.005 ***	− 0.003	− 0.003 **
	0.001	0.001	0.002	0.001
fam	0.326 ***	0.315 ***	0.390 ***	0.003
	0.019	0.019	0.033	0.028

① 在估计过程中，实验组 =1，控制组 =0。

续表

变量		外出就业/ 本地就业	外出就业/ 本地务农	外出就业/ 本地非农	本地非农/ 本地务农
fam_sta		− 0.022	− 0.005	− 0.102	0.003
		0.081	0.085	0.136	0.122
floor		− 0.365 ***	− 0.278 ***	− 0.916 ***	0.771 ***
		0.085	0.086	0.185	0.173
dis1		0.011 ***	0.009 ***	0.032 ***	− 0.022 ***
		0.002	0.002	0.004	0.004
dis2		− 0.001	− 0.002 **	0.007 ***	− 0.007 ***
		0.001	0.001	0.002	0.002
medu	medu_2	0.698 ***	0.694 ***	− 0.123	0.760 **
		0.152	0.153	0.409	0.364
	medu_3	0.414 ***	0.526 ***	− 1.313 ***	1.588 ***
		0.15	0.151	0.397	0.354
	medu_4	0.450 **	0.987 ***	− 2.005 ***	2.930 ***
		0.178	0.187	0.411	0.366
	medu_5	0.436	2.324 ***	− 2.585 ***	4.827 ***
		0.275	0.391	0.467	0.468
water	water_2	0.533 ***	0.335 ***	1.029 ***	− 0.736 ***
		0.066	0.068	0.098	0.082
	water_3	0.881 *	0.642	—	—
		0.459	0.46	—	—
	water_4	0.404 ***	0.334 ***	0.527 ***	0.188
		0.1	0.104	0.157	0.147
	water_5	− 0.745	− 0.946	—	—
		0.838	0.837		

续表

变 量		外出就业/本地就业	外出就业/本地务农	外出就业/本地非农	本地非农/本地务农
part	part_2	0. 292 ***	− 0. 273 ***	1. 411 ***	− 1. 813 ***
		0. 089	0. 097	0. 123	0. 097
	part_3	0. 251 ***	− 0. 339 ***	1. 388 ***	− 1. 857 ***
		0. 09	0. 099	0. 123	0. 102
_cons		− 6. 230 ***	− 5. 571 ***	− 2. 970 *	− 3. 054 **
		0. 994	1. 018	1. 611	1. 301
Pseudo R2		0. 1094	0. 1139	0. 2991	0. 2678
N		7624	6351	3189	5672

注：表中母亲受教育程度以文盲/半文盲为基准；饮用水类型以自来水为基准；地区以东部地区为基准；母亲就业以外出打工为基准。Ln 为对数。* $P < 0.1$，* * $P < 0.05$，* * * $P < 0.01$。

表 5 和图 3 分别给出了 PSM 估计中对变量的平衡性检验和共同支持条件检验。经过倾向匹配得分匹配后，相关变量的差异极大缩小了，而且二者之间的差异变得不显著了，这表明经过匹配后，实验组和控制组之间已没有统计差别。共同支持条件表明实验组和控制组之间存在重叠。表 6 给出了倾向匹配得分估计的结果。

从倾向匹配得分的估计结果（见表 6）看，首先，与 OLS 估计结果相似，母亲外出就业的儿童，其 HAZ 和 WAZ 都显著低于母亲在本地就业的儿童。在儿童 HAZ 方面，相比于本地就业母亲，外出就业母亲的儿童 HAZ 显著要低 0. 123 个点（16. 62%）；在 WAZ 方面，低出 0. 151 个点（40. 79%）。此外，匹配后的平均处理效应（ATT）要小于未匹配时的差异。例如，匹配前外出就业母亲与本地就业母亲的儿童 HAZ 之差为 − 0. 288，而匹配后这一差异降低为 − 0. 123。这一结果表明母亲外出就业虽然带来较高的家庭收入，但是由于照料缺失导致的儿童营养状况的损失却更大。

其次，更进一步，母亲外出就业的儿童，其营养状况不仅显著低于母亲在本地从事非农就业的儿童，而且也显著低于母亲在本地从事农业劳动的儿童。从匹

表5			倾向得分匹配前后相关变量平衡性检验		
变　量		均　值		差异 T 检验	
		外出务工	本地就业	t 值	p 值
gender	Unmatched	0.534	0.540	− 0.44	0.659
	Matched	0.534	0.523	0.71	0.475
agem	Unmatched	34.333	30.698	8.39	0.000
	Matched	34.333	34.249	0.16	0.872
mage	Unmatched	28.106	29.884	− 13.04	0.000
	Matched	28.106	28.049	0.41	0.684
$mage^2$	Unmatched	808.830	922.530	− 13.27	0.000
	Matched	808.830	805.700	0.38	0.706
fam	Unmatched	5.605	4.718	21.98	0.000
	Matched	5.605	5.577	0.48	0.631
fam_sta	Unmatched	0.157	0.125	3.62	0.000
	Matched	0.157	0.158	− 0.10	0.924
floor	Unmatched	0.840	0.892	− 6.07	0.000
	Matched	0.840	0.843	− 0.28	0.777
dis1	Unmatched	16.485	13.833	7.15	0.000
	Matched	16.485	16.049	0.88	0.378
dis2	Unmatched	42.993	42.287	1.09	0.276
	Matched	42.993	43.309	− 0.39	0.693
medu	Unmatched	2.719	2.781	− 3.18	0.001
	Matched	2.719	2.709	0.45	0.654
water	Unmatched	2.027	1.807	9.31	0.000
	Matched	2.027	2.041	− 0.48	0.629
part	Unmatched	2.308	2.172	7.04	0.000
	Matched	2.308	2.323	− 0.70	0.481

注：$mage^2$ 为母亲年龄平方。限于篇幅，此处仅给出外出打工和本地就业一组的平衡性检验。

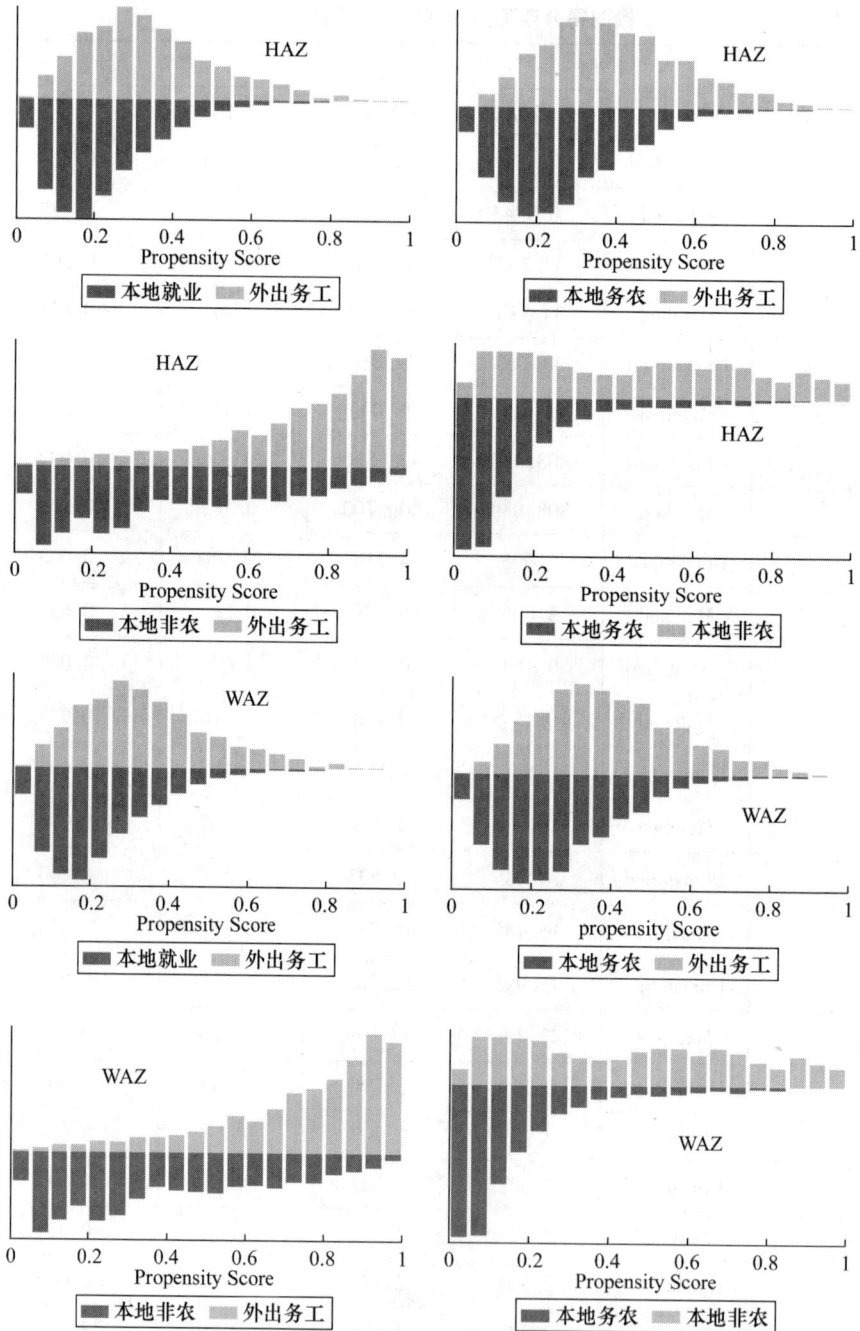

图 3　倾向匹配得分共同支持条件检验

表6 倾向匹配得分估计结果

		外出就业	本地就业	Diff.	S. E	T 值
年龄别身高（HAZ）	Unmatched	− 0. 738	− 0. 450	− 0. 288***	0. 037	− 7. 79
	ATT	− 0. 738	− 0. 615	− 0. 123***	0. 040	− 3. 05
		外出就业	本地务农	Diff.	S. E	T 值
	Unmatched	− 0. 738	− 0. 532	− 0. 207***	0. 039	− 5. 34
	ATT	− 0. 738	− 0. 654	− 0. 085***	0. 043	− 1. 97
		外出就业	本地非农	Diff.	S. E	T 值
	Unmatched	− 0. 737	− 0. 169	− 0. 569***	0. 048	− 11. 93
	ATT	− 0. 737	− 0. 507	− 0. 230***	0. 084	− 2. 74
		本地非农	本地务农	Diff.	S. E	T 值
	Unmatched	− 0. 169	− 0. 530	0. 361***	0. 045	8. 03
	ATT	− 0. 169	− 0. 219	0. 050	0. 083	0. 61
年龄别体重（WAZ）		外出就业	本地就业	Diff.	S. E	T 值
	Unmatched	− 0. 370	− 0. 069	− 0. 301***	0. 030	− 10. 13
	ATT	− 0. 370	− 0. 219	− 0. 151***	0. 032	− 4. 72
		外出就业	本地务农	Diff.	S. E	T 值
	Unmatched	− 0. 370	− 0. 108	− 0. 262***	0. 031	− 8. 45
	ATT	− 0. 370	− 0. 220	− 0. 150***	0. 034	− 4. 40
		外出就业	本地非农	Diff.	S. E	T 值
	Unmatched	− 0. 370	0. 066	− 0. 436***	0. 038	− 11. 35
	ATT	− 0. 370	− 0. 171	− 0. 200***	0. 070	− 2. 85
		本地非农	本地务农	Diff.	S. E	T 值
	Unmatched	0. 066	− 0. 107	0. 173***	0. 037	4. 72
	ATT	0. 066	0. 132	− 0. 065	0. 067	− 0. 97

注：表中标准误计算公式为：$1/N * Var(Y \mid D = 1) + \sum w_i^2/N^2 * Var(Y \mid D = 0)$，其中 N 为匹配后实验组样本数，$D = 1$ 表示匹配后实验组，$D = 0$ 表示匹配后控制组，w_i 为给定的匹配后控制组样本 i 的权数。本文还同时使用 Bootstrap 方法计算了标准误，其结果并没有改变差异的统计显著性。使用 t 检验。* $P < 0.1$，* * $P < 0.05$，* * * $P < 0.01$。

配结果来看，母亲外出就业的儿童 HAZ 得分低于母亲本地非农就业儿童 0. 230 个点，低于母亲本地从事农业劳动的儿童 0. 085 个点；WAZ 方面也与此相似。

给定不同收入水平，虽然外出就业的母亲比本地从事农业劳动的母亲获得较高的收入，但是照料缺失对儿童营养状况的负面影响却大大超过了收入提高带来的收入效应。

替代效应超过收入效应的另一个表现是母亲本地从事非农就业和从事农业的儿童，虽然二者家庭收入水平有明显差异，但是儿童的营养状况却没有显著差别。未匹配之前，母亲本地非农就业和本地农业就业的儿童，其 HAZ 和 WAZ 都有显著差异，在本地从事非农就业母亲的儿童，营养状况都显著好于本地从事农业母亲的儿童。但是，通过匹配消除内生性偏误后，我们发现二者之间的差别变得不显著了。这表明在本地就业的母亲，不管其收入如何，只要能够在儿童身边，有更多的机会照料小孩，那么孩子的营养状况就不会有显著差别。但是，如果母亲外出，则其外出就业对儿童营养状况影响的负向替代效应将超过收入效应。

上述结论也表明，随着中国农村经济发展水平的提高，收入提高对儿童营养状况的边际效应在递减，对农村儿童营养状况而言，母亲的照料、喂养和抚育的重要性已经超过了收入提高带来儿童营养状况改善的重要性。提升农村儿童营养和健康状况，提高其营养摄入水平固然重要，但是母亲的照料、喂养也应该受到更多关注。

六、结　　论

儿童时期营养状况的重要性已得到广泛认同。改革开放以来中国儿童营养状况得到了显著改善，但是中国儿童营养状况的一个显著特征是存在明显的城乡差距，农村儿童营养状况低于城市。近年来，包括政府部门和其他组织都推广和实施了一系列农村儿童营养改善项目。但是，这些项目主要关注儿童物质营养的摄入，忽视了母亲照料对儿童营养状况的影响。

改革开放以来，特别是 20 世纪 90 年代以来，农村女性就业发生了深刻的变化，其就业状态呈现出多元化、非农化和城市化就业的特征。理论上而言，这种就业状态的变化对儿童营养状况的影响主要在两个方面：一是收入效应，即不同就业状态带来的收入不同，从而影响家庭对儿童营养消费的支出；二是替代效应，即母亲就业状态的不同，导致母亲时间配置的不同，影响了母亲对儿童的照料和抚育。收入效应和替代效应加起来构成了母亲就业状态对儿童营养状况的总效应。

在对母亲就业和儿童营养与健康的关系研究中，内生性导致的偏误是一个主要问题。本文使用倾向匹配得分方法控制自选择导致的内生性，在 2008 年中国食物营养监测系统数据的基础上，对中国农村母亲就业状态对 5 岁以下儿童营养状况的影响进行了研究。研究结果发现母亲就业状态对农村 5 岁以下儿童营养状况有显著影响。具体而言，相比于本地非农就业和本地农业就业，母亲在外打工的儿童营养状况最差，而母亲在本地从事非农就业和从事农业虽然在收入上有明显差异，但是儿童营养状况却没有显著差异。外出就业的母亲，虽然家庭人均收入比本地务农母亲的收入高，但是亲自照料、抚育小孩的时间最少，替代效应的负向效应远超过了正向的收入效应。上述结论表明，对于农村 5 岁以下儿童的营养状况而言，相比于收入效应，母亲的照料、喂养和抚育更加重要。家庭收入虽然是农村儿童营养状况改善的重要影响因素，但是随着中国农村居民收入的不断提高，收入带来的正向效应面临边际递减趋势；而母亲照料的重要性日渐突出。母亲的照料可以在一定程度上弥补低收入对儿童营养状况带来的不利影响。

我国已经建立了农村儿童营养改善的政策框架，并取得了一定的成绩。但是，现有的政策框架主要针对的是儿童物质营养的摄入，没有涉及母亲照料问题。在我国农村女性外出就业不断增加、留守儿童营养问题不断凸显的情况下，留守儿童的母亲照料问题需要在农村儿童营养改善框架中得到体现。

- 从近期来看，一个可行的办法是给予中西部农村和贫困农村地区外出就业的母亲以一定额度的补贴，以保证她们能够在家照料儿童到 1 岁，至少 6 个月。

- 扩大在城市打工就业的农民工的生育保险覆盖范围，使女性农民工能够得到生育保险保障。这样，女性农民工在生育和对儿童进行抚育期间可以保障其工作岗位和基本的收入，从而改善留守儿童的照料。

- 在农民工聚集的企业，通过城市地方政府补贴，设立幼儿托管、照料和服务设施，使母亲能够及时方便地在工作的同时照料幼儿。

● 从长期来看，还是要积极推进农民工的城市融入，使她们能够在城市定居下来，逐步转变成为城市居民，从而减少农村留守儿童的数量和规模。

2012 年 10 月

参考文献

[1] P. M. Anderson, K. F. Butcher, and P. B. Levine. Maternal employment and overweight children, Journal of Health Economics, 2003, 22: 477 – 504

[2] W. S. Barnett. Long-term effects of early childhood programs on cognitive and school outcomes, The Future of Children, 1995, 5（3）: 25 – 50

[3] G. S. Becker. A theory of the allocation of time, Economic Journal, 1965, 75（299）: 493 – 517

[4] D. M. Blau, D. K. Guilkey, B. M. Popkin. Infant health and the labor supply of mothers, Journal of Human Resources, 1996, 31（1）: 90 – 139

[5] R. L. Blumberg. Income under female versus male control, Journal of Family Issues, 1988 , 9: 51 – 84

[6] A. de. Brauw, and Ren Mu. Migration and the overweight and underweight status of children in rural China, Food Policy, 2011, 36: 88 – 100

[7] M. Caliendo, S. Kopeinig. Some practical guidance for the implementation of propensity score matching, Journal of Economic Surveys, 2008, 22（1）: 31 – 72

[8] A. Case, D. Lubotsky, and C. Paxson. Economic status and health in childhood: the origins of the gradient, American Economic Review, 2002, 92（5）: 1308 – 1334

[9] 陈春明、何武、富振英、王玉英、傅罡、常素英、常莹、贾凤梅. 中国儿童营养状况15年变化分析——中国食物营养监测系统建立 15 年. 卫生研究, 2006, 35（6）

[10] 陈春明、何武、王玉英、贾凤梅、邓丽娜. 快速经济发展中的营养——中国营养政策研究 2010 年报告. 北京: 中国疾病预防控制中心、食物营养监测系统项目工作组, 2010

[11] 陈在余. 中国农村留守儿童营养与健康状况分析. 中国人口科学, 2009, 5

[12] W. G. Cochran, and D. B. Rubin. Controlling bias in observational studies: a review, The Indian Journal of Statistics, Series A, 1973, 35（4）: 417 – 446

[13] P. L. Engle. Maternal work and child-care strategies in Peri-Urban Guatemala: nutritional effects, Child Development, 1991, 62（5）: 954 – 965

[14] P. L. Engle, and P. Menon. Care and nutrition: concepts and measurement, World Development, 1999, 27 (8): 1309 – 1337

[15] P. Glick. Women's employment and its relation to children's health and schooling in developing countries: conceptual links, empirical evidence, and policies. Ithaca: Cornell University, 2002

[16] P. Glick, and D. E. Sahn. Maternal labor supply and child nutrition in West Africa, Oxford Bulletin of Economics and Statistics, 1998, 60 (3): 325 – 355

[17] J. Heckman, H. Ichimura, J. Smith, and P. Todd. Characterizing selection bias using experimental data, Econometrica, 1998, 66 (5): 1017 – 1098

[18] J. Hill. Discussion of research using propensity-score matching: comments on 'a critical appraisal of propensity-score matching in the medical literature between 1996 and 2003' by Peter Austin, Statistics in Medicine, 2008, 27: 2055 – 2061

[19] G. Imbens. Nonparametric estimation of average treatment effects under exogeneity: a review, Review of Economics and Statistics, 2004, 86 (1): 4 – 29

[20] N. Hildebrandt, and D. J. McKenzie. The effects of migration on child health in Mexico, World Bank Policy Research Working Paper, 2005, 3575

[21] J. Jalan, M. Ravallion, Does piped water reduce diarrhea for children in rural India? Journal of Econometrics, 2003, 112: 153 – 173

[22] S. James-Burdumy. The effect of maternal labor force participation on child development, Journal of Labor Economics, 2005, 23 (1): 177 – 211

[23] G. Ke-You, and C. Su-Ying. Definition and measurement of child malnutrition, Biomedical and Environmental Sciences, 2001, 14: 283 – 291

[24] A. A. Khan, N. Bano, and A. Salam. Child malnutrition: an overview of trends, issues, and policy prescriptions, VIKALPA, 2006, 31 (4): 81 – 90

[25] J. F. Lamontagne, P. L. Engle, and M. F. Zeitlin. Maternal employment, child care, and nutritional status of 12 – 18 – month-old children in Managua, Nicaragua, Social Science & Medicine, 1998, 46 (3): 403 – 414

[26] J. Leslie. Women's work and child nutrition in the third world, World Development, 1988, 16 (11): 1341 – 1362

[27] 李强，臧文斌. 父母外出对留守儿童健康的影响. 经济学，2010，10 (1)

[28] 刘靖. 非农就业、母亲照料与儿童健康——来自中国乡村的证据. 经济研究，2008，9

[29] G. Mansuri. Migration, sex bias, and child growth in rural Pakistan, World Bank Policy Research Work-

ing Paper, 2006, 3946

［30］ S. Nandy, M. Irving, D. Gordon, S. V. Subramanian, and G. D. Smith. Poverty, child undernutrition and morbidity: new evidence from India, Bulletin of the World Health Organization, 2005, 83: 210 –216

［31］ J. Nobles. Parental migration and child health in Mexico. Los Angeles: Uniersity of California, 2007

［32］ J. N. Pierre-Louis, D. Sanjur, M. C. Nesheim, D. D. Bowman, and H. O. Mohammed. Maternal income-generating activities, child care, and child nutrition in Mali, Food and Nutrition Bulletin, 2007, 28 (1): 67 –75

［33］ P. R. Rosenbaum, and D. B. Rubin. The central role of the propensity score in observational studies for causal effects, Biometrika, 1983, 70 (1): 41 –55

［34］ M. T. Ruel, C. E. Levin, M. Armar-Klemesu, D. Maxwell, and S. S. Morris. Good care practices can mitigate the negative effects of poverty and low maternal schooling on children's nutritional status: evidence from Accra, World Development, 1999, 27 (11): 1993 –2009

［35］ 宋月萍, 张耀光. 农村留守儿童的健康以及卫生服务利用状况的影响因素分析. 人口研究, 2009, 33 (6)

［36］ J. A. Smith, and P. E. Todd. Does matching overcome LaLonde's critique of nonexperimental estimators? Journal of Econometrics, 2005, 125: 305 –353

［37］ J. Strauss, and D. Thomas. Health, nutrition, and economic development, Journal of Economic Literature, 1998, 36 (2): 766 –817

［38］ UNICEF, Division of Communications. Progress for Children: A Report Card on Nutrition, 2006, 4

［39］ UNICEF. Strategy for Improved Nutrition of Children and Women in Developing Countries, New York: UNICEF, 1990

［40］ UN and IFPRI. Nutrition throughout the Life Cycle, The 4th Report on the world Nutrition Situation. 2000

［41］ B. L. Wolfe, and J. R. Behrman. Determinants of child mortality, health, and nutrition in a developing country, Journal of Development Economics. 1982, 11: 163 – 193

［42］ 翟振武, 段成荣. 农民工问题现状和发展趋势. 见于: 国务院研究室课题组编. 中国农民工调研报告. 北京: 中国言实出版社, 2006

三

在我国学前教育事业发展中，西部农村是个难点，也是对幼儿教育需求最为迫切的地区。中国发展研究基金会试验表明，"走教"是适合西部农村发展水平、政府财力可以承受、广受当地群众欢迎的学前教育的推广模式。

山村幼儿园给贫困地区家庭带来了希望，给孩子们带来了欢乐。幼儿园的志愿者老师经公开招考择优聘用（右图上老师面试时的舞蹈测试），并接受当地教育局培训。他们因地制宜，充分利用日常用品制作教具玩具，丰富了幼儿园的教学内容（右下图）。

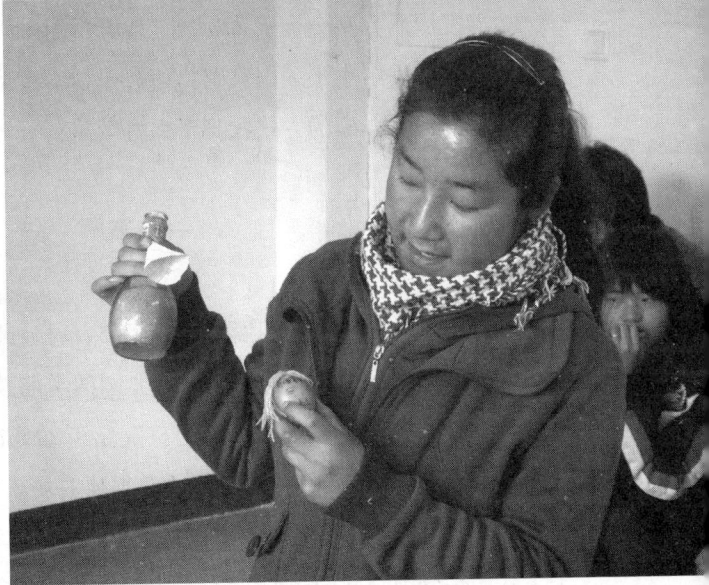

走教是推广农村学前教育覆盖率
的有效方式
——贫困地区儿童早期发展试点情况

■ 中国发展研究基金会项目组

党中央、国务院高度重视学前教育，制定了明确的方针和办法，这对提高我国学前教育水平、促进人力资本形成具有历史意义。然而，西部农村幼儿学前教育仍然是个难点，如果不能有针对性地采取有效措施，随着全国其他地区学前教育的普及，这些地区将相对更加落后，未来社会差距的缩小将更为困难。

中国发展研究基金会于2009年启动"贫困地区儿童早期发展"项目，探索适合西部农村发展水平、国家财力可以承受、受农村家长和幼儿欢迎的"走教"模式。这种灵活办园的方式收到了良好效果。

一、源　　起

在我国学前教育事业的发展中，西部农村地区是个难点。这种困难主要集中在以下两方面。一是承受力，正规幼儿园的学前教育本身具有高成本的特点。幼儿除接受教育外，还需要看护，这就决定了幼儿园的师生比例远高于中学和小学，规范园里要求达到1∶6，此外还必须要有厨房、午休及课外活动等场所。所需费用农民家庭难以承受，目前国家也无力包揽。二是覆盖性，西部农村以山区为主，居住分散，交通不便，幼儿园办在乡镇，多数村和村以下的3~5岁幼儿难以天天跋涉入园。正因为如此，在西部农村，乡镇及以下3~5岁幼儿入园率不足 30%。

　　基金会委托北京大学儿童发展专家进行的测试显示，由于无法获得学前教育，西部农村幼儿普遍存在怕见生人、缺乏自信的特点。除了在使用筷子（动作发展）一个单项上略胜城市幼儿之外，在语言、认知和社会交往等各个方面，均与城市同龄在园幼儿存在极大差距，大约只相当于城市幼儿的 40%。而这种起点的差距将给他们未来谋取生计和融入城市社会造成很大的障碍。

二、试验与成效

　　针对上述情况，基金会在西北、西南各选取一个国家重点扶贫县开展了相关试验。从 2009 年 9 月起，在青海、云南两省地市的大力支持下，基金会分别与青海乐都县政府和云南寻甸县政府合作，开展了贫困地区儿童早期发展项目，山区农村 3~5 岁幼儿学前教育是其中一项重要内容。

　　在青海乐都县，县教育局招募 52 名志愿者，为 14 个山区乡镇提供走教服务。利用农村教育布局调整后的富余校舍资源，在村小学设置 87 个早教点。志愿者多住在乡镇中心学校，2 人 1 组，每组负责 2~4 个早教点，采取巡回流动的方式，每天到不同的早教点施教。村里幼儿可以就近获得每周至少两个半天的学前教育。试点乡镇共有适龄幼儿 3606 名，其中早教点服务 1480 名，占总数的 41%，加上进入当地乡镇幼儿园的 729 名，合计覆盖率达到 61.3%。

　　云南寻甸试点模式与青海乐都大体相同。4 个试点乡镇早教合计覆盖率达到 93.6%。由于云南山区居住更加分散，早教点也更加灵活，不仅设置在行政村，还大量设置在自然村。一些交通不便、长期封闭的彝族和苗族村寨里也办起了早教点，幼儿们在村寨里就可以获得学前教育。

　　两地志愿者均为当地人，其中有县职业中专幼教班的毕业生，有待业的大学、大专毕业生和原民办教师。他们都很年轻，青海乐都试点平均年龄仅 22 岁。志愿者每月领取 1200 元补助，低于当地公办幼儿园，但高于民办幼儿园的工资水平。每年工作 10 个月，并可获得持续培训，他们队伍稳定，工作热情，普遍在走教工作中得到了锻炼和成长。

走教效果显著。在这些山区，大量人口外出务工，相当一部分幼儿由爷爷、奶奶隔代抚养，他们的文化程度普遍很低，无力对孩子进行教育。现在通过走教的方式，孩子可以获得每周2~3次的学前教育，家长无不热烈欢迎。在早教点里，通过听故事、做游戏、学手工、唱儿歌等教学活动，幼儿有了很大进步。他们学会了听说普通话，乐于自我展示，愿意与其他小朋友交往，也愿意同外界交流；培养了良好品德，在家知道尊敬爷爷奶奶，在早教点知道照顾小弟弟小妹妹；还养成了讲卫生、保护环境等良好生活习惯。留守幼儿、单亲幼儿、少数民族幼儿等特殊群体的进步更加令人瞩目。孩子们的变化，给这些家庭带来了希望，也带来了欢乐。所以，家长愿意送孩子上早教点，即使是下雪天也不间断。孩子们也是盼着上早教点，每次都高高兴兴地入园。

青海乐都试点由于开展较早，现在已经完成了中期测试，北京大学专家组提供的测试报告显示，参加早教点的幼儿在认知能力、社会交往、习惯养成、安全常识等领域进步显著。试验证实走教是一种有效的促进幼儿成长的方式。

三、结论和建议

在我国大力发展学前教育的过程中，西部农村是难点，也是对幼儿教育需求最为迫切的地区。走教试验为这部分幼儿的学前教育覆盖提供了有益借鉴。

（一）走教是一种有效的模式

在西部农村幼儿教育中最缺的是对幼儿进行认知、语言和社会性等方面的培养，针对这一情况，走教模式强化教育功能，相对弱化托儿看护功能，实现了"低成本、保基本、广覆盖"的目标。它是一种灵活的办园方式，也是高质量的幼儿教育，通过请师范大学专家及省、县幼儿园对志愿者持续培训，走教服务比当地农村幼儿园具有更先进的理念和更广阔的视野，尝试了混班教学、亲自然教育、亲子活动等新的教学方式，防止了农村幼儿园中普遍的"小学化"倾向，为农村幼教发展积累了经验。

（二）走教的组织与管理

在试验中，采取了志愿者的服务模式，基金会筹资与指导，县教育局统一管理，负责志愿者招募、队伍建设和技能培训，志愿者在工作上受乡镇中心学校的直接管理和监督。走教项目为当地找不到合适工作的大中专毕业生提供了工作岗位，也为当地儿童学前教育发展培养了人才。由于我国正处于城市化高速发展期，农村人口和幼儿数都具有不确定性，国家不宜大包大揽地将早教老师纳入公办教师编制。采用志愿者的方式，吸收有志青年为家乡建设出力，国家予以适当补助，这种方式更加灵活高效，有助于将有限的资金用到实处。

（三）所需资金预算

在试验中，主要支出是志愿者的补助，平均到每名幼儿身上一年约为400元，加上其他开支，每名幼儿一年的成本控制在500元以内。适合走教的地区主要是西部农村，按照全国未入园适龄幼儿的1/3计算，总数约为800万人。如果按照走教模式进行覆盖，大概需要财政每年为此多支出40亿元。这一投入同时可为地方提供近30万个就业岗位，社会效益和未来经济回报均极为可观。将来财力充裕，可增加志愿者人数，增加早教点上课天数和时数，10年以后还可以考虑增开农村校车，接送幼儿上乡镇幼儿园。走教这一灵活办园方式为当下学前教育的普及节约了时间，也为未来发展留下足够的空间。

我们建议在西部农村推广这一模式，或者先选择一两个省区试行。

卢　迈　崔　昕　赵俊超　执笔

2010 年 12 月 24 日

在西部农村普及学前教育的建议

■ 中国发展研究基金会项目组

从 2009 年起，中国发展研究基金会在青海省乐都县开展以"走教"方式普及学前教育的试验，目的是探索：第一，走教方式作为一种非正规幼儿教育形式，在西部农村是否可行，在管理和财务方面是否具有可持续性？第二，与正规幼儿园相比，走教方式是否可以达到相同或相近的教育效果？

两年的试验，给出了非常圆满的答案。

一、走教方式的可行性

乐都县的农村走教点设置在村小学的闲置教室。每天，走教老师从乡镇来到村里，为孩子们提供学前教育。走教老师由县教育局统一招聘，统一培训，统一管理。具体的做法如下。

1. 走教老师和他们的工作方式

在中国发展研究基金会指导下，县教育局公开招聘了 96 名走教老师，其中女性 93 人，男性 3 人，他们都来自当地，平均年龄 23 岁。有 34 人具有大专及以上学历，其他是中专或县职业学校幼师专业毕业生。他们依托乡镇中心学校，每人负责 1~2 个走教点，每个工作日花费 1~3 个小时骑车或步行往返于住地和走教点，把学前教育送到幼儿的家门口。

2. 走教老师待遇和走教方式的成本

在走教方式中，主要成本是老师补助。根据当地的物价和工资水平，平均每月需支付每个走教老师 1500 元生活费和交通补助，一年需要 18000 元。按照 1:30 的师生比例选配走教老师，老师的补助平均到每名幼儿身上一年约为 600 元，加上设备、教具等其他开支，每名幼儿一年的教育成本控制在 800 元以内，其成本是很低的。中国发展研究基金会负责向企业筹资，来支付项目试验所需经费。

3. 走教点设置

乐都县共在 14 个山区乡镇的 140 个村设有走教点，标准是：在 3~5 岁儿童达到 10 人以上的村就要设点。村的走教点设在儿童人数相对集中的村屯的小学教室，周边村屯的儿童到点学习。走教点配备儿童的桌椅、电视机和 DVD 机。其他教具都是走教老师们自己制作的。

4. 教学时数

教育效果与教学时间长短有关，例如语言能力的发展就需要持续的听说练习。因此，村内儿童人数少的走教点，也要保证每周至少 3 个半天每次 3 个小时的最低教学时数；而占 70% 以上的人数较多的走教点，儿童平均每周在点活动时间多于 4 天，达到 20 个小时。儿童盼着上走教点参加游戏和学习，家长希望增加教学时间。将来如经费充裕，可以考虑降低师生比，一名老师负责一个走教点，即可将儿童每周在点时间提高到 5 天。

5. 混龄教学

幼儿的混龄教学是国外一些幼儿园的做法，国内幼儿园也有试验。乐都的一名老师要负责 1~2 个走教点，只能实行"混龄教学"，但是因为借鉴了国内外"混龄教学"的经验，充分发挥"大孩子带小孩子，小孩子促大孩子"的特点，在促进幼儿社会性发展方面更显优势。

6. 教师培训

这是保证走教点的教学质量的关键。为提高走教老师的水平，县教育局组织县级示范幼儿园，每月两次，利用星期六对走教老师进行全天的集中培训。同时，还在县级示范幼儿园选用一批优秀教师，与各乡镇走教老师结成帮扶关系，定期下乡指导，并组织教学观摩和交流活动。

7. 教学大纲编制

教育局组织县级示范幼儿园和走教点骨干老师，根据农村幼儿特点编制了教学大纲和教师用书，走教老师根据大纲编写每天的教案、组织教学并接受考评。

从以上可以看出，虽然在投入水平和设施条件方面走教点与正规幼儿园有很大差距，属于非正规的学前教育，但是，它适应农村的特点和农民的要求，同时在教学管理和教学方式等方面，它又是非常正规的、先进的，比当下农村的许多学前班和民办幼儿园的水平都要高得多。

走教方式最受贫困的山区农民欢迎。2011 年，乐都县走教点接纳 3～5 岁儿童 3128 名，加上县城和乡镇幼儿园在园儿童 3144 名，全县学前三年入园（点）率已达 83%，在全国率先实现了学前三年教育的基本普及。

二、走教方式的效果

作为社会试验项目，中国发展研究基金会依照项目程序开展工作并采取科学方法对试验结果进行测试评估。

2009 年，中国发展研究基金会聘请的专家组对乐都县农村地区幼儿进行了基线测试。结果显示，由于无法获得学前教育，这些孩子普遍怕见生人、缺少自信；在认知、语言领域的发展程度与城市儿童差异显著，其中认知领域发展水平不足城市同龄幼儿的 60%，语言领域更是只有城市幼儿的 40% 左右。

而在乐都走教试验实施两年后所进行的各项调查均显示，走教取得了农村儿童健康成长、农民家长欢迎的显著效果。

（1）走教活动促进了幼儿多项能力的综合发展。2011 年 6 月，中国发展研究基金会与世界银行合作在青海省西宁市和乐都、平安、尖扎三县开展了大规模的评估测试，结果令人振奋：乐都县走教点幼儿在语言、认知、记忆、社会规则等领域均取得显著进步。其发展水平与城镇同龄在园幼儿接近，显著高于相邻两县农村未入园幼儿。以基线测试时乐都幼儿表现较为薄弱的语言和认知两项指标为例，走教点 5 岁年龄组儿童已分别达到西宁市同龄在园儿童发展水平的 94.8% 和 91.3%。以西宁市省直机关幼儿园在园儿童发展水平为标准，乐都县农村走教点幼儿总体发展水平已达到标准水平的84%，而相邻两县农村未入园幼儿发展水平仅为标准的60%左右，与乐都县农村儿童2009年基线测试时的水平相同。

这说明，走教方式的教学水平很高，教学效果很好，乐都县走教点儿童取得了喜人进步，他们正在缩短着与城市儿童之间智力发展水平的差距。

（2）上过走教点的儿童在随后的学习生活中表现更突出。2010年9月，第一批上过走教点的幼儿进入小学。各学校老师普遍反映，与班上其他孩子相比，参加过走教点活动的所有儿童，能够更快地适应集体生活；他们不仅会听、说普通话，敢于自我展示，还有讲卫生、懂礼貌的良好习惯；面对学习中的问题他们也表现出更强的自信心和解决能力。中国发展研究基金会将对这些孩子进行长期追踪，更多的数据和材料还在积累当中。

（3）走教活动赢得了幼儿家长的广泛认可。中国发展研究基金会对乐都县1242名幼儿家长进行的问卷调查表明，所有家长都认为孩子参加走教点活动后有进步。其中，更有79%的家长认为孩子"有明显进步"。同时，走教活动增进了幼儿与家长之间的交流，改善了亲子关系。问卷调查结果显示，95%以上的家长非常愿意送幼儿参加走教点活动，89%的家长参加过走教点活动，71%的家长表示，孩子回家经常会说走教点的事情或表演学会的儿歌。

走教改变了山区儿童的生活，也给农民家庭带来希望。

三、在西部农村以走教方式普及学前教育

儿童早期阶段是大脑、体格、语言、认知和社会情感等方面发展的窗口时期，在这一时期为其提供优质的学前启蒙教育，对于奠定儿童终身学习基础、促进社会起点公平具有深远意义。

中央已决定增加西部农村的学前教育经费，在支出同等情况下，受益人数最多且效果很好的走教方式应是首选。根据人口统计数据推算，2011年西部12省共有3~5岁儿童1337万，其中847万生活在农村地区。如果70%的农村儿童用走教方式来提供学前教育，共有593万儿童，按每个儿童每年800元计算，只需要财政每年为此支出约47亿元。根据国际研究，国家在儿童早期的这种投入，

将会在未来收到高额的回报。如果按1∶30的师生比例，近600万儿童约需20万名走教老师，这将为西部地区受过高等教育或职业教育的农村学生（尤其是就业困难的女毕业生）提供宝贵的就业岗位。

《国家中长期教育改革和发展规划纲要（2010－2020年）》中将2020年学前三年教育的普及指标定为70%，如果在西部农村地区以走教方式普及学前三年教育，只要加强领导，保障经费，这一指标可以提前达到。

中国农村的走教试验已引起世界银行、联合国儿童基金会和经济合作与发展组织等国际组织的浓厚兴趣，纷纷表示愿意参与研究和推广。青海省委、省政府认为试验符合当地农牧区实际，已决定成立以常务副省长牵头的领导小组，在农区和牧区分步推广。

我们建议，中央适当给予经费支持，在青海开展省级试验。青海人口少，2011年农牧区3～5岁幼儿总共14.8万人，按试点经验每个儿童一年成本800元计算，每年只需11840万元，数量不大。青海经济落后，此项试验可以作为支持西部落后地区发展的具体举措。待试验取得经验后，再进一步考虑在全国更大范围内推广。

卢　迈　曹　艳　执笔

2011年9月22日

走教方式的新发展：山村幼儿园计划

■ 中国发展研究基金会项目组

一、项目背景

由于经济发展水平落后以及交通不便等原因，中西部贫困地区有近1200万孩子没有机会接受学前教育。这些贫困山区的幼儿普遍存在自卑、胆怯、交流困难等早期发展滞后问题。他们在与同伴交往时，哭闹和焦虑情绪十分明显，而且大多数不愿意与外界交流，听不懂、不会说普通话，只会用方言作简单交流。

国内外相关研究显示，儿童早期阶段是体格、语言、认知和社会情感等方面发展的窗口时期，在这个时期为其提供优质的学前启蒙教育，特别是关注贫困儿童、留守儿童、少数民族儿童等处境不利儿童群体的学前教育问题，对于奠定儿童终身学习基础、促进社会起点公平、阻止贫困代际传递具有深远意义。

为探索适合中西部山区的学前教育普及方式，中国发展研究基金会自2009年9月先后在青海省乐都县和云南省寻甸县启动儿童早期发展项目，通过"山村幼儿园"方式对3~5岁山区幼儿进行早期启蒙教育。经过三年的探索实践，研究取得初步成效，并在中西部其他省（区）初步尝试推广。

二、项目概况

中国发展研究基金会与教育科研机构、地方政府合作开展山村幼儿园项目，共同构建起一个集研究、实践、交流于一体的开放式平台。本项目具有以下三个特点。

（1）分散设点、就近入园。按照"条件具备、相对集中、方便集散"的原则，在幼儿人数相对集中的村屯开设山村幼儿园。通过把山村幼儿园设置在村里，保证山区多数幼儿就近享受免费学前教育的机会，方便年迈的祖辈接送幼儿，同时也减少了孩子在路途上的安全隐患。

（2）注重培训、保证质量。按照1∶20的总体师生比例招募幼教志愿者。通过自愿报名，以专家考核的方式招募合格的幼教志愿者。志愿者定期参加由县教育局安排的多种形式的培训活动，不断提高自身工作能力。通过加强对志愿者的培训，早教质量得以保障。

（3）营养和教育并重。考虑到农村幼儿饮食结构单一、微量营养元素缺乏的问题，项目借鉴国际经验，向山村幼儿园幼儿每天每人提供1元钱的课间点心。课间点心以含十多种微量元素的幼儿营养包为主，由中国疾控中心营养专家结合地方饮食习惯给予食用指导。

至2012年9月，山村幼儿园项目已覆盖四省五县，每年约一万余名幼儿从中受益（详见表1）。目前，项目组正在积极筹备在湖南省、新疆维吾尔族自治区和山西省的相关工作。

表1　　　　　　　　试点地区项目受益范围（2012年9月）

试点地区	幼儿园（个）	幼儿（人）	志愿者（人）
青海省乐都县	140	3241	106
云南省寻甸县	64	1157	56
贵州省松桃苗族自治县	100	1649	100
贵州省织金县	72	1396	72
四川省洪雅县	76	5238	88
小　计	452	12681	422

三、项目效果

山村幼儿园项目启动之前，对试点地区未入园幼儿早期发展状况的基线调查发现，与城市在园儿童相比，贵州、云南、青海三省农村未入园儿童在语言、动

作、认知、记忆等领域发展均明显滞后，其中贵州贫困农村的儿童发展差距尤为
突出（详见图1）。

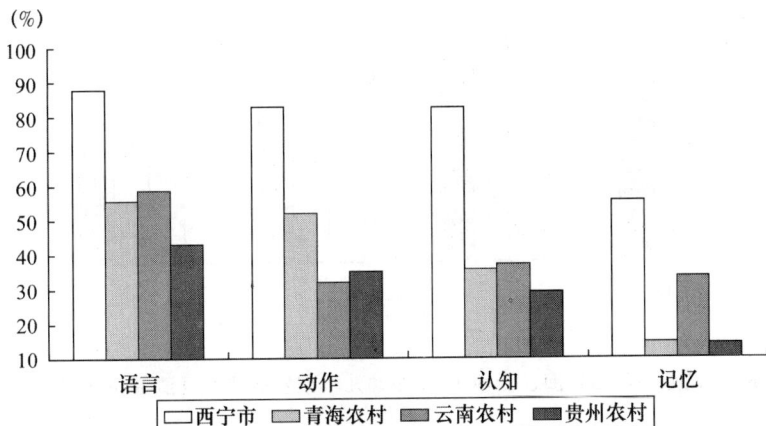

图1　西部贫困农村3～4岁幼儿早期发展状况（基线调查，测评得分率）

基线调查结果显示，与西宁市在园儿童相比，贵州、云南、青海贫困农村未上
幼儿园3～4岁儿童在"语言"领域相差32%～50%，"动作"领域相差36%～60%，
"认知"领域相差54%～64%，而"记忆"领域相差39%～74%。

经过两年项目干预，山村幼儿园促进了幼儿多项能力的综合发展。中国发展
研究基金会对青海省和云南省开展的追踪评估表明，试点县幼儿早期发展状况较
基线测试时取得显著进步，其发展水平与城市同龄在园幼儿接近（详见图2）。

山村幼儿园项目实施后，与西宁市在园儿童相比，青海乐都和云南寻甸3～
4岁幼儿的早期发展状况在追踪测试时均有改善。以青海乐都为例，"语言"领
域差距已缩小到12%，"动作"领域缩小到11%，"认知"领域缩小到24%，
"记忆"领域缩小到17%。

四、项目展望

中央政府已增加对学前教育的财政投入，地方政府在《国家十二五教育发
展规划纲要》的指导下也都在积极制订学前教育三年行动计划。但普及学前教

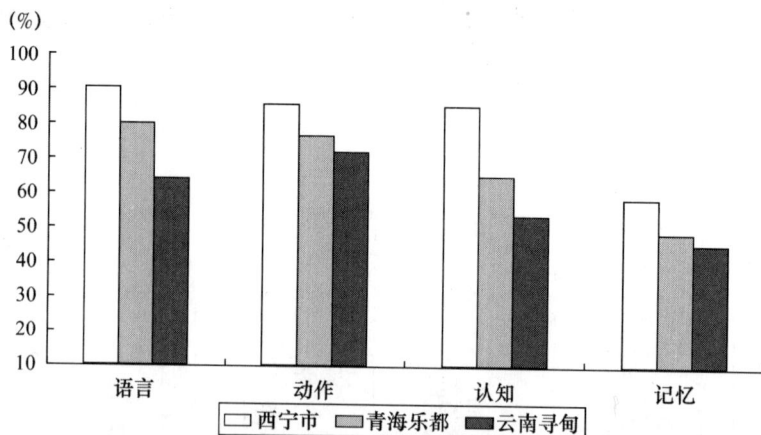

图 2　试点两年后青海、云南 3~4 岁幼儿早期发展状况（测评得分率）

育需要一个过程，让所有孩子接受正规幼儿园教育也需要一个过程。在此期间，中西部贫困地区每年至少有上千万孩子将错失接受学前教育的最佳机会。

中国发展研究基金会近三年的实践探索，证明山村幼儿园具备低成本、广覆盖、高效率、有质量等基本特点，且能克服中西部人居分散、交通不便等制约因素。2012 年 6 月 8 日，教育部部长袁贵仁在听取了基金会关于山村幼儿园计划的工作汇报后，表示高度肯定，并说教育部和财政部也已经联合下发关于在中西部五省试点实施"巡回支教"的相关文件。接下来，基金会将配合教育部的试验，广泛争取社会各界力量支持，在西部更多省（区）设点，为暂时无法享受学前教育的山区孩子提供入园机会。

曹　艳　执笔

2012 年 8 月

走教对儿童在学表现提升作用明显

——青海乐都县学前教育儿童的在学表现研究

■ 中国发展研究基金会项目组

对于个体而言，儿童早期投入有助于实现起点的公平，有助于提高个体在未来的健康、教育水平，使个体获得更公平的经济与社会机会。对于群体而言，儿童早期发展是对人力资本的投资，是从根源上消除贫困、促进社会公平的重要手段。

中国发展研究基金会于 2009 年 9 月在青海省海东地区乐都县启动了"贫困地区儿童早期发展"项目试点。项目由营养干预和学前教育两部分组成。截至 2012 年 9 月，青海乐都县的学前教育干预已经进行了三年，部分儿童已经进入小学。为了进一步评估干预在青海乐都县实施的效果，同时为学前教育产生的远期惠益勾勒出初步图景，并改进项目质量和管理，基金会于 2012 年 9 月主持开展了一项诊断性评估调查，以在学表现作为儿童远期发展水平的衡量，通过比较不同学前教育情况儿童的在学表现，探索学前教育产生的远期惠益。

调查结果显示，获得学前教育的儿童在课程成绩、身体健康、社会性发展等多方面优于未接受过学前教育的儿童，获得 2 年及以上学前教育的儿童表现尤其突出。具体结果如下。

- 课程成绩方面，相比于无学前教育组，2 年学前教育组语文成绩高出 15.6 分，提升了 32.2%；数学成绩高出 23.0 分，提升了 48.5%。无学前教育和 2 年学前教育组、1 年和 2 年学前教育组在课程成绩方面具有显著差异。

- 身体健康方面，相比于无学前教育组，2 年学前教育组身体健康水平更好，因病请假的几率降低近一半。

- 社会性发展方面，相比于无学前教育组，2年学前教育组社会适应水平较好的几率是前者的1.6倍，也即群体的社会适应水平提升了60%；情绪稳定水平较好的几率是前者的1.8倍，也即群体的情绪稳定水平提升了80%。

控制人口学特征、家庭特征等变量，采用多元回归分析发现，参加学前教育显著提升儿童的课程成绩、身体健康、社会适应和情绪稳定水平，2年及以上学前教育具有更大的提升作用。具体结果如下。

- 在控制现有变量的情况下，相比于无学前教育儿童，2年学前教育提升语文成绩15.5分，提升数学成绩19.9分。

- 在控制现有变量的情况下，相比于无学前教育儿童，2年学前教育儿童因病请假几率降低2/3。

- 就社会适应水平较好的几率而言，学前教育儿童是无学前教育儿童的1.9倍；就情绪稳定水平较好的几率而言，2年学前教育儿童是无学前教育儿童的4.0倍。

在控制学前教育的基础上，家庭因素表现出对在学表现各方面情况的影响，具体结果如下。

- 母亲及主要看护人的文化程度、家庭的关心程度影响儿童的课程成绩。母亲或看护人文盲/半文盲对应语文或数学成绩降低约12分，家庭的关心将提升儿童的课程成绩。

- 性别、主要看护人与儿童的关系、父母的文化程度及工作状况、家庭关心程度影响儿童的在学表现。父母常年外出打工对在学表现有不利影响。相比于留守儿童，父亲或母亲为主要看护人的儿童在学表现较好的几率是前者的2倍及以上。

综合以上结果，研究得出如下结论。

（1）基金会在青海乐都实施的学前教育干预，在儿童进入小学后仍然表现出明显效果，这体现了项目干预的质量和效果，并成为学前教育干预具有远期惠益的一项例证。

（2）儿童的早期投入应具有持续性，投入的产出并非呈线性模式。对于学前教育而言，为了加强并巩固学前教育的成果，应保障学前教育年限高于2年。以6岁进入小学计算，应从4岁开始普及学前教育。

（3）家庭对儿童的发展具有重要影响，母亲及看护人的文化程度、家庭对儿童的关心程度与儿童的在学表现密切相关。应加强以家庭为单位的干预实践，增强与儿童的父母及主要看护人的沟通，从家庭层面加强对儿童的教育投入。其中，应对留守儿童家庭予以特殊关注。

一、背　景

20世纪90年代以来，随着国际领域研究和实践的推进，儿童早期发展的意义越来越清晰。对于个体而言，儿童早期阶段是人一生中发展最快的阶段，奠定了人一生发展的基础，儿童早期投入是对起点的投资，有助于实现起点的公平，有助于提高个体在未来的健康、教育水平，使个体获得更公平的经济与社会机会。对于群体而言，儿童早期发展是对人力资本的投资，能带来教育、健康、社会资本和平等领域的改进，是从根源上消除贫困、促进社会公平的重要手段，有助于经济增长和人类发展。

中国在近年来加强了儿童早期发展政策环境的建设，如出台《中国儿童发展纲要（2011－2020年）》和《国家中长期教育改革和发展规划纲要（2010－2020年）》，并在儿童早期发展领域取得了一系列成果。婴儿死亡率及5岁以下儿童死亡率持续下降。2010年全国婴儿死亡率为13.1‰，比2000年下降了59.3%；5岁以下儿童死亡率为16.4‰，比2000年下降了58.7%（《中国妇幼卫生事业发展报告（2011）》，卫生部）。儿童生长发育状况有所改善。2010年我国5岁以下儿童低体重率为3.6%，比2000年下降了59%；平均生长迟缓率水平为9.4%，比2000年下降了50%（《中国0－6岁儿童营养发展报告（2012）》，卫生部）。学前教育普及程度逐步提高。2005～2010年期间，全国适龄幼儿（3～6岁）在园率从37%提高到52%①，2010年学前教育毛入园率有较大提高，达到

---

① 教育部2005年和2010年教育统计数据。

56.6%，比上年提高 5.7 个百分点（《2010 年全国教育事业发展统计公报》，教育部）。

但是，不足和问题依然存在，还有相当部分儿童早期营养不良，尤其是在农村地区。农村地区儿童低体重率和生长迟缓率约为城市地区的 3～4 倍，而贫困地区农村又为一般农村的 2 倍，2010 年贫困地区尚有 20% 的 5 岁以下儿童生长迟缓（《中国 0－6 岁儿童营养发展报告（2012）》，卫生部）。

学龄前教育资源不足，学龄前教育支出在教育经费总支出，以及在国家整体经济中所占比例仍然偏低。2010 年，学前教育支出占教育经费总支出的 1.52%[①]，达到了近十年来的最高水平。按照中国教育经费支出占 GDP 的 4% 计算，目前中国学前教育支出约占 GDP 的 0.06%。随着地区差异及人口流动等社会现象的加剧，脆弱儿童群体的规模进一步扩大。在这种背景下，关注中国的儿童早期发展是非常必要的。

中国发展研究基金会（以下简称"基金会"）已经开始致力于儿童早期发展领域，率先在贫困地区实施了农村寄宿制学校学生营养改善项目。2009 年开始，基金会对青海、云南、广西壮族自治区等省（区）进行了广泛深入的实地调研，了解西部贫困农村地区 0～6 岁婴幼儿营养保健、学前教育的现状。在对西部贫困地区进行实地调研，并组织中国疾病预防控制中心、北京师范大学、北京大学等机构专家进行咨询论证的基础上，基金会于 2009 年 9 月在青海省海东地区乐都县启动了"贫困地区儿童早期发展"项目试点。项目由营养干预和学前教育两部分组成，针对孕期营养补充、6～24 个月营养干预和 3 岁及以上学前教育三个阶段分别开展试点，旨在实现新生儿出生健康、婴幼儿营养正常、学前教育基本覆盖。

在学前教育方面，针对西部贫困地区人居分散、交通不便，农民收入低，开办正规幼儿园单位成本太高的现实，基金会创造了一套依托村级"早教点"，由志愿者"走教"，为偏远山村无法接受正规幼儿园教育的 3 岁以上幼儿提供有质

---

① 根据 2010 年教育部统计数据计算。

量的学前教育模式①，开展以游戏为主的学前教育活动，在游戏中提升儿童的能力和素质，不以学习成绩为导向，避免学前教育小学化。截至 2012 年 9 月，青海乐都县的学前教育（简称"早教"）干预已经进行了三年，涉及乐都县 19 个乡镇中的 14 个，山区基本实现早教全覆盖，曾接受学前教育的儿童已经分别进入了小学一、二、三年级。

二、研究设计

儿童早期发展产生远期惠益，这是生命历程理论的反映，即，为儿童早期提供的支持将影响他们即期的发展状况，并对他们远期的发展产生影响。研究表明，对儿童早期的投入以及环境因素等都会对远期的教育成就和行为模式产生影响。儿童早期投入可使儿童入小学、中学后学习成绩提高，退学率、复读率降低，从而减少社会投资和资源浪费，增加社会经济回报，推动社会经济发展（Stein，2005）。同时，儿童的早期发展状况对于行为，尤其是反社会行为、违法和犯罪有着长远影响（WBG，2002）。

为了进一步评估学前教育干预在青海乐都县实施的效果，同时为学前教育所产生的远期惠益勾勒出初步图景，并改进项目质量和管理，基金会于 2012 年 9 月主持开展了一项诊断性评估调查，以在学表现作为儿童远期发展水平的衡量，通过比较不同学前教育情况儿童的在学表现，探索学前教育产生的远期惠益。

（一）调查对象

本次调查的范围为青海省乐都县的山区，共 14 个乡镇。

考虑到乐都县接受学前教育干预的儿童已经进入小学一、二及三年级，因此，研究总体为调查范围内 2012 年 9 月进入小学一年级、二年级及三年级学习的儿童。实际操作中，通过对班主任教师的调查了解情况。因此，调查对象为小

---

① 2009 年项目实施之前，青海乐都县的学前教育采取学前班形式，在儿童上小学前提供一年的学前教育，覆盖率为 100%。项目实施后，原学前班教育已经整合至早教的学前教育体系之中。

学一、二、三年级班主任教师。

（二）抽样及样本量

为了使抽取的样本具有代表性，采用分层与整群相结合的随机抽样方法选取样本。将山区涉及的 14 个乡镇按照经济发展水平分为高、中、低三个类别，在每个类别中随机抽取一个乡镇，最终确定的调查乡镇为峰堆乡、共和乡和达拉乡，基本代表了乐都山区高、中、低经济发展水平①。

假定本项调查的目标量主要以比例形式出现，因此样本量的确定和精度的估算可以按照总体比例 P 取 0.5 时的最保守的方法来估计，即对于简单随机抽样，若取置信度为 95%，将 P 的绝对误差确定为 5%，则需要的有效样本量为 385。

为了避免分析分组时组内人数过少，同时考虑总体人数及可接受的抽样误差，结合三个乡镇学生数目的基本情况，整群抽取峰堆、共和以及达拉乡小学一至三年级儿童，共计 521 名，绝对误差低于 5%。

（三）调查方法与内容

采用问卷调查方法，通过对班主任教师的调查，了解儿童的家庭情况、教育情况及在学表现。国内外研究显示，家庭情况，如父母的文化程度、工作状况、看护人类型、家庭关心程度、经济水平等对儿童的发展存在影响。因此，我们在研究中考虑家庭因素的影响，学前教育为干预变量，在学表现为结果变量。

如上所述，除去性别、年龄、民族等基本情况，调查内容主要分为三部分：儿童家庭情况、教育情况和在学表现。涉及的内容具体如下。

1. 家庭情况

（1）家庭结构：是否独生子女、父母是否健在、父母婚姻状况；

（2）家庭社会经济状况：父母的文化程度、工作状况，以及家庭经济状况在本乡镇所处的水平；

---

① 根据乐都县提供的资料，2011 年，峰堆乡人均收入为 4488 元，共和乡人均收入为 3805 元，达拉乡人均收入为 3580 元。

（3）看护情况：主要看护人与儿童的关系，主要看护人的文化程度，家庭成员对儿童的关心程度。

从当地情况出发，山区小学教师，尤其是低年级教师，多数居住于本村或临近村庄。山区小学的班容量较小，调查班级中 2/3 的班级班容量不超过 10 人，最大的班容量为 33 人。因此，教师，尤其是班主任老师，与学生及家长的沟通较多，对学生家庭基本情况较为了解。且对于经济水平等敏感指标，教师作为了解情况的第三方来评判将更为准确。进一步，为了较好地进行质量控制，我们在调查学生中抽取了 10%（52 人），通过家长了解家庭基本情况。调查结果显示，教师填报结果与家长填报结果高度一致[①]。因此，通过班主任教师了解儿童的家庭基本情况是可行的。

2. 教育情况

（1）现在的小学年级；

（2）是否接受过学前教育及学前教育的年限。

3. 在学表现

儿童的在学表现包括多方面内容，如课程成绩、身体健康、语言和认知技能以及社会及情绪发展。在本研究中，我们主要关注课程成绩、身体健康以及社会性发展。

（1）课程成绩：语文、数学成绩；

（2）身体健康：调查前两周的患病情况（简称两周患病），上一学年因病请假情况[②]；

（3）社会性发展：对人际关系的总体评价[③]及分项评价（分项评价包括喜欢交往、与同伴友好相处、自尊自信自主、关心尊重他人），对社会适应水平的总体评价及分项评价（分项评价包括群体生活能力、遵守行为规范、归属感），对

---

① 基本情况变量中超过 80% 的斯皮尔曼相关系数超过 0.5，且在 0.01 水平表现出高度的相关性。

② 两周患病询问方式为："调查前两个星期内，孩子是否患病？"因病请假询问方式为："上一学年中，孩子是否因病请假？"

③ 总体评价并非分项评价的分数加总，而是对总体情况的询问，如："据您了解，孩子整体的人际关系情况如何？"以类似方法获得社会适应和情绪稳定水平的总体评价。

情绪稳定水平的总体评价。

调查方法上，早期发展量表 EDI（Early Development Instrument）和 CBCL 儿童行为量表（Achenbach Child Behavior Checklist）是国际社会应用较多的儿童发展测量工具。EDI 量表由教师填写，CBCL 有家长量表、教师量表及儿童自填量表。因此，在儿童发展测评中，以教师作为评价主体是较为常用的信息收集方式之一，这也是本研究采取的信息收集方式。

测量方法上，课程成绩、两周患病及因病请假情况为客观指标。社会性发展采用评价式测量方法。在相关领域的实践中，EDI 量表和 CBCL 量表采用了三分类的评价式测量（很好、一般、很差）度量社会性发展水平。作为学前教育与在学表现关系的初步探索，为了获得更为详尽的信息，本研究采用李克特五分法进行测量，分类为"非常不好、比较不好、一般、比较好、非常好"，教师根据儿童在学校的表现选择最适合的答案。在研究中，我们结合数据分布及实际情况合并分类进行阐述。

测量指标的论述，参考了 EDI 和 CBCL 的问题设置，考虑到问卷的本土化，参考教育部《3～6 岁儿童学习与发展指南》（征求意见稿）（2012）及乐都县教育局监制的《小学素质教育评估手册》设置具体问题。

（四）分析方法

在报告数据分布及特征的基础上，综合运用双变量分析及多变量分析方法。

1. 双变量分析

结合在学表现的结果变量和学前教育变量，进行卡方检验、双样本 T 检验或是方差分析。同时对部分变量计算关联强度指标 OR（比值比），反映不同特征人群发生某项结果的几率之比。

2. 多变量分析——线性回归模型及 Logistic 回归模型

在控制基本人口学特征和家庭特征的情况下，考察学前教育对在学表现的影响，对连续型结果变量使用线性回归模型，对分类型结果变量使用 Logistic 回归模型。多变量分析框架如图 1 所示。其中，学校因素在分析中没有得到控制（以虚框表示），这将成为研究进一步深入的方向之一。

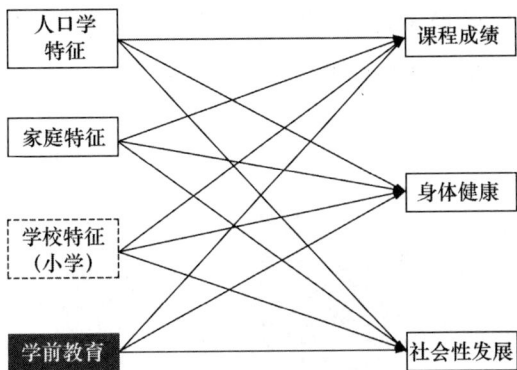

图1 多变量分析框架

（五）研究目标

本研究的目标包括四项：

（1）比较不同学前教育情况（是否接受学前教育、不同年限学前教育）下，儿童的在学表现（课程成绩、身体健康和社会性发展）的差异；

（2）在控制人口学特征及家庭特征后，学前教育对儿童在学表现的各维度是否存在影响，以及影响的程度；

（3）在控制学前教育的基础上，在学表现的影响因素包括哪些，影响的方向是怎样的；

（4）以分析结果为基础，为项目实践和研究的方向提供信息。

三、在学儿童的分布及特征

调查获得521份儿童样本。经调查当场复核及后期数据清理、核实，获得有效样本521份，其中峰堆、共和与达拉乡的样本数分别为：129、197、195。本部分将给出样本人群的分布及特征情况。

（一）人口学特征

调查儿童中，男性的比例为50.9%，女性的比例为49.1%，男女比例基本平衡。

年龄分布在 5 岁至 10 岁之间,均值为 7.3 岁(标准差 1.0),其中 5 岁和 10 岁所占比例较小,主要集中于 6～9 岁年龄段(见图 2)。这与乐都县 6 岁入小学的现况基本符合。

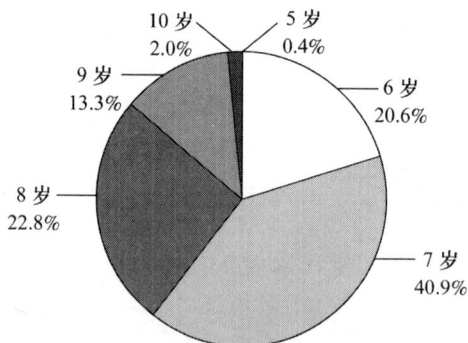

图 2　样本人群的年龄分布

调查的儿童主要来自于汉族、藏族和土族三个民族,占比分别为 42.8%、27.1% 和 19.6%。

(二)家庭特征

1. 家庭结构

调查儿童中,独生子女的比例为 21.5%,母亲去世的比例为 2.5%,父亲去世的比例为 1.9%,父母离异的比例为 8.3%。

2. 家庭社会经济状况

父母文化程度的构成如图 3 所示。母亲的文化程度主要集中在小学及初中,其中小学文化程度的比例为 42.5%,初中的比例为 46.2%,文盲/半文盲的比例为 10.1%。父亲的文化程度更多集中在初中,占比为 74.7%,小学的比例为 17.0%,文盲/半文盲的比例为 2.8%。普遍而言,父亲的文化程度高于母亲。

父母工作构成如图 4 所示。母亲常年外出打工的比例为 16.6%,本县纯粹务农的比例为 52.6%,本县务农及零工的比例为 29.8%。父亲常年外出打工的比例为 55.7%,本县纯粹务农的比例为 14.1%,本县务农及零工的比例为 28.0%。父亲常年外出打工的比例远高于母亲。

(%)

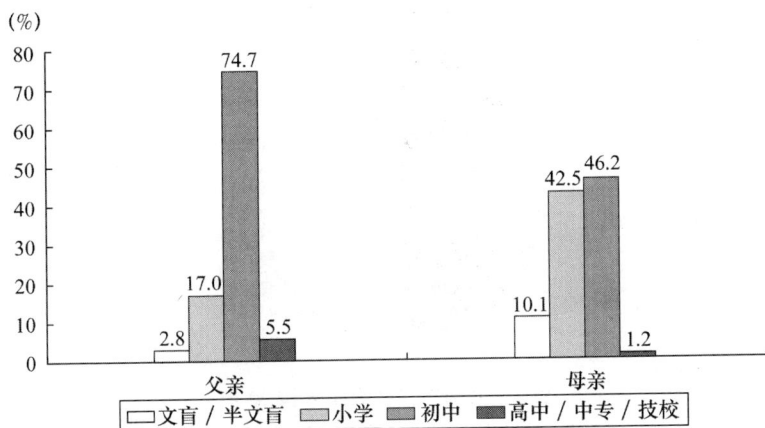

图3 父母的文化程度构成

(%)

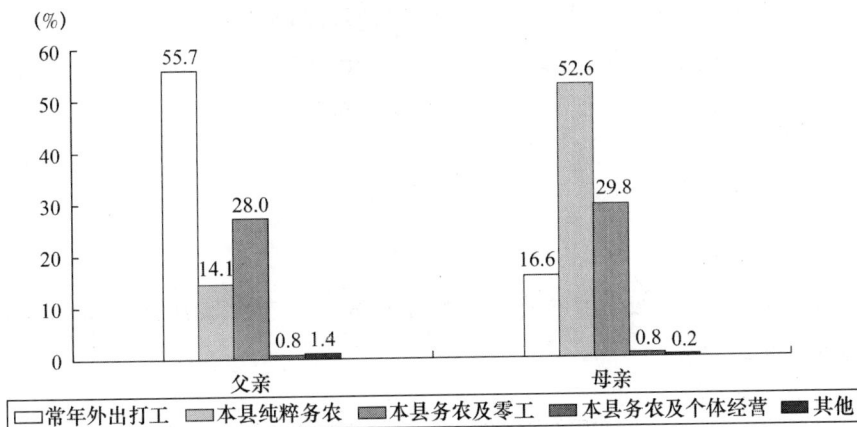

图4 父母的工作构成

相比于所在调查乡镇的平均水平，孩子家庭的经济状况，高于一般水平的比例为33.0%，一般水平的为51.8%，低于一般的比例为15.0%。

3. 看护情况

儿童的主要看护人构成如图5所示。主要看护人为母亲的比例最高，超过半数，这与前文提到的工作情况相符合；其次为祖母，为20%；父亲和祖父的比例皆为13%；外祖父、外祖母及其他人的比例很小。总的来说，主要看护人为父亲或母亲的比例为64.1%，为祖辈的比例为35.1%。主要看护人为女性的比例为 72.9% 。

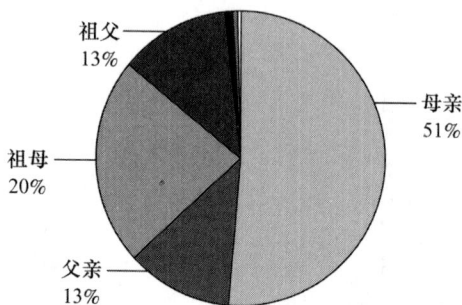

图 5　儿童的主要看护人构成

注：外祖父、外祖母及其他人比例很小。

主要看护人的文化程度集中在小学及初中，其中小学文化程度的比例为 43.2%，初中的比例为 36.9%，文盲/半文盲的比例为 15.7% 。

家庭成员对孩子的关心程度，分高、中、低三级来看，关心程度为高的超过 80.0%，中的为 12.1%，低关心程度的比例为 6.3% 。

（三）教育情况

1. 小学教育

刚进入小学一年级学习的儿童比例为 33.8%，二年级的比例为 36.9%，三年级的比例为 29.4% 。

2. 学前教育

调查群体的学前教育分布如图 6 所示。42.7% 的学生没有参加过学前教育，

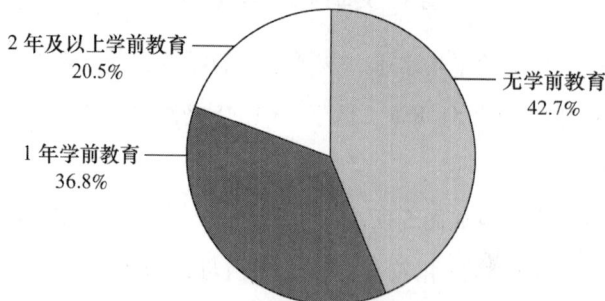

图 6　学前教育分布情况

1 年学前教育的比例为 36.8%，2 年及以上学前教育的比例为 20.5%。参加过学前教育的人群，学前教育的平均年限为 0.8 年（标准差：0.8）。

四、儿童在学表现的描述性分析

在学表现的结果变量中，课程成绩为连续型变量，其他大部分变量皆为离散型变量。学前教育变量包括两项："是否参加学前教育"以及"学前教育年限"，后者的分类为"0 年""1 年"和"2 年及以上"①。

对于连续型结果变量，我们结合学前教育变量采取双样本 T 检验或方差检验进行分析，对于离散型结果变量，采取卡方检验进行分析。需要说明的是，对于一部分五分类结果变量②，考虑其分布情况及卡方检验自身的要求③，我们将变量合并为两分类变量④后进行卡方检验。

（一）课程成绩

在调查涉及的三个年级中，一年级学生刚进入小学，没有课程成绩记录，二、三年级的学生有成绩记录。我们以其上学年期末考试的语文、数学成绩作为代表课程成绩的指标。

进一步，期末考试以全县统考的方式进行，因此，全县内相同年级学生的成绩具有可比性。为了使不同年级的学生成绩可以互相比较，我们将成绩转换为排名作为标准分，具体为：对于本年级而言，低于该生成绩的样本数在年级总样本数中的比例。标准分越高，说明该生成绩的排名越靠前。

---

① 接受 3 年学前教育的学生仅有 3 名，我们将其合并处理，并有时将"2 年及以上学前教育"组简称为"2 年学前教育组"。

② 分类为"非常不好、比较不好、一般、比较好、非常好"。

③ 卡方检验要求，期望频数小于 5 的比例不超过 20%，否则应进行类别合并，直至符合上述要求。

④ 将"比较好""非常好"合并为"好于一般"，将"一般""比较好""非常好"合并为"未好于一般"。

1. 语文

不同学前教育类别人群的语文成绩如表 1 所示，无学前教育的语文成绩较低，与有学前教育人群的差距达到 3.4 分，后者比前者提升了 7.0%；无学前教育与 2 年及以上学前教育的差距更大，达到 15.6 分，后者比前者提升了 32.2%；1 年与 2 年及以上学前教育的差距为 15.2 分，后者比前者提升了 31.1%。

表1　　　　　　　　不同学前教育人群的语文成绩

分　类	样本数	均　值	标准差
无学前教育	173	48.4	28.2
有学前教育	154	51.8	30.0
1 年学前教育	119	48.8	30.2
2 年及以上学前教育	30	64.0	25.1

以"是否参加学前教育"为分类变量做 T 检验，接受同方差假定（Sig = 0.210），检验的 P 值大于 0.1（$P = 0.292$），因此有学前教育与无学前教育的人群在语文成绩上未表现出明显差异。

以"学前教育年限"为分类变量做方差分析。在 0.05 水平上通过同方差检验（Sig = 0.099），满足方差分析假定，方差分析的 P 值小于 0.05（$P = 0.020$），表现出显著性。进一步做后验（Post Hoc Testing）的 Scheffe 检验，检验差异存在于哪些组别之间。结果显示，无学前教育和 1 年学前教育在 0.1 水平未呈现显著差异；对于语文成绩来说，无学前教育和 2 年及以上学前教育在 0.05 水平呈现显著差异；1 年和 2 年及以上学前教育在 0.05 水平呈现显著差异。

2. 数学

不同学前教育类别人群的数学成绩如表 2 所示，无学前教育的数学成绩较低，与有学前教育人群的差距达到 6.1 分，后者比前者提升了 12.9%；无学前教育与 2 年及以上学前教育的差距更大，达到 23.0 分，后者比前者提升了 48.5%；1 年与 2 年及以上学前教育的差距为 20.5 分，后者比前者提升了 41.1%。

以"是否参加"为分类变量做 T 检验，接受同方差假定（Sig = 0.734），检验的 P 值小于 0.1（$P = 0.060$），因此 0.1 水平上，无学前教育人群和有学前教育人群在数学成绩上有显著差异。

表2　　　　　　　　不同学前教育人群的数学成绩

分　类	样本数	均　值	标准差
无学前教育	173	47.4	28.7
有学前教育	154	53.5	29.5
1年学前教育	119	49.9	28.8
2年及以上学前教育	30	70.4	26.9

以"学前教育年限"为分类变量做方差分析。在0.05水平上通过同方差检验（Sig=0.622），满足方差分析假定，方差分析的P值小于0.05（$P=0.000$），表现出显著性。进一步做后验检验，与语文成绩的结果类似：无学前教育和1年学前教育在0.1水平未呈现显著差异；对数学成绩而言，无学前教育和2年及以上学前教育在0.05水平呈现显著差异；1年学前教育和2年及以上学前教育在0.05水平呈现显著差异。

（二）身体健康

在不同学前教育人群中，因病请假及两周患病的比例如图7所示。随着学前教育从无到有及年限的延长，儿童因病请假的比例呈单调下降态势，从30.4%降至18.4%，下降了12.0个百分点；两周患病的比例并非单调变化，但总体而言，从7.0%降至5.8%，下降了1.2个百分点。

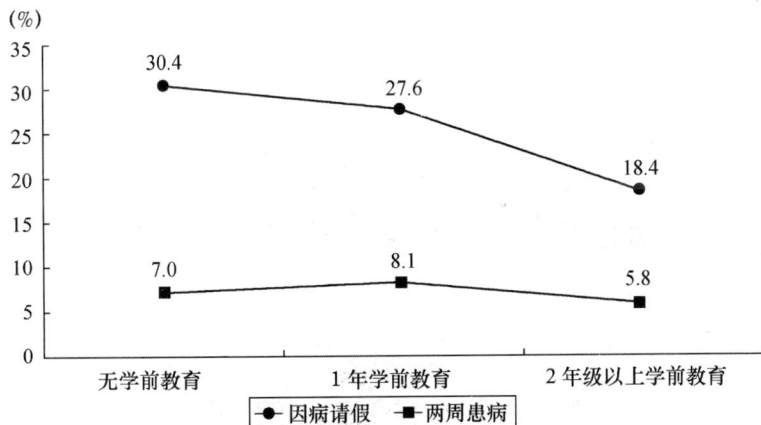

图7　各人群因病请假及两周患病的比例

对不同人群进行统计检验，得到如下结果。

比较 1 年学前教育人群和 2 年及以上学前教育人群，因病请假比例在 0.1 水平表现出显著差异（$P = 0.084$），后者的几率是前者的 0.594（OR）；两周患病比例在 0.1 水平未表现出显著差异。

比较无学前教育人群和 2 年及以上学前教育人群，因病请假比例在 0.05 水平表现出显著差异（$P = 0.024$），后者的几率是前者的 0.518（OR）；两周患病比例在 0.1 水平未表现出显著差异。

（三）社会性发展

1. 总体指标

社会性发展包含人际关系水平、社会适应水平和情绪稳定水平三个维度。三个维度评价较好的比例如图 8 所示。由图可见，随着学前教育从无到有及年限的延长，儿童人际关系水平和社会适应水平呈单调上升态势，获得较好评价的比例分别从 69.3% 升至 77.7%，从 63.7% 升至 73.5%，分别上升了 8.4 个百分点和 9.8 个百分点。情绪稳定水平呈先降后升态势，但以 2 年学前教育与无学前教育相比，群体中获得较好评价的比例仍是从 77.7% 升至 86.4%。就描述性趋势来讲，学前教育人群的社会性发展水平较高，2 年及以上学前教育人群的表现更为突出。

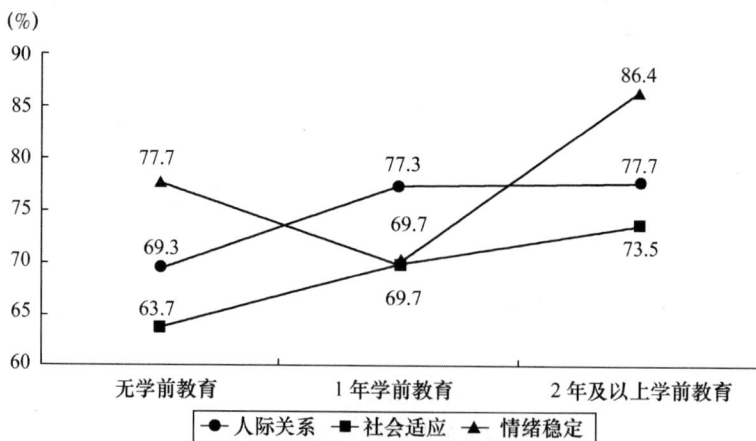

图 8　社会性发展总体指标较好的比例

对三项总体指标分别作统计学检验，得到如下结果。

比较无学前教育人群和接受学前教育的人群，人际关系好于一般的比例在 0.1 水平表现出显著差异（$P = 0.058$），后者的几率是前者的 1.468 倍（OR）；社会适应水平好于一般的比例在 0.1 水平表现出显著差异（$P = 0.091$），后者的几率是前者的 1.383 倍（OR）；情绪稳定好于一般的比例在 0.1 水平未表现出显著差异

比较无学前教育人群和 1 年学前教育的人群，人际关系好于一般的比例在 0.1 水平表现出显著差异（$P = 0.073$），后者的几率是前者的 1.508 倍（OR）；社会适应水平好于一般的比例未在 0.1 水平表现出显著差异；情绪稳定好于一般的比例在 0.1 水平表现出显著差异（$P = 0.071$），后者的几率是前者的 0.662 倍（OR）。

比较 1 年学前教育人群和 2 年及以上学前教育人群，人际关系好于一般的比例在 0.1 水平未表现出显著差异；社会适应水平好于一般的比例在 0.1 水平未表现出显著差异；情绪稳定好于一般的比例在 0.05 水平表现出显著差异（$P = 0.002$），后者的几率是前者的 2.760 倍（OR）。

比较无学前教育人群和 2 年及以上学前教育人群，人际关系好于一般的比例在 0.1 水平未表现出显著差异；社会适应水平好于一般的比例在 0.1 水平表现出显著差异（$P = 0.083$），后者的几率是前者的 1.582 倍（OR）；情绪稳定好于一般的比例在 0.1 水平表现出显著差异（$P = 0.066$），后者的几率是前者的 1.827 倍（OR）。

2. 人际关系分项指标

人际关系的分项指标包括：喜欢交往、同伴相处、自尊自信自主和关心尊重他人。在不同学前教育人群中，分项指标评价较好的比例如图 9 所示。其中，同伴相处和自尊自信自主评价单调上升，喜欢交往和关心尊重他人呈现非单调变化，但 2 年及以上学前教育人群的各指标皆好于无学前教育组。

比较 1 年学前教育人群和 2 年及以上学前教育人群，喜欢交往好于一般的比例在 0.1 水平表现出显著差异（$P = 0.080$），后者的几率是前者的 1.748 倍（OR）；关心尊重他人好于一般的比例在 0.05 水平表现出显著差异（$P = 0.008$），后者的几率是前者的 2.869 倍（OR）。

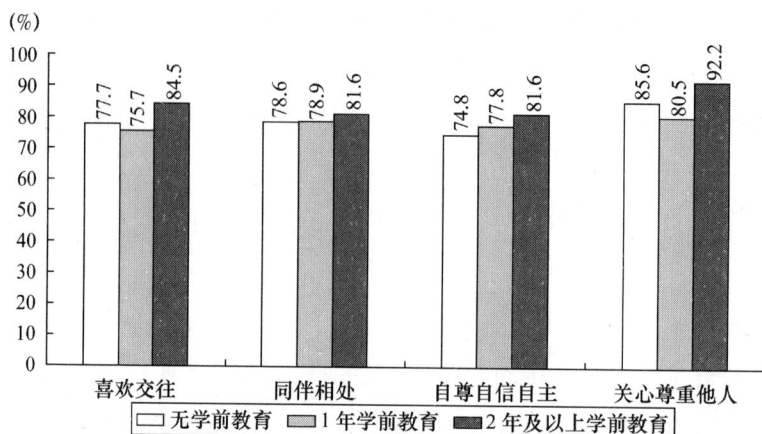

图9　人际关系分项指标评价较好的比例

比较无学前教育人群和2年及以上学前教育人群，关心尊重他人好于一般的比例在0.1水平表现出显著差异（$P = 0.091$），后者的几率是前者的2.001倍（OR）。

3. 社会适应分项指标

社会适应的分项指标包括：群体活动、遵守行为规范和归属感。在不同学前教育人群中，分项指标评价较好的比例如图10所示。其中，群体活动和遵守行为规范评价单调上升，归属感指标单调下降。

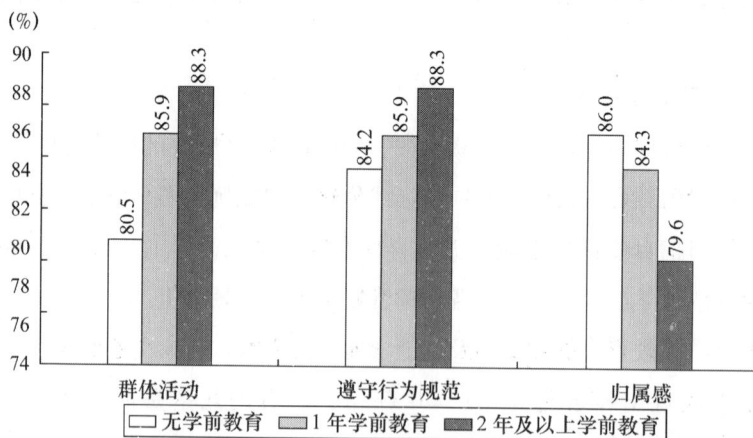

图10　社会适应分项指标评价较好的比例

适应群体生活好于一般的比例在 0.1 水平表现出显著差异（$P = 0.080$），后者的几率是前者的 1.841 倍（OR）。

五、儿童在学表现的多变量分析

在第五部分中，社会性发展的结果变量使用总体评价指标①。这两部分的分析主要采用多元线性回归模型及 Logistic 回归模型，前者针对连续型因变量，后者针对两分类因变量。首先将全部自变量加入模型观察结果，随后采用前进法筛选变量。虽然有些模型的拟合水平②不是很高，但经模型检验及诊断③，本报告的模型结果基本可以接受。

在模型构建中，如将学前教育年限作为连续变量加入模型，则不同年限带来的差异将被等距处理，对应回归得到的结果显示出学前教育变量对在学表现的显著影响。但实际上，在学前教育中，儿童的知识接受和能力增长都需要积累，而积累并不一定随年限呈线性增长。因此，为了更好地反映实际情况，经过模型构建的尝试，我们最终将学前教育变量作为分类变量加入模型，分别考察学前教育和 2 年以上学前教育的作用④。

第五部分探讨在控制现有变量（包括人口学特征、家庭特征等）的情况下，学前教育对在学表现的影响，并挖掘可能对在学表现产生作用的其他因素。从结果来看，学前教育，尤其是 2 年以上学前教育，对在学表现的各方面存在影响。

---

① 类似于第四部分中的做法，将指标的题项合并，也即将"比较好""非常好"合并为"好于一般"，将"一般""比较好""非常好"合并为"未好于一般"，得到两分类变量作为因变量。

② 线性回归以 R Square 衡量模型整体拟合水平，Logistic 回归以 Nagelkerke R Square 衡量模型整体拟合水平。

③ 如模型整体显著性、线性假定、残差正态性、同方差、误差独立假定、共线性检验等。

④ 学前教育年限为三分类变量：0 年，1 年，2 年及以上。重新编码为两个二分类变量加入模型，分别为：是否参加学前教育，是否 2 年及以上学前教育。

（一）课程成绩

对于语文成绩，模型结果显示（见表3），在控制了人口学特征、家庭特征后，2年及以上学前教育对儿童语文成绩的提高具有显著的促进作用，接受2年及以上学前教育的儿童比无学前教育儿童的语文成绩平均高15.5分。这一结果的显著性在变量筛选之后依然不变，但促进的程度有所降低。

对于影响因素，母亲为文盲/半文盲、看护人为文盲/半文盲显著降低语文成绩，汉族儿童的语文成绩较高。

从数学成绩来看（见表3），2年及以上学前教育对数学成绩的提高具有显著的促进作用，接受2年及以上学前教育的儿童比无学前教育儿童的数学成绩平均高19.9分。这一结果的显著性在变量筛选之后依然不变，但促进的程度略有下降。

表3 　　　　　　　　　　　课程成绩的多元线性回归

自变量	语文成绩		数学成绩	
	参数估计	Sig.	参数估计	Sig.
是否参加学前教育（参照组：无学前教育）	-0.835	0.857	-1.273	0.782
是否2年及以上学前教育（参照组：无学前教育）	15.511	0.011	19.874	0.001
年级	5.703	0.221	4.890	0.289
性别（男性=1）	5.035	0.141	-0.622	0.854
民族（汉族=1）	6.364	0.087	8.209	0.026
是否家中的独生子女（是=1）	2.329	0.620	0.364	0.938
是否父母离异（是=1）	6.969	0.268	-0.415	0.947
是否父母为主要看护人（是=1）	-2.258	0.655	-4.333	0.387
母亲是否文盲/半文盲（是=1）	-12.862	0.052	-12.372	0.060
母亲是否初中及以上文化（是=1）	2.274	0.652	8.046	0.108
父亲是否文盲/半文盲（是=1）	-7.376	0.534	-10.710	0.362
父亲是否初中及以上文化（是=1）	-0.553	0.925	-2.853	0.623
主要看护人是否文盲/半文盲（是=1）	-11.842	0.051	-2.709	0.651

续表

自变量	语文成绩		数学成绩	
	参数估计	Sig.	参数估计	Sig.
主要看护人是否初中及以上文化（是 = 1）	- 0. 391	0. 938	1. 904	0. 702
母亲是否常年外出打工（是 = 1）	6. 405	0. 342	- 3. 241	0. 627
母亲是否本县纯粹务农（是 = 1）	2. 602	0. 603	0. 677	0. 891
父亲是否常年外出打工（是 = 1）	7. 157	0. 126	3. 555	0. 442
父亲是否本县纯粹务农（是 = 1）	8. 739	0. 214	3. 798	0. 585
家庭关心程度高于一般（是 = 1）	10. 207	0. 121	10. 918	0. 094
家庭关心程度低于一般（是 = 1）	- 2. 930	0. 833	- 5. 119	0. 710
家庭经济状况高于一般（是 = 1）	- 0. 908	0. 821	1. 581	0. 690
家庭经济状况低于一般（是 = 1）	5. 561	0. 303	- 5. 300	0. 321
常数项	0. 483	0. 980	31. 202	0. 101
样本量	279		279	
Sig	0. 002		0. 000	
R Square	0. 159		0. 196	

对于影响因素，母亲为文盲/半文盲显著降低数学成绩；家庭关心程度高显著提高儿童的数学成绩，汉族儿童的数学成绩较高。

（二）身体健康

从因病请假情况①来看（见表4），参加学前教育提高因病请假的几率，但2年及以上学前教育显著降低因病请假的几率（降低2/3）。对于影响因素，二年级、男性、母亲文盲/半文盲、看护人文盲/半文盲、看护人初中及以上文化、母亲常年外出打工、家庭关心程度高于一般的儿童因病请假的几率更高；父亲初中及以上文化的儿童因病请假的几率更低。

---

① 因病请假的测量方式为："上一学年中，孩子是否因病请过假？"仅针对二年级和三年级的学生询问，因此，这部分的分析人群为二年级和三年级的儿童。

表4　　　　　　　　　**是否因病请假的 Logistic 回归**

自变量	B	Sig.	Exp（B）
是否参加学前教育（参照组：无学前教育）	1.591	0.000	4.907
是否2年及以上学前教育（参照组：无学前教育）	−1.108	0.073	0.330
是否二年级（是＝1）	1.404	0.001	4.072
性别（男性＝1）	0.650	0.030	1.915
藏族（参照组：汉族）	0.596	0.104	1.815
土族（参照组：汉族）	0.612	0.160	1.843
其他少数民族（参照组：汉族）	0.280	0.595	1.323
是否家中的独生子女（是＝1）	−0.317	0.453	0.728
是否父母离异（是＝1）	−0.301	0.578	0.740
是否父母为主要看护人（是＝1）	0.559	0.209	1.749
母亲是否文盲/半文盲（是＝1）	1.316	0.013	3.728
母亲是否初中及以上文化（是＝1）	−0.468	0.292	0.626
父亲是否文盲/半文盲（是＝1）	−1.320	0.176	0.267
父亲是否初中及以上文化（是＝1）	−1.195	0.023	0.303
主要看护人是否文盲/半文盲（是＝1）	0.931	0.079	2.538
主要看护人是否初中及以上文化（是＝1）	0.966	0.028	2.627
母亲是否常年外出打工（是＝1）	1.568	0.007	4.799
母亲是否本县纯粹务农（是＝1）	0.329	0.442	1.390
父亲是否常年外出打工（是＝1）	−0.408	0.306	0.665
父亲是否本县纯粹务农（是＝1）	−0.670	0.302	0.512
家庭关心程度高于一般（是＝1）	1.383	0.034	3.986
家庭关心程度低于一般（是＝1）	1.126	0.335	3.083
家庭经济状况高于一般（是＝1）	−0.340	0.329	0.711
家庭经济状况低于一般（是＝1）	−0.446	0.370	0.640
常数项	−3.769	0.000	0.023
样本量	293		
Chi-square	0.000		
Nagelkerke R Square	0.286		

（三）社会性发展

社会性发展水平的 Logistic 回归结果如表 5 所示。从社会适应水平来看，参加学前教育对社会适应水平的提高具有显著的促进作用，学前教育儿童社会适应水平较好的几率是无学前教育儿童的 1.876 倍。对于影响因素，三年级、父母为主要看护人、家庭关心程度高于一般、家庭关心程度低于一般、家庭经济状况较好的儿童社会适应水平较高；藏族、父亲文盲/半文盲、母亲本县纯粹务农、父亲常年外出打工的儿童社会适应水平较低。

表 5 社会性发展水平的 Logistic 回归

自变量	社会适应水平		情绪稳定水平	
	Sig.	Exp（B）	Sig.	Exp（B）
是否参加学前教育（参照组：无学前教育）	0.071	1.876	—	—
是否 2 年及以上学前教育（参照组：无学前教育）	0.339	1.484	0.016	3.983
二年级（参照组：一年级）	0.706	1.135	0.119	0.463
三年级（参照组：一年级）	0.001	4.753	0.004	7.527
性别（男性 =1）	0.265	0.754	0.621	0.828
藏族（参照组：汉族）	0.058	0.540	0.822	0.891
土族（参照组：汉族）	0.116	0.547	0.653	1.322
其他少数民族（参照组：汉族）	0.116	0.472	0.240	0.404
是否家中的独生子女（是 =1）	0.458	1.282	0.995	1.004
是否父母离异（是 =1）	0.163	0.508	0.746	0.783
是否父母为主要看护人（是 =1）	0.079	1.828	0.002	6.571
母亲是否文盲/半文盲（是 =1）	0.728	0.839	0.346	0.504
母亲是否初中及以上文化（是 =1）	0.265	1.500	0.015	4.750
父亲是否文盲/半文盲（是 =1）	0.042	0.204	0.402	2.827
父亲是否初中及以上文化（是 =1）	0.740	1.136	0.515	1.414
主要看护人是否文盲/半文盲（是 =1）	0.841	1.091	0.348	1.886
主要看护人是否初中及以上文化（是 =1）	0.778	1.110	0.046	0.260
母亲是否常年外出打工（是 =1）	0.864	0.921	0.068	4.490

续表

自变量	社会适应水平		情绪稳定水平	
	Sig.	Exp（B）	Sig.	Exp（B）
母亲是否本县纯粹务农（是=1）	0.046	0.487	0.205	0.505
父亲是否常年外出打工（是=1）	0.020	0.442	0.059	0.352
父亲是否本县纯粹务农（是=1）	0.793	0.885	0.961	1.039
家庭关心程度高于一般（是=1）	0.006	3.310	0.443	1.594
家庭关心程度低于一般（是=1）	0.003	7.115	0.274	3.344
家庭经济状况高于一般（是=1）	0.005	2.340	0.165	2.024
家庭经济状况低于一般（是=1）	0.387	0.715	0.330	0.582
常数项	0.477	0.590	0.645	0.588
样本量	421		271	
Chi-square	0.000		0.000	
Nagelkerke R Square	0.293		0.341	

对于情绪稳定水平，比较 2 年及以上学前教育相比于无学前教育的作用①，结果见表 5。2 年及以上学前教育显著促进情绪稳定水平的提高，2 年及以上学前教育儿童情绪稳定水平较好的几率是无学前教育儿童的 3.983 倍。对于影响因素，三年级、父母为主要看护人、母亲初中及以上文化程度、母亲常年外出打工的儿童情绪稳定水平较高；看护人初中及以上文化、父亲常年外出打工的儿童情绪稳定水平较低。

六、总结与结论

（一）描述性分析总结

就课程成绩而言，2 年及以上学前教育显著提升课程成绩：语文成绩比无学前教育组高出 15.6 分，比 1 年学前教育组高出 15.2 分；数学成绩比无学前教育

---

① 模型尝试中，全人群分析中，学前教育未体现显著差异，去除 1 年学前教育人群进行再次比较，得到结果。

组高出 23.0 分，比 1 年学前教育组高出 20.5 分。

就身体健康情况而言，相比于无学前教育组，2 年学前教育组身体健康水平更好，因病请假的几率降低近一半。

就人际关系情况而言，学前教育儿童显著优于无学前教育儿童，前者人际关系水平较好的几率是后者的 1.468 倍。分项指标中，2 年学前教育显著提高关心尊重他人表现。

就社会适应情况而言，学前教育儿童显著优于无学前教育儿童：社会适应水平较高的几率，学前教育组是无学前教育组的 1.383 倍，2 年组是无学前教育组的 1.582 倍。分项指标中，2 年学前教育显著提高适应群体生活能力。

就情绪稳定水平而言，2 年学前教育儿童显著优于无学前教育儿童，前者情绪稳定水平较好的几率是后者的 1.827 倍。

（二）多变量分析总结

在控制人口学特征、家庭特征等变量的情况下，多变量分析的结果显示：

参加学前教育显著提升儿童的课程成绩、身体健康、社会适应和情绪稳定水平，且在大多数情况中，2 年及以上学前教育具有更大的提升作用。

具体而言，2 年学前教育提升语文成绩 15.5 分，提升数学成绩 19.9 分；2 年学前教育儿童因病请假的几率是无学前教育儿童的 1/3，情绪稳定水平较好的几率是无学前教育儿童的 4.0 倍；学前教育儿童社会适应水平较好的几率是无学前教育儿童的 1.9 倍。

对全人群而言，控制学前教育及现有变量后，在学表现的影响因素包括：

母亲的文化程度对儿童语文和数学成绩存在显著影响，较高的文化程度将促进成绩的提高；看护人较低的文化程度将降低语文成绩，家庭的关心将提升数学成绩；汉族儿童的课程成绩高于少数民族儿童。

性别、主要看护人与儿童的关系、父母的文化程度、工作状况、家庭关心程度和经济状况，将影响儿童的身体健康、社会适应及情绪稳定水平。父母为主要看护人提升儿童的在学表现，父母常年外出打工对在学表现有不利影响，文化程度、关心程度对结果变量的影响并非线性。

（三）结论

以上述分析结果为基础，针对前文提到的研究目标得到如下结论。

- 相比于无学前教育儿童，学前教育儿童的在学表现较好，2 年及以上学前教育儿童的表现尤其突出。相比于无学前教育组，2 年学前教育组语文成绩高出 15.6 分，数学成绩高出 23.0 分，群体因病请假几率降低一半，社会适应水平提升 60%，情绪稳定水平提升 80%。

- 在控制人口学特征、家庭特征等变量的情况下，多元回归结果显示，参加学前教育显著提升儿童的课程成绩、身体健康、社会适应和情绪稳定水平。2 年及以上学前教育具有更大的提升作用，提升语文成绩 15.5 分，提升数学成绩 19.9 分，因病请假几率降低 2/3，情绪稳定几率提升 3.0 倍。

- 在控制学前教育的基础上，母亲及主要看护人的文化程度、家庭的关心程度影响儿童的课程成绩，母亲或看护人文盲/半文盲对应语文或数学成绩降低约 12 分，家庭的关心将提升儿童的课程成绩；性别、主要看护人与儿童的关系、父母的文化程度及工作状况、家庭关心程度影响儿童的在学表现。父母常年外出打工对在学表现有不利影响。相比于留守儿童，父亲或母亲为主要看护人的儿童在学表现较好的几率是前者的 2 倍及以上。

在项目实践方面，有如下结论。

- 基金会在青海乐都实施的学前教育干预，在儿童进入小学后仍然表现出明显效果，这体现了项目干预的质量和效果，并成为学前教育干预具有远期惠益的一项例证。

- 儿童的早期投入应具有持续性，投入的产出并非呈线性模式。对于学前教育而言，为了加强并巩固学前教育的成果，应保障学前教育年限高于 2 年。以 6 岁进入小学计算，应从 4 岁开始普及学前教育。

- 家庭对儿童的发展具有重要影响，母亲及看护人的文化程度、家庭对儿童的关心程度与儿童的在学表现密切相关。应加强以家庭为单位的干预实践，增强与儿童的父母及主要看护人的沟通，从家庭层面加强对儿童的教育投入。其中，应对留守儿童家庭予以特殊关注。

七、研究展望

本研究以实证为基础，选取在学表现的若干指标，对学前教育与儿童发展的关系进行了探索性分析。在未来的研究中，以下方面可以进一步深入。

（1）评价主体：本研究以教师为评价主体。在未来的研究中，可以考虑通过教师、家长及同伴评测等多种方式评价儿童发展水平，从多角度获得更全面了解。

（2）评价指标：本研究以在学表现度量儿童发展，关注课程成绩、身体健康及社会性发展，未涉及认知及语言发展等方面的内容，只是初步确认了在学表现中一些指标的区分度和必要性。在未来的研究和实践中，可以结合本土化要求，通过指标的信度及效度评估，选取或构建更具有代表性及可比性的指标对儿童发展水平、素质和能力进行度量。

（3）对照人群：本研究主要以无学前教育人群为对照，考察学前教育的作用。可以考虑将接受正规幼儿园教育的儿童作为对照人群，分析不同类型学前教育效果的差异。

（4）分析框架及方法：除学前教育变量外，本研究的控制变量主要为人口学特征和家庭特征。进一步研究中，可以将学校因素放入分析框架中，结合分层线性模型分析方法，构建与现实符合度更高的模型。

（5）调查类型：本研究在横断面调查的基础上展开，未来可以考虑进行跟踪调查，关注儿童发展水平的纵向变化，考察学前教育的远期效果。

邱　月　执笔

2012 年 10 月

参考文献

［1］ R. E. K. Stein. Children's Health, the Nation's Wealth: Assessing and Improving Child Health. Ambulatory pediatrics: the official journal of the Ambulatory Pediatric Association, 2005, 5 (3): 131 – 133

［2］ The World Bank, Ed. From early child development to human development-investing in our children's future. Washington: WBG, 2002

［3］ 中华人民共和国卫生部. 中国妇幼卫生事业发展报告 (2011). 北京: 卫生部, 2011

［4］ 中华人民共和国卫生部. 中国 0 ~ 6 岁儿童营养发展报告 (2012). 北京: 卫生部, 2012

［5］ 中华人民共和国教育部. 2010 年全国教育事业发展统计公报. 中国教育报, 2011 – 07 – 06

［6］ 中华人民共和国中央人民政府. 中国儿童发展纲要 (2011 – 2020 年). 北京: 国务院, 2011

［7］ 中华人民共和国中央人民政府. 国家中长期教育改革和发展规划纲要 (2010 – 2020 年). 北京: 国务院, 2010

走教活动对学前儿童发展的作用

——在云南寻甸县的一项实证研究

■ 王　莉　刘文玲

北京大学心理学系

一、前　　言

2002 年联合国儿童基金会在全球范围内发起了旨在保护儿童权利、推动教育平等、促进早期学习与发展的"遍及全球"（Going Global Project）项目。许多研究也证明，早期的教育经历影响着儿童一生的学习与发展轨迹。学习和发展是每一个儿童的权利，确保这种权利得到尊重和实现，是国家、社会和每一个家庭义不容辞的责任，也是造福于国家、社会和每一个家庭的明智而重要的措施。

中国近年来学前教育事业发展很快，至 2010 年，全国学前 3 年毛入园率已达 56.6%（见《2010 年全国教育事业发展统计公报》）。但这种发展很不平衡，西部山区农村相对滞后。在西部贫困县乡镇及以下，多数入园率仍在 30% 以下。在我国学前教育事业的发展中，西部农村地区是个难点。这种困难是由两方面原因造成的：一是承受力，正规幼儿园形式的学前教育本身具有高成本的特点。在幼儿园里，幼儿除接受教育外，还需要看护，这就决定了幼儿园的师生比例远高于中学和小学，在规范园里要求达到1:6，此外还必须要有厨房、午休及课外活动等场所。这样就使其成本比较高，贫困农民家庭难以承受，目前国家也无力包揽。二是覆盖性，中国西部农村以山区为主，居住分散，交通不便，如果幼儿园办在乡镇所在地，多数村和村以下的 3~5 岁幼儿难以天天接送入园。因此，探索出一条在西部地区可行有效的低成本、广覆盖、保基本的学前教育形式具有十分重要的意义。

中国发展研究基金会（CDRF）针对这一问题开展了"走教"的试验研究。走教是由一支流动在各个村落的学前教育志愿者组成。这些志愿者本身具有一定的文化素质和学前教育从业经验，再经过集中的幼儿教师技能训练，经考察合格后吸收入走教队伍。他们定期接受早教研究机构的培训。在云南寻甸试点中，早教志愿者每年暑假和寒假到昆明学院进修学习，同时，他们也到昆明市的幼儿园参观实习。每个志愿者负责 1~3 个村幼儿的教育活动，每天到一个村庄，在相对固定的场所中开展学前教育活动，儿童由其抚养者带到早教教室，并与儿童共同参加早教活动。

在一些教师资源相对贫乏的地区，其中小学教育中也有类似的教育形式出现。如在缺乏英语、体育或艺术教师的地区，有专业技能的教师负责几所学校的教育，他们流动在这些学校施教。为了弥补教育人力资源的缺乏，教育研究者提出并实践了多种方法，实证研究结果证明，这种拥有丰富专业技能和知识的专业型教师的流动教学，其效果要远远好于其他方法（如由一个老师来教授几门课程，也就是由非专业的教师来教授课程）。

根据维果斯基的社会文化发展理论，儿童的学习与发展离不开有经验的社会成员的指导。走教形式正是抓到了儿童教育与发展的关键，即通过流动的方式来让贫困地区的儿童也有机会与拥有专业知识的学前教育教师接触，交流和接受知识的传递，以促进其发展。

因此，我们假设拥有先进的教育理念和教育方法的走教志愿者的走动施教将会提高相对落后村庄的儿童的能力，并且将先进、科学的教育理念和方法传授给父母，进而促进儿童的健康发展，提升其人力资本，使其未来具有良好的社会竞争力，改善当地的贫困落后状况。

二、研究方法

（一）研究对象

云南省寻甸县共有 4 个乡镇设置了早教点，覆盖的总人口数为 11 万人。共招募志愿者56名，设置早教点71个，同时为1504名3～5岁幼儿进行学前教育。其中，随机选取5个乡镇（3个试验乡镇和2个对照乡镇）的9个村参加研究，这9个村的所有儿童参加基线测查和追踪测查。为了弥补样本丢失和便于进行年龄的比较，我们在第二次测查时增加了3个村的样本①。

云南省寻甸县5个乡镇9个村共484名儿童参加了该项研究。其中366名儿童为汉族，47名为回族，17名为苗族，52名为彝族。274名儿童参加了基线测查，307名儿童参加了第二次测查。其中有140名儿童（68名男孩）只参加了第一次，166名儿童（73名男孩）只参加了第二次，141名儿童（69名男孩）参加了两次测查。在两次测查都参加的儿童中，有95名儿童参加了所有项目的测试。另外46名儿童只参加了社会交往的录像观察（大多数是因为生活在少数民族聚居的自然村，由于语言交流困难，没有进行全部项目的测查）。

第一次测查时儿童的年龄范围从2.50岁到6.92岁。其中17.4%的儿童是独生子女，81.6%的儿童家中有两个孩子，三个及以上儿童的家庭占1.1%。父亲年龄范围为22～50岁，平均年龄30.73±4.23岁，平均受教育6.71年，外出务工者占29.8%。母亲年龄范围为18～43岁，平均年龄27.96±4.23岁，平均受教育5.8年，外出务工者占11.0%。

第二次测查时儿童的年龄范围从2.33岁到7.25岁。其中10.8%的儿童是独生子女，86.7%的儿童家中有两个孩子，三个及以上儿童的家庭占1.9%。父亲年龄范围23～46岁，平均年龄31.88±4.27岁，平均受教育6.72年，外出务工者占19.4%。母亲年龄范围20～46岁，平均年龄28.92±4.05岁，平均受教育5.67年，外出务工者占7.9%。

在初测时，所有儿童都没有上过幼儿园或小学学前班。

那些参加了两次测查的儿童，第一次参加时的平均年龄4.01±0.61岁，第二次参加时的平均年龄为5.3±0.58岁。参加走教组儿童第一次测试时的平均年龄为4.13±0.40岁，第二次时为5.37±0.40岁；对照组儿童第一次参加测试时的年龄为4.00±0.60岁，第二次为4.13+0.60岁；走教组和对照组在年龄上没有差异。

---

① 这3个村作为对照组，不影响研究结果。共计有12个村参加研究。

（二）实验及测试过程

根据《幼儿园教育指导纲要（试行）》中对学龄前儿童的教育目标与教育内容要求，我们改编和设计了一系列测查工具对儿童的认知能力、语言能力、社会交往能力、精细动作发展、绘画能力以及测试过程中的情绪状态进行了全面的评估。测试由北京大学心理学系研究生以及当地职校学前教育专业学生组成。由于方言交流的问题，测试的实施是由当地学生完成，测试的培训以及测试的督导由北京大学心理学系学生负责。我们采用一对一的方式对儿童的认知、语言、精细动作以及绘画能力进行测试；通过儿童在与同伴游戏过程中的录像数据来评价和分析儿童的社会交往能力；通过家庭调查问卷了解儿童的家庭一般情况，家长（父母或祖父母）的教养观念，日常的亲子交往，及家长的教育期望。家庭调查问卷是由当地的职校学生通过访谈家长（父母或者祖父母）来完成的。具体的测试内容如下。

初测和后测之间间隔时间 14 个月。在这 14 个月期间，实验组儿童接受每周 2～3 次的早教活动。

1. 认知能力

对儿童认知能力的测查，我们采用一对一的方式进行。测查包括儿童的数概念（比较数量的多少，简单数量加减），方位概念，分类，模式，测量以及问题解决能力。

2. 语言能力

采用韦氏学龄前儿童智力测验（WPPSI）中的词汇理解分量表测试儿童的词汇掌握水平；采用中国儿童发展量表（CDCC，张厚粲，1994）中的语言理解测验测量儿童的语言理解能力。通过看图理解任务测查儿童语言表达能力。

3. 精细动作发展

精细动作发展反映了儿童手眼协调和动作灵活的发展。通过儿童画线走迷宫和计时夹花生米这两项任务测查儿童精细动作的发展。

4. 安全常识

通过图片讲故事的方式，了解儿童对一些基本的安全常识的掌握情况，如不要跟陌生人走等自我保护方面的常识。

5. 绘画能力

绘画综合地反映了儿童的表征能力、想象力、创造力、表达能力、精细动作以及艺术审美的能力。给儿童提供 12 色油画棒和一张空 A4 白纸，告诉孩子画他想画的东西。测试结束后，由两名研究生根据自编的儿童绘画编码方案进行评定。该编码方案是参考孔起英（1996）对幼儿绘画能力的综述以及北京大学幼儿园教师的一项关于幼儿绘画评价的教学研究（未发表）制定的。通过对绘画作品的色彩运用、线条及构图的评定，将儿童的绘画水平分为前涂鸦期、涂鸦期、象征期和形象期。两次测查的平均编码者一致性 Kappa 系数分别为 0.90和 0.91。

6. 儿童在任务中的兴趣和主动性

测试者在完成每一项测试任务之后，根据儿童在完成任务过程中的表现对儿童的兴趣和主动性进行评价。在儿童同伴游戏的录像观察编码中，对儿童的情绪状态和任务坚持性进行评定。

7. 社会交往能力

通过录像观察评定儿童的社会行为。

在当地的一间教室（或办公室）中，地上放若干适合学前儿童的玩具，房间两个角落放置两台摄像机。邀请 4～6 名年龄相对匹配的同性别儿童一起来房间进行活动。活动包括三个阶段：第一阶段，儿童在房间中自由活动 10 分钟；第二阶段，主试拿来空的玩具箱，请小朋友将玩具收拾到玩具箱中；第三阶段，主试提供一个积木模型和一套搭建模型所用的积木块，要求所有小朋友共同搭建一个和主试所拿来的一模一样的模型。录像大约 30 分钟。之后，我们采用儿童游戏行为编码表（POS，Rubin，1989）和儿童社会行为编码表（Chen，2002）对录像资料进行编码分析。主要从儿童社会交往的主动性、交往中的亲社会行为、消极行为、交往中的情绪状态几个方面评价儿童。

8. 家庭教养观念、教育期望以及亲子交往活动

父母或祖父母的教养观念，日常生活中成人与儿童间的互动活动以及成人的教育期望都可能影响儿童的发展。通过家庭调查问卷了解儿童的家庭一般情况、

日常亲子活动的频率、家长（父母或者祖父母）的教养观念以及家长的教育期望。家庭调查问卷是由当地的职校学生通过访谈家长（父母或者祖父母）来完成的。日常亲子活动是请家长就一些常见的亲子交往活动的出现频率进行自我报告，共7个项目，4点评分。问卷在该样本的内部一致性系数为0.89。教养观念问卷（改编自 Block，1980，已有研究证明其在中国城市样本中的信效度）共30题，5点评分。问卷包括家长的保护性、情感投入、拒绝性和鼓励独立4个维度。问卷在该样本的内部一致性系数平均为0.79。我们采用开放的问题（请家长说说自己对孩子的期望是什么）调查家长的教育期望。之后对访谈内容进行编码。编码者一致性系数为0.95。

（三）走教教育活动

走教队伍是由一支流动在各个村落间的早期教育志愿者组成，目前共有志愿者56名。根据当地村落、人口分布情况和地理状况，以1~2人作为一组，每组负责1~3个村的幼儿学前教育活动。多数早教点是利用村小学中富余的校舍资源，另有一部分利用村委会中的富余房间（党员活动室或会议室等）。志愿者定期到早教点开展学前教育活动，适龄儿童由其父母、祖父母、哥哥姐姐或年龄稍大的同村儿童送到早教教室，参加早教活动。每个早教点的幼儿数从10~30人不等，每周活动2~5次，每次活动时间不少于3小时。志愿者的年龄范围在18~35周岁，平均年龄23岁，其中50名为女性，6名为男性。早教点定期召开家长会，并请家长一起参加活动，传授幼儿教育相关知识。在少数民族聚居区，尽量安排懂该民族语言的志愿者。所有志愿者都接受过幼儿教师技能训练，具有比较丰富的学前儿童教育经验。他们定期（每年的寒假和暑假）接受早教研究机构的培训。在云南省寻甸县的早教志愿者每年接受昆明学院学前教育专业专家和县机关幼儿园骨干教师的指导，同时，他们也到昆明市的示范幼儿园参观实习。由于走教的公益性质，也得到了社会各类学前教育机构的大力支持，他们通过提供技能培训、捐助物资等各种方式，为项目提供了无私的支持。

走教的内容包括与儿童认知能力、语言能力、健康、艺术和社会交往发展有关的活动和游戏。这些游戏由当地的志愿者和昆明学院学前专业的专家共同研究设计。活动特点是利用当地现有的材料和环境，并结合儿童的年龄发展特点和兴趣进行的。如在少数民族聚居区突出强调语言能力培养，根据民族特色增加音乐课程等。

（四）统计分析

统计分析包括对纵向数据的重复测量方差分析和横断数据的方差分析和 T 检验。比较走教组和对照组儿童在各项能力发展差异时，我们控制了儿童是否有上幼儿园的经历。那些上幼儿园的儿童所上的幼儿园的规模、形式和质量都不同，时间从 1 个月到 1 年不等。我们把上幼儿园的时间作为控制变量加入统计分析中。在控制了这个变量引起的变异之后，考察走教对儿童发展的影响。

1. 纵向追踪数据分析

我们将采用重复测量方差分析来检验走教在儿童认知、语言、动作发展方面的作用。

2. 横断数据分析

由于苗族和彝族儿童在理解汉语上的困难，我们没有对彝族和苗族儿童进行一对一的测查。这些少数民族的儿童参加了与同伴交往的录像观察。因此，我们将对社会性发展部分进行组间横断比较。

另外，由于追踪数据被试的流失（原因集中在儿童随父母外出打工，到城里上幼儿园；追踪的儿童年龄集中在 4～5 岁）我们无法看到走教对于每个年龄组的作用。因此，我们在第二次追踪的同时，增加了测查的范围。走教组和控制组的测查人数都有增加。通过扩大测查范围，考察了走教的作用。

三、研究结果

（一）走教活动对儿童认知能力发展的作用

两次测试中各组儿童的认知测验总分见图 1。经方差分析检验发现，走教的主效应显著，$F(1,93) = 8.75, P < 0.05$）。随着儿童年龄的增长，儿童认知能力总体有所提高。那些参加了 1 年走教活动的儿童，其认知水平显著高于对照组儿童。这说明参加走教活动对于儿童认知能力总体水平的促进作用十分显著。

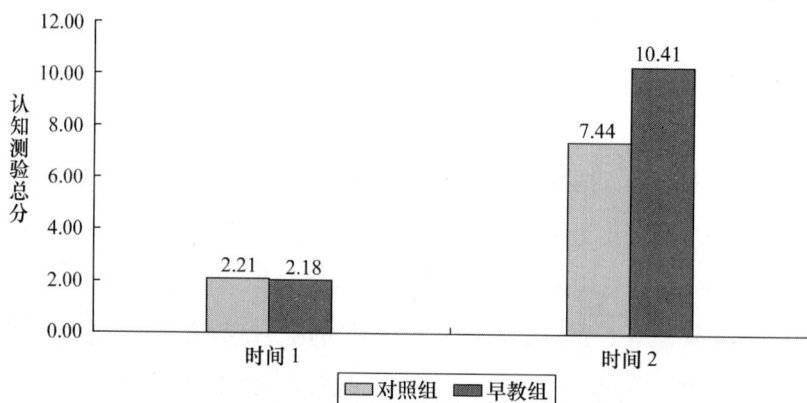

图 1　走教对儿童认知能力发展的作用

1. 走教经历对儿童认知各个方面发展的作用（纵向追踪数据分析）

为了更好地了解走教在儿童认知发展方面的促进作用，我们将对每一个分测验的发展情况作详细的分析。两次测试各组儿童数概念的平均得分见图 2。经方差分析检验发现，时间主效应显著（$P < 0.05$），走教分组的组间变异不显著（$P > 0.05$）。说明儿童的数概念随着年龄的增长而增长。早教经历对其影响不显著。

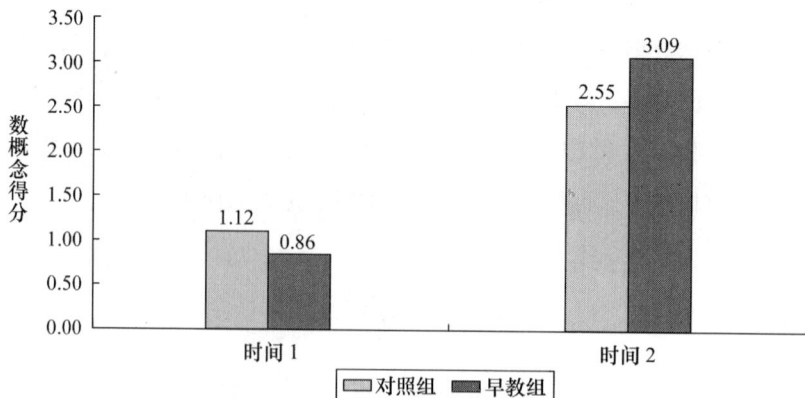

图 2　走教对儿童数概念发展的作用

两次测试各组儿童方位概念的平均得分见图3。经重复测量方差分析检验发现，时间主效应显著（$P < 0.05$），走教分组的组间变异显著，$F（1，93）= 6.64$（$P < 0.05$），说明随着儿童年龄的增长，方位概念有一定的提高。走教经历促进了儿童方位概念的发展。

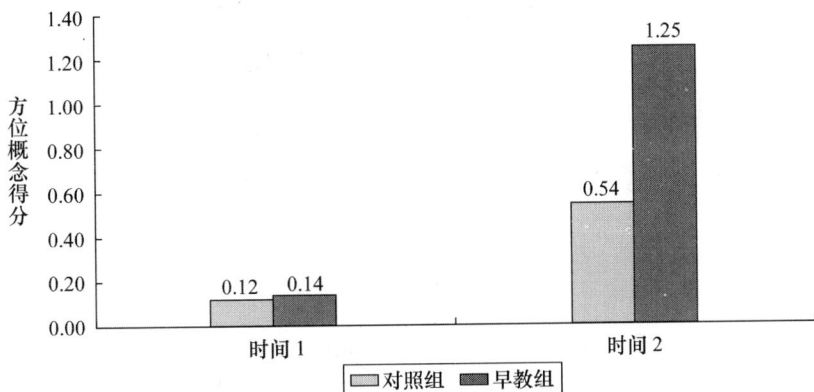

图3　走教对儿童方位概念发展的作用

两次测试各组儿童分类任务的平均得分见图4。经方差分析检验发现，时间主效应显著（$P < 0.05$），走教分组的组间变异不显著 $F（1，92）= 1.42$，（$P > 0.05$）。说明儿童的分类能力随着年龄的增长而增长。早教经历对其影响不显著。

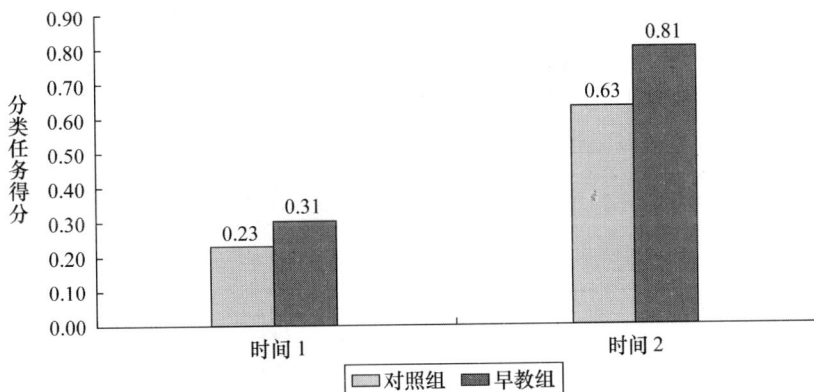

图4　走教对儿童分类能力发展的作用

前后两次测试各组儿童的排序任务得分见图5。方差分析的结果发现，排序能力随着年龄的增长发展迅速。走教的作用不显著，F（1，92）= 0.68（$P > 0.05$）。

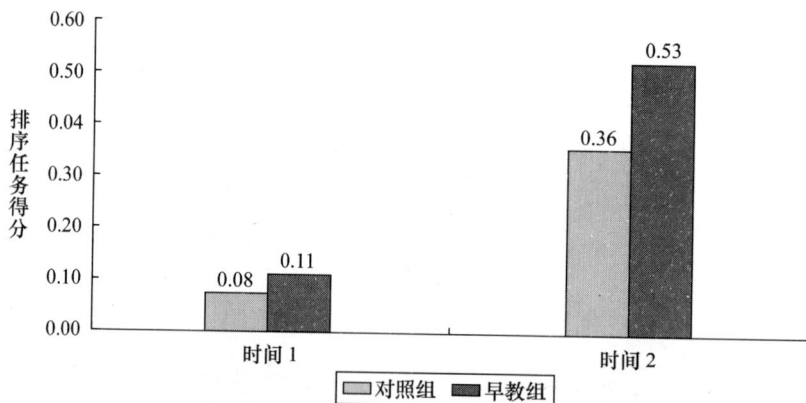

图5　走教对儿童排序能力发展的作用

前后两次测试各组儿童模式任务的得分见图6。经方差分析检验发现，时间的主效应显著，也就是说，从总体上看儿童的模式能力在这期间显著提高。方差分析的结果发现，走教的作用不显著，F（1，92）=0.03（$P > 0.05$）。模式能力随着年龄的增长发展迅速。但从儿童的实际得分上来看，这些儿童在第二次测试时才刚刚开始发展模式能力。走教活动对儿童模式能力的发展作用在这个时期不显著。

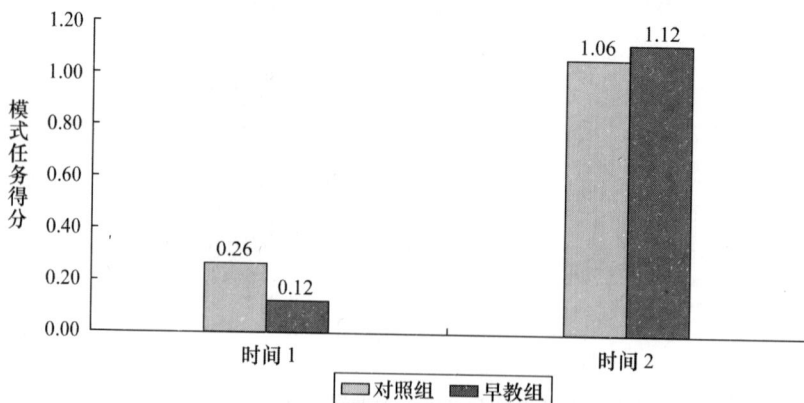

图6　走教活动对儿童模式能力发展的作用

前后两次测试各组儿童的测量任务得分见图7。方差分析的结果发现，走教的作用不显著，$F(1, 92) = 2.10$（$P > 0.05$）。测量能力随着年龄的增长发展迅速。

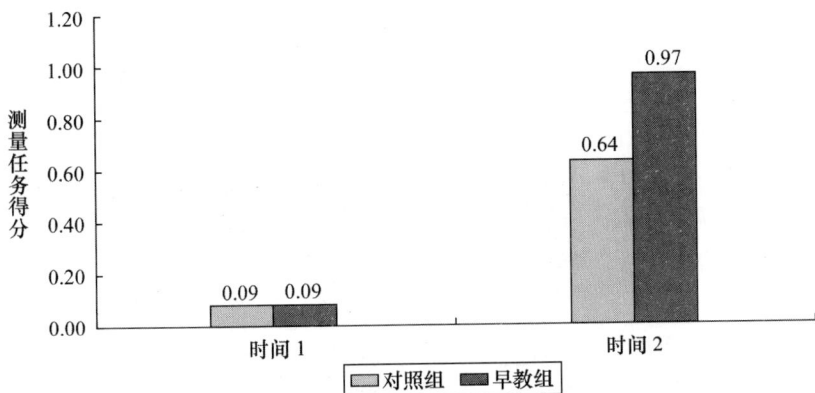

图7　走教活动对儿童测量能力发展的作用

前后两次测试各组儿童的取物任务得分见图8。重复测量方差分析的结果发现，问题解决能力随着年龄的增长发展迅速。走教的作用不显著，$F(1, 92) = 0.68$（$P > 0.05$）。

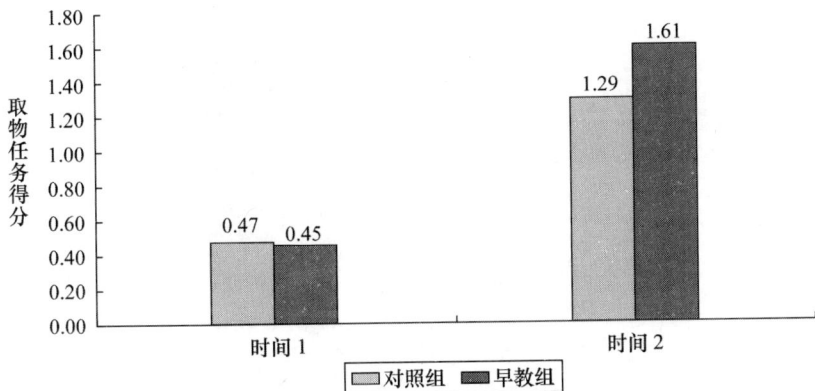

图8　走教活动对儿童问题解决能力发展的作用

2. 走教经历对儿童认知各个方面发展的作用（横断比较数据分析）

由于纵向数据仅集中在4~5岁组。在日常的走教活动中，所有2岁半到6岁的儿童都参加。我们对第二次参加测查的所有儿童进行了组间的比较。结果见

图9。经过独立样本 T 检验我们发现，两组儿童在方位概念、排序、测量和取物任务上的得分有显著差异。这个结果说明走教对儿童认知能力有促进作用。

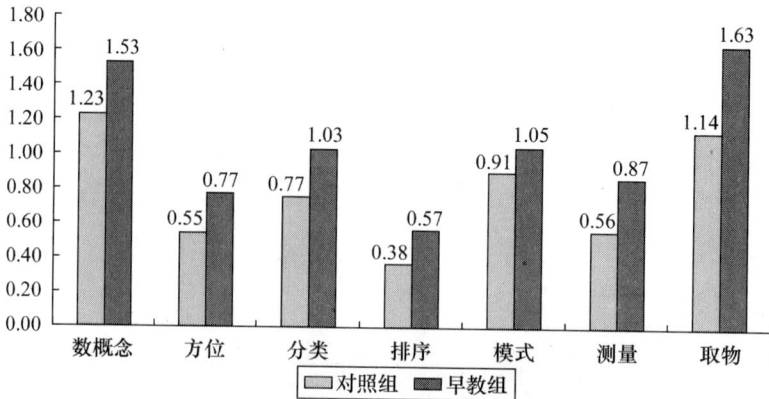

图9　第二次测查中两组儿童认知能力得分

我们根据年龄对儿童分组，4 岁及以下年龄的儿童为 3～4 岁组，5～6 岁及以上年龄的儿童为 5 岁组。各年龄组儿童在两次测验中认知的总得分情况如图10 所示。

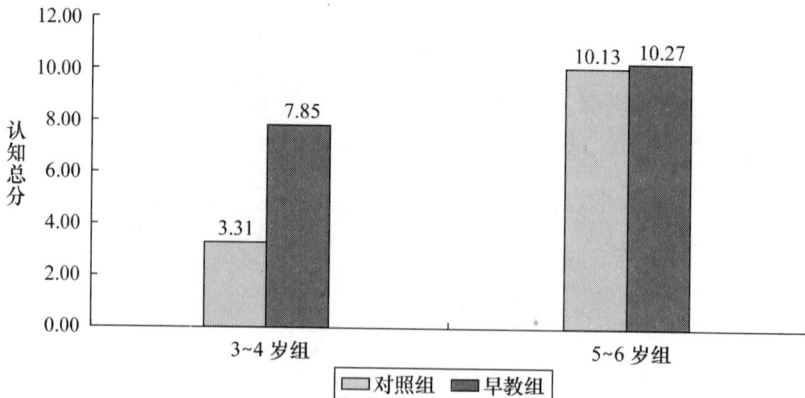

图10　走教对两个年龄组儿童认知能力发展的作用

经过方差分析，我们发现走教与儿童年龄的交互作用显著，进一步分析发现，走教对 3～4 岁组儿童的作用显著（$t = 5.64$，$P < 0.001$）。而对 5～6 岁组儿童的发展作用不显著。

（二）走教活动对儿童精细动作和动作协调性发展的促进作用

我们通过筷子的使用和走迷宫任务测查儿童精细动作的发展。由于两个测验的计分单位不同，我们先将原始得分转换为标准分数，之后合并两个测验的得分。走教组和对照组两次的得分（标准分数）见图11。经过重复测量方差分析，结果显示走教的效应不显著。

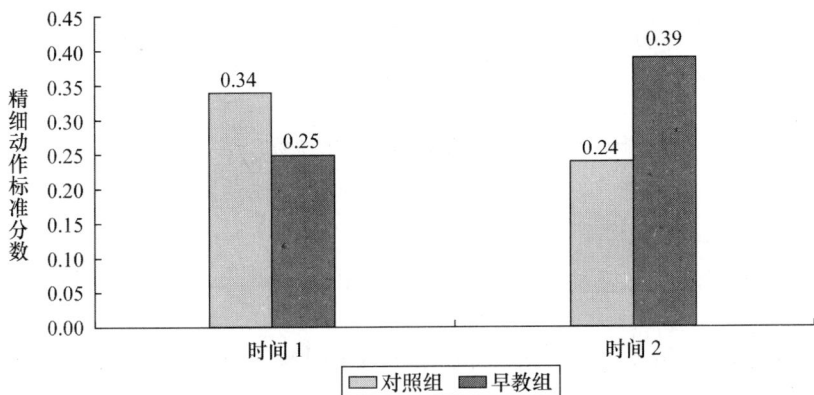

图11　走教对儿童精细动作发展的作用

对第二次测试的分组横断比较的结果也显示两组没有差异。

（三）走教活动对儿童语言发展的作用

由于语言测试中用到的三个量表的计分单位不同，我们先将各个分量表的原始分数转换为标准Z分数，然后将三个分数相加。两次测试中各组儿童的语言测验总分见图12。经重复测量方差分析检验发现，走教的主效应显著，$F (1, 92) = 11.18$（$P < 0.05$）。随着儿童年龄的增长儿童语言能力总体有所提高。那些参加了1年走教活动的儿童的语言水平高出对照组儿童0.65个标准分。这说明参加走教活动对于儿童语言能力总体水平的促进作用十分显著。

对第二次测查的两组横断比较的结果显示，走教的主效应显著，$F (1, 291) = 38.54$（$P < 0.001$）年龄主效应显著，$F (1, 291) = 43.99$（$P < 0.001$）；走教和年龄的交互作用不显著。这说明走教对所有年龄组儿童的语言能力的提高都有

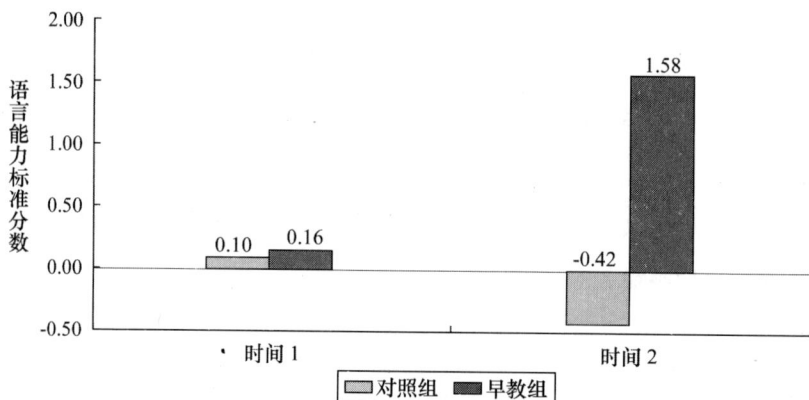

图 12　走教对儿童语言发展的作用

作用。

（四）走教活动对儿童安全常识掌握的作用

　　前后两次测试各组儿童安全常识掌握得分见图 13。经重复测量方差分析检验发现，走教的主效应显著，$F (1, 92) = 11.76 (P < 0.05)$。随着儿童年龄的增长，儿童安全常识掌握水平总体有所提高。这说明参加走教活动对于儿童掌握基本的安全常识的促进作用十分显著。

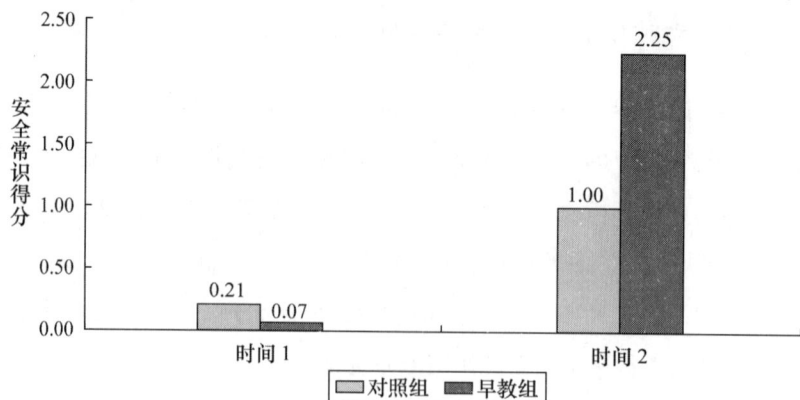

图 13　走教活动对儿童安全常识掌握的作用

　　对第二次测试两组横断比较的方差分析结果显示，年龄的主效应显著，

F（1，288）=20.59（$P<0.001$）；走教的主效应显著，F（1，288）= 55.4（$P<0.001$），两者交互作用不显著。

（五）走教活动对儿童绘画能力的作用

前后两次测试各组儿童绘画水平得分见图14。重复测量方差分析结果显示，时间和走教的主效应显著，F（1，92）=4.02（$P<0.05$）。这说明儿童的绘画能力随着年龄的增长而有所提高。走教对促进儿童的绘画能力作用显著。

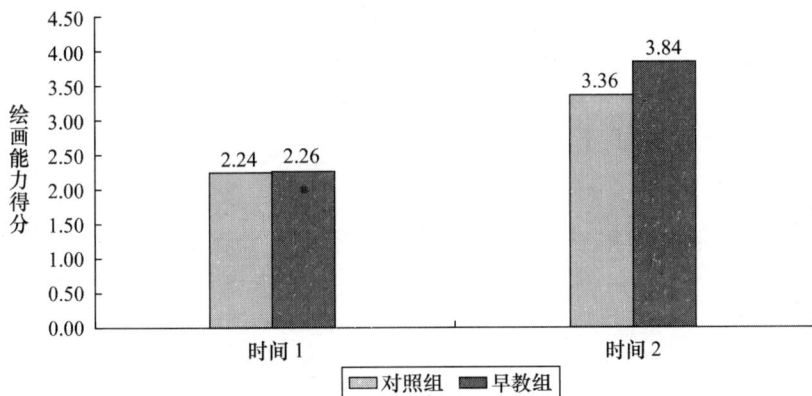

图14　走教活动对儿童绘画能力发展的作用

对第二次测试两组横断比较的方差分析结果显示，年龄的主效应显著，F（1，274）=58.51（$P<0.001$）；走教的主效应显著，F（1，274）= 4.58（$P<0.05$），两者交互作用不显著。

（六）走教活动对儿童兴趣、主动性和专注性发展的作用

主试在测查儿童的同时，对儿童在完成任务中表现出来的兴趣和主动性进行评价。前后两次测试各组儿童在测试中表现出的兴趣、主动性得分情况见图15和图16。经过重复测量方差分析结果显示，走教的主效应显著，F（1，92）=11.36；20.788（$P<0.01$；$P<0.001$）。这说明，参加走教活动的儿童，在对活动的兴趣性和与成人交往的主动性上都有很大的提高。

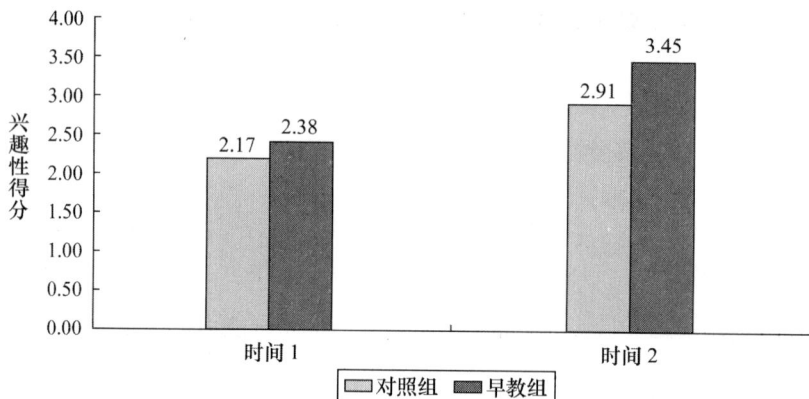

图 15　走教活动对儿童测查中兴趣发展的作用

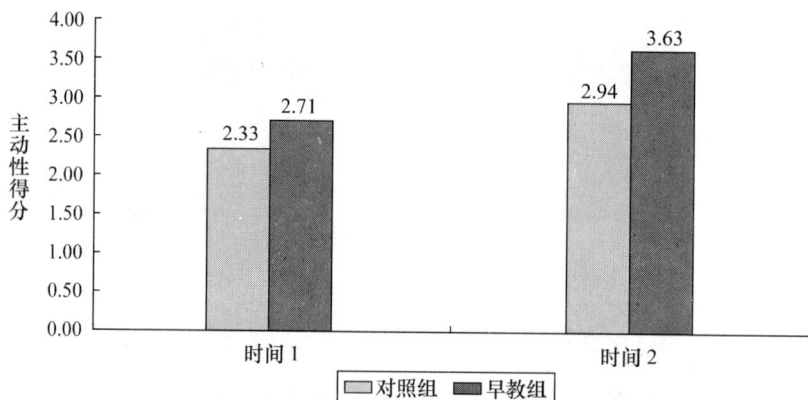

图 16　走教活动对儿童测查中主动性的作用

（七）走教活动对儿童社会交往能力发展的作用

儿童在同伴情境中进行的游戏类型反映了儿童社会交往的参与程度。因此，我们在这里客观地描述儿童在观察中表现出来的行为，以此来分析儿童社会交往能力。儿童在同伴面前除了一些非游戏行为（观望行为）之外，进行不同社会参与程度的游戏，包括：单独游戏（自己独自玩玩具、探索或装扮某种角色，不与同伴交流，游戏行为也不受同伴的影响），平行游戏（和旁边的同伴玩相似的玩具或游戏，没有与同伴交流，但所玩的玩具或行为动作受到旁边小朋友的影响。进行这种类型游戏的儿童关注同伴的行为，受其影响，但不与其交流），小组游戏（与同伴一起玩玩具或做游戏，与同伴有交流）。亲社会行为包括帮助、分享、安慰等行为。在同伴情境中的情绪表现也反映了儿童的交往能力。积极的情绪，说明儿童在同伴面前不紧张，并愿意与同伴交往；消极情绪，包括害怕、焦虑和生气等，说明儿童在同伴面前拘谨、紧张或发生冲突。

第二次测试中两组儿童进行的游戏类型、与同伴交谈、亲社会行为以及在此期间表现出来的消极和积极情绪所占的时间比例见图17。

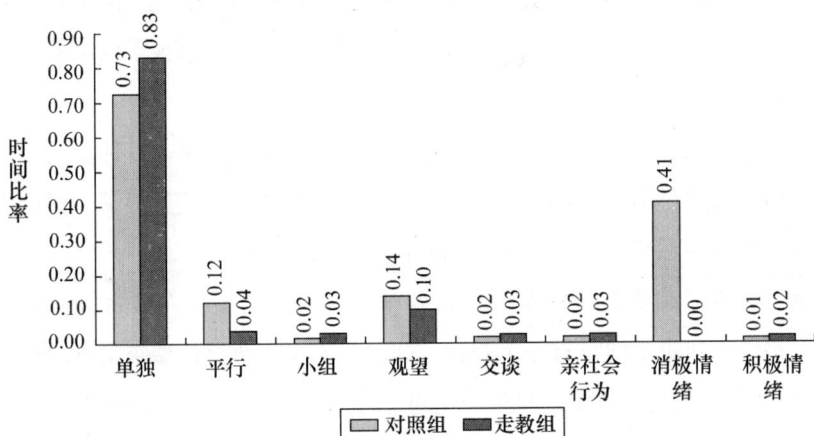

图17　走教活动对儿童交往中行为和情绪的作用

从图17我们可以看出，走教组儿童有更多的游戏行为。其中，单独游戏占主导。儿童对玩玩具的兴趣增加，观望和无所事事的行为比例减少（$t=1.82$，$P=0.68$）。这说明，走教促进了儿童对玩具、游戏和同伴的兴趣。

从平行游戏（注意到身边的同伴，与同伴玩相同或相似的玩具或游戏，但与同伴之间没有交流）所占的时间上看，对照组儿童比走教组儿童这类游戏活动多（$t=4.50$，$P<0.01$）。而相对来说，走教组儿童的小组游戏以及与同伴交谈的频次增加（$t=3.24$，$P<0.01$）。说明，走教促进了儿童的同伴交往能力。两组儿童出现的亲社会行为都较少，两组之间没有显著差异。

从积极情绪和消极情绪上看，走教组的儿童在同伴面前的消极情绪显著少于对照组（$t=1.95$，$P<0.01$），这说明，走教减少了儿童在同伴面前的紧张焦虑感，促进了儿童在交往中的积极情绪。

（八）走教对家长教养观念、亲子活动以及教育期望的影响

通过家长报告，我们收集了家长的教养观念、日常的亲子活动以及家长的教育期望。由于参加测试的家长中有很大比例的祖父母参加，并且在日常生活中照看孩子的也是祖父母，我们将从作用在孩子身上的教养观念、亲子活动以及教育期望的角度出发，分析家庭环境问题，而不再详细划分父母和祖父母之间的差异。两次测试各组抚养者教养态度的各个维度的具体分数见图18。经 T 检验发现两组没有显著差异。在这个地区，父母教养态度的特点是：给孩子的情感投入多，较少的拒绝自己的孩子，保护性高，鼓励独立性一般。

采用 4 点量表家长评价了自己在平时与儿童共同活动的频率。总体上看，这个地区抚养者与儿童的共同活动频率一般。经 T 检验，两组的差异显著。说明走教活动对促进日常生活中的亲子共同活动有作用。见图19。

我们请抚养者对儿童的教育期望进行列举。每一种期望的人数百分比见图20。经卡方检验，两组之间没有显著差异。这说明走教活动没有改变父母对儿童的期望。两次测查中，有44%～47%的父母希望孩子的自身能力得到发展；其次是期望孩子成为对国家对社会有用的人才和期望自己的孩子学习好；期望孩子考上大学，有工作，或对孩子将来从事某项具体工作（如做教师）的期望的人数比例较少。

四、讨　论

在贫困地区开展走教活动可以从不同的途径对儿童发展产生作用。首先，走教活动为教育者引导儿童发展建立了平台。在走教活动中，儿童可以在有经验的教育者的指导下提高自己各个方面的能力。其次，儿童的抚养者在参加走教活动中得到教育，从而建立科学的儿童观、发展观以及先进的教养观念和教养方式。家庭对儿童发展的影响是长远的，不仅仅是学前阶段，将会影响儿童的一生发展。再次，走教活动不仅对参加的儿童有帮助，这些走教志愿者也可以将科学的儿童发展观、教育理念及先进的教育方法带给周边的一些幼儿园。走教促进了贫

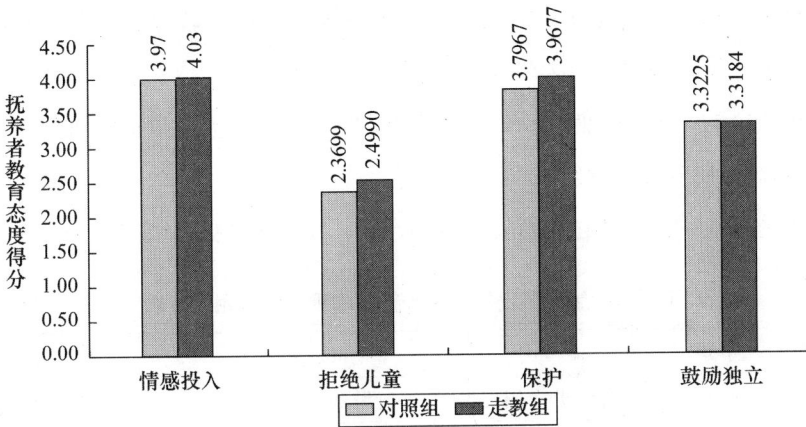

图18 走教活动对抚养者教养态度的作用

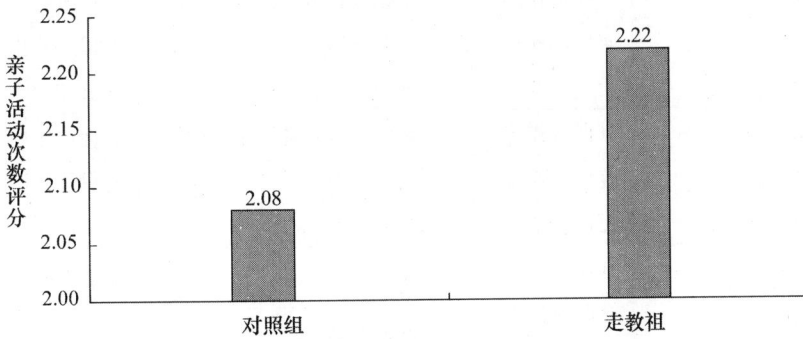

图19 走教活动对亲子活动次数的作用

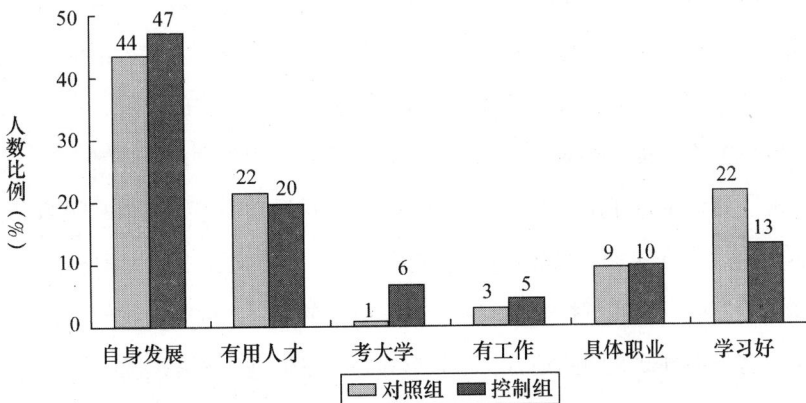

图20 走教活动对抚养者教育期望改变的作用

困地区条件差的幼儿园和托儿所的发展。走教带来的良好的教育理念和教育方法，是这些地区幼儿园教育的必要补充。

根据本研究的结果，我们将从以下两方面讨论走教对儿童发展的促进作用。

1. 走教对儿童发展的作用

为了更清楚地看到走教在儿童发展中的作用，我们将结果总结如表1。

表1　　走教对不同年龄组儿童发展及家长行为和观念的作用一览表

	儿童发展领域	作　用		儿童发展领域	作　用
发展方面	认知能力	有促进作用	动作发展	平行游戏	无显著变化
	数概念	无显著变化		小组游戏	有促进作用
	方位概念	有促进作用		亲社会行为	有促进作用
	分类能力	有促进作用		积极情绪	有促进作用
	模式能力	无显著变化		哭闹等消极情绪	显著减少
	测量	有促进作用		对活动的兴趣和主动性	有促进作用
	问题解决能力	有促进作用		安全常识	有促进作用
动作发展	精细动作	无显著变化		绘画能力	有促进作用
	语言交流	有促进作用	家长	教养态度	无显著变化
	社会交往	有促进作用		日常亲子交往	有促进作用
	观望、无所事事	显著减少		教育期望	无显著变化
	单独游戏	无显著变化			

总的来看，走教活动的实施对儿童的发展有明显的促进作用。走教活动对儿童的认知发展、语言交流能力发展、精细动作发展、社会交往能力的发展、安全知识的掌握以及绘画能力的提高都有一定的促进作用。年龄大的儿童在认知能力和社会交往方面上有一定的促进作用。尤其是，我们发现走教活动促进了儿童的问题解决能力和语言交流能力。并且，走教活动降低了儿童在同伴交往中的哭闹和焦虑情绪。这些能力的发展，对儿童将来适应社会具有重要的意义。因此，我们可以肯定地说，对于没有条件办幼儿园的地方，走教形式是可以促进儿童发展的。

我们的研究结果表明，走教促进了儿童的语言能力。从总的标准分数的变化上来看，走教提高了儿童0.65个标准分。并且，走教活动对所有年龄组儿童的促进作用都显著。走教活动无疑增加了儿童与成人和同伴交流的机会。在与他人交往过程中，儿童的语言得到发展。另外，走教活动中志愿者通过讲故事、唱儿歌等活动形式，帮助儿童学习规范语言，正确地发音和准确地用词。

儿童在同伴面前的紧张焦虑和他们的先天气质、父母教养态度以及同伴交往经验有关。那些害羞敏感的儿童在同伴交往过程中更多表现出焦虑退缩、观望和无所事事的行为，同伴情境对于他们来讲是有挑战性的。温暖和接受性的教养行为，以及丰富的同伴交往经验有助于减轻这些儿童对同伴交往的紧张与焦虑。走教活动正是给儿童提供了与他人交往的机会。走教活动可以促进儿童交往能力的发展。我们的研究结果也发现，走教活动促进了儿童对同伴交往的兴趣，并且降低了儿童在同伴情境中的消极情绪。

儿童对周围世界的兴趣，以及与社会其他成员交往的主动性将影响儿童的能力发展以及社会适应。兴趣直接影响着个体是否参与活动，以及在活动中的持续性和投入程度。儿童早期的兴趣和主动性的培养对个体一生的发展都有重要意义。我们的研究结果发现，走教活动促进了儿童的兴趣和主动性的发展。

从研究结果我们也可以看出，走教对儿童精细动作（使用筷子和画线走迷宫）的促进作用不显著。这与这个地区儿童精细动作发展比较好有关。这个样本的数据与以往我们有关城市儿童的数据比较来看，精细动作得分要高于城市儿童。

另外，从横断数据比较的结果上我们可以看出，在认知能力的发展上，走教对年龄较小儿童的促进作用要大于年龄较大儿童。对于语言能力发展的促进作用没有年龄组之间的差异。也就是说，年龄较小儿童参加早教活动受益要大于年龄较大儿童。这个结果可以从两个方面分析。一个方面，根据研究结果我们认为，对于年龄在2岁以上的儿童就可以开展相应的教育活动，走教活动能够有效地促进他们的发展。另外一方面，走教的作用在两个年龄组上的差异与活动内容的年龄特点有关。著名的苏联教育和心理学家维果斯基认为，教育对儿童发展起到促进作用是有条件的，所谓的条件是指教育者要将教育目标定在介于儿童自己实力所能达到的水平和在成人的帮助下所可能达到的水平之间（他称之为"最近发展区"）。把握好儿童的最近发展区才能促进儿童的发展。因此，我们建议走教活动的内容和形式要符合儿童的最近发展区。在现场的实际操作中，由于场地和人力的限制，活动对同一个早教点所有年龄组的孩子是相同的。那么，这就要求走教老师在同一个活动中照顾到不同发展水平的孩子。根据每个孩子的最近发展区设定相应的教育目标，因材施教。

2. 走教活动对父母教养观念和行为的影响

学前时期是一个充满活力的、蕴藏着巨大发展潜力和可塑性的生命阶段，然而又是一个非常脆弱、稚嫩、需要成人精心照顾和保护的时期。成人，特别是和儿童直接接触的家庭成员，在很大程度上决定了早期学习和发展的方向和质量。保护儿童与生俱来的好奇心和探索性，保证儿童在一个充满爱、尊重和鼓励的环境，对儿童一生的健康发展都是有利的。父母或其他主要抚养者在儿童发展中作用是重要的。走教活动能够将一些科学的儿童观和发展观传递给日日夜夜与儿童接触的父母、祖父母是非常有意义的。这将增大走教对儿童发展的影响，并且这种影响是持续的和永久的。

我们的研究发现，走教促进了抚养者与儿童之间的互动活动。这些互动活动的增加有利于儿童的社会情感的发展。走教对家长的教养观念、教育期望作用不显著，家庭教育环境也没有很大的改变（我们在调查中统计了家中的图画书和玩具、日常亲子活动等，各组之间的差异不显著）。这一阶段的走教活动有关抚养者参与的内容还比较少。建议在走教活动中增加家长参与性。另外，除了走教活动外，还可以给家长提供一些有关早期教育的资料，加强走教与家庭教育的连接，使得每周两次左右的活动发挥更大的促进作用。

五、小　结

拥有学前教育专业技能的早教志愿者开展的走教活动，对贫困地区学前儿童的认知、语言和社会交往能力的发展具有显著的促进作用，提高了儿童参加活动和与人交往的兴趣和主动性。同时，走教活动也促进了抚养者与儿童之间的交往活动，亲子活动的增加能够促进儿童认知与社会情绪的发展。今后走教活动的设计更加符合儿童年龄发展特点，并增加抚养者参与程度，将有助于其发挥更大的促进作用。

2011 年 11 月

提升巡回走教幼儿教师专业素质
的必要性和策略性研究

■ 周念丽

华东师范大学学前教育学系

《国家中长期教育改革和发展规划纲要（2010－2020 年)》（以下简称"规划纲要"）把发展学前教育纳入城镇、社会主义新农村建设规划。值得注意的是，该规划纲要中提出了"要重点发展农村学前教育。努力提高农村学前教育普及程度。着力保证留守儿童入园。采取多种形式扩大农村学前教育资源，改扩建、新建幼儿园，充分利用中小学布局调整富余的校舍和教师举办幼儿园（班）。发挥乡镇中心幼儿园对村幼儿园的示范指导作用。支持贫困地区发展学前教育"。

此规划纲要的颁布，将使农村幼儿有更多接受学前教育的可能。在我们所进行的湖南全省 37～48 个月幼儿的心理发展调查结果，为规划纲要中提出的重点发展农村学前教育之必要性提出了诠释。

一、偏远贫困地区 37～48 个月儿童心理发展特征调查

为了解偏远贫困地区 3～6 岁儿童心理发展现状，能为他们提供更好的心理发展教育支持，我们于 2010 年 3～4 月对湖南省全省 37～48 个月偏远贫困地区儿童及其看护人作了心理发展和育儿方式、理念等方面的调查。为便于比较，同时对湖南省内的经济发展好的地区和经济发展一般地区的 37～48 个月儿童及其养护者进行了完全一样的调查。

（一）接受调查幼儿及看护人

表1呈现接受调查幼儿及看护人的人数及地区。

表1	抽样地区及样本量	单位：人
抽样地区	**样本量**	
经济发达地区	313	
经济一般地区	412	
偏远贫困地区	287	
合　计	1012	

表1中的"经济发达地区"，指人均GDP在2万元/年或以上的地区。从高到低依次有长沙市、常德市、宁乡、怀化的洪江区；"经济一般地区"指人均GDP在1万~2万元/年的地区。从高到低依次有津市市、嘉禾县、祁东县、澧县、祁阳县和绥宁县；"偏远贫困地区"指人均GDP≤1万元的地区。有新化县、凤凰县、宁远县、辰溪县、江华县和双峰县。

（二）调查材料

37~48个月幼儿的认知发展调查使用的为自制测查工具，从格赛尔《儿童发展量表》、日本的《K式发展检查》等项目中抽取相应的项目进行再构成；37~48个月幼儿的情绪社会行为发展调查使用的测查工具根据美国儿童行为核对表（ECBQ）改编；看护人的育儿意识和行为调查《幼儿看护人调查问卷》，由世界银行的邬健冰博士统领和审核问卷的所有项目。

- 基本信息，包含被调查儿童和看护人的基本信息；
- 看护人育儿意识和行为，包含性别意识、育儿行为和相关看法；
- 家庭环境，包含全家的年收入、日常开支及教育投资、教养决策等；
- 经济状况，包含居住环境、能源使用、耐用品消费、日常开支等；

二、调查结果

（一）运动、认知、语言发展测查结果

对 37～48 个月儿童进行的心理测查分成了"言语""认知"和"运动"三大维度，其中，又将言语分成"接受性"和"表达性"两大下位范畴；将认知分成"社会认知"和"一般认知"两个范畴，同时，在社会认知中又细分为"自他认知"和"情绪识别"两个下位范畴；将一般认知再细分为"记忆能力"和"思维"两大下位范畴。

下面的分析，都将围绕这 7 个心理范畴进行。得分越高，说明儿童该项能力发展越好。表 2 显示了各地区抽样儿童心理测查成绩平均值的比较情况。

表2 　　　　　各地区抽样儿童心理测查成绩的平均值比较

地 区	语言能力	自他认知	运动能力	思维能力	记忆能力	情绪辨别	总平均值
长沙市开福区	12.46	6.53	3.17	7.73	2.17	1.26	33.32
宁乡县	10.29	5.17	2.54	4.90	1.54	0.98	25.41
祁东县	10.27	5.73	2.64	5.25	1.73	0.81	26.42
常德市鼎城区	11.94	6.06	2.85	7.28	1.33	0.69	30.15
绥宁县	8.45	4.65	1.85	3.12	1.63	0.63	20.33
澧 县	9.84	4.82	2.36	6.65	1.70	0.87	26.00
津市市	11.59	6.24	2.23	6.78	0.92	0.66	28.43
嘉禾县	7.97	3.95	2.26	4.18	0.74	0.77	19.88
祁阳县	10.68	5.52	2.53	5.90	1.20	0.54	26.38
怀化市洪江区	12.61	6.74	2.75	8.96	2.28	1.17	34.51
宁远县	9.71	5.60	2.37	4.66	1.43	0.51	24.29
辰溪县	8.85	4.67	1.69	4.09	1.75	0.78	21.82
双峰县	9.74	5.15	1.96	4.07	1.52	1.07	23.52
新化县	11.00	5.60	2.13	5.23	1.80	0.68	26.43

反贫困与中国儿童发展

地　区	语言能力	自他认知	运动能力	思维能力	记忆能力	情绪辨别	总平均值
凤凰县	8.73	5.62	1.26	0.68	1.29	0.65	18.27
江华县	9.55	5.40	2.35	4.07	1.58	0.85	23.80

注：表中 1~4 行是经济发达地区，11~16 行是偏远贫困地区。

经检验，偏远贫困地区儿童的 7 大范畴心理测查成绩均在 $P < 0.0001$ 的水平上落后于经济发达和一般地区，存在极为显著的差异。进一步的城乡检验更说明了这种差异性。如表 3 所示。

表3　　　　　　　儿童心理测查成绩城乡间平均值比较

测查维度	城　镇		农　村		平　均		差异性 (Sig.)
	Mean	SD	Mean	SD	Mean	SD	
语言接受	2.45	1.07	1.58	1.34	1.86	1.33	0.000
语言表达	9.83	2.16	7.88	2.88	8.52	2.82	0.000
语言能力	12.27	2.74	9.45	3.55	10.38	3.56	0.000
他人认知	3.89	0.55	3.65	1.02	3.73	0.90	0.000
自我认知	2.47	1.50	1.44	1.53	1.78	1.59	0.000
自他认知	6.36	1.70	5.09	2.04	5.51	2.02	0.000
精细动作	1.48	0.71	1.05	0.81	1.19	0.81	0.000
粗大动作	1.50	0.69	1.04	0.79	1.19	0.79	0.000
运动能力	2.98	1.20	2.09	1.36	2.39	1.37	0.000
图形认知	1.29	1.28	0.40	0.81	0.69	1.07	0.000
数的认知	6.99	3.83	3.73	4.05	4.80	4.26	0.000
思维能力	8.28	4.41	4.13	4.41	5.49	4.82	0.000
记忆能力	2.02	1.63	1.34	1.55	1.56	1.61	0.000
情绪辨别	1.10	0.80	0.70	0.79	0.83	0.82	0.000

表 3 显示，湖南省 37~48 个月儿童心理测评成绩的地区间差异都极为悬殊，每项能力的城乡间差异均达到 $P < 0.0001$ 的极为显著水平，城镇儿童要遥遥领先于偏远贫困地区同龄儿童，结果令人深思。

（二）情绪和行为测查结果

通过对测查结果的因素分析，本研究所编制的儿童情绪、社会行为问卷量表可分为5个因子：社会适应、抗挫、情绪调控、顺从行为和忍耐。下面的分析均围绕这5个维度进行分析。问卷得分越高，说明儿童的该项能力越低。测查结果见表4。

表4　　　抽样儿童情绪和行为平均分、标准差的地区比较

地　区		社会适应	抗挫能力	情绪调控	顺从行为	忍耐能力
长沙市开福区	Mean	12.37	20.07	20.48	8.84	11.63
	SD	2.98	3.91	3.87	2.27	2.71
宁乡县	Mean	11.91	20.46	22.46	8.66	11.72
	SD	3.15	4.42	4.22	2.10	2.93
祁东县	Mean	13.60	21.51	21.82	8.95	11.96
	SD	2.68	5.58	4.98	1.96	3.77
常德市鼎城区	Mean	12.43	19.00	21.07	8.94	11.70
	SD	2.81	5.06	4.97	2.37	3.41
绥宁县	Mean	13.57	21.83	23.82	9.83	13.15
	SD	2.79	4.11	4.28	1.98	2.81
澧县	Mean	13.52	20.39	23.37	9.09	12.76
	SD	2.90	4.40	5.05	2.71	3.57
津市市	Mean	12.66	20.76	23.26	9.14	11.92
	SD	3.37	4.66	5.14	2.58	3.27
嘉禾县	Mean	11.77	18.92	21.45	8.74	10.71
	SD	3.46	5.24	4.38	2.65	3.88
祁阳县	Mean	11.64	21.48	20.86	9.44	12.00
	SD	3.74	4.96	5.01	2.73	3.69
宁远县	Mean	13.26	22.31	20.11	8.89	12.97
	SD	3.23	5.68	5.37	2.56	3.43
辰溪县	Mean	13.38	21.66	22.31	9.29	12.29
	SD	2.66	4.60	5.43	2.67	3.84

地　　区		社会适应	抗挫能力	情绪调控	顺从行为	忍耐能力
怀化市洪江区	Mean	12.00	18.84	22.38	8.58	11.61
	SD	2.98	4.65	4.50	1.87	3.31
双峰县	Mean	12.78	21.30	22.96	8.85	11.89
	SD	3.08	4.26	5.06	2.03	2.98
新化县	Mean	12.08	22.13	18.68	8.80	13.83
	SD	4.06	5.25	4.66	2.52	3.79
凤凰县	Mean	12.74	23.35	20.59	9.21	13.79
	SD	2.37	5.22	3.49	2.31	3.25
江华县	Mean	11.98	19.82	22.27	8.55	11.63
	SD	3.14	6.05	4.99	1.93	3.03

从表4可以看出，偏远贫困地区幼儿的5项范畴得分大都高于经济发达地区，说明情绪社会发展水平较低，但这差距是否达到显著性差异，表5提供了证明。

表5　抽样儿童社会适应、抗挫、情绪调控、顺从行为、忍耐能力地区间差异检验

	Sum of Squares	df	Mean Square	F	Sig.
社会适应	477.708	15	31.847	3.278**	0.008
	9677.201	996	9.716		
抗　挫	1383.629	15	92.242	3.923**	0.006
	23417.346	996	23.511		
情绪调控	1488.227	15	99.215	4.439**	0.004
	22263.61	996	22.353		
顺从行为	115.065	15	7.671	1.384	0.147
	5519.911	996	5.542		
忍耐能力	537.055	15	35.804	3.148**	0.005
	11328.387	996	11.374		

注：**$P < 0.001$。

表5显示，贫困地区儿童在社会适应、抗挫能力、情绪调控、忍耐能力远低于经济发展地区幼儿，差异十分显著。

三、影响偏远地区儿童的心理发展因素

偏远贫困地区幼儿的心理发展为何明显落后于城市同龄幼儿？为知其所以然，对其影响因素进行分析。

（一）差异性检验

将家庭收入分为三组，对儿童心理发展测评成绩所进行的组间分析结果见表6。

表6　　　　　　　　根据家庭收入对儿童心理测评成绩的组间检验

全家收入（元）		语言接受性	语言表达性	自他认识	动作技能	思维能力	记忆能力	情绪辨别
500~1万	Mean	5.3418	6.7563	13.0278	6.0228	17.0076	6.4380	2.6456
	Std. Deviation	1.03843	1.30434	2.09101	1.36551	4.48262	1.58933	0.75800
1万~2万	Mean	5.3774	6.9906	13.5094	6.3596	18.9654	6.4811	2.8365
	Std. Deviation	1.06673	1.14964	1.85896	1.35596	4.74412	1.58998	0.80122
2万以上	Mean	5.6745	7.3792	14.1414	6.8926	19.9765	6.8087	3.0604
	Std. Deviation	0.79015	1.02847	1.93654	1.23714	4.79086	1.63103	0.84669
显著性（Sig）		0.000	0.000	0.000	0.000	0.000	0.006	0.000

从表6中清楚地看到，家庭收入对儿童心理发展的影响十分重大。除记忆能力，高收入组的儿童是在 $P < 0.006$ 的水平上十分显著地高于低收入儿童，在其他各项能力上，高收入组的儿童均是在 $P < 0.000$ 的水平上极其显著地高于低收入儿童。

（二）回归分析

将调查所获取的连续变量数据均作为自变量，分别将受测儿童的"语言接受""语言表达""自他认知""动作技能""思维能力""记忆能力"和"情绪辨别"依次作为因变量，运用 SPSS17.0 版，采用 Stepwise 法进行多元回归分析。

限于篇幅，无法呈现所有结果，在此只将进入模式，并有显著性的自变量标识出来，结果见表7。

表7　对儿童心理测评成绩的多元回归分析（表中数值是 Beta 系数）

因　素	语言接受	语言表达	自他认知	运动技能	思维能力	记忆能力	情绪辨别
全家收入	0.101**	0.152***	0.158***	0.213***	0.140***	—	0.140***
儿童拥有图书	0.092**	0.212***	0.177***	0.172***	0.257***	0.137***	0.101**
儿童拥有玩具	—	—	—	—	—	—	0.089*
亲子共读时间	0.075*	—	0.109**	—	0.103**	—	—
亲子游戏时间	—	—	—	—	—	—	—
男女平等意识	0.087**	—	—	0.100**	0.103**	—	0.084**

注：*$P<0.05$；**$P<0.01$；***$P<0.001$。

从上表中可以清楚地看到，儿童拥有图书量是所有自变量中对儿童心理发展产生影响最大的变量，涉及了所有测试的心理维度。除了"语言接受"和"记忆"，其显著性在 $P<0.01$ 水平上，其余均在 $P<0.001$ 的水平上。

同样，家庭经济也是对儿童的心理发展起着极其重要影响的因素，除了儿童的"记忆能力"，对其他6个维度的影响都在 $P<0.001$ 的水平上。

看护人的男女平等意识也对儿童的"语言接受""动作技能""思维能力"和"情绪辨别"起着重要影响，其显著性达到 $P<0.01$ 水平。

同时，亲子共读时间也是一个重要的自变量，对儿童的"语言接受""自他认知"和"思维能力"的影响都达到显著水平。

调查所获取的连续变量数据作为自变量，分别将儿童的"社会适应""抗挫能力""情感调控""顺从行为"和"忍耐能力"依次作为因变量，运用 SPSS17.0 版，采用 Stepwise 法分别进行多元回归分析。限于篇幅，无法呈现所有结果，在此只将进入模式，并有显著性的自变量标记出来，结果见表8。

从表8可以看到，家庭收入会对儿童的"社会适应""抗挫能力"和"忍耐能力"产生极其重要的影响；儿童所拥有的图书量对儿童的"抗挫能力""顺从行为"和"忍耐能力"产生不同程度的影响，其中对"抗挫能力"的影响最大；

表8　对儿童情绪调控和社会行为发展的回归分析（表中数值是 Beta 系数）

因　素	社会适应	抗　挫	情绪调控	顺从行为	忍耐能力
全家收入	− 0. 129 ***	− 0. 117 ***	—	—	− 0. 117 ***
儿童拥有图书	—	− 1. 65 ***	—	− 0. 090 **	− 0. 083 *
儿童拥有玩具	− 0. 101 **	—	− 0. 149 ***	—	—
亲子共读时间	—	—	—	—	—
亲子游戏时间	—	—	—	− 0. 106 **	—
男女平等意识	− 0. 069 *	—	—	—	—

注：*P＜0.05；＊＊P＜0.01；＊＊＊P＜0.001。

儿童拥有的玩具也会对儿童的"社会适应"和"情感调控"起到十分显著作用；亲子一起游戏则会促进儿童的"顺从行为"；而看护人的男女平等意识也会对儿童的"社会适应"起到一定作用。

综上所述，偏远贫困地区幼儿的情感调控、社会行为、言语、认知和运动能力等心理发展受到家庭经济、父母亲学历、看护人及看护人的男女平等意识的影响，儿童拥有的图书以及玩具量也是影响他们心理发展的重要因素之一。

四、巡回走教幼儿教师独特作用之审视

从湖南省37～48个月幼儿的发展调查结果中，可归纳出偏远贫困地区幼儿心理发展低于经济发达或一般地区的特点如下。

（1）儿童的心理发展极受家庭经济影响。所有的通过问卷和实际测查的儿童心理发展结果表明，家庭经济越贫困的儿童，所有的心理发展水平也越低，思维、言语和社会认知等受的影响更大。

（2）儿童的心理发展极受父母学历影响。父母的学历均与儿童的心理发展水平成正比，即父母的学历越低，儿童的各项心理发展越弱，父亲学历在儿童的语言、运动和认知能力方面影响力更大。

（3）儿童的心理发展极受看护人的影响。贫困地区幼儿的留守率高，这些留守儿童在各项心理发展上，都显著低于非留守儿童。

（4）幼儿园对儿童情绪控制有好处。因没上过幼儿园，贫困地区幼儿的社会适应和情绪调控均显著低于城市幼儿。

（5）儿童的心理发展受拥有图书的影响。儿童拥有的书籍量，对儿童的言语、认知、运动能力都产生很大影响，均达到显著水平。

（6）儿童的心理发展受拥有玩具的影响。儿童所拥有的玩具，对儿童的社会适应、情感调控和情绪识别等也产生显著影响。

受经济、意识等所限，偏远贫困地区看护人为儿童的教育投资少，这些地区儿童没有图画书、玩具的比例远高于经济发达或一般地区的儿童。偏远贫困地区的看护人从不陪伴儿童读书、不与孩子游戏的比例，远高于经济发达或一般地区的看护人。

针对上述偏远贫困地区幼儿的发展特点及受制的家庭环境、带养人的亲子共读、共同游戏的缺乏等特点，接受广义的学前教育，促进早期发展已是时不我待！

如前所述，《国家中长期教育改革和发展规划纲要（2010－2020 年）》在强调重点发展农村幼儿教育时，大力推进毛入园率是在量上的保证，而能够走进各村各户对幼儿进行共同游戏、共同阅读的巡回走教幼儿教师应能成为弥补父母带养缺失的生力军。

（一）巡回走教幼儿教师存在的意义

巡回走教幼儿教师是指在偏远贫困地区地域辽阔、山大沟深的贫困地区为幼儿送游戏活动上门、为幼儿进行巡回保教活动的教师。国务院发展研究中心所属中国发展研究基金会根据偏远贫困地区地域辽阔，山大沟深，学前教育资源不足，适龄儿童入园率低，学前教育需求无法得到满足等实际情况，自 2009 年起在青海、云南、贵州、四川等地设置山村幼儿园，为贫困山区幼儿提供免费学前教育。在当地各级教育部门的大力支持和组织协调下，山村幼儿园利用农村学校布局调整后的闲置校舍，将其改造成符合开展学前教育要求、安全适用的校舍，基本达到"五有一无"（有合格的教师、有基本够用的园舍、有适合幼儿的桌椅、有必要的玩教具和室外体育设施，有清洁的饮用水和安全、卫生的厕所，无危房）的标准。山村幼儿园教师以学前教育专业的职校学生志愿者为主体，在山村幼儿园之间巡回施教。山村幼儿园配备符合幼儿年龄特点的玩教具、幼儿读物和室内外设备设施，要求巡回走教幼儿教师尊重幼儿成长规律，从实际出发，科学安排和选择教育内容与方法，以游戏为基本活动形式，根据幼儿的实际发展水平和年龄特点，开展富有趣味性的教学活动。

山村幼儿园采取的巡回走教模式是推进中国偏远贫困农村地区学前教育发展的一个重要举措，值得在贫困农村地区全面推广，它为贫困地区 3～6 岁幼儿带来福音。为保证山村幼儿园巡回走教模式的可持续性，提高教师专业素质和能力是关键因素。

山村幼儿园采取的巡回走教模式将以往农村的学前教育以教师为中心模式转化为以幼儿为中心的教育模式，在理念上是一个巨大转变。但迄今为止，实施巡回走教的幼儿教师仍被称为"志愿者"，她们只拿微薄的工资，但在体力上、物资上以及精神上都实际承载着比县城幼儿园教师更重的担子，提升这些志愿者的学前教育专业素质和能力面临更大的挑战。如果国家能出台政策，对巡回走教幼教志愿者予以正确的身份定位，并形成一套提升其专业素质和专业能力的培训制度，将有效地指导山村幼儿园实践工作，使以儿童为中心的农村学前教育模式得到全面推广普及。

"公益性"和"高质量"一直是学前教育中备受关注的一对哲学命题，通常被认为是矛盾的对立面。在本研究中，拟提出提升巡回走教幼儿教师专业素质和专业能力的培训方案和培训模式，既能有效地回答前述的哲学命题，在贫困农村地区推行公益性幼儿教育的同时，保证其高质量。与此同时，如能通过教师的实际工作，检验本研究研发的培训方案和培训模式是行之有效的话，就能保证山村幼儿园巡回走教模式得到可持续发展。

山村幼儿园主要是为 3～6 岁儿童提供学前教育和家长教育服务，巡回走教幼儿教师虽然不要求获得国家颁布的教师资格证书，但为了保证山村幼儿园的学前教育质量，教育部门应制订政策，按照最新颁布的幼儿教师专业发展标准，全面提高幼教志愿者的专业素质和专业能力。

（二）提升巡回走教幼儿教师专业素质策略

1. 编制教师培训手册和远程培训教材

培训手册和教材应聚焦于树立巡回走教幼儿教师的专业理念和提升专业技能。

（1）专业理念。应根据教育部颁布的学前教育规划纲要等引领性文件、学前教育课程目的和目标，充分了解儿童早期发展重要性，掌握幼儿心理发展的原则和特点，知晓山村幼儿园环境创设之意义，为幼儿制订日常生活规范，处理好山村幼儿园与家庭和村落的关系。

（2）专业技能。应创设适宜的山村幼儿园环境，熟练编制幼儿活动手册，为幼儿设计适宜农村偏远地区进行的游戏活动，同时能为幼儿编制五大领域渗透互补的教学、体能和生活活动方案。

与此同时，利用当地资源或材料所创设的适宜幼儿发展的山村幼儿园物理环境场景、教师执行五大领域活动方案的场景、为幼儿挑选适宜的读物以及为其阅读的场景。

培训手册的内容构成设想：

• 成为留守幼儿"代理母亲"的方法习得；

• 留守幼儿在社会、情绪、生理、语言、认知发展的特点探索；

• 祖辈代养幼儿的行为问题解析和解决策略探析。

• 在山村幼儿园中实施五大领域整合活动的途径分析；

• 创设山村幼儿园教室物理环境和提供支持性教育材料的原则及方法思考；

• 山村幼儿园的日常活动与规则确立；

• 山村幼儿园自制教玩具的创意获取；

• 山村幼儿园的图书获得和利用的路径分析。

2. 培训方案的实施

根据巡回走教幼儿教师的工作特点，拟用两种方法实施上述培训方案。

（1）面对面培训。在有条件的情况下，以片区为单位，集中巡回走教幼儿教师，请专业培训人员实际讲课，或在某个山村幼儿园上，专家看课后进行当面点评，同时进行理念的诠释和技能的示范。

（2）远程培训。利用 DVD 等视频影像资料，除上述 DVD 有关场景内容，还将上述其他的手册内容刻录在 DVD 光盘上，发送到各个山村幼儿园，保证课时。

运用现场研究，到各个山村幼儿园，调查教师在创设物理环境、执行活动方案、与幼儿及其家庭或村落进行互动的实际情况。

运用行动研究，选取 12 名巡回走教幼儿教师，追踪其接受培训后的成长轨迹，以此检验本研究中培训方案及实施方式的有效性。

通过培训，期待巡回走教幼儿教师能具备以下基本素质。

- 持有正确的儿童观。尊重偏远贫困地区，特别是该地区留守幼儿的权益，以幼儿为主体，充分调动和发挥幼儿的主动性；遵循偏远贫困地区幼儿，尤其是留守幼儿身心发展特点和活动规律，提供适宜的山村幼儿园教育，保障幼儿快乐健康成长。

- 具备良好的职业意识和师德。热爱学前教育事业，具有巡回走教幼儿教师应具备的职业理想，履行教师职业道德规范。关爱幼儿，尊重幼儿人格，心理健康，以积极乐观的心态对待工作，富有能担当"代理母亲"的爱心、责任心、耐心和细心；自尊自律，做幼儿健康成长的启蒙者和引路人。

- 具有合适的职业能力。能把学前教育理论与偏远地区的山村幼儿园教育实践相结合，突出实践能力；提升巡回走教工作专业化水平；坚持实践、反思、再实践、再反思，不断提高专业能力。

巡回走教幼儿教师是一个全新的名称，其在偏远贫困地区幼儿的心理发展中所能起到的独特作用值得期待。

2012 年 10 月

参考文献

[1] 中华人民共和国中央人民政府. 国家中长期教育改革和发展规划纲要（2010 - 2020 年）. 北京：国务院，2010

[2] 中华人民共和国教育部. 幼儿园教师专业标准（试行）（征求意见稿）. 北京：教育部，2011

[3] 中华人民共和国教育部. 3～6 岁儿童学习与发展指南. 北京：教育部，2012

依托社区教育
构建三维立体的幼教师资培养模式
——贫困地区幼教师资问题研究

■ 何晓雷

浙江大学教育学院

一、问题的提出：
学前教育发展与幼教师资短缺形成巨大的矛盾

（一）旺盛的学前教育发展

1. 发展学前教育：世界与中国的共识

学前教育机构从诞生到确立，经历了一个较为漫长的发展过程；其中，世界各国对于学前教育角色与作用的认识也经历了逐渐清晰、明确到重视的发展过程，恰如瑞典著名女教育家艾伦·凯在 1899 年出版的《儿童的世纪》一书中预言——"20 世纪将是儿童的世纪"（黄静潇，2005）。学前教育由原先具有浓郁的慈善性兼福利性机构，日益转变为国民教育体系的基础部分。学前教育的发展与机构的管理，也从各种非政府组织包括社会慈善机构、私人基金会、教会等的分散进行与运行，逐渐转为由国家运用法制进行规范以及政府通过公共政策与权力的使用予以支持、资助。其中，学前教育的发展与繁荣离不开国家与政府的推动，尤其是联合国、联合国教科文组织（儿基会）、国际儿童组织等机构组织扮演了积极与重要的角色。例如，1989 年第 44 届联合国大会通过了《儿童权利公约》；联合国教科文组织 1996 年的报告《教育：财富蕴藏其中》明确指出："受过幼儿教育的孩子与没有受过这一教育的孩子相比，往往更能顺利入学，过早辍学的可能性也少得多。较早入学有助于克服贫困或某种不利的社会环境或文化环境造成的最初困难，从而可为促进机会均等出贡献"（联合国教科文组织，1996）。努力促进幼儿教育的民主化，已经成为世界和中国幼儿教育改革与发展的重要趋势（冯晓霞，2002）。对学前教育的重视程度反映着一个国家的现代化程度，是衡量社会发展水平的重要标志。发展学前教育事关国家和民族的未来，是建设人力资源强国的必然要求。今日之儿童，明日之栋梁；强国必先强教，强教必重基础（刘延东，2010）。

2. 加快发展与普及：我国新时期的学前教育发展战略

"学前教育是人生发展的奠基性教育，是基础教育的基础、终身教育的开端，是国民教育体系的重要组成部分，对于促进个体早期的身心全面健康发展、巩固和提高义务教育质量与效益、提升国民素质、缩小城乡差距、促进教育和社会公平具有重要价值。"（庞丽娟，2009）重视学前教育、加快发展学前教育、基本普及学前教育已经被纳入国家与地方中长期教育发展纲要及教育十二五规划当中（见表1）。中央与地方各级政府及相关教育主管部门制订并出台了一系列学前教育相关发展政策与战略举措，将学前教育作为未来一个时期的战略目标和发展重点（见表2）。

表1　国家及部分省（区、市）学前教育发展目标与举措（2010~2020 年）

纲要与规划	主要内容	备　注
国家中长期教育改革和发展规划纲要（2010~2020 年）	**基本普及学前教育：** ·积极发展学前教育，到2020 年，普及学前一年教育，基本普及学前两年教育，有条件的地区普及学前三年教育。重视 0~3 岁婴幼儿教育 ·明确政府职责。把发展学前教育纳入城镇、社会主义新农村建设规划。加大政府投入，完善成本合理分担机制，对家庭经济困难幼儿入园给予补助。 ·重点发展农村学前教育。努力提高农村学前教育普及程度。着力保证留守儿童入园。支持贫困地区发展学前教育	国　家

续表

纲要与规划	主要内容	备 注
国家教育事业发展第十二个五年规划	**加快发展学前教育：** ·落实各级政府发展学前教育责任。推进"学前教育法"起草工作。中央财政重点支持中西部地区和东部困难地区发展农村学前教育 ·多种形式扩大学前教育资源。中央财政安排扶持民办幼儿园发展奖补资金，支持普惠性、低收费民办幼儿园 ·多种途径加强幼儿教师队伍建设。将中西部地区农村幼儿教师培训纳入中小学教师国家级培训计划。各地五年内对幼儿园园长和教师进行全员专业培训 ·提高学前教育保教质量。修订《幼儿园工作规程》和《幼儿园教育质量评估指南》，发布"3~6岁儿童学习与发展指南"	国 家
北京中长期教育改革和发展规划纲要	**大力发展学前教育：** ·全面提升学前教育的供给能力，为适龄幼儿提供充足的入园机会。实施学前教育保障项目。构建覆盖0~6岁幼儿的学前教育体系 ·统筹规划幼儿园布局。到2020年，公办幼儿园数量达到总数的50%以上。采取政府购买服务等方式支持民办幼儿园提供优质平价服务	发达地区
上海市中长期教育改革和发展规划纲要	**为儿童幸福和发展实施快乐的启蒙教育：** ·学前教育是为儿童的幸福和发展奠定基础的教育 ·建立医教结合的家庭教养指导和预防性干预系统 ·提高各类幼儿园保教质量 ·加强学前教育保教队伍建设 ·强化政府学前教育公共服务职能	发达地区
甘肃省中长期教育改革和发展规划纲要	·基本普及学前教育。遵循幼儿身心发展规律，坚持科学保教方法，保障幼儿快乐健康成长 ·明确政府举办学前教育职责 ·大力发展公办幼儿园，重点发展农村学前教育 ·加强学前教育管理，规范办园行为，提高保教质量	欠发达地区

续表

纲要与规划	主要内容	备 注
贵州省中长期教育改革和发展规划纲要	·将学前教育纳入城镇、新农村建设和城市小区建设发展规划，逐步将学前教育纳入义务教育范畴 ·建立政府主导、社会参与、公办民办并举的办园体制 ·大力发展农村学前教育。以发展农村学前教育为重点，着力保证留守儿童入园	欠发达地区

资料来源：根据国家及有关省（区、市）中长期教育发展纲要、规划汇总。

表2 国家与部分省（区、市）学前教育事业主要发展目标（2009~2020年）

	指 标	2009	2015	2020	备 注
国家中长期教育改革和发展规划纲要	**学前教育** 幼儿在园人数（万人） 学前一年毛入园率（%） 学前两年毛入园率（%） 学前三年毛入园率（%）	2658 74.0 65.0 50.9	3400 85.0 70.0 60.0	4000 95.0 80.0 70.0	国 家
北京市中长期教育改革和发展规划纲要	—		—	公办幼儿园数达到总数的50%以上	发达地区
上海市中长期教育改革和发展规划纲要	学前三年毛入园率（%）	95.5	98.0	99.0	发达地区
甘肃省中长期教育改革和发展规划纲要	**学前教育** 学前一年毛入园率（%） 学前两年毛入园率（%） 学前三年毛入园率（%）	50.9 — — —	— 75 65 50	— 90 75 65	欠发达地区
贵州省中长期教育改革和发展规划纲要	学前三年毛入园率（%）	44.5	60	70	欠发达地区

资料来源：根据国家及有关省（区、市）中长期教育发展纲要、规划汇总。

2011年开始，中央和地方政府计划实施"学前教育三年行动计划"，计划未来三年全国各地将新建及改扩建幼儿园9万多所、新增园位500多万个、新增投入超过 1000 亿元，其中，重点保障农村孩子能上幼儿园（见表 3）。预计国家"十二五"学前教育发展目标可提前实现。在新增投入 1000 多亿元中，中央财政资金达到 500 亿元。在中国学前教育发展历史上，中央财政首次专项列支（董洪亮，2011）。

表 3　　　　　　　　　　　　**国家学前教育三年行动计划**

三年行动计划		农村学前教育推进工程		经费筹措渠道
新建、改扩建幼儿园	9 万多所	2010 年	2011 年	中央专项支出地方财政配套政府主导社会参与家庭合理分担
		10 省启动试点	试点扩至 25 省	
新增园位	500 多万个	安排资金 5 亿元	资金增至 15 亿元	
新增投入	1000 多亿元	规划建设幼儿园 416 所	规划建设幼儿园 891 所	

3. 入托入园：城乡居民日益增长的学前教育需求

随着社会与经济的发展、城乡居民收入的提高以及国民受教育程度的觉醒，再加独生子女政策导致的学龄前儿童迅速减少，入托入园已经成为城乡居民日益增长的学前教育需求。全国幼儿在园人数已经由 1990 年的 1972.23 万人、2000 年的 2244.18 万人增至 2010 年的 2976.67 万人；幼儿园数增至 2010 年的 15.04 万所；幼儿园教职工达由 1992 年的 112.14 万人（专任教师 81.5 万人）、2000 年的 114.43 万人（专任教师 85.65 万人）到 2010 年的 130.53 万人；2007 年中西部 22 个省（市、自治区）27284 个乡镇中约有一半的乡镇没有乡镇中心幼儿园，到目前几乎每个乡镇都有一所中心幼儿园；截至 2010 年底，我国学前教育毛入园率已经达到 56.6%。[①]

（二）短缺的幼教师资

我国学前教育在大发展的同时，也面临着种种困难与问题，其中，师资成为制约学前教育发展的瓶颈（赵小雅，2009）。幼教师资短缺已经成为制约当前我

---

① 以上数据均根据教育部的"全国教育事业发展统计公报"汇总统计。见于中国教育和计算机科研网。

国学前教育发展的短板，并成为影响和阻碍我国学前教育事业发展的关键因素之一。导致我国幼教师资短缺的原因较为复杂，既有主观原因，也有客观原因。

1. 主观原因

主要表现为：学前教育得不到重视和尊重；人们不愿意当幼儿教师；幼教待遇太差；幼教师资流失严重。

2. 客观原因

（1）迅猛发展的学前教育事业，导致幼教师资短缺。目前我国学前教育的毛入园率为56%，"十二五"期间入园率要达到85%。按照每所幼儿园招收200名儿童计算，意味着全国每年要增加近10万所幼儿园；按照每个幼儿园10名教师计算，每年要增加100万名幼儿教师（李东梅，2011）。这个量非常大，难度也非常高。

（2）幼教师资职前培养的短缺。当前的幼教师资短缺，与我国幼教师资职前培养体系有关。过去，我国学前教育职前教育体系由中等幼儿师范教育（包括幼儿师范学校、普通师范幼师班和职业高中幼师班）和高等幼儿师范教育（包括幼儿教育专业专科和本科、硕士和博士）组成。其中，幼儿师范学校一直是我国幼儿园教师的主要培养基地（见图1）（叶平枝，2006）。现在，全国很多省（区、市）的幼儿师范学校升格冒进、或转轨或被兼并归入高等院校而失去

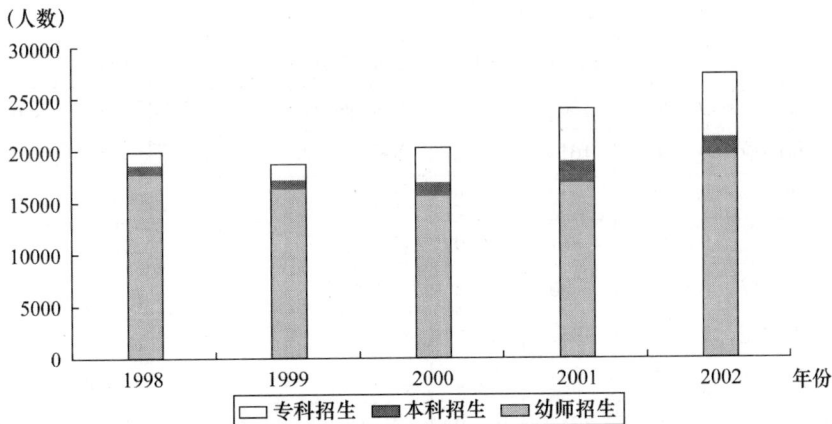

图1　全国幼儿师范学校和高师本专科幼儿教育专业招生情况（1998～2002年）

幼教师资职前培养的功能，导致幼儿师范学校萎缩，幼教招生人数和幼教师资下降（见图2）（叶平枝，2006）。高等幼儿师范教育虽然逐渐成为我国幼儿教师的主要培养基地，但其因为偏重理论，而且教育规模与人数十分有限，不能适应和满足当前我国学前教育事业对于幼教师资的需要（见表4）（张振平，2007）。

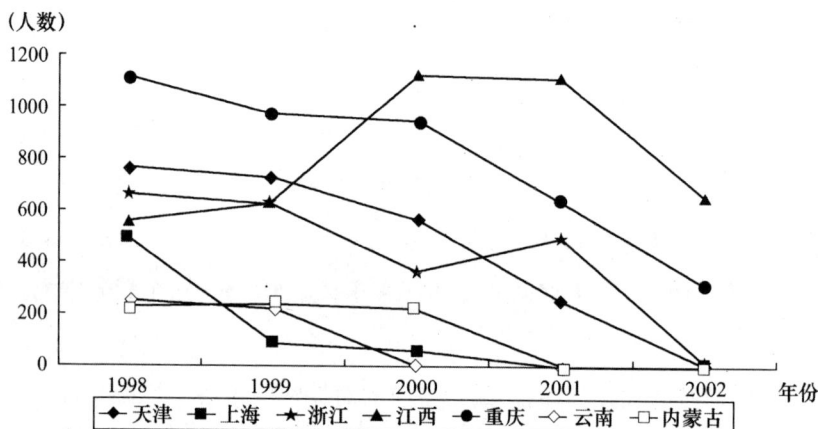

图2　1998～2002年幼儿师范学校招生下降的省（市、自治区）

表4　　　　　　　　　2003年设置幼儿教育专业的学校数和招生数

第三级教育				中等教育阶段			
学校类型	高校数（个）	招生计划数（人）	百分比（%）	学校类型	高校数（个）	招生计划数（人）	百分比（%）
师范大学	32	2718	30.7	幼儿师范学校	52	19853	20.8
师范学院	24	1301	14.7	中等师范学校	63	6343	6.7
师范专科院校	26	1610	18.2	高校中专部	85	9237	9.7
其他大学	12	442	5.0	普通中专	61	4836	5.1
其他学院	21	862	10.9	职业高中	579	37878	39.8
其他专科院校	3	75	0.8	进修学校	85	6697	7.0
职业技术学院	20	1331	15.0	成人中专	66	4577	4.8
教育学院	12	404	4.6	职教中心	99	5806	6.1
总　计	150	8743	100.0	总　计	1090	95227	100.0

（3）幼教师资在职培训的滞后。学前教育过去由于未纳入义务教育，未引

起政府及相关教育部门、幼儿园管理者的关注与重视，导致幼师岗位编制缺乏、工作辛苦、待遇低，幼儿教师不愿意从事幼教工作，尤其是到农村乡镇从事幼教工作。在职幼教师资培训滞后，主要表现为：财政投入不足，培训经费匮乏；缺乏正式教师编制，教师受训积极性不高；对学前教育性质认识不到位，偏重 3～5 岁儿童的师资培训，而 0～3 岁儿童的师资培训欠缺；偏重发达城区的幼教师资培训，贫困落后地区的幼教师资培训匮乏；幼教师资培训机构少且管理混乱；幼儿教师资格准入制度不健全，等等。

二、贫困地区发展学前教育的三大难题与解析

贫困地区发展学前教育问题，不仅影响我国整个学前教育发展，而且影响和制约我国教育整体发展与和谐公平，应当成为我国未来学前教育发展的重中之重。贫困地区发展学前教育面临诸多的困难与问题，概而言之，难题主要有三：政策、经费和师资。其中，政策是关键、经费是掣肘、师资是根本。

（一）贫困地区发展学前教育面临的三大难题

1. 政策是关键

贫困地区发展学前教育，政策是关键。以往，我国虽然一直三令五申地强调教育作为优先发展，但由于各地各级政府的重心与重点是经济建设，从而产生"忙了抓经济、闲了抓教育"的局面。然而，随着我国社会转型与经济好转，各地各级政府的重心与重点开始转向民生问题。

从表 1 中可以看出，我国上到中央下到地方已经将加快发展学前教育、基本普及学前教育作为未来 5～10 年的教育战略发展目标。其中，无论是中央还是发达省（区、市）抑或是欠发达省（区、市）都将以下内容纳入在中长期教育改革与发展纲要或教育十二五规划当中：加大政府投入、加快普及学前教育；把发展学前教育纳入城镇、社会主义新农村建设规划；完善成本合理分担机制，对家庭经济困难幼儿入园给予补助；重点发展农村学前教育，着力保证留守儿童入园；支持贫困地区发展学前教育；多种形式扩大学前教育资源；多种途径加强幼

儿教师队伍建设；提高学前教育保教质量等。贫困地区发展学前教育的战略目标与优惠政策已经制定与颁布，接下来，关键在于从中央到地方各级政府对于学前教育政策的落实、执行与督导。

2. 经费是掣肘

贫困地区由于经济能力有限，用于教育的经费虽然也在逐年增长，但相对而言还是十分有限。发展学前教育的意义重大，虽然已成为贫困地区共识，引起关注与重视，但是，发展学前教育需要巨大的财力、物力，对于贫困地区的财政来说，无疑是雪上加霜。因此，经费问题将是贫困地区未来发展学前教育的掣肘。

除了总量不足外，过渡期内，我国幼儿教育投入的主要问题还是体制不顺，投入和事权没有统一。从目前看，有限的幼儿教育经费都沿着现行的政府、事业单位、教育部门预算的渠道拨付，政府办园的经费预算列支在政府办公经费中，事业单位和教育部门办园也分别列支在各自的预算中，不属于这个体系的幼儿教育机构缺乏纳入预算的渠道，真正为一般民众服务的幼儿教育机构，如街道幼儿园、小区幼儿园、农村幼儿园等无法得到政府的资助（曾晓东，2005）。

3. 师资是根本

富兰（Michael Fullan）认为：重大的教育变革包括信念、教学风格和教学材料的变革，所有这些变革只能通过个人在社会环境中的发展过程才能发生。也就是说，教育改革的成败取决于教师的所思所为（富兰，2010）。富兰道出了教育改革的真谛，即教育改革政策最终还是要落实到课堂，并通过教师实现。没有一线教师的理解与参与，再好的教育改革政策也只能是空想，再好的教育改革政策注定要失败。

中国学前教育政策与发展目前可谓形势一片大好，但是，加快普及学前教育的战略目标与重点扶持贫困地区学前教育及优惠政策的背后，需要一线教师的具体实践与落实。因此，贫困地区发展学前教育，师资是根本。

（二）难题解析

贫困地区发展学前教育面临诸多困难与问题，其中主要难题有三：政策、经费与师资。然而，这些困难、问题与难题不是平行并列关系，它们之间存在主次、暂时与长远等关系问题。

首先是政策问题。目前，从中央到地方、从发达省（区、市）到欠发达地区，发展学前教育已经达成共识，并且在各自中长期教育改革、发展纲要与教育十二五规划中都已经制定了相关政策和实施项目。其中，中央和地方各级政府对于贫困地区发展学前教育也给予优惠政策和扶持资金。因此，贫困地区发展学前教育的政策问题只是迟早的事情，只要认识到位、关系理顺、机制通畅。

其次是经费问题。经费问题对于贫困地区发展学前教育的确是个很大的难题，而且也是关键问题之一，恰如"巧妇难为无米之炊"。但是，经费问题也不是无法解决，它可以通过：地方经济复苏、中央支持、社会参与、多方投资等方式予以解决。

最后是师资问题。在影响与制约贫困地区发展学前教育的困难与问题之中，最难的还是师资问题。贫困地区发展学前教育，不仅仅是优惠政策、增加投入就能解决的。贫困地区幼教师资问题，不像是政策与经费能够在短时期内解决和奏效。高校现有幼教师资培养数量有限，供给发达省（区、市）及城镇尚显不足，难以供给到贫困地区和农村幼儿园；贫困地区和农村幼儿园环境恶劣、待遇差，幼儿教师不愿意去；再加贫困地区幼教师资在职培训滞后。以上原因和因素导致贫困地区师资不仅短缺，而且水平与质量低下。

综上所述，贫困地区发展学前教育的价值与意义重大，但面临诸多困难与问题，概而言之，问题主要有三：政策、经费与师资。贫困地区发展学前教育，虽然政策是关键、经费是掣肘，但根本在于师资。政策、经费等问题只要认识到位，有可能在短时间内得到解决；但是，师资问题是个长期工程，不可能在短时间内得到解决。因此，贫困地区发展学前教育，师资问题不仅难度最大，而且尤为凸显。它不仅影响和制约着贫困地区学前教育改革与发展，而且成为贫困地区当前发展学前教育的重大和紧迫任务之一。

三、贫困地区幼教师资问题：可行性路径探讨

（一）常规师资培养模式难以解决贫困地区幼教师资问题

目前，常规幼教师资培养模式难以解决贫困地区幼教师资问题，不足以适应和满足贫困地区发展学前教育需要。我国幼教师资培养体系由以前的三级（师范、大专和本科）培养改为目前的二级（大专和本科）培养，全国各省（区、市）基本合并或撤销了幼儿师范学校。这样就会出现三个问题：一是由于合并或撤销了专门培养幼教师资的幼儿师范学校，导致幼教专业不受重视及幼教专业学生数量迅速下降。虽然 2010 年出台的《国家中长期教育改革和发展规划纲要（2010-2020 年）》激发了全国各地各级院校办幼教专业的热情，但仍然难以满足幼教师资需求。一是受到学前教育学科性质及专业的限制，升格至大专、本科的幼教师资培养，侧重理论水平的培养与教育，忽略忽视了热爱儿童与业务的培养与学习，拉大理论与实践的差距。以至于近年来幼教师资的学历、职称等虽有较大幅度提升，但业务精良的幼教师资并不多。二是受体制限制，高等院校学前教育专业招生数量虽有扩大但总量相对较小。如山西运城幼儿师范专科学校2010 年招生规模为 1500 名；宝鸡职业技术学院 2010 年招生计划 80 人，2011 年计划招生 292 人；而陕西师范大学学前教育专业本科 2010 年招生 50 名，而2011 年招生 40 人（张雨，杨文学，2012）。一方面，幼教专业本科毕业生数量有限，很难流入基层和贫困地区；另一方面，在教师招考中，幼师毕业的中专生却被排除在报名资格以外。

目前我国学前教育师资缺口巨大，有资料称当前全国学前教育师资整体缺口在 200 万以上。据报道：河南省 5 年内幼儿教师缺口为 15 万人；北京市 3 年内的幼儿教师缺口达 1.46 万人，每年缺 5000 人；重庆市幼儿教师缺口过万；根据幼儿园 15:1 的生师比要求预测，未来三年上海约需新增专任教师 8000 人，新增保育员 3000 人（张雨、杨文学，2012）。同时，民办教育机构已占据我国学前教育产业六成以上市场份额，成为促进学前教育领域发展的重要力量。截至 2009

年，全国民办幼儿园的总数已达到 8.34 万所，占全国幼儿园总所数的 62.2%；民办幼儿园的教职工数量达到 80.8 万人，占据全国幼儿园教职工总人数的 56.38%。相比而言，公办幼儿园的教职工人数仅为 34.9 万人，在全国 143.4 万幼儿园教职工总人数中仅占有不到 1/4 的份额（张雨、杨文学，2012）。

综上所述，由于贫困地区和乡镇的幼儿园规模小且散、远，以及民办幼儿园规模与数量的剧增，我们目前无法准确核算学前教育师资缺口到底有多大。但可以肯定的是，在国家和地方各级政府大力发展学前教育及城乡居民对于学前教育需求旺盛的背景下，各级各类幼儿园数量与规模激增，常规幼教师资培养模式难以适应与满足当前学前教育发展需要，贫困地区幼教师资问题尤为凸显。

（二）社区与社区教育：中国政府、社会与教育未来发展重点

1. 社区

中国政府将发展社区作为未来社会发展的重点，其中将大力推进社区建设。切实加强社区建设，对于促进经济和社会协调发展，提高人民的生活水平和生活质量，扩大基层民主，维护社会安定，推动社会改革与发展，具有十分重要的意义。目前，全国已有 26 个省、自治区、直辖市和 48 个地级市、174 个城区推广使用了"中国社区志愿者注册管理系统"，全国社区志愿者组织已经达到 28.9 万个，每个社区至少有 3 支以上社区志愿者服务队伍，社区志愿者人数达 2900 万人，其中注册志愿者达到 599.3 万人。社区志愿者服务活动超过 5000 多万人次，服务小时数达 1500 万小时。以社区为平台展开的公共服务事项已经达到 10 多类 100 多项，主要有社区就业、社区社会救助、社区社会保障、社区卫生、社区康复、社区照顾、社区计划生育、社区教育、社区体育、社区文化、社区安全、社区矫正、社区应急、社区环境等工作（于燕燕，2011）。

加快农村发展、消除城乡差距，是我国政府近年来为实现社会公平发展与和谐发展的一项重大政策举措。特别是"十二五"规划纲要提出要加快社会主义新农村建设，按照推进城乡经济社会发展一体化的要求，搞好社会主义新农村建设规划，加强农村基础设施建设和公共服务，推进农村环境综合整治。加快消除制约城乡协调发展的体制性障碍，促进公共资源在城乡之间均衡配置、生产要素

在城乡之间自由流动。统筹城乡发展规划，促进城乡基础设施、公共服务、社会管理一体化。① 城乡统筹和打破城乡二元结构，成为全国各地发展的新主题。2011 年，中国城镇人口占总人口的比重首次超过 50%，中国从具有悠久农业文明历史的农民大学开始进入以城市社会为主的新阶段。这意味着中国人的生产方式、职业机构、消费行为、生活方式、价值观念等都将发生深刻变化（汝信、陆学艺、李培林，2012）。

2. 社区教育

社区教育是社区与教育的结合，教育与社区之间的开放、参与、互动和协调。随着社会的不断发展和进步，社区教育必然将从舞台边缘迈向舞台的中心（厉以贤，1999）。党的十七大明确要求"现代国民教育体系更加完善，终身教育体系基本形成，努力使全体人民学有所教"。这就给社区教育指明了发展方向，社区教育的价值就在于，服务"社区各类人群学有所教"，服务社区建设，服务终身教育体系和学习型社会的建设，夯实全民终身教育学习的社会基础。《国家中长期教育改革和发展规划纲要（2010 – 2020 年）》在"继续教育"一章中明确规定了社区教育新阶段的发展任务——"大力发展非学历继续教育，稳步发展学历继续教育。重视老年教育。倡导全民阅读。广泛开展城乡社区教育，加快各类学习型组织建设，基本形成全民学习、终身学习的学习型社会"，彰显了社区教育在国家发展和现代教育体系中的地位。

我国社区教育发展态势已经由中心城市向城郊和乡镇实行三级推进，实验区、示范区规模逐渐扩大，全民终身教育活动区域覆盖面明显拓展，学习型区县建设继续推进，基本形成社区教育三级网络，教育经费基本得以保障，队伍专业化程度有所提高，教育培训内容和形式日趋多样。截至 2010 年底，全国社区教育实验区（见表 5）、示范区（见表 6）（中国成人教育协会社区教育专业委员会，2011）分别已经达到 68 个。以实验区为骨干继续推进面上社区教育的发展，以示范区的引领激励社区教育提升品质。

---

① 参见国务院办公厅发布的《中华人民共和国国民经济和社会发展第十二个五年规划纲要》。

表5　　　　　　　　　2010年全国社区教育实验区分布情况

序 号	省 （市、区）	数量 （个）	实验区名称
1	北 京	1	石景山区
2	天 津	4	蓟县、红桥区、西青区、河北区
3	河 北	2	唐山市路南区、邯郸市邯山区
4	辽 宁	3	辽阳市宏伟区、大连市金州区、大连市中山区
5	上 海	5	黄浦区、青浦区、宝山区、卢湾区、闵行区
6	江 苏	12	南京市白下区、秦淮区、雨花台区、苏州市沧浪区、平江区、张家港市、无锡市宜兴市、常州市武进区、连云港市连云区、徐州市云龙区、扬州市广陵区、镇江市京口区
7	浙 江	9	杭州市江干区、温岭市、绍兴市越城区、舟山市普陀区、义乌市、德清县、慈溪市、宁波市江北区、北仑区
8	福 建	3	福州市台江区、漳州市芗城区、三明市梅列区
9	山 东	2	威海市环翠区、青岛市北区
10	广 东	4	佛山市顺德区、广州市越秀区、海珠区、深圳市福田区
11	山 西	1	太原市迎泽区
12	安 徽	3	合肥市蜀山区、宣城市宣州区、马鞍山市雨山区
13	江 西	3	九江市浔阳区、赣州市章贡区、南昌市东湖区
14	湖 北	3	武汉市江岸区、新洲区、荆州市沙市区
15	湖 南	1	长沙市雨花区
16	四 川	3	成都市温江区、锦江区、成华区
17	重 庆	2	沙坪坝区、万州区
18	陕 西	2	西安市莲湖区、新城区
19	甘 肃	1	兰州市城关区
20	新 疆	3	乌鲁木齐市新市区、水磨沟区、新疆生产建设兵团石河子市
21	广 西	1	南宁市青秀区
合　计		68	

反贫困与中国儿童发展

表6　　　　　　　　　　2010 年全国社区教育示范区分布情况

序 号	省（区、市）	数量（个）	实验区名称
1	北 京	6	西城区、海淀区、朝阳区、东城区、顺义区、房山区
2	天 津	4	河西区、和平区、南开区、河东区
3	辽 宁	5	沈阳市和平区、皇姑区、大连市甘井子区、沙河口区、鞍山市铁东区
4	上 海	8	闸北区、徐汇区、浦东新区、嘉定区、长宁区、普陀区、静安区、杨浦区
5	江 苏	8	南京市鼓楼区、玄武区、建邺区、无锡市江阴市、崇安区、苏州市金阊区、昆山市、常州市钟楼区
6	浙 江	8	杭州市下城区、萧山区、上城区、拱墅区、平湖市、宁波市海曙区、鄞州区、江东区
7	福 建	3	厦门市思明区、泉州市鲤城区、福州市鼓楼区
8	山 东	7	济南市历下区、市中区、天桥区、青岛市四方区、市南区、诸城市、城阳区
9	广 东	2	深圳市宝安区、南山区
10	山 西	2	太原市杏花岭区、小店区
11	吉 林	1	长春市朝阳区
12	黑龙江	1	哈尔滨市南岗区
13	安 徽	1	芜湖市镜湖区
14	江 西	1	南昌市西湖区
15	湖 北	3	武汉市硚口区、青山区、武昌区
16	湖 南	1	长沙市岳麓区
17	四 川	2	成都市青羊区、武侯区
18	重 庆	1	渝中区
19	陕 西	2	西安市碑林区、宝鸡市金台区
20	新 疆	2	克拉玛依市克拉玛依区、独山子区
	合 计	68	

（三）依托社区教育，构建三维立体的贫困地区幼教师资培养模式

社区与社区教育将是我国政府、社会与教育发展的重点；同时，社区与社区教育的迅猛发展，为贫困地区解决幼教师资问题提供了思路与基础。贫困地区幼教师资存在诸多的问题，凡是幼教师资有的问题，贫困地区都存在，另外，贫困地区幼教师资还存在一些特殊现象与问题。简而言之，贫困地区幼教师资存在两大问题，首先是量的问题，即数量匮乏、师资不足；其次，才是质的问题，即师资水平与质量问题。贫困地区幼教师资存在的问题，基本都可以通过社区与社区解决。即在未来的一个时期内，贫困地区发展学前教育，可依托社区教育，构建三维立体的幼教培养模式，解决幼教师资问题。

依托社区教育，构建三维立体的幼教培养模式，即是通过幼儿高等专业教育、社区培训和业余学习将幼教师资培养与社区教育结合起来的一种师资培养方式。具体来说，该模式的运行机制就是依托社区教育，将幼教专业院校、社区学院、电大、幼儿园和自学五种方式结合起来培养幼教师资（见图3）。其价值和意义分析如下。

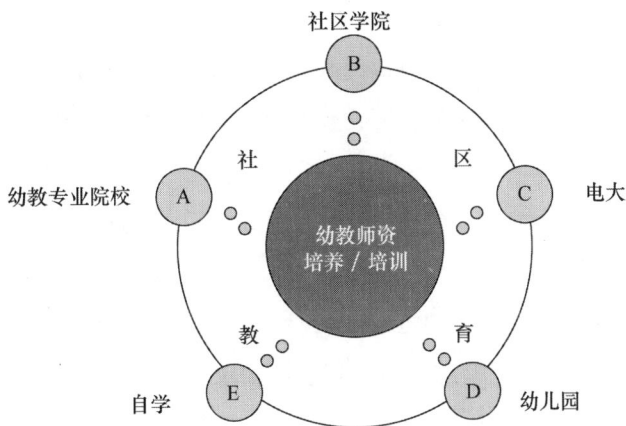

图3　三维立体的贫困地区幼教师资培养模式

首先，这种模式有助于解决贫困地区幼教师资的匮乏问题。限于幼教专业院校培养的师资有限，且补充到贫困地区幼教师资队伍的可能性不大，因此，以高等院

校培养的幼教专业师资为点、社区学院及电大培训为线、社区教育培养为面，对热爱幼教事业的业余人员进行培养和培训，评估定级、分类试用，择优录用、持证上岗，吸收和补充幼教师资队伍，以解决贫困地区幼教师资的不足与匮乏问题。

其次，这种模式有助于解决贫困地区幼教师资的质量问题。在保证量的同时，依托社区教育，发挥幼教专业院校、社区学院、电大以及幼儿园的专业优势与作用，专业培育与巡回指导相结合，集中培训与业余学习相结合，对幼儿园园长和教师进行三到五年定期培训，逐步引入幼儿教师资格标准和健全幼儿教师资格准入制度，坚决实行先培训后上岗，不合格者不能上岗，引入专业技术职称（职务）评聘机制和社会保障政策，将具备一定规模的私立幼儿园由政府购买转为公办，对条件合格的民办幼儿教师统一转岗定编。同时利用社区教育资源，一方面公开招聘具备条件的毕业生充实贫困地区幼儿教师队伍；另一方面中小学富余教师经培训合格后可转入学前教育。多种途径加强幼儿教师队伍建设，加快建设一支师德高尚、热爱儿童、业务精良、结构合理的幼儿教师队伍。

四、结　　语

学前教育是终身学习的开端，是国民教育体系的重要组成部分，是重要的社会公益事业。办好学前教育，关系亿万儿童的健康成长，关系千家万户的切身利益，关系国家和民族的未来。其中，发展学前教育，必须坚持公益性和普惠性，努力构建覆盖城乡、布局合理的学前教育公共服务体系，保障适龄儿童接受基本的、有质量的学前教育①。

学前教育是我国教育发展中的短板（杜鹃，2010），因此《国家中长期教育改革和发展规划纲要（2010－2020年）》把学前教育放在未来教育发展的重要位置，提出了到2020年在中国基本普及学前教育的工作目标。为实现该目标，要强化政府发展学前教育的责任。强化各级政府在幼儿早期教育规划、投入和监管的责任，构建覆盖城乡、灵活多样、公益普惠的幼儿早期教育公共服务体系。

---

① 参见国务院办公厅发布的《关于当前发展学前教育的若干意见》。

贫困地区学前教育又是我国学前教育发展中的短板。中央及地方各级政府应该设立专项资金，扶持农村、边远贫困地区、少数民族地区幼儿园建设。对家庭经济困难的幼儿免除保育和教育费，补助伙食费，切实保障处境不利儿童的受教育权利。贫困地区发展学前教育，政策是关键、经费是掣肘、师资是根本。我国现有的高校幼教师资培养机制明显不能适应与满足我国当前学前教育发展需求，使得贫困地区幼教师资问题尤为凸显。根据欧美发达国家发展学前教育的经验，并结合我国学前教育发展现状，本研究认为，目前，我国现有幼教师资培养（培训）模式已经不能适应和满足贫困地区发展学前教育的需求；社区及其教育将是我国政府、社会和教育改革与发展的重点，因此，依托社区教育、构建三维立体的幼教师资培养模式，对于解决贫困地区幼教师资问题的价值与意义重大。然而，限于时间，本研究所讨论的模式，主要还是在于探讨与解决贫困地区幼教师资培养的可行性视角、办法与路径问题。至于这种模式中存在的问题以及贫困幼教师资培养中的一些深层次问题，本文尚未展开深入讨论，这也将是本研究下一步所要继续思考和研究的问题。

2012 年 10 月

参考文献

［1］黄静潇．国外学前教育发展策略概览．教育导刊，2005，（2）：49－53

［2］联合国教科文组织．教育——财富蕴藏其中．北京：教育科学出版社，1996.112

［3］冯晓霞．努力促进幼儿教育的民主化——世界幼儿教育改革与发展的重要趋势．学前教育研究，2002，（2）：7－10

［4］刘延东．在全国学前教育工作电视电话会议上的讲话．幼儿教育，2011，（Z1）：7－10

［5］庞丽娟．加快学前教育的发展与普及．教育研究，2009，（5）：28－30

［6］董洪亮．3年新增园位500多万个．人民日报，2011－09－29（13）

［7］赵小雅．教师成为制约幼儿教育发展的瓶颈．中国教育报，2009－04－10（008）

［8］李东梅．6000万儿童未能接受学前教育．宁夏日报，2011－03－09（003）

［9］叶平枝．幼儿园教师职前教育的现状、问题与对策．幼儿教育（教育科学版），2006，（3）：23－27

［10］张振平．幼儿园低幼儿童教育师资队伍建设研究（硕士学位论文）．石家庄：河北师范大学，2007

［11］曾晓东．供需现状与中国幼儿教育事业发展方向——对我国幼儿教育事业的经济学分析．学前教育研究，2005，（1）：5－10

［12］［美］富兰著，武云斐译．教育变革的新意义．上海：华东师范大学出版社，2010.99－106

［13］张雨、杨文学．关于当前学前教育师资培养的调查与思考．湖北函授大学学报，2012，（4）：37－38

［14］于燕燕主编．中国社区发展报告（2010）．北京：社会科学文献出版社，2011.10－17

［15］汝信，陆学艺，李培林主编.2012年中国社会形势分析与预测．北京：社会科学文献出版社，2012.2

［16］厉以贤．社区教育的理念．教育研究，1999，（3）：20－24

［17］中国成人教育协会社区教育专业委员会．中国社区教育发展报告（2008－2010年）（讨论稿）．南京：中国成人教育协会，2011. http：//wenku. baidu. com/view/8956bbd6240c844769eaee3c. html. 2011－12－20/2012－10－06

［18］杜鹃．世界幼儿早期保育与教育大会举行陈小娅出席．中国教育报，2010－10－01（1）

通过优质的学前教育
提高贫困儿童的综合素质

——国际经验的反思及我们可能的政策选择

■ 李敏谊

北京师范大学学前教育研究所

儿童贫困是一个世界性的难题。无论是发达国家还是发展中国家都不能幸免。根据英国《卫报》援引自联合国儿童基金会的数据，美国和英国分别有21.7%和16.2%的儿童生活在低收入家庭（家庭收入在平均收入的50%以下），而金砖四国之一的俄罗斯则有58.5%的儿童深陷贫困之中（The Guardian，2009-9-11）。在中国，处于极端贫困的3597万人群中大约330万至400万0~6岁之间的儿童。其中66%的极端贫困人口集中在西部地区，25%在中部地区，5%在东部地区，3.2%在东北地区（国家统计局，2009a）。由于贫困儿童在贫困人群当中没有受到足够的重视，导致许多儿童生活在极度贫困中，而且贫困及弱势将会长期影响这些儿童及他们的子孙后代。在人的一生发展中，儿童时期的投资回报率最高（Carneiro & Heckman，2003），消除儿童贫困是切断贫困代际传递的重要途径，对于长远的减贫战略具有重要意义。

从世界范围来看，儿童贫困现象的蔓延与社会安全网的建设已经越来越多地受到世界各国的重视。对发达国家而言，这是人力资本建设的重要步骤；对发展中国家来说，这是迫切需要解决的现实课题。为了缩小起点上的差距，美国联邦政府于1965年创建了"开端计划"（Head Start），专门为贫困家庭的3~4岁儿童提供免费学前教育和保健服务。英国政府自1997年推出了"确保开端计划"（Sure Start），通过扩大社区合作、保教一体化、咨询等手段，来实现贫困家庭的"教育自救"以及贫穷的自我预防。印度政府于 1975 年起制定并实施了"儿童综合发展服务项目"（Integrated Child Development Services, ICDS），为贫困家庭的妇女和儿童免费提供健康、营养与教育方面的综合服务。

2011 年世界银行和中国人口计生委联合向中国政府建议将 0～6 岁儿童早期发展纳入政府基本公共服务框架；同时建议特别关注贫困儿童的早期发展并纳入政府扶贫计划，以均衡发展机遇，提高国家的未来竞争力（World Bank，2011）。世界银行这份工作是与中国部分官方部门合作的结果，这份报告凝聚了众多国际共识以及为中国政府提出了可能的政策选择——优质的学前教育是提高贫困儿童综合素质，从人口大国迈向人力资源大国的重要一环。

一、以农村贫困儿童为突破点全面提升我国儿童综合素质

（一）"未富先老"迫使提高儿童综合素质势在必行

根据第六次全国人口普查的最新数据（国家统计局，2011 - 4 - 28），中国正在快速进入老龄化社会。0～14 岁人口占总人口的比重为 16.6%，比 2000 年下降 6.29%；65 岁及以上的人口占 8.87%，比 2000 年下降 1.91%。[①] 最严重的问题是，中国 0～6 岁人口总量在快速下降，1990 年有 1 亿 6000 多万，2008 年萎缩到只有 1 亿（国家统计局，2009b）。援引世界银行的数据，中国 0～6 岁人口约占总人口的 7.5%，远低于 OECD 国家 11% 的平均水平（WBG，2011）。中国社科院《中国财政政策报告 2010/2011》（人民日报海外版，2010 - 10 - 11）也指出，2011 年以后的 30 年里，中国人口老龄化将呈现加速发展态势，到 2030 年，中国 65 岁以上人口占比将超过日本，成为全球人口老龄化程度最高的国家。

---

① 参见国家统计局 2011 年 4 月 28 日发布的《2010 年第六次全国人口普查主要数据公报（第 1 号）》。

到 2050 年，中国社会进入深度老龄化阶段。[①]

"未富先老"给这个人口大国提出了严峻的挑战。据测算，中国的人口红利大约在 2013 年达到顶峰，此后将处于缓慢下降的状态。这意味着，"十二五"时期已经到了中国人口红利逐渐丧失的时刻。从这个意义上说，每一个儿童都重要，每一个儿童都是国家人力资源中不可或缺的组成部分，因此必须认真挖掘每一个儿童的潜能，帮助他们成长为有生产力的成人。

（二）提升儿童综合素质的重点和难点在农村

作为一个发展中国家，中国的贫困问题一直受到国际的关注。值得庆幸的是，中国扶贫工作取得了巨大的成就。但是，如果按照国际标准来看，中国的贫困人口远远多于官方的统计数据。此外，中国的贫困主要聚集在西部农村地区。按照世界银行（WBG，2009）的分析，无论是以收入贫困率还是消费贫困率来衡量，几乎所有（99%）的贫困人口都是在农村地区，其中约 2/3 都分布在西北和西南各省中。按照 2008 年中国农村贫困线——人均年收入不足 1196 元为统计口径，那么农村有 4007 万绝对贫困人口，其中 18.1% 是 0～14 岁的高风险人群（国家统计局，2009a）。2008 年，61% 中国 0～6 岁儿童生活在农村地区，但是农村地区的幼儿园入学率只有 43%（WBG，2011）。参考世界银行的数据，中国每年有 1600 万个婴儿出生，其中 61% 生活在农村。2008 年在中国农村地区，6 个月大的婴儿患贫血的概率为 34%，在农村贫困县 2 岁儿童发育迟缓率高达 22%。大约 1/3 的 3 岁儿童是留守儿童，由祖母看护。非父母看护人在受教育程度、营养卫生知识等方面都不及父母。大约 1/3 的农村儿童入读幼儿园和学前班，其中仅有 1/3 儿童上过为期一年的学前班，而不是为期三年的幼儿园（WBG，2011）。综上所述，无论从数量比例还是从贫困程度上看，中国的儿童贫困问题都以农村为主体和重点。由此可见，保障农村贫困儿童平等接受教育的权利是国家反贫困战略的一个重要组成部分，也是终结"儿童贫困"现象的重点。

---

① 参见 2011 年 5 月 30 日中国网载《社科院：2030 年中国将成老龄化程度最高国家》。

正是这样一个国际和国内背景下，随着 2010 年的到来，中国学前教育进入了一个全新的发展阶段。2010 年是中国学前教育发展史上具有里程碑意义的一年。2010 年 7 月 29 日，中国政府出台了《国家中长期教育改革和发展规划纲要（2010－2020 年）》（以下简称"规划纲要"），提出了"基本普及学前教育"，要求到 2020 年，学前一年毛入园率达到 95%，学前三年的毛入园率达到 70%（国务院，2010）。同时规划纲要对学前教育进行专章部署，明确了今后十年学前教育发展的任务和重大举措。2010 年 11 月 24 日，国务院下发了《关于当前发展学前教育的若干意见》（国务院，2010），把大力发展学前教育作为保障和改善民生的重要内容，对学前教育进行了全方位的制度设计，制定了一系列强有力的政策措施，落实政府扩大资源、保障投入、教师队伍建设和规范管理等方面的责任，同时要求各地以县为单位编制实施学前教育三年行动计划，争取尽快缓解"入园难"问题。2010 年 12 月 1 日，国务院召开全国学前教育工作电视电话会议，对贯彻落实规划纲要和国务院文件进行了一次广泛的动员。这些政策措施的出台，标志着中国学前教育进入了一个全新的发展阶段。其中，农村学前教育的发展被定位为政策的核心关注点。以教师数据为例，2000 年城市和县镇所拥有的专任幼儿教师占总数的 59.66%，农村只有 40.34%。2001 年农村专任幼儿教师大幅减少，只占总数的 22.97%，只有 546203 人。之后尽管农村专任幼儿教师数量一直在缓慢增长，但是直到 2009 年，也只占总数的 23.58%。考虑到 2008 年，我国仍然有 54.32% 的农村人口（国家统计局，2009c），那么农村学前教育无疑是中国教育体制最薄弱环节的短板。根据有关研究数据显示，2000 年，农村幼儿园的生师比可能高达 60，尽管后来慢慢下降到 37。2006 年，城市幼儿园生师比到已经下降到 9.6，而县镇幼儿园仍然高达 17（WBG，2011）。因此，农村学前教育确实是重点和难点。

这些新政策高瞻远瞩，认识到儿童早期发展和教育投资是一种有效策略，能够打破贫困的恶性循环，增加国家财富，全面提升国力。

二、优质学前教育对于提升贫困儿童综合素质的长期效益

学前教育是终身学习的开端，是重要的社会公益事业。学前教育对幼儿身心健康、习惯养成和智力开发具有重要价值。这是规划纲要和国务院《关于当前发展学前教育的若干意见》所形成的共识。关于儿童早期发展的脑科学研究，证明了早期发展和教育对于儿童智力因素和非智力因素的成长具有决定性的意义。根据世界银行的研究报告，投资于儿童早期发展和教育可能是提高中国下一代人生活水平的最具成本效益的方式。根据有关学者对早期干预项目的评估，投资的经济回报率高达 7% ~ 18%，比金融资本投资的回报率要高得多（WBG，2011）。此外，全民教育的普及，使得全民教育的第一个目标"扩大和提升早期保育和教育"成为各国的共同承诺。上述因素，都促使中国政府重新审视学前教育的奠基性作用。

鉴于儿童早期发展与教育能够带来巨大的社会福利和较高的经济回报，如果一旦错过了给儿童提供早期发展与教育的机会，社会将为此付出代价。此外，由于中国人口正在走向老龄化，迫切需要提高人口质量，以确保年青一代拥有更高的生产力，从而保证国家的稳定发展。中国要实现社会和谐、政治稳定和经济繁荣的目标，必须通过提供全面的儿童早期发展与教育服务，打破贫困的代际传递。

如果我们综合观察各国为贫困儿童提供的优质学前教育方案的效果，会发现优质学前教育在提高贫困儿童的综合素质方面的作用主要表现为：提高个人的健康、教育和职业收益；减少个人的问题行为和降低犯罪的可能性。

来自美国佩里学前学校研究（Perry Preschool Study）的纵向追踪发现，实验组儿童在成年后（40 岁）的综合性评估中，学前教育的长期效应显著。优质的学前教育方案在提高儿童的受教育年限和教育成就、增加国家税收、减低福利开支和预防犯罪等方面成果喜人。经过成本收益分析，在扣除了通货膨胀等因素后，研究发现每投资 1 美元到学前教育以帮助贫困儿童，便有 17.07 美元的收益。其中 12.9 美元的收益是属于纳税人所有，4.17 美元的收益为儿童个人所有

（Schweinhart，et al. 2005）。诺贝尔奖获得者赫克曼及其同事（Heckman，et al. 2009）重新分析了相关数据后，也得到了类似的结果。此外，美国北卡罗来纳大学启动的启蒙项目（Abecedarian Project）的纵向追踪研究也发现了类似的结果。实验组儿童在成年后（21岁）的综合评估中，学前教育显示出了强劲的后劲。该教育项目在提升实验组成员的受教育年限、帮助实验组成员获得更专业的工作、降低少女怀孕比率和降低犯罪率上都有所作为（Campbell，Ramey，Pungello，Sparling & Miller-Johnson，2002）。芝加哥纵向研究的最新结果（Reynolds，et al. 2011）在《科学》杂志发表，经过对低收入家庭长达19年的追踪研究表明，幼儿接受学前教育干预对他们28岁时教育、经济状态、犯罪预防、健康状况、行为纠正以及心理健康都有重大的积极影响，而且这种影响会持续到成年时期。此外，学前教育带来的经济效益远大于成本，平均比例为6:1。该研究结果与有关学者（Gormley，Phillips & Gayer，2008）证实俄克拉何马州学前教育项目可以提升儿童入学准备的研究一致。

　　来自欧洲最大的纵向研究之一——英国"有效学前教育供给"（Effective Provision of Pre-School Education，EPPE）项目的研究人员（Melhuish，et al. 2008）在早期研究中就发现，进入幼儿园比不进幼儿园有益，但进入高质量的幼儿园对中学生时的数学分数有着最大的影响。后续的追踪研究（Melhuish，2011）也发现，优质学前教育在提升儿童（11岁时）的语文能力和数学能力上成效显著。此外，针对英国的确保开端计划的有关政策评估（Melhuish，Belsky，Leyland，Barnes，the National Evaluation of Sure Start Research Team，2008），也得到了类似的结果。

　　来自法国的研究（Dumas & Lefranc，2010）表明，随着法国政府在20世纪60、70年代普及学前教育，3~4岁儿童的入学率达到90%~100%。学前教育扩张提升了后续学校教育阶段儿童的学业表现及其成人阶段后的职业收入。因此学前教育在消除不平等方面成绩喜人。

　　来自北欧挪威的纵向研究表明（Havnes & Mogstad，2009），优质学前教育对于儿童的教育成就、后续参与劳动力市场以及减少福利依赖都有着长效的积极效应。与此同时，来自母亲教育水平不高家庭的儿童尤其女童最受益于优质的学前教育。

而来自发展中国家孟加拉、哥伦比亚、阿根廷以及土耳其的相关研究（WBG，2011）也显示，学前教育有助于提升儿童后续的学业成就和减少青春期行为问题等。

中国的有关研究也部分证实了上述趋势。2010 年年底上海 5115 名 15 岁中学生首次参加 PISA（Programme for International Student Assessment）就取得全球第一的消息，引起了世界各国尤其是欧美国家的震惊。在参加这次考试的上海学生中，与没有接受过学前教育的学生（M＝495）相比，接受过一年以上学前教育的学生（M＝561）的阅读平均分要高出 66 分。在控制了学生的社会经济地位（SES）之后，分数的差异仍然有 42 分之多（OECD，2010）。由此可见，学前教育对于促进教育公平和提升教育质量功不可没。

综上所述，缺乏营养和保健、缺乏激励性人际互动以及无法接受学前教育等因素都与较低的教育程度和事业成就相关，并有可能形成潜在的社会破坏性行为。优质学前教育对于提升儿童尤其是贫困儿童的综合素质，建构国家财富，起着奠基性的作用，而且有着长效的综合效应。

三、走医教结合的道路打造优质学前教育，提高儿童综合素质

既然优质学前教育对于提升贫困儿童的综合素质有着如此长效的作用，那么应该如何实施呢？儿童早期的卫生保健和教育服务质量，都影响了后续的发展结果。中国疾病预防与控制中心（CDC）"中国食物与营养监测系统"项目组（陈春明，2009）发现，幼儿营养状况是他们智力、劳动生产率和终身健康的基础，而投资于早期儿童营养是转变人口健康状况的高效手段。与此同时，儿童的健康发展并不仅仅依赖于营养，教育干预在促进儿童感觉和机体发育、语言学习、情感、社会和认知发展中也同样重要。因此在学前阶段，必须整合医学和教育的力量，才能打造优质的学前教育，提高儿童综合素质。

（一）从大脑发育的敏感期入手整合医学和教育的力量

儿童的早年经历（甚至从出生之前开始）会影响大脑发育，进而影响生命后续阶段的认知和社会情感发展。儿童大脑神经网络中约有85%是在生命头5年中形成的。虽然基因决定了大脑回路何时形成，但后续经验却能够塑造神经元之间连接的形成。根据大脑发育的敏感期（见图1），大脑结构和儿童能力发展建立在自下而上的分层顺序之上——首先建立简单神经回路和技能，从而为更高级的神经回路和技能的形成奠定基础。与经验有关的大脑发育（即视觉、听觉、触觉、嗅觉、味觉等感官途径的激励）同样是分层次、分阶段发生的。特别是感官途径是在十分关键而敏感的机会窗口期内建立的（大多在0~3岁），并与其他生物途径相联系，从而影响学习、行为和健康（包括身体和精神两个方面）。但是，城乡的巨大差异，使得身处贫困地区的儿童身处巨大风险之中。以中国5岁以下儿童死亡率这个指标为例，1991年城市的水平是20.9‰，农村是71.1‰。2008年，城市的水平下降到7.9‰，而农村仍然高达22.7‰（国家统计局，2009c）。尽管从纵向来说，农村儿童的卫生保健得到了很好的改善。但是从横向来说，今天中国农村儿童所接受的平均卫生服务质量仍然没有赶上1991年的城市平均水平。

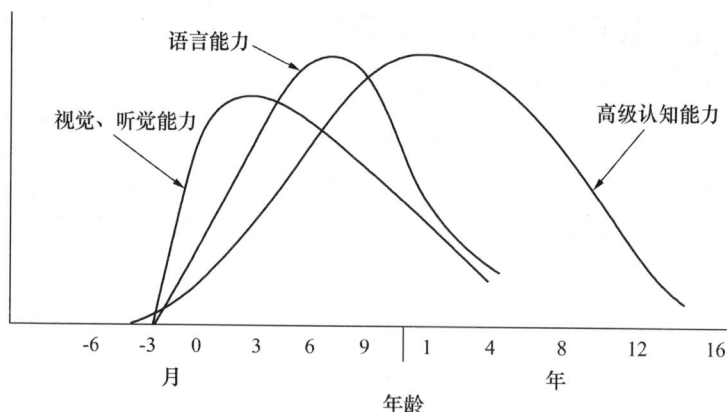

图1 大脑发育的敏感阶段

有效的学前教育干预项目都非常重视提供健康、教育、家庭咨询等领域的综合性服务，例如美国的开端计划和英国的确保开端计划等学前教育干预项目，都整合了卫生保健、教育、父母教养指导等内容，因此取得了良好的效果。就针对贫困儿童的学前教育干预项目而言，纽曼教授（Neuman，2009）根据美国经验，总结归纳了有效的教育项目必须具备的七大特征：

（1）针对最需要的贫困儿童；

（2）及早开始干预；

（3）提供涵盖健康、教育、家庭咨询等领域的综合性服务；

（4）提供补偿性的高质量教学；

（5）由训练有素的专业工作者提供服务；

（6）提供高强度的服务；

（7）实施问责制。

这和芝加哥纵向研究确定了构成有效学前教育干预的四个要素有异曲同工的地方：

（1）从3岁开始直至低年级所需的干预系统——这个以学校为基础的系统提供一个能使孩子顺利过渡至正式学习状态的稳定学习环境；

（2）接受过良好教育、训练有素且能够获得优厚报酬的老师；

（3）能够满足孩子所有学习需求的活动，需特别注意读写能力和入学准备；

（4）综合性家庭和健康服务，能使孩子在学校和家庭积极学习。

这些经验基本上都揭示出：针对贫困儿童的学前教育干预必须整合全社会的力量。从专业工作而言，必须整合医学和教育的力量。大脑发育的敏感期不仅仅需要充足的营养，同时还需要丰富的教育刺激。因此，必须整合医学和教育的力量。

（二）医教结合提高儿童的发展成果

0～6岁儿童的发展成果指标涵盖医学和教育等内容，任何一方单枪匹马都无法完成任务。根据世界银行（WBG，2011）的有关研究，0～3岁儿童发展成果良好的指标包括：针对重大疾病进行全面免疫和接种，满3周岁时完成所有疫苗注射；与年龄相当的身高和体重；与年龄相当的大动作和精细动作技能、听觉和视觉良好、完成如厕训练、有清楚自信的表达能力、社交能力和远离家人独自活动几个小时的能力等。3～6岁儿童发展成果的良好指标包括：积极性、求知欲、良好的精细动作与大动作技巧、沟通和自信叙述经历的能力、与年龄相当的自助和社会技能、与年龄相当的身高和体重，不经常生病，以及营养安全。如果存在残疾，应在3～6岁之间尽早确诊。此外，还应当有适当的残疾管理，以此减轻其带来的负面影响。美国的开端计划显然是建立综合服务的领军者，开端计划把自己的使命定义为：通过为处境不利儿童及其家庭提供教育、健康、营养以及其他社会服务来提高儿童的社会性发展和认知发展，从而促使儿童做好入学准备的全国性综合服务项目。因此，开端计划是一个综合性的社会服务方案，教育只是其中一个服务内容，另外还有针对儿童的健康、营养等方面为父母提供的咨询辅导，还有为父母提供就业指导等各种社会服务，这些都对该计划的实施效果产生了影响。事实上，它最主要的贡献之一是强调"完整儿童"——认识到幼儿的健康、教育以及幸福是一个连续的统一体，通过家庭和社区的共同参与，有效干预能够完成得最好。在开端计划的带领下，一系列的项目采用这种综合服务的模型，有力地显示出对于儿童今后发展的长远影响。

从具体的服务项目入手，医学界和教育界的通力合作缔造了一些惊人的成果。例如美国的"手牵手项目"（Partnership Program），由诊所护士为低收入的、首次怀孕的女性以及任何年龄的母亲提供集中且综合的上门服务。服务从女性怀孕开始延续至孩子两岁。这个项目意图帮助母亲提升她们对婴儿和学步儿的照顾能力以及提升她们自身的发展。纵向研究发现，项目对母亲和孩子都有短期和长期的积极影响。干预减少了母亲虐待儿童的行为，减低了母亲的犯罪水平；减少了酒精和药物对婴儿带来的损害；降低女性再次怀孕的几率和出生率；也减少了儿童的犯罪行为。此外由儿科医生发起的"伸出援助之手与促进幼儿阅读项目"（Reach Out and Read），为促进处于困境中的幼儿阅读图画书设立的全国性项目，并将儿科诊所作为教育和干预的一个站点。医生和护士在对6个月至5岁的儿童进行整体健康检查时为他们提供新书，并为家长提供具有发展适宜性的建议，以便帮助家长学习如何进行亲子共读。研究发现，干预对儿童进行图画书阅读上有积极影响，促进儿童对书本的积极态度，激励儿童词汇量的增长。而且，这个干预对处于最严重困境中的儿童最有效。

协调社会各种服务这条原则的本质特征包括：为儿童提供健康和发展甄别和监测；通过直接或间接的服务支持家庭；通过使用信息和亲职教育，将家庭支持和为儿童提供有力的教育干预相结合。项目对家庭的尊重程度以及对家庭文化和社会经济环境的敏感度决定了某种服务的使用程度和最终效果。

改变儿童贫困的学前教育干预项目已超越了传统的专业界限，有利于为那些必须解决其生活中巨大障碍的家庭协调健康、社会服务和教育。这些项目认识到孩子在健康和安全的环境中、在亲密且互相包容的家庭和亲属关系中才能够学得最好。

2012 年 10 月

参考文献

［1］Gentleman, Amelia. Child poverty statistics: how the UK compares to other countries. The Guardian, 2009 – 9 – 11. http://www.guardian.co.uk/news/datablog/2009/sep/11/child-poverty-statistics-uk-countries

［2］国家统计局（2009a）. 中国农村贫困监测报告2009. 北京：中国统计出版社，2009

［3］Carneiro, P. M., & Heckman, J. J. Human Capital Policy. Institute for the Study of Labor (IZA), Discussion Paper No. 821. Bonn: IZA, 2003. http://papers.ssrn.com/sol3/papers.cfm? abstract_id =434544

［4］World Bank. Early Childhood Development and Education in China: Breaking the Cycle of Poverty and Improving Future Competitiveness (Report No. 53746 – CN). Washington, D. C.: WBG, 2011

［5］国家统计局人口和就业统计司编（2009b）. 中国人口和就业统计年鉴2009. 北京：中国统计出版社，2009

［6］严冰，张伟. 中国如何应对老龄化. 人民日报海外版，2010 – 10 – 11. http://news.xinhuanet.com/politics/2010 – 10/11/c_ 12644236.htm

［7］World Bank. From poor areas to poor people: China's evolving poverty reduction agenda. Washington, D. C.: WBG, 2009. 45 – 51. http://siteresources.worldbank.org/CHINAEXTN/Resources/318949 – 1239096143906/China_ PA_ Report_ March_ 2009_ eng. pdf

［8］中华人民共和国中央人民政府. 国家中长期教育改革和发展规划纲要（2010 – 2020 年）. 北京：

国务院，2010

［9］中华人民共和国中央人民政府．关于当前发展学前教育的若干意见．北京：国务院，2010

［10］中华人民共和国国家统计局编（2009c）．中国统计年鉴2009．北京：中国统计出版社，2009

［11］Schweinhart, L. J. , Montie, J. , Xiang, Z. , Barnett, W. S. , Belfield, C. R. , & Nores, M. Lifetime effects：The HighScope Perry Preschool study through age 40. （Monographs of the HighScope Educational Research Foundation, 14）. Ypsilanti, MI：HighScope Press, 2005

［12］Heckman, J. J. , Moon, S. H. , Pinto, R. , Savelyev, P. A. , & Yavitz, A. Q. A Reanalysis of the High/Scope Perry Preschool Program. Unpublished manuscript. Chicago：University of Chicago, Department of Economics, 2009. http：//jenni. uchicago. edu/perry_ reanalysis/general – 090424 – 1808. pdf

［13］Campbell, F. A. , Ramey, C. T. , Pungello, E. P. , Sparling, J. , & Miller-Johnson, S. Early Childhood Education：Young Adult Outcomes from the Abecedarian Project. Applied Developmental Science, 2002, 6：42 – 57

［14］Reynolds, A. J. , Temple, J. A. , Ou, Suh-Ruu, Arteaga, I. A. , & White B. A. B. School-Based Early Childhood Education and Age-28 Well-Being：Effects by Timing, Dosage, and Subgroups. Science, 2011, 333 (6040)：360 – 364

［15］Gormley Jr. , W. T. , Phillips, D. , & Gayer. , T. Preschool Programs Can Boost School Readiness. Science, 2008, 320 (5844)：1723 – 1724

［16］Melhuish, E. C. , Sylva, K. , Sammons, P. , Siraj-Blatchford, I. , Taggart, B. , Phan, M. B. , & Malin, A. Preschool influences on mathematics achievement. Science, 2008, 321 (5893)：1161 – 1162

［17］Melhuish, E. C. Preschool matters. Science, 2011, 333 (6040)：299 – 300

［18］Melhuish, E. C. , Belsky, J. , Leyland, A. H. , Barnes, J. , & the National Evaluation of Sure Start Research Team. Effects of fully-established Sure Start Local Programmes on 3-year-old children and their families living in England：a quasi-experimental observational study. Lancet, 2008, 372：1641 – 1647

［19］Dumas, C. , & Lefranc, A. Early schooling and later outcomes：Evidence from preschool extension in France. Thema Working Paper No. 2010 – 07. Paris ：Université de Cergy Pontoise, 2010. http：// client. norc. org/jole/soleweb/11056. pdf

［20］Havnes, T. , & Mogstad, M. No Child Left Behind：Universal Child Care and Children's Long-Run Outcomes. IZA DP No. 4561. Bonn：IZA, 2009. http：//www. econstor. eu/dspace/bitstream/10419/ 36326/1/616201729. pdf

［21］OECD. PISA 2009 Results：Overcoming Social Background-Equity in Learning Opportunities and Outcomes (Volume II) . Paris：OECD, 2010. http：//dx. doi. org/10. 1787/9789264091504-en

[22] 陈春明. 早期营养是人力资本发展的基石（反贫困与儿童早期发展国际研讨会报告）. 北京：中国发展研究基金会，2009

[23] Shonkoff, J. P. , & Phillips, D. A. From Neurons to Neighborhoods: The Science of Early Child Development. Washington, D. C. : National Academy Press, 2000

[24] Neuman, S. Changing the odds for children at risk: Seven essential principles of educational programs that break the cycle of poverty. New York: Teachers College Press, 2009

四

学龄儿童的营养状况不仅影响孩子们的出勤率和学习成绩，还关系到他们的认知潜力和一生的健康。2011 年 11 月起实施的覆盖 22 个省 699 个贫困县的农村义务教育学生营养改善计划，是我国改善儿童营养状况、推进教育公平的又一里程碑。

为了持续跟踪学生营养计划实施以及学生身体状况改善效果，2010 年、2011 年，基金会项目组先后两次赴青海乐都县、云南寻甸县、广西都安县和宁夏西吉县，对 12 所小学的学校供餐和学生营养状况进行定点跟踪调查，发现营养改善计划不仅对学生身体素质提高和人力资本提升效果显著，而且能够增加就业岗位，促进当地经济发展。

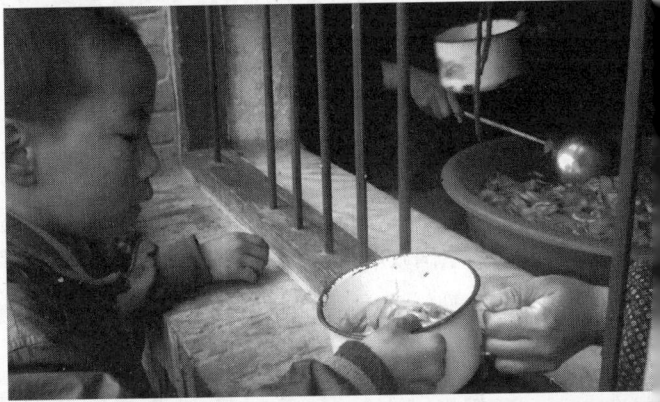

住校生伙食菜谱　2010·5.10

时间 星期	早	中	晚
1	稀饭 0.5元	炒甘兰 小1.50 中2.00	面条 1.00元
2	蛋汤 0.5元	炒洋芋 小1.50 中2.00	面片 1.00元
3	菜汤 0.5元	炒茄子 小1.50元 中2.00元	面条 1.00元
4	牛奶 0.5元	炒菜瓜 小1.50 中2.00	面片 1.00元
5	稀饭 0.5元	炒菜花 小1.50 中2.00	

中国政府改善贫困地区
学生营养健康水平的伟大探索
——农村义务教育学生营养改善计划简介

■ 田祖荫

教育部财务司副司长

中国政府从去年 11 月份开始实施了农村义务教育学生营养改善计划。这项计划既与反贫困密切相关，也与儿童发展密切相关，因此今天借这个机会我想介绍一下农村义务教育学生营养改善的情况。

目标：瞄准困难地区，帮助贫困孩子

根据世界银行和世界粮食计划署的研究，现在全世界共有 155 个国家不同程度地实施了学校供餐计划，其中，"大多数学校有时或者一直提供学校供餐"的有 51 个国家，"以一定的方式在一定范围提供学校供餐"的有 43 个国家，"主要在食品最短缺地区提供学校供餐"的有 61 个国家。

各国实施学生学校供餐计划，在目标设定上有两种瞄准机制，第一种是瞄准贫困地区，第二种是针对贫困群体。在中国这样一个人口大国，我们一直认为解决吃饭问题向来是一件举足轻重的大事，解决孩子吃饭的问题更是一件不可忽视、意义深远的大事。因此基于这样的考虑，中国政府在制订农村义务教育学生营养改善计划政策的时候，充分借鉴国际经验，充分结合中国国情，把我们这个计划的目标定位在瞄准贫困地区，帮助贫困孩子。

贫困地区指的是什么？中国扶贫攻坚主战场有这么一个范围，一个是六盘山区、秦巴山区、武陵山区、乌蒙山区、滇桂黔石漠化区、滇西边境山区、大兴安岭南麓山区、燕山—太行山区、吕梁山区、大别山区、罗霄山区总共11个集中连片特殊困难地区，第二个是西藏、四省藏区、新疆南疆三地州3个享受特殊政策地区，简称叫"11＋3"。这些地区共覆盖699个市（县、区），在这些区域内享受营养改善计划政策的6～11岁农村小学生将近1800万人，11～14岁农村初中生800万人，累计2600万人。我们这个计划和学龄儿童发展密切相关，从小学6岁到初中毕业14岁，基本上都在范围之内。

特点：政府主导，因地制宜

第一，补助资金主要是由政府提供。

政府直接提供资金的项目，一是营养膳食补助。国家为试点县的所有农村义务教育阶段的学生，每生每天提供3元营养膳食补助，现在算下来每年大概160亿元。二是家庭经济困难寄宿生的生活补助，也就是通常所说"两免一补"政策中的"一补"。"两免"是免学杂费和免教科书费，"一补"就是补助家庭经济困难寄宿生生活费。补助标准是小学每生每天4元，初中每生每天5元，中西部地区由中央财政和地方财政按5:5的比例分担，每年这一块钱大概是150亿。三是食堂建设资金。实行学校供餐必须要有食堂，在很多地方，没有食堂的学校就需要建食堂。因此中央财政专门安排资金用于农村学校的食堂建设，改善就餐条件。2011～2013年共安排300亿元。四是食堂员工的工资。要给学生做饭，要提供相关的管理服务，由地方财政专门安排资金聘请食堂工作人员来解决这个事情。

第二，组织实施由政府主导。

各地政府都为此成立了专门办事机构，这个办事机构由16个相关的部门和单位组成，其中包括负责落实资金的财政部门和发展改革部门，负责食品安全的农业、卫生、工商、质检、食药监和食品安全协调机构，负责监督检查的监察和审计部门，还有负责综合协调的教育、宣传、公安、供销、共青团、妇联等等部门和单位。

国家制定了8个规范性文件及实施细则来规范计划实施工作。细则中明确各级政府和各有关部门的职责，对实施过程的相关环节作出规范。8个规范性文件包括专项资金管理办法、食品安全保障管理暂行办法、学校食堂管理暂行办法、信息公开公示暂行办法、应急事件处置的暂行办法、实名制学生信息系统管理暂行办法、营养健康监测评估工作方案。

我们确定了两个工作重点：第一个是确保食品安全，体现生命至上、以人为本的原则，不能吃出问题；第二个是确保资金安全，努力使每一分钱都吃到学生们的肚子里，坚决防止在这个过程中发生腐败和浪费行为。

我们正在部署建设两个信息系统。一是实名制学生信息管理系统。从技术上防止虚报冒领，同时最大限度地保证每一个享受补助的孩子都是符合国家政策规定的贫困孩子和适龄阶段的孩子，不能虚报冒领，不能谎报。二是学生营养健康监测信息系统。及时跟踪了解吃的效果，以便我们一方面不断完善政策，另一方面及时对各地的工作作出评价。

第三，供餐模式因地制宜。

各地根据实际情况合理选择供餐模式。一是学校食堂供餐。寄宿制学校或达到一定规模、有食堂或可以配置食堂的学校采取这种方式。二是购买供餐服务。目前尚没有食堂而学校附近有具备资质的餐饮企业、单位集体食堂的学校采取这种方式。三是个人或家庭托餐，中国还有很多教学点是"一师一校"，对偏远地区学校或教学点，在严格规范准入的前提下，采取个人或者家庭托餐。严格审查家庭条件，有积极性，有基本条件，责任心又强，就允许这个家庭承担这些教学点和边远地方孩子的供餐服务。根据最新统计数据，53%的试点学校采用了学校食堂供餐，整体而言食堂供餐便于学校管理，又可以相对控制食品安全，成为主要供餐模式。35%选择了购买供餐服务，12%选择了家庭或者个人托餐。

开放性：鼓励社会参与，确保阳光运行

第一，支持开展地方试点。

国务院出台文件的时候，就明确支持地方开展试点工作。目前，全国11个省份、288个县开展了地方试点，惠及约700万人。对工作成效显著的中西部省份，中央财政将给予一半的奖励性补助。东部的辽宁、上海、福建、江苏、浙江等省份也积极开展了学生营养改善工作，重点是提高膳食水平，解决"吃得好"的问题。

第二，鼓励社会参与。

在国家启动实施这个计划之前，很多公益机构都做了大量卓有成效的工作，帮助一些贫困地区的孩子改善营养膳食的状况。其中比较典型的有这么几个：一是中国发展研究基金会，就是这次国际会议主办方，他们对儿童营养问题进行了深入的调查，开展了试点工作，不但解决了部分特殊地区孩子的营养膳食问题，同时形成了一份报告《为了国家的未来——改善贫困地区儿童营养状况试点报告》，这本书为我国制订学生营养改善计划提供了重要的参考和指导。二是由邓飞先生等500多名记者和国内数十家媒体联合中国社会福利教育基金会，他们发起"免费午餐"，利用微博这一新媒体，最广泛地动员社会力量关注、关心并以实际行动解决农村孩子营养问题，已经覆盖了136所学校，受益学生达1.6万名。"免费午餐"的宣传工作做得很好，牌子打得很响。三是中国关心下一代工作委员会联合安利公益基金发起了春苗营养计划，为中西部农村贫困地区留守儿童集中的寄宿制学校建设营养厨房，简称"春苗营养厨房"，这个项目目前已经建了300所厨房，投入资金1500万元，累计受益儿童达到15万名。这些社会组织和研究机构的关心和支持，是实施好营养改善计划的重要组成部分。

第三，成立专家委员会。

为实施营养改善计划，我们组织了20多名营养学方面的专家，还有食品学方面的专家，还有媒体专家，还有社会知名人士，通过专家的意见来指导这项工作的实施。组织专家编写了《农村学生膳食营养指导手册》，用通俗易懂的语言

阐述了农村不同地区，不同季节，不同学龄段的孩子吃什么比较安全、有营养。

第四，建立公开公示制度。

首先是公开信息，我们要求营养改善计划在所有开展地区都要纳入政府公开的范围，逐级逐项地予以公开；其次是接受举报，一旦发现问题，各级营养办都设立监督举报电话和监督举报信箱，全国举报电话是统一的：010－66092315／66093315；最后是开设微博。鼓励有条件的试点学校和试点县都开设专题微博，利用新媒体来接受全社会的监督。

全国学生营养办印发了各种形式的宣传画、宣传卡和校长应知应会卡，包括告诉孩子吃什么是有营养，怎么吃是有营养的，如果政府没有做到位，应该向哪里去举报等等内容。

社会各界的工作和努力，对国家实施学生营养改善计划都是非常重要的探索和非常有意义的补充，我们非常感谢并迫切希望：一是希望社会各界继续关心和支持农村义务教育学生、特别是留守儿童的膳食营养工作，能出钱的出钱，能出力的出力；二是希望社会各界继续监督我们的学生营养改善计划，多提批评性意见和建设性建议。

未来：任重道远，前途光明

实施营养改善计划面临的背景，一是人数规模庞大。农村义务教育在校生人数是1.3亿，相当于一个日本的人口规模，相当于两个英国的人口规模，是名副其实的义务教育大国。二是情况复杂。有的学校相对集中，有的只有几个学生；有的学校处在平原，有的在山区；有的是汉族为主，有的是少数民族为主。三是基础较差。有的地方交通闭塞，物流不便；有的学校没有食堂或条件简陋，大多数的农村教育管理者、校长、教师和学生缺乏营养健康知识，尤其是现阶段还缺乏这一方面的知识。

营养改善计划实施刚刚起步，未来仍面临着一些困难和问题。

一是覆盖范围仍比较窄。国家试点县只覆盖了中国最贫困的699个县，中国其他农村地区也不是太好，可目前还没有被纳入到这个范围里。学生营养改善计划只针对农村的学生，不涵盖县城和城市。实施对象只是在义务教育阶段，还不含学前，幼儿园不在这里面，高中阶段也不在里面，农村地区在学前和高中教育阶段也有很多家庭经济困难学生的营养状况亟待改善。

二是补助标准比较低。每个孩子现在每天拿到3元钱，只是定位在基本补助，还带有扶贫款的性质，这样一个标准在少数地方可以解决吃饭和吃饱的问题，但是在很多地方谈不上营养的问题，只有一部分孩子可以同时拿到3元钱的营养膳食补助和4～5元的寄宿生生活费，加起来可以达到7～8元。

三是操作难度非常大。这个计划涉及面广，从田间到餐桌，涉及食材采购、交通运输、贮存加工、分餐就餐等各方面工作，单靠学校很难做到，困难很多。试点地区的基础条件差，安全隐患大。率先开展试点的地区，都是中国经济欠发达地区，基础条件差，交通不便，管理基础弱。今年以来，中西部地区7个省就先后发生了10多起食品安全或者疑似食品中毒的事故。

尽管有这样那样的困难和问题，但是各级政府都下了很大的决心，也有很大的信心，努力把这项计划组织好、实施好。计划实施以来，有很多成功的案例。

第一个是贵州，提出"校校有食堂，人人吃午餐"目标。通过政府掏钱投入6个亿，在65个试点县建成了1万个农村中小学食堂，解决孩子的就餐问题，营养改善计划惠及400多万学生，基本实现了"人人吃午餐"这样的一个目标。

第二个是宁夏，多种供餐模式，体现民族特色。宁夏原来有一个营养早餐的地方试点，这次国家营养计划改善实施以后，将原有的营养早餐工程和营养午餐统筹起来，营养改善计划覆盖到全区的所有1700多所学校，受益学生32万人。采取学校食堂供餐是主要方式，占91.4%，企业供餐和农户托餐只占4.3%。根据回族学生比较多的实际情况，宁夏还在很多学校都设立了清真食堂，体现民族特色。

第三个是陕西，做好政策加法，改善学生营养状况。陕西在国家实施营养改善计划之前，实施了一个蛋奶计划，确保每个孩子每天吃一个鸡蛋，喝一袋牛奶。营养计划出台以后，把"蛋奶工程"和营养改善计划加在一起，就是不做减法，只做加法，进一步提标扩面，覆盖了义务教育学生250万名，占义务教育学生总数的61%，农村义务教育阶段寄宿生实现了全覆盖。蛋奶工程和营养工程实施以后，陕西省农村中学学生的体质有了很大改善，平均身高增长了 4.5 厘米，体重增加了 0.5 千克，贫血率下降了 0.37 个百分点，学生的学习状态和效果也有不同程度的提高。

营养改善计划实施后，社会反应非常明显。陕西省石泉县熨斗镇中心小学三年级三班学生陈章渡在校报发表了一篇文章，其中写道："我们学校的食堂真是有了翻天覆地的变化，过去的食堂又小又简陋，整个食堂只有两间教室那么大，上千人挤在里面吃饭是什么感觉？唉，老实说又挤又热，而且就算你打到了吃的，也别想挤出来。现在可不一样了，学校现在修起了大餐厅，比原来的食堂大了五倍，所以我们现在很快就能吃到免费的蛋奶早餐。坐在餐桌上，清清静静地吃到免费营养午餐，心情都变得舒畅多了。"一个农村孩子用他稚嫩和朴素的语言所表达出来的情感，说明这个事情是一个很好的事情。

国际组织对中国营养改善计划也给予高度评价。今年世界银行、联合国世界粮食计划署、儿童发展伙伴组织的联合考察团也考察了部分地方，对这个事情评价是："中国政府在很短的时间内，将学生营养改善计划覆盖了 2600 万的贫困地区学生，效率非常惊人"；"中国农村义务教育学生营养改善计划是一项了不起的计划，覆盖人数多，执行质量高，实为罕见"。

在中国实施学生营养改善计划是一件大事，是一件好事，同时也是一件难事。我们相信在各级政府的积极努力下，在社会各界的大力支持下，我们的营养改善计划会越来越完善，越来越规范，越来越多的孩子将能够吃上一顿营养、健康的午餐，将拥有一个美好、光明的未来。

2012 年 10 月 19 日

第三届"反贫困与儿童发展"国际研讨会讲话

应在西部农村学校普遍实行学生营养保障

■ 卢　迈

中国发展研究基金会秘书长

根据中国发展研究基金会 2010 年的评估调查，我国西部农村小学学生在校不能正常就餐，很多学生营养不良，生长发育迟缓。其后，国内媒体进行了大量跟踪报道，引起社会广泛关注。面对西部农村小学生吃饭的艰难和他们得到一点肉和菜的喜悦，没有人能无动于衷。为避免负面情绪的增长，有关部委应尽快协调一致，拿出可行方案，力争在 9 月新学期开始时在西部农村学校普遍推行"学生营养保障计划"。

一、保障学生营养应放到与普及义务教育同样重要的地位

有同志认为，学生吃饭是家长的责任，国家最多只需给困难学生补助。教育部门担心学校供餐若管理不当可能引起食物中毒，财政部门担心中间过程的"跑冒滴漏"。这些看法都不无道理，但其共同点是缺乏对保障学生营养的重要战略意义的认识。

首先，保障学生营养才可以保证学生的健康成长。调查显示，西部农村学生的营养严重不足，营养不良的孩子生长迟缓，其负面影响将伴随这些孩子的一生，具有不可逆性。

学校供餐可以有效保障学生营养。发达国家普遍实行学校供餐，并取得很好效果。以日本为例，日本人曾经普遍比较矮小，经过多年坚持不懈的学校营养午

餐计划，从 1948 年到 1977 年，日本人平均身高增长了 7 厘米，体质的增强为经济起飞创造了人力条件。

国内的试验也已证明这一点。中国发展研究基金会于 2007～2009 年在广西都安县的寄宿制小学开展学生营养改善项目试点，通过在学校为学生提供营养餐的方式，增加学生营养，取得显著成效。中国疾病预防控制中心的检测结果说明，享受了 1 年营养餐的各年龄组学生在身高测试中比对照组学生多增长了 0.5～1.3 厘米。在其他如肺活量、短跑和仰卧起坐等体质体能测试中，试点学校学生的提高更是明显好于对照学校。在孩子成长阶段提供必要的营养保障能有效地改善他们的身体发育情况，对其生活产生深远、持久的影响。

学生营养状况影响他们学习的状况。每天都感到饥饿的孩子无法保持良好的学习状态，达到预期的教育效果是不可能的。2007 年基金会的试验和近期慈善组织实施的免费午餐计划，都受到学生欢迎，学生出勤率提高，连迟到的人数都减少了。

保障营养和接受教育是中国少年儿童的两项基本权利，国家必须给予保证。儿童是家庭的希望，也是祖国的未来，让孩子们在学校学习成为一件愉快的事，让他们感受到社会的关心和爱护，对他们的心理健康和社会意识都将产生积极影响。

其次，保障学生营养有利于缩小社会差距、建设公平社会。中国疾病预防控制中心的监测数据显示，我国大城市 5～17 岁少年儿童因营养不良导致生长迟缓的比率低于 1%，营养状况已接近发达国家，而该比率在西南贫困农村地区甚至高达 40%，其营养状况仍属低收入发展中国家的水平。可以说，儿童营养状况的差别已成为中国城乡之间、地区之间贫富差距的一个集中体现。而保障西部农村学生的营养，则是缓解收入差距，防止贫困代际传递的有效措施。世界上有70 多个国家都实行学校供餐，印度、巴西等发展中国家都把学校供餐作为保障儿童营养，缩小社会差距的有针对性的调节政策。

最后，保障学生营养有利于国家发展战略的实现和国际竞争力的提升。劳动力素质直接影响了经济结构调整和产业转型。随着我国计划生育政策的实施，我国 14 岁以下儿童占总人口的比例明显下降，他们中一半以上仍生活在农村。他们的身体素质和文化程度关乎我国未来产业转型升级和国家发展战略，关乎我国未来的国际竞争力。当国际上一些人为中国出生人口数量下降、人口红利期即将结束而暗自窃喜的时候，我们对保障农村学生营养问题不应再有任何迟疑和拖延。

所以，保障儿童营养具有极强的正外部性，我们要把它作为建设人才强国的重要措施，作为落实科学发展观的重大民生工程，以在西部农村普及九年义务制教育那样的工作精神，尽快加以落实。

二、保障学生营养的工作重点是农村学生，
农村学校供餐应实行普惠制

根据财政部的数据，目前我国寄宿制学校贫困学生得到生活补助的人数已达1200万。但一个学校中有的学生得到补贴，可以吃饭，而另一部分则只能自带；只有寄宿制学校有补贴，那些没有寄宿条件的贫困小学生只能自己做饭。这样安排是极不妥当的。

国外学校供餐大都实行普惠制，即在校学生普遍享受。美国有4000万学生参加学校供餐计划，因为有可靠的收入调查作依据，学生就餐分为全免、交纳部分和全交三种情况，一半以上的学生在学校就餐享受全免或部分免费的优惠，但学生之间并不知道谁免费、谁交费。日本对学校供餐实行财政补助，学生的午餐交费只相当于市场价格的$1/3 \sim 1/2$，家庭困难的学生则全免。在发展中国家中，印度的学校供餐规模最大，学校免费午餐覆盖全国1.3亿学生。巴西的学校免费供餐突出重点，主要是农村地区和山区，但也覆盖了那些地区全部3000万儿童。

我国西部12个省（区、市）有3185万小学生，1683万普通初中生。其中，在农村共有1931万小学生和594万初中生，占小学生总数的60%，初中生的35%。农村有条件的家庭都已不惜物力、财力把孩子送到条件更好的县城学校，留在农村学校的，恰恰是那些最需要关注的留守儿童或低收入家庭儿童。这2600万学生应该是政策覆盖的第一批对象。其中农村小学生又是工作重点。待条件成熟，可以把范围再扩大到我国全部农村学生。

项目名称可定为"西部农村学生营养保障计划"或"西部农村学校免费午餐计划"，在中央财政专项列支。已有的"寄宿制学校贫困学生补贴"仍可继续实行，用于寄宿生早晚餐的经费。每个学生每天营养午餐的标准可按照小学生每人每天4元，初中生每人每天5元，则2600万中小学生一年费用大概是260多亿。也可考虑让学生家庭承担其中一人一天1元的费用，而只是对部分特困家庭采取全免，这样算下来所需经费约为200亿元。仅相当于西部12省（区、市）2008年教育经费总支出的6.4%。根据世界银行的统计，富裕国家学校供餐支出一般占该国教育经费的10%到20%；低收入国家的该比例可以很高，而随着国家经济的发展而逐步下降。相比之下，我国在学生营养方面的财政支出不是多了，而是太少了。

三、学校供餐机制应如何建立起来

我们有覆盖2600万西部农村学生的财政能力，关键是如何制订一套科学、合理的运行机制。我们认为，应建立以中央为主、地方为辅、社会力量补充；政府主导、市场导向、社会管理的机制，具体来说有以下几点。

1. 为学校供餐提供法律保障

许多国家把改善学生营养作为国家的责任，用法律的形式固定下来。美国自20世纪30年代就有这方面的立法，此后连续出台十几部关于学校供餐的法律。日本涉及学校供餐、学生营养也有专门的法律。印度最高法院的判例，规定学校供餐是学生的基本权利。我国可先制订几部委联合的暂行规定，待条件成熟时还是应该立法。

2. 要保证财政经费支出确实用在学生营养保障上

首先学生数据必须准确。可仿照卫生系统，建立乡镇一级可核查的在校学生季度直报制度。其次，可聘请县人大代表、政协委员、退休干部、志愿者、家长等组成学校供餐管理委员会，一起参与决策和监督。在管理上各地可积极探索如何防止财政经费流失，如应规定采购程序透明化，加强补贴学校食堂采购的横向对比与价格监督等，从源头上遏制不良现象滋生。

3. 要科学制订营养标准

营养问题是个科学问题，要用科学的方法做好学生营养餐。首先，要继续定期作好学生营养状况的大规模调查，为营养改善提供依据；其次，学校供餐要请营养专家提出参考标准，根据地区饮食习惯和物价水平确定具体搭配；最后，必须加强营养知识教育。日本规定学校要配营养师，另外吃饭的时候老师要和学生在一起，顺便向学生讲解营养知识。

4. 要合理支付行政成本

学校食堂不能采取承包的办法，而要由国家支付运行的成本。财政部门应按照学生营养餐成本的10%支付行政成本，包括炊事员工资、各级监督成本等。

5. 本地采购

蔬菜、肉、蛋采购可与当地农民签订合同，当地生产，当地供应。基金会在广西都安县的试验中就曾这样做过。印度政府更规定，学校午餐计划经费的30%要用于采购当地的农产品。

2011 年 5 月

2011 年"使学校供餐运转起来"

西部农村学校供餐机制国际研讨会总结发言

学生营养改善计划综合效益显著

■ 中国发展研究基金会项目组

随着中国经济发展，农村贫困人口大幅减少，但是农村贫困地区学生与一般农村地区，农村与城市学生营养状况存在显著差距。国家级贫困县 5~12 岁男女童的生长迟缓率分别达到25.3% 和28.6%，13~17 岁男女青少年生长迟缓患病率分别达到33.3% 和23.7%，都远高于全国农村平均水平。大量农村贫困地区学龄儿童的营养不良阻碍了我国城市化和经济转型进程，实施营养改善政策将是实现社会可持续发展的战略举措。中国发展研究基金会长期关注学生营养问题，经过三年试验和两年定点评估，研究表明营养改善计划不仅对学生身体素质提高和人力资本提升效果显著，而且对于增加就业岗位、扩大消费等也会产生促进作用。

为了持续跟踪学生营养计划实施以及学生身体状况改善效果，中国发展研究基金会将对 699 个县的资金使用情况、学校供餐模式、学生身体素质、营养改善计划对当地经济发展的促进作用等进行评估。

一、学生营养改善计划取得的是综合效益

2007 年初，中国发展研究基金会与广西壮族自治区教育厅合作，在都安县以学校供餐的方式开展了三年学生营养改善试验。

试验中，试点组两个学校学生 1000 人，一个学校每人每天补助 5 元，另一个学校每人每天补助 3 元，都为学生提供三餐，对照组学生 400 人，免费发放学

生服但无供餐补助。中国疾病预防控制中心专家组提供的检测报告显示，试点组
比对照组在体质、体能、学习成绩、心理四个方面都增长得更快（见表1）。在
试验进行21个月后，以11岁学生为例，试验组比对照组平均身高多增长1.9厘
米，平均体重多增长3.4千克，50米跑的平均速度提高2.7秒，平均肺活量增长
速度约为对照组的2倍。其中，补助5元的学校，其学生的增长情况又好于补助
3元的学校。身体素质的改善，预示学生人力资本获得了更好的积累，在未来劳
动力市场中具有更强的竞争能力，有助于从根本上消除贫困。

表1　　　　　　　　试点组与对照组数据对照表（增加值）

基线年龄 （岁）	平均身高 （厘米）	平均体重 （千克）	50米跑平均 速度（秒）	平均肺活量 （毫升）
9	1.5	2.1	2.4	206
10	0.7	-0.4	2.3	213
11	1.9	0.7	2.7	282

中国发展研究基金会同时对营养改善计划扩大就业岗位、促进农业发展和农
民增收上的效果进行试点。都安县两所试点学校在当地雇佣食堂工作人员10人，
按照每人每月1000元支付报酬，每个工作人员按10个月计算，收入为10000
元；试点学校与周边农户签订蔬菜种植协议，实现由菜地直接到学校餐桌，减少
流通环节，节约成本，协议农户通过种菜年收入20000元左右。

二、贫困生健康状况改善初现成果

近年来，国家加大义务教育阶段学生营养改善的投入，农村义务教育阶段贫
困家庭寄宿生生活补助标准不断提高。2008年春季学期，补助标准提高到小学
生每人每天2元，初中生3元；2010年秋季学期提高到小学生每人每天3元，初
中生4元；2011年秋季学期再度将补助标准提高1元，达到小学生4元，初中生
5元；补助人数由2005年的近600万人增加到2010年的1590万人；2007～2009
年，中央财政累计安排中西部地区农村义务教育阶段家庭经济困难寄宿生生活费
补助资金95.5亿元，2011年，中央和地方财政的支出为140亿元，财政投入大

幅增加。

为了评估农村贫困家庭寄宿生生活补助政策实施效果，2010 年、2011 年，基金会项目组先后两次赴青海乐都县、云南寻甸县、广西都安县和宁夏西吉县，定点对 12 所小学的学校供餐和学生的营养状况进行调查，两次都对近 1500 名四至六年级学生的身高、体重进行了测量。调查发现结果如下。

（1）学生营养不良状况好转。2011 年学生体检结果与 2010 年相比，除了 12 岁之外各年龄组学生身高体重均有所增长（见表 2 和表 3）。以两次评估分别测量的 13 岁学生为例，平均身高男生增长 1.4 厘米，女生增长 2 厘米；平均体重男生增长 1.4 千克，女生增长 1.6 千克。虽然贫困农村学生营养不良仍然存在，身体发育与全国农村学生平均水平仍有差距，但在提高农村家庭贫困寄宿生生活补助标准，实施营养改善计划后，学生的营养不良状况正在好转。

表 2　　　　2011 年体检学生身高与 2010 年体检结果比较　　　单位：厘米

实足年龄	2010 年四省体检学生平均身高		2011 年四省体检学生平均身高	
	男　生	女　生	男　生	女　生
10 岁	135	134	134	134.5
11 岁	137	139	138.9	139
12 岁	143	146	139.9	141.8
13 岁	145	145	146.4	147

表 3　　　　2011 年四省体检学生体重与 2010 年体检结果比较　　　单位：千克

实足年龄	2010 年四省体检学生体重		2011 年四省体检学生体重	
	男　生	女　生	男　生	女　生
10 岁	29	28	29.1	29.4
11 岁	30	32	32.8	32.4
12 岁	34	36	33.6	34.7
13 岁	34	36	37.4	37.6

（2）学生饥饿感降低，对校餐满意度提高。2011 年调查的学生中只有 25% 有饥饿感，每天都有饥饿感的不足 8%，比 2010 年 72% 有饥饿感，33% 每天都有饥饿感明显下降。学生认为伙食状况比 2010 年有所改善的，广西都安为 100%，宁夏西吉为 85%。

三、学生营养改善计划需要继续深入

世界多国开展学生营养改善计划，其中发达国家起步早，覆盖面广，在立法、资金、制度等方面相对完善；发展中国家在一些国际组织的帮助下实施标准相对较低、覆盖面小的营养干预项目。各国的计划都显示营养改善计划具有综合效益。

（1）营养干预对儿童健康具有重要意义。以日本为例，1954年颁布《学校营养午餐法》，实施营养午餐后的50年，14岁男生和女生平均身高增加值分别是18厘米、10.2厘米，平均体重增加值分别是15.2千克、9.2千克。日本持续推行的营养餐显著改善了学龄儿童身体素质，彻底摆脱了日本人身材矮小的状况。

（2）营养改善计划能扩大食物消费、增加就业岗位，对农业增产增收和经济发展都起到积极作用。美国农产品过剩，据2003年美国一项有关学生营养的研究报告指出：美国学校午餐支出为150多亿美元，学生营养计划使食物支出增加19.69亿美元，农业收入增加8.7亿，农场工作的就业机会增加7738个。

（3）营养改善计划对学生心智发育、学习成绩、社会参与、社会公平等多个方面产生促进作用。肯尼亚施行的儿童营养项目提高学龄儿童入学率8.5%，尤其是对女童入学率的提高效果更加明显；孟加拉国儿童营养改善计划使得参与儿童成绩平均提高了15.7%。截至2008年，世界粮食计划署和世界银行帮助70个低收入国家开展了涵盖2200万学生的学校供餐计划，迄今为止这些国家的供餐标准仍然较低，补助的平均标准为每年40美元，约250元人民币，但在提高学龄儿童入学率、受教育水平和认知水平上已取得较好成效。

中国政府始终高度重视学生营养问题，继实施农村义务教育阶段贫困家庭寄宿生生活补助政策后，2011年10月26日国务院常务会议决定，从2011年秋季学期起，启动覆盖699个县、2600万学生的农村义务教育学生营养改善计划。这一营养改善试点已经成为世界上规模最大的营养干预计划之一。营养改善计划不仅能够直接改善学生营养状况，提高身体素质，促进学生心智发展，提高学习成绩，也能在贫困的农村地区增加就业岗位，促进农业增产和农民增收。如果按照 80～100 个学生配备一个食堂工作人员计算，将增加 26 万当地就业岗位，如每人年收入 10000 元，共增加 26 亿元收入；蔬菜和肉蛋等农产品，若实现当地产、当地购，则营养改善计划补贴的 160 亿元将有相当大一部分转变为贫困地区的发展引擎，创造更多的就业岗位，实现农民的现金增收，并带动相关产业发展。

于明潇　卢　迈　执笔

2012 年 6 月

农村学校供餐与学生营养评估 2010

■ 中国发展研究基金会项目组

解决贫困地区中小学学生生活困难问题一直为中央高度关心。随着农村教育布局调整、寄宿生人数增加，生活困难导致的儿童营养不良问题集中呈现出来。2008 年 4 月，温家宝总理在中国发展研究基金会的报告上作出重要批示，明确指出"要增加政府对寄宿制学校贫困学生的补助力度，改善学生的营养状况。这件事关系国家的未来，也是扶贫事业的重要组成部分"。在随后举行的中共十七届三中全会的《公报》中，正式提出"改善农村学生营养，促进城乡义务教育均衡发展"的目标。财政部、教育部和地方财政、教育部门近年来加大对贫困学生的补助力度，提高补助标准，完善经费保障机制。2007～2009 年，中央财政累计安排中西部地区农村义务教育阶段家庭经济困难寄宿生生活费补助资金95.5 亿元。2010 年中央和地方财政"农村义务教育阶段家庭经济困难寄宿生生活费补助"（以下简称"一补"）支出总额已超过 100 亿元，覆盖 1225 万贫困寄宿生。此外，一些地方政府还设立农村学生鸡蛋、牛奶等营养补充项目，在特定地区试行校园"免费午餐"项目，探索不同途径和不同方式，着力改善学生营养。

但是，贫困农村学生营养问题仍然相当突出，生长发育迟缓和贫血的比率居高不下，已成为海内外的关注焦点。为了评估"一补"政策和政府支出对于改善学生营养的效果，了解当前贫困学生的营养问题，探索最为有效的政府干预途径和学生营养保障方式，中国发展研究基金会有关人员于 2010 年秋前往青海、云南、广西和宁夏等西部四省（区）及其辖区内的四个国家级贫困县乐都县、寻甸县、都安县和西吉县开展调研。调查对象包括寄宿制学校学生、学生家长、学校管理人员、县教育和财政部门、省（区）教育和财政部门相关人士。内容包括学生身体健康状况、寄宿学生在校和在家的生活情况、学校供餐能力、贫困寄宿生生活补助政策的落实和执行情况等，随机抽样为 1674 名四至六年级的学生做了体检、对 503 名学生进行问卷调查、进入 60 户学生家庭进行访谈（参见文后附表 1）。

调查发现，"一补"在各地得到初步落实，对维持贫困寄宿生在校基本生活起到了不可或缺的作用，但对营养改善的效果还取决于各地资金的使用方式和管理水平。解决贫困农村学生营养不良、生长发育迟缓等问题，关键在于建立健全学校供餐机制。

一、贫困农村学生营养状况与各地"一补"政策

总体上看，贫困农村学生营养不良、身体发育迟缓等问题仍然突出。参加此次体检的 1458 名 10～13 岁学生，生长迟缓率近 12%，低体重率达到 9%。与 2005 年全国学生体测结果相比，在本次调查中参加体检的四省 10 岁年龄组的学生体重比 2005 年的农村学生体重低 3 千克，13 岁年龄组的男、女生体重分别比 2005 年的农村男、女学生体重低 10 千克和 7 千克；四省 13 岁年龄组的男、女寄宿生身高则分别比 2005 年的农村学生身高低 11 厘米和 9 厘米（参见表 1、表 2）。

学生营养摄入严重不足，是导致贫困地区农村小学生营养不良和生长发育迟缓的主要原因。宁夏西吉、广西都安、云南寻甸寄宿学生每日摄入热量仅为推荐量的 62%、66% 和 68%，钙铁锌等微量元素摄入低于 20%；都安寄宿生维生素 C 的摄入量几乎为零。在教育布局调整、资源优化整合的背景下，农村寄宿制学校的建设让学生集中在学校生活，将原本分散在农村家庭中的饮食和营养问题集中呈现出来。在贫困农村，寄宿生的生活成本大于其在家走读上学的成本，如果缺乏政府的有效干预和帮助，其在校生活的质量甚至可能低于其在家的生活质量。接受调查的学生中，有 72% 的学生上课期间有饥饿感，其中每天都会有饥

表1

体检学生（10～13岁）体重与2005年全国体测结果比较

单位：千克

实足年龄	2005年全国学生体测结果				四省体检学生体重							
	城男	城女	乡男	乡女	青海男	青海女	云南男	云南女	广西男	广西女	宁夏男	宁夏女
10岁	36	34	32	31	29.3	28.8	29.5	26.9	26.5	27.2	26.1	26.3
11岁	40	39	35	35	30.9	32.3	31.2	31.5	30.4	30.9	29.5	30.1
12岁	44	42	39	39	32.1	33.9	32.7	34.6	30.8	32.5	30.4	31.6
13岁	49	46	44	43	34.9	36.7	34.4	37.1	35.3	37.9	34.2	35.8

表2

体检学生（10～13岁）身高与2005年全国体测结果比较

单位：厘米

实足年龄	2005年全国学生体测结果				四省体检学生体重									
	城男	城女	乡男	乡女	寄宿男生	寄宿女生	青海男	青海女	云南男	云南女	广西男	广西女	宁夏男	宁夏女
10岁	141	141	138	138	135	134	134.2	134.7	130.4	130.9	134.5	134.7	133.5	133.8
11岁	147	148	143	144	137	139	137.4	138.5	136.3	137.7	138.3	140.4	135.2	136.9
12岁	153	153	148	149	143	146	141.2	143.2	139.5	141.2	141.8	141.6	138.5	139.6
13岁	160	156	156	154	145	145	145.8	146.6	143.8	144.1	145.7	147.1	142.3	143.4

饿感的达 1/3。

随着布局调整的规模不断扩大，寄宿学生人数激增，一方面，由于贫困造成的儿童营养不良问题也从家庭的隐蔽状况显露到学校生活中；另一方面，学生在校吃饭问题得不到解决，造成营养状况恶化。为了应对贫困学生因在校寄宿生活导致的生活成本上升问题，国家在西部地区进行撤点并校、建设寄宿制学校之初，就制定了"农村义务教育阶段家庭经费困难寄宿生生活补助"政策，即"两免一补"中的"一补"政策。当时的补助主要是解决学生上学难问题，是对贫困学生因寄宿带来的就学成本上升的补偿，与学生营养改善并没有直接挂钩。2008 年，国务院领导同志批示后，"一补"同"改善学生营养状况"的功能联系起来。随着这一政策进一步落实，中央和地方政府不断加大补助力度，除宁夏西吉外，调查的四个县实现了寄宿生生活补助全覆盖，为贫困寄宿生的生活提供了切实有效的生活保障。（参见表 3）。

表3　　　　　　四地"一补"政策的执行情况（农村寄宿制小学）

地　区	青海乐都	宁夏西吉	云南寻甸	广西都安
生均补助水平（元/年）	800	500	500	500
覆盖面①（占寄宿生的比例）	省内国家级贫困县 100% 覆盖②，全省平均覆盖率为100%	省内国家级贫困县 80% 覆盖，自治区平均覆盖率为55%	省内国家级贫困县 100% 覆盖，全省平均覆盖率为71%	省内国家级贫困县 100% 覆盖，自治区平均覆盖率为65%
资金来源	中央政府和省政府各50%	中央政府和自治区政府各50%	中央政府和省政府各50%	中央政府 50%，自治区政府 40%，县政府10%

① 由于所调查的县均为国家级贫困县，而各地往往对国家级贫困县的补助面要稍高于全省（区）的平均水平，所以分别列出国贫县和全省（区）的"一补"覆盖率。

② 青海省虽然补助的覆盖面达到100%，但由于其使用的基数是上年或数年前的教育统计公报中的数据，而青海近年教育布局调整力度较大，每年新增寄宿生规模较大，因此，实际的补助覆盖面仍难达到100%。

续表

地　区	青海乐都	宁夏西吉	云南寻甸	广西都安
受助资金占寄宿生在校生活（饮食）平均支出比重（%）	66.7	35.7	50	56.3
受助资金占当地农民人均纯收入比重（%）	20.7	16.7	16.4	16.9

尽管"一补"政策是一项全国统一的公共政策，但其在各地的执行方式并不相同。目前，各地对于"一补"资金的使用主要采取以下几种方式：①"供应式"——直接将"一补"资金补充到学校食堂、为寄宿生提供伙食，不足部分由学生上交实物或现金，青海和宁夏实行这种模式，值得注意的是，宁夏学生的实物缴纳远高于青海；②"购买式"——将"一补"资金充到学生饭卡或饭票中，由学生持卡、票在学校食堂就餐，不足部分由学生家庭现金补足，云南实行这种模式；③不能提供学校餐——将"一补"资金的现金直接发给学生或学生家长，广西实行这种模式（参见表4）。

"一补"资金的执行方式不同、管理水平各异，也使得其政策效果和学生受益程度存在明显差别。在广西都安，学校食堂仅提供蒸饭服务，主食由学生从家中带米和少量黄豆自行蒸饭，没有副食供应。而由于当地气候条件的限制（气温较高），学生无法从家中带来一周所需副食，调查显示，56%的被调查学生认为在学校没有在家吃得饱，学生在校每日的营养摄入量也仅达到推荐量的66%。而尽管青海乐都和宁夏西吉在"一补"资金的使用方式上相同，但两地对于"一补"资金的管理水平不同，其政策效果也不同。在青海乐都，由于学校供餐而且"一补"资金的管理透明，学生在校能量摄入量达到推荐量标准的87%，绝大多数学生感觉满意，学生的受益程度远高于宁夏西吉，而学校的供餐成本大大低于宁夏西吉。

表4　　　　　　　　四地"一补"资金的使用方式与效果比较

地　区	青海乐都	宁夏西吉	云南寻甸	广西都安
"一补"资金使用方式	直接补贴到学校食堂，由学校食堂为学生提供伙食。不足部分学生实物补足	直接补贴到学校食堂，由学校食堂为学生提供伙食。不足部分学生实物或现金补足	直接发放到学生饭卡中，学生凭饭卡购买学校食堂提供的伙食。不足部分由学生家庭现金补足	直接向学生或学生家长发放现金。学生在校就餐完全由个人负责，学校仅提供蒸炉蒸饭
在"一补"资金外，受助寄宿生在校生活所需的食物支出	每月20斤土豆、1斤清油，每周5个馍	学生每月需缴纳40斤土豆、30斤面粉，或者100元现金	每月伙食费50元	扣除当月补助，受助学生家庭需承担约60元（每月需带大米、玉米面、黄豆和油等食物到学校蒸饭，折合现金约110元）
学生在校能量摄入量达到推荐量比例（%）	87	62	68	66
学生感受	87%的学生认为在学校吃得更饱，8%的学生认为家里和学校差不多，只有5%的学生认为家里吃得更饱	32%的学生认为在学校吃得更饱，26%的学生认为学校和家里差不多，42%的学生认为家里吃得更饱	66%的学生认为在学校吃得更饱，18%的学生认为家里和学校差不多，16%的学生认为家里吃得更饱	11%的学生认为在学校吃得更饱，33%的学生认为学校和家里差不多，56%的学生认为家里吃得更饱

　　寄宿制学校的建设，为集中对贫困学生进行营养干预、改善其营养状况和身体素质提供了平台。此次调查的地区之一广西都安，2007～2009年中国发展研究基金会曾在此开展"贫困地区寄宿制学校学生营养改善项目"，以三只羊小学

和古山小学两所寄宿制学校作为项目试点学校，对每个寄宿生每天分别提供 5 元和 2.5 元的补助，并由基金会出资建设食堂、添置设备、招募炊事员，补助资金则用于为学生提供肉类和副食，主食仍然由学生从家里自带。实行营养餐试验后，每天补助 2.5 元的古山小学学生能量摄入达到推荐标准的 89.6%，而每天补助 5 元的三只羊学生能量摄入则达到推荐标准的 98.5%。营养干预试点对于学生的体质增长、体能增长以及学习成绩的提高产生了明显效果。①

但是，此次调查发现，2009 年试点项目停止后，学校食堂停办，供餐方式和寄宿生的营养摄入水平退回到 2007 年项目开展前的状况。而事实上，国家对于贫困寄宿生"一补"的补助水平，与基金会开展项目试点时的补贴水平相近，由于学校停办食堂，没有维持试点时的供餐体制，使得"一补"资金对于改善学生营养无法起到作用。这表明，仅有"一补"政策仍然不能满足学生的营养需求，政府需要探索切实有效的途径和办法，通过学校供餐机制为贫困学生提供切实保障。

二、主要问题

当前，"一补"政策和资金对贫困地区农村寄宿生生活起到重要的保障作用，但在营养改善方面所发挥的作用仍然有限，主要原因一是现有的"一补"政策缺乏针对性，在资金使用方式、覆盖面和瞄准性以及补助水平等方面存在不足；二是学校供餐机制尚未完全建立，学校缺乏为学生提供营养保障的能力。具体来看，包括以下问题。

（1）地方政府对学生营养问题重视程度不够，职能部门对学生营养保障的责任定位不清。从国际上看，无论是美国、日本等发达国家，还是印度、巴西等发展中国家，都已通过立法明确政府在保障学生营养问题上的责任。而我国缺乏

---

① 基金会课题组"从农村寄宿制学校入手，实施国家儿童营养改善战略"，见于王梦奎主编：《为了国家的未来：改善贫困地区儿童营养状况试点报告》，中国发展出版社 2009 年版，第 1～2，230～248 页。

相应的法律法规明确政府对学生营养保障的责任，"一补"的政策目标存在模糊空间。地方教育、财政部门对如何管理和使用"一补"资金缺乏明确目标和统一规范。有些地区财政部门规定，补助必须以现金发到家长手中，这使得补助资金无法直接、充分地用于改善学生生活和营养状况，而是部分被挤占、挪作他用。

（2）"一补"资金的覆盖面和瞄准机制存在不足。印度学校供餐计划覆盖全国，受益儿童达到1.3亿；巴西学校供餐计划每年覆盖约3700万儿童，大大超出我国目前"一补"政策的受益范围。在我国西部贫困农村地区，家庭经济状况相似，以家庭为目标的瞄准方式使得受助边缘人群难以甄别。由于财政的补助资金不足，一些地方出现了降低补助标准覆盖所有寄宿生，或者寄宿生轮流享受补助的情况，降低了补助水平和学生的受益程度。

此外，由于寄宿制学校对寄宿生的容纳能力不足，部分应该寄宿的学生无法寄宿，不具备补助资格，而中午又难以回家甚至无法进入学校食堂吃饭，只能以干粮代午餐。

（3）政府对于学校供餐的运行和监管机制缺乏考虑。执行和监督成本是建立学校供餐机制不可忽视的问题，执行和监管不足使得补助资金难以被充分、高效地用于改善学生营养。"一补"政策在寄宿生营养保障问题上，缺乏对学校供餐执行和监督成本的考量，供餐的硬件建设和管理制度缺乏明确规范。由于学校供餐所带来的食堂员工、水电煤等方面的支出和管理成本，没有被纳入教育经费保障机制。部分地区将食堂承包出去、学校不仅无需承担食堂运行成本，还可以收取食堂承包费，但这导致学生的用餐支出上升；或者将食堂关闭，仅为学生提供蒸饭服务，并由学生交钱负责蒸饭员工的聘用。

目前学校供餐缺乏专业的营养指导，难以实现均衡营养的目标。由于经费有限，学校在供餐时往往量入为出，以当地农产品和饮食习惯为准，没有合理膳食和均衡营养。西吉学生每日两餐土豆面，维生素C摄入量仅为推荐量的30%，钙为17%、铁为15%。而在都安，由于学生几乎没有副食摄入，维生素C摄入量基本为零。

表 5 各地学校供餐能力

地 区	青海乐都	宁夏西吉	云南寻甸	广西都安
食堂经营方式	学校经营	学校经营	教师承包	学校配备蒸饭锅炉，由学生交柴火、交钱雇人
食堂服务能力	每天提供三顿热伙食	每天提供两顿热伙食（土豆、面）	每天提供两顿热伙食（包括米饭和多种菜肴）	每天仅为学生提供两次蒸饭服务
食堂运行成本摊销机制	主要是食堂雇佣员工工资（由县政府按照一定比例承担）、水电煤气消耗和食堂维护费用（由学校公用经费摊销）	主要是食堂雇佣员工工资、水电煤气消耗和食堂维护费用（均由学校公用经费摊销）	学校不承担食堂运行成本，由承包人负责	学校不承担食堂运行的成本。锅炉所需燃料由学生缴纳柴火或现金，用工成本也由学生负责

三、政策建议

《国家中长期教育改革和发展规划纲要（2010－2020 年）》中提出要"改善学生营养状况，提高贫困地区农村学生营养水平"，并启动民族地区、贫困地区农村小学生营养改善计划。如何切实有效地通过政策干预改善贫困地区农村小学生的营养状况，需要综合考量，完善配套措施。

（1）完善对贫困学生加强营养保障的立法和政策安排。提高各级政府部门对贫困学生营养问题的重视程度，明确政府在保障学生营养问题上的责任和功能。

（2）建立部门联席工作机制。学校供餐和学生的营养保障，不仅与财政和教育部门有关，也涉及农副产品供应、卫生监管、合理膳食等一系列问题。因此，要建立部门联席工作机制，协调各部门在学生营养问题中的责任，通过多部门的协作配合，切实履行国家对贫困学生营养问题的责任，保障贫困学生健康上学。

（3）建立学校供餐专项资金管理网络，规范资金用途和使用方式。明确财政"义务制教育保障机制"中的"一补"即是学校供餐专项资金，改善学生营养不良是其目标，并按照学生受助资金 10%～15% 的比例测算学校执行成本，将学生补助和执行成本一并纳入专项管理。

（4）扩大"一补"和学校供餐的受益范围。目前，"一补"政策以家庭瞄准为主确定补助对象，应调整为地区瞄准和家庭瞄准相结合，在贫困地区对乡以下学校，以地区瞄准为主覆盖所有学生；对非贫困地区的贫困生，采取家庭瞄准为主；对贫困农村的非寄宿生，也应将其午餐纳入政府保障范围。

（5）以学校供餐为主，立足当地确定营养均衡的膳食食谱。在改善学生营养问题上，应坚持以学校供餐为主，其他营养补充形式为辅。建立学校供餐机制要根据各地饮食习惯、农副产品等多种因素来确定营养均衡的膳食食谱。此外，鼓励学校供餐机制采用当地采购的方式，促进当地农副产业发展。

冯明亮　于明潇　执笔

2011 年 2 月

附表 1　　　　　　　　　　调查样本情况　　　　　　　　　　单位：人

省/区	县	学　校	体检生数	问卷调查生数	家访数
青　海	乐　都	达拉中心学校	151	45	5
		瞿昙中心学校	153	45	5
		中岭中心学校	149	45	5
		马厂中心学校	158	45	5
		洪水中心学校	156	45	5
云　南	寻　甸	六哨乡九年一贯制学校	136	45	5
		天生桥小学	134	45	5
广　西	都　安	古山小学	142	44	5
		三只羊小学	149	41	5
		隆福小学	142	43	5
宁　夏	西　吉	偏城乡回民小学	98	30	5
		西滩乡中心学校	106	30	5
样本总量	四　县	12 所学校	1674	503	60

农村学校供餐与学生营养评估 2011

■ 中国发展研究基金会项目组

从 2010 年秋季学期开始，中央和地方政府提高"一补"标准，农村寄宿生生活补助从小学生每人每天 2 元、初中生每人每天 3 元，提高到小学生每人每天 3 元、初中生每人每天 4 元。2011 年，中央财政的该专项支出已达到 74 亿，地方相应配套等额经费，因此，"一补"资金总额已超过 140 亿元，这笔补助经费主要用于寄宿生的学校就餐。除此之外，不少省市县三级地方政府也出台措施，改善学生营养状况。

2011 年 7 月，国务院决定开展民族地区、贫困地区学生营养改善计划试点，首批以宁夏回族自治区 11 个县的 31 所农村小区作为试点施行"营养餐"，并于 2011 年秋季学期开学时正式启动。2011 年 10 月 26 日，国务院常务会议决定从 2011 年秋季学期起，启动实施农村义务教育学生营养改善计划，为集中连片特殊困难地区的 699 个县、约 2600 万在校生提供营养膳食补助，同时将寄宿生补助标准每生每天提高 1 元，达到小学生每人每天 4 元、初中生每人每天 5 元。

2011 年下半年，基金会课题组再次前往青海、云南、广西、宁夏四省（区），对学校供餐与学生营养进行第二次评估，内容包括学生身体健康状况、学校供餐能力、"一补"政策落实和执行情况等，同时对宁夏营养餐试点中的三所小学的供餐模式等进行考察。此次共随机抽样 1623 名四至六年级的学生体检、对 150 名学生问卷调查。

此次调查和评估发现，"一补"政策和营养餐对促进学校供餐和学生营养状况改善，以及对学生身体素质提高有明显效果。应明确"一补"资金是用于改善学生营养的经费，要建立统一的学校供餐和资金监管制度，同时选择合适的供餐模式。这样才能提高资金使用效率，达到改善学生营养状况的目标。

一、贫困地区寄宿制小学学校供餐机制改善明显

2011年，随着媒体和社会各界的高度关注，各级地方政府加大重视力度，采取措施保障寄宿制小学的学校供餐。

（1）建立食堂，加大寄宿制小学供餐的投入。寄宿制小学学生在学校生活5天，食堂是解决学生吃饭必不可少的设施。广西壮族自治区都安县筹资400多万元，为64所没有食堂的小学建设学生食堂，为94所已有食堂的学校添置炊具，全县寄宿制小学基本满足开餐要求；作为营养餐项目试点的宁夏回族自治区，西吉县在2011年9月前为试点的三所学校改建食堂，添置厨房用具，并将力争在2010年3月前实现全县所有农村小学食堂的全覆盖。

（2）取消"一补"资金发放现金给家长的方式，采取补贴学校食堂的模式。2010年中国发展研究基金会在青海乐都、云南寻甸、广西都安和宁夏西吉的调研中发现，"一补"资金基本能足额到位，但在使用上分为补贴学生食堂、发放现金给家长以及给学生饭卡充值三种模式，其中补贴食堂模式的"一补"资金使用效率最高，学生受益最大；广西都安实行的发放现金给家长的模式学生受益最小。在2011年对同样四个县的寄宿小学调研中，广西全区已经取消发放现金给家长的模式，由补贴食堂模式取而代之。除了云南寻甸仍然使用给学生饭卡充值的模式外，其余三县均采取直接补贴食堂的模式。

（3）各级政府加大对贫困地区寄宿制小学生营养改善的投入。中央政府决定在2011年秋季学期开始，将家庭经济困难寄宿生的生活补贴提高1元钱，其中小学生每人每天补贴4元，初中生为5元。青海省乐都县由县级财政出资为寄宿制小学中的走读生按照每人每天一个鸡蛋和一碗热汤的标准补贴1元钱；广西

都安县在寄宿小学生 3 元①补贴标准的基础上，为每人每天增加 0.5 元；宁夏作为国家营养餐项目的试点省份，国家按照每人每天 3 元的标准进行补贴，自治区增加 1 元钱，将营养餐的补贴标准提高到 4 元。

（4）采取各项措施完善学校供餐机制。主要表现在：第一，按照学生人数大致按80∶1的比例雇佣专职食堂工作人员，按照每月每人 800～1200 元的标准发放薪酬，制订食堂工作人员工作守则（见表1）；第二，因地制宜制订菜谱，力保学生在吃饱的基础上尽量满足营养量的摄入，除云南寻甸外，乐都、都安和西吉都有明确的周菜谱和日菜谱；第三，建立一定的监督机制，保障"一补"资金的安全有效使用，乐都实行县教育局统一管理的方式，各学校根据人数以及食品采购清单定期到教育局报账；教育局会同财政、食品卫生等部门对资金使用、食品采购等进行监督管理。西吉县以中心校为核算单位，对分校和教学点的"一补"和营养餐资金进行监督管理，自治区和县级相关部门进行不定期检查。

表1　　　　　　　　各地食堂工作人员状况

	青海乐都	云南寻甸	广西都安	宁夏西吉
食堂工作人员数（人）	4～6	3～6	4～6	2～10
食堂工作人员与学生比	1∶80	1∶100	1∶70	根据学校规模各不相同
工资标准（元/月）	800～1000	800～1200	400～1000（含工伤保险规费）	800～1500

注：由于云南寻甸的寄宿制小学食堂一直采取承包这种市场化的方式，食堂工作人员与学生比没有硬性规定，工资水平也由承包人来确定。宁夏西吉由于实行了营养餐项目，学生人数较多的学校，食堂工作人员和学生比例大概为1∶80，随着学生人数的降低，该比例逐步升高，在一些教学点，该比例甚至高于1∶40。

二、贫困地区寄宿小学生身体状况仍然不良但有所改善

此次调查了四个省（自治区）的四个国家级贫困县，共涉及 10 所小学，其

---

① 由于该标准低的提高是 2011 年 10 月 26 日国务院常务会议决定的，所以此次调研期间该标准并没有开始执行，执行的依然是小学生每人每天 3 元，初中生 4 元的标准。

中 8 所与 2010 年贫困地区寄宿小学生生活补贴政策评估学校一致，调查共涉及
1623 名四至六年级小学生，其中 10~13 岁学生 1283 名，男生 700 名，占总数的
54.6%，女生 583 名，占 45.4%（详见表 2）。

表 2　　　　　　　　　体检学生年龄、性别组成

年龄（岁）	男		女		合　计	
	人数（人）	占比（%）	人数（人）	占比（%）	人数（人）	占比（%）
10	169	54.9	139	45.1	308	100.0
11	202	52.9	180	47.1	382	100.0
12	187	57.4	139	42.6	326	100.0
13	142	53.2	125	46.8	267	100.0
合　计	700	54.6	583	45.4	1283	100.0

从调查的 10~13 岁学生体检结果来看，参加此次体检的 1283 名 10~13 岁
学生，与 2005 年全国学生体测以及 2010 年四省调查结果相比，除了 12 岁年龄
组外，其他年龄组学生身高体重均有所增长[①]。但是，贫困农村学生营养不良、
身体发育迟缓等问题仍然突出。四省 12 岁年龄组学生平均体重比 2005 年的农村
学生体重低 5 千克，13 岁年龄组的男、女生体重则分别比 2005 年的农村男、女
学生体重低 6.6 千克和 5.4 千克；四省 13 岁年龄组的男、女寄宿生身高则分别
比 2005 年的农村学生身高低 9.6 厘米和 7 厘米。参见表 3~表 6。

表 3　　　体检学生身高与 2005 年全国体测及 2010 年体检结果比较　　单位：厘米

实足年龄	2005 年全国学生体测结果				2010 年四省体检学生平均身高		2011 年四省体检学生平均身高	
	城男	城女	乡男	乡女	寄宿男生	寄宿女生	寄宿男生	寄宿女生
10 岁	141	141	138	138	135	134	134	134.5
11 岁	147	148	143	144	137	139	138.9	139
12 岁	153	153	148	149	143	146	139.9	141.8
13 岁	160	156	156	154	145	145	146.4	147

①　12 岁年龄组身高体重与其他年龄组的异常问题有待深入研究。

表 4 　　　体检学生体重与 2005 年全国体测及 2010 年四省体检结果比较 单位：千克

实足年龄	2005 年全国学生体测结果				2010 年四省体检学生体重		2011 年四省体检学生体重	
	城男	城女	乡男	乡女	寄宿男生	寄宿女生	寄宿男生	寄宿女生
10 岁	36	34	32	31	29	28	29.1	29.4
11 岁	40	39	35	35	30	32	32.8	32.4
12 岁	44	42	39	39	34	36	33.6	34.7
13 岁	49	46	44	43	34	36	37.4	37.6

表 5 　　　四省学生平均体重 2010 年与 2011 年数据比较 　　单位：千克

实足年龄	2010 年四省平均体重								2011 年四省平均体重							
	青 海		云 南		广 西		宁 夏		青 海		云 南		广 西		宁 夏	
	男	女	男	女	男	女	男	女	男	女	男	女	男	女	男	女
10 岁	29.3	28.8	29.5	26.9	26.5	27.2	26.1	26.3	29.5	29.1	29.7	27.8	27.1	27.3	26.4	26.5
11 岁	30.9	32.3	31.2	31.5	30.4	30.9	29.5	30.1	31.5	32.7	31.6	30.9	30.9	31.2	29.8	30.7
12 岁	32.1	33.3	32.7	34.6	30.8	32.5	30.4	31.6	31.7	33.4	32.2	33.6	30.2	21.8	30.1	31.5
13 岁	34.9	36.7	34.4	37.1	35.3	37.9	34.2	35.8	35.6	36.8	35.1	37.2	35.9	38.1	34.6	36.5

表 6 　　　四省学生平均身高 2010 年与 2011 年数据比较 　　单位：厘米

年份	实足年龄	青 海		云 南		广 西		宁 夏	
		男	女	男	女	男	女	男	女
2010	10 岁	134.2	134.7	130.4	130.9	134.5	134.7	133.5	133.8
	11 岁	137.4	138.5	136.3	137.7	138.3	140.4	135.2	136.9
	12 岁	141.2	143.2	139.5	141.2	141.8	141.6	138.5	139.6
	13 岁	145.8	146.6	143.8	144.1	145.7	147.1	142.3	143.4
2011	10 岁	134.5	135.1	131.2	131.4	134.9	134.8	134.1	134.4
	11 岁	137.6	138.9	136.6	137.9	138.5	140.7	135.7	137.1
	12 岁	140.8	143.0	139.1	140.6	141.3	141.1	138.2	138.9
	13 岁	145.9	146.8	144.1	144.6	145.8	147.2	142.9	143.7

　　同 2010 年四省（区）调研相比，学校供餐状况、"一补"资金使用情况以及学生对学校供餐的主管评价都有明显改善。第一，各地在家庭经济困难寄宿生

反贫困与中国儿童发展

补贴覆盖范围上没有大的改变，在"一补"资金使用方式上也只有云南寻甸依旧采用发放到学生饭卡上的方式，其余县均采取补贴学校食堂为学生提供饭菜的方式；第二，一年来，各地"一补"资金的使用效率都得到一定的提高，寄宿生家庭负担明显改善。乐都寄宿生三餐食谱与2010年比基本未变，但是学生不再向学校缴纳土豆、面粉和清油，减轻家庭经济负担约每月25元；都安寄宿生告别了黄豆蒸饭，三餐都有副食，肉、蛋、蔬菜摄入量明显增加，同时寄宿生也无须自带油、盐、黄豆、干菜等副食，减轻家庭经济负担约每月18元；第三，乐都和西吉试点学校的走读生午餐问题得到一定的解决，乐都走读生每人中午享受一个鸡蛋和一碗热汤，西吉试点学校的走读生享受标准为3元的营养餐；第四，与2010年调查情况相比，四省学生的饥饿感均有显著下降，只有25%有饥饿感，每天都有饥饿感的学生不足8%，比2010年72%的学生有饥饿感，33%的学生每天都有饥饿感明显下降；绝大部分西吉试点学校的学生和全部都安的学生认为2011年的伙食比2010年有显著改善（详见表7）。

表7　　　　　　2011年四地"一补"资金的使用方式与效果比较

地　区	青海乐都	宁夏西吉	云南寻甸	广西都安
"一补"资金使用方式	直接补贴到学校食堂，由学校食堂为学生提供伙食。学生不需要缴纳费用和实物	直接补贴到学校食堂，由学校食堂为学生提供伙食，但学生仍需缴纳大量土豆、面粉或现金	直接发放到学生饭卡中，学生凭饭卡购买学校食堂提供的伙食。不足部分由学生家庭补足	直接补贴到学校食堂，由学校食堂为学生提供三餐副食，主食由学生自带
在"一补"资金外，受助寄宿生在校生活所需的食物支出	每月30元左右（每周自带主食馍5个）	学生每月需缴纳40斤土豆、30斤面粉，或者100元现金	每月伙食费50元	每月42元（大米5斤/周，蒸饭柴火费10元/月）
生均行政成本① （元）	0.8～1	0.5～1		0.5

① 生均行政成本跟学校规模有关，学校规模越大，在学校供餐上越容易形成规模效应，降低生均成本。

续表

地 区	青海乐都	宁夏西吉	云南寻甸	广西都安
学生在校能量摄入量达到推荐量比例（%）	90	81	68	85
相比 2010 年学生用餐的变化	寄宿生基本未变，走读生中午一个鸡蛋和一碗汤	试点学校食谱丰富，蔬菜和肉类摄入量增加，非试点学校基本无变化	无变化	由黄豆蒸饭改为三餐都有副食，每天都有蔬菜和肉
学生的饥饿感以及与 2010 年相比伙食状况的评价	寄宿生中 87% 的学生认为在学校吃得更饱，8% 的学生认为家里和学校差不多，只有 5% 的学生认为家里吃得更饱。但是相比 2010 年伙食状况变化不大。走读生中有 66% 的学生认为学校伙食状况比 2010 年有所改善	13% 的学生认为在学校吃得更饱，75% 的学生认为学校和家里差不多，12% 的学生认为家里吃得更饱。试点学校 85% 的学生认为伙食比 2010 年有所改善，非试点学校伙食状况基本未发生变化	18% 的学生认为在学校吃得更饱，66% 的学生认为家里和学校差不多，16% 的学生认为家里吃得更饱。学校的伙食状况基本没有变化	75% 的学生认为在学校吃得更饱，18% 的学生认为学校和家里差不多，7% 的学生认为家里吃得更饱。100% 的学生认为现在的伙食状况比 2010 年有很大改善

三、宁夏营养餐项目试点

宁夏回族自治区，针对义务教育阶段学生，共实施三种学校营养补助政策：营养早餐、营养餐和寄宿生生活补助政策。

作为宁夏回族自治区民生工程之一的"营养早餐"政策自 2010 年秋季学期开始实施，按照每人每天 1 元的标准，由自治区财政负担西吉县所有义务教育阶段学生每天一个鸡蛋，鸡蛋为水煮蛋，不能做成蛋汤或者蛋饼等，保证学生食用鸡蛋的数量。

自 2011 年秋季学期起，宁夏回族自治区作为全国营养餐项目的试点省区，开始对 11 个贫困县 31 所小学 2.6 万名农村小学生中提供营养餐。中央财政按照每生每天 3 元的标准，为试点地区农村义务教育阶段学生，提供营养膳食补助，宁夏回族自治区政府为每个小学生增加 1 元，午餐标准为每生每天 4 元，按全年 250 天，共计每生每学年 1000 元。宁夏拟定于明年春季学期，将营养餐项目在全自治区推开，覆盖全自治区 26.2 万名小学生。

宁夏回族自治区家庭经济困难寄宿生生活补助政策在执行过程中也是按照补贴食堂的方式运行，目前按照小学生每人每天 3 元，初中生 4 元，全年按 250 天的标准执行。"一补"政策在西吉的覆盖率与 2010 年没有差别，依旧是 80%。但是，在学校操作层面该补贴资金由于和学生在校一日三餐相结合，不足部分需要学生缴纳实物或者现金，所以部分没有缴纳实物或者现金的学生由于无法在校吃饭，所以无法享受该补贴。

根据宁夏实施的三种政策，试点学校走读生享受每日 5 元补贴，早午两餐免费；寄宿生每日补贴标准 8 元，享受三餐免费；非试点学校全部学生每人享受 1 元的免费鸡蛋补贴，住宿生缴纳实物和现金后享受每日 3 元补贴，三餐免费。①

宁夏作为全国营养餐项目的试点，为了探索项目实施的方式，共施行了三种供餐模式（详见表 8、表 9）。

（1）学校供餐能够保证伙食质量，便于监督管理，但增加学校负担，行政成本较高，适用于学校用餐人数较多的学校。

学校供餐是学校利用空地或空闲教室新建或改建厨房，采购设备，雇佣食堂工作人员，采购加工食物，学生在校用餐，资金由学校使用。学校供餐模式是非盈利性的，能够保证饭菜质量，便于食品卫生监督以及工作人员管理，但是学校供餐在厨房建设、设备采购、人员工资、能源消耗等方面费用成本较高。以

----

① 西吉县寄宿制小学寄宿生缴纳现金和实物的现象十分普遍，但是不同学校执行的标准并不一样。以试点学校的马莲中心小学为例，寄宿生每月需缴纳 20 斤土豆；西滩小学寄宿生则每月需要交纳 100 元现金或者 30 斤土豆和 30 斤面粉。按照每斤土豆 0.8 元，每斤面粉 1.5 元计算，试点学校的寄宿生需要额外负担 16 元/月，非试点小学寄宿生需要额外负担 100 元/月或者 69 元/月。

表8　　　　　　　　　三种供餐模式基本情况

比较项目 \ 模式及学校	学校供餐 马连中心小学	农户托餐① 偏城上马小学	企业配送 短岔小学
用午餐人数（人）	1249	147	579
寄宿生人数（人）	472	0	0
教师人数（人）	34	6	21
师生比	37:1	25:1	28:1
厨房工作人员数（人）	10	2	5
厨师学生比	125:1	74:1	116:1
厨房基础建设情况	自有厨房，操作间加储藏室130平方米	将空闲教室改为厨房，60平方米	企业自有厨房
厨房基础建设成本（万元）	31	2	无
厨房设备成本（万元）	8	2	1.5
配餐工作人员成本（元/月/人）	1500	800	1200
能源成本（包括水电煤等）	20064元/月（24度电/天，0.5元/度，1吨煤/天，900元/吨。用井水，打一眼井10000余元）	不多，未核算★水为自打井水（3000元打井）	企业由营养餐资金中扣除

---

① 由于拟实行农户托餐的上马小学学生人数较少，再加上学校地理位置偏僻，交通成本较高，学校周边的农户无人愿意承担托餐工作，最终只能将学校空闲教室进行改造，雇佣农民到学校来做饭，学校支付报酬，实际上成为一种学校供餐的模式。

表9　　　　　　　　　　　　三种供餐模式比较

模 式	优 点	缺 点	适用范围
学校供餐	·伙食质量高，数量足：一周一次面，菜量与饭量相对充足 ·便于控制食品安全问题，管理工作人员等 ·非盈利目的	·附加成本相对高，包括厨房建设、设备采购、人员工资、能源消耗等费用 ·学校责任加重，教师工作量加大	·适用于学校用餐人数比较多的学校200人以上
农户托餐	·学校经济负担减轻	·成本高：包括用水、采购、交通；饭菜质量下降 ·难于监管食品安全，以及饭菜质量与数量 ·农户有一定的盈利预期	·适用于学校用餐人数比较少的学校
企业配送	·学校无经济负担，将营养餐补助每生每天4元全部交给企业运作即可	·饭菜质量不便监控 ·盈利性强	·适用于交通比较便利，学校相对集中，人数比较多的地方

1200多人用餐的西吉马连中心小学为例，厨房基础建设和设备成本为39万元，食堂工作人员工资总计1.2万元/月，水电煤等成本约为2万元/月。学生在校用餐也增加了教师的责任和工作量。

（2）农户托餐减轻学校负担，但是难于监管饭菜质量和食品安全，农户的盈利预期降低资金使用效率，适用于学校用餐人数比较少的农村教学点。

农户托餐是将资金交给农户，利用农户空闲房屋改建成食堂，添加一定的设备，如保温桶、冰箱、蒸饭机等，由农户进行采购和加工，学生中午到农户家里用餐的方式。农户托餐厨房建设成本较低，一般为4万元左右。但是，托餐农户有一定的盈利预期，降低资金使用效率；农户托餐的分散性也使得饭菜质量难以得到有效监督，食品卫生也难于监管和保证。农户托餐适用于学校用餐人数比较少的农村教学点，但是因为用餐人数较少，每人每天3元的标准很难承担供餐成本，因此有意愿承担供餐的农户很少。

（3）企业配送无须投入食堂建设，但是企业的盈利性降低资金使用效率，饭菜质量监督不便，适用于交通便利学校相对集中学生人数较多的地方。

企业配餐是委托有资质的企业进行采购、加工、配送到校等全部配餐工作，资金全部交由企业适用，配餐所需设备、成本全部由企业承担。企业配餐除了成本之外，企业还需要盈利，严重降低资金使用效率；由于制作校餐的所有环节均在企业完成，质量不便监督，食品安全存在隐患。营养餐试点实施的地区大都交通不便，学校较为分散，因此企业配餐模式在大部分地区无法实施。

总体来看，营养餐项目在试点期间实行的三种模式中，学校供餐模式最为有效，保障性最强，更便于监督管理，但是附加成本相对较高。在2012年春季学期即将全面推行的营养餐项目中，西吉县将统一采用学校供餐模式。

四、学校供餐机制运行过程中的经验

当前，"一补"政策和营养餐项目的资金对贫困地区农村学生生活起到重要的保障作用。"一补"政策大范围执行从2006年到现在已经5年多，其运行过程中的经验有助于形成一个完整的学校供餐机制。

1. 学校供餐机制运行过程中的经验

（1）教育部门牵头，以学校为平台，为学生提供校园餐。学校供餐是不以盈利为目的的公共服务，特别是在西部贫困地区的农村学校，经济不发达、交通不便利、学生家庭条件艰苦，要以学校为平台，排除市场盈利因素，保证资金在改善学生营养方面发挥最大效果。

（2）设立专门机构对学校供餐进行监管。青海省乐都县在教育部门设立专门机构，"一补"资金由教育部门统一管理，学校根据在校人数定期到教育部门报账。教育部门制定严格的食品采购、出入库登记、财务审查报销制度，各学校使用统一的采购和出入库单据，并由至少三人签字，才能进行报销。教育部门联合财政部门不定期对学校进行检查，联合食品卫生部门核实供餐食谱，检查食堂卫生等，保证"一补"资金的高效使用和学生用餐的质量。

（3）补贴标准要随着物价水平等因素及时调整。近几年，受国际国内经济环境的影响，物价水平不断上升，"一补"标准的购买力也不断缩水。2010年11

月，财政部将"一补"标准由小学生每人每天2元提高到3元，初中生每人每天3元提高到4元；2011年10月补贴标准又进一步提高到小学生4元，初中生5元。随着物价水平不断提高的补贴标准保障了学生食物摄入的数量和质量。

（4）调动地方政府积极性，增加地方投入。宁夏回族自治区的营养餐试点在国家补贴的3元之外，增加1元钱；都安县在"一补"之外给寄宿生每人每天增加0.5元；乐都给走读生每人每天补贴1元钱。地方政府积极性提高，投入加大，一方面使小学生更加受惠，另一方面也能促使资金更高效使用。以宁夏西吉为例，三种学生营养改善政策中，地方性工程的营养早餐和试点项目的营养餐在执行上和效果上都明显要好于全国性的"一补"政策。

2. 学校供餐机制运行过程中存在的问题

（1）"一补"政策和营养餐项目在改善学生营养问题上缺乏统一的政策目标和规定。营养餐项目的明确目标是改善学生营养状况，而"一补"政策的目标是为家庭经济困难寄宿生提供生活补贴，并非改善学生营养状况，因此在宁夏的试点学校出现了两项资金管理使用上的不协调，重视营养餐项目，"一补"资金使用上问题比较严重。在全国大范围推广营养餐试点之际，如何将其与"一补"资金协调使用，使两部分资金同时发挥效果将对学校供餐产生重大影响。

（2）学校供餐各职能部门权责并不明确。学校供餐的执行是教育部门，但是学校供餐这个系统工程并不能由教育部门一家承担。财政、农业、工商、食品卫生等部门都要在学校供餐中明确权责。财政部门保证资金使用的安全并及时调整补贴标准，农业和工商部门要对食品流通环节进行监管，稳定价格，食品卫生部门要保证食品安全，制订适合当地的食谱，只有各部门在学校供餐中的权责明确才能更好地协调工作，确保学校供餐机制各环节的顺畅运行。

（3）在"一补"政策和营养餐项目的共同作用下，学生营养状况改善的程度将取决于资金的使用情况。"一补"政策加上营养餐项目，受覆盖的小学生中走读生每人每顿至少3元，寄宿生有每人每天7元的生活费用，保障的力度得到前所未有的提高。因此需要根据当地实际情况，制订合理的资金使用管理、监督制度和食品采购制度，杜绝腐败。

（4）绝大部分学校在食品的采购过程中还是采用分散随意购买的方式。学校供餐增加了当地食品的消费，大部分学校都做到了以本地采购为主，刺激了当地经济发展。但是，绝大部分学校在采购过程中都以学校为单位，进行分散随意采购，导致采购价格、食品质量的不统一，一旦出现食品安全问题也无法溯源。对使用量大、保存方便的食品，如米、面、油等完全可以采用集中采购的方式，降低价格保证质量。

五、政策建议

2011 年 10 月，国务院常务会议决定，从 2011 年秋季学期起，启动实施农村义务教育学生营养改善计划，提高"一补"标准，并出资 160 多亿元，启动覆盖 699 个县、2600 万学生的营养改善试点。如何切实有效地使用这些资金、改善贫困地区农村小学生的营养状况，需要综合考量和完善配套措施。

（1）实施以学校为平台的供餐方式。农村义务教育学生营养改善计划所覆盖的学校基本属于西部贫困地区，交通不便，学校尤其是村小和教学点布局相对分散，企业供餐模式无法发挥规模效应；农户托餐由于在食品安全和质量上难以监管。根据宁夏营养餐试点的情况，学生营养改善计划应实施以学校为平台的供餐计划，保障食品安全，保证膳食质量。

（2）整合"一补"和营养餐的资金。将改善学生营养作为"一补"政策和营养餐试点的共同目标，将两项资金共同纳入学校供餐专项资金，保障寄宿生的每日三餐和走读生的午餐供应。同时，按照学生受助资金 10%～15% 的比例测算学校执行成本，将学校食堂运营管理的执行成本也纳入专项管理，保证补贴资金足额用于改善学生营养。

（3）将管理的规范化与供应的本地化结合起来。在加强资金管理的同时，要因地制宜，结合地方经济社会发展实际、生活习惯和饮食特点，在确定统一的营养量标准的同时，明确各地采用的不同食谱，切实根据需要配备设施。在原料采购上首选本地供应，使学校供餐资金不仅能够满足学生的营养需求，同时还能减少运输成本、带动当地农副业生产和服务，惠及当地经济社会发展。

（4）建立补助水平的动态化管理机制。2010 年 11 月和 2011 年 10 月，国家先后两次调整了"一补"的标准,这对于保障学生营养具有重要意义。今后可以建立长效的动态管理制度,根据物价波动情况每年动态调整财政补助水平,确保补助资金能够满足学生营养改善的需要。

(5)在贫困地区"一补"政策要采取营养餐试点的方式,以区域瞄准替代人群瞄准,扩大"一补"政策的受益人群。2010年,我国中西部地区已有1228万学生受益于寄宿生生活费补助政策,今后还需进一步扩大政策覆盖面,使营养餐覆盖的2600万人中的寄宿生全部能够享受生活费补助,保证这些寄宿生在校的早、晚餐供应。

于明潇　执笔

2012年3月

国际视野中的中国 "营养改善计划"

——拜会中国发展研究基金会暨青海、广西考察的反馈报告

■ 唐纳德·邦迪（Donald Bundy）

世界银行总部健康、营养和人口首席专家

■ 卡门·布尔巴诺（Carmen Brubano）

联合国世界粮食计划署总部政策法规司学校供餐政策处专家

■ 莱斯利·德雷克（Lesley Drake）

儿童发展合作伙伴组织执行主任

联合国世界粮食计划署等国际组织联合考察团一行三人，唐纳德·邦迪，卡门·布尔巴诺，莱斯利·德雷克，前往青海乐都、广西都安两县实地考察"农村义务教育学生营养改善计划"。考察时间为 2012 年 6 月 4～15 日，考察对象包括青海和广西的 5 所农村小学，省、县级教育部门等。本次考察中，考察团观察了中国学校供餐的实际运作，与校领导、教师、儿童和地方政府官员等进行多次座谈。随后，考察团返回北京，与基金会工作人员及其他主要相关部门进行了讨论。

主要结论

目前，中国营养改善计划每天为 2600 万儿童提供校园餐，计划覆盖人数位居世界第三，仅次于覆盖 1.3 亿儿童的印度和覆盖 4700 万儿童的巴西。中国营养改善计划试点旨在覆盖 699 个最贫困县的儿童，生活在这些地区的儿童多为留守儿童。

（一）优势

营养改善计划在短时间内准确地覆盖了数量如此之大的弱势儿童，充分证明了中国政府的高效率。考察团发现，政府有关部门的政策目的很明确，即考量当前状况，不断完善政策效果的同时，将营养改善计划推向更多的县。

同国际上较为成功的实践相比较，考察团发现，营养改善计划具有一些明显的优势。地方政府在政策执行层面，组织有力，分工明确，合作顺畅。卫生部门监管校园餐的营养成分及食品安全，财政部门负责财务控制等，这对学校供餐的食物采购也起到了很好的监管作用。

另一重要优势是，中国的学校供餐项目没有与教学质量产生冲突。一些国际案例显示，由于需要教师做饭或者参与学校供餐管理等增加了教师的负担，产生了逆效应，从而影响了教师的教学质量。在中国的学校供餐项目中，教师很少参与做饭，也没有过多地参与项目管理（仅限于考察的 5 个学校），鉴于营养改善计划的初衷是为了提高教育水平，因此，这一点显得尤为重要。政府投入资金雇佣厨师和厨房工作人员，是一种有效的教育投资。

营养改善计划的另一优势是，教育部发布了明确的政策、规范、标准，地方政府也随即发布地方性政策与规范，有利于保证计划执行与实施质量的一致性。考察团发现，儿童对学校供餐表示满意，满足了他们的需求。

（二）挑战

综合"营养改善计划"与"每生每天贫困家庭寄宿生生活补助"两项政策，一些地方寄宿小学生在校可以享用一日三餐，支出约合每生每天 1 美元。非寄宿小学生，可在校用一顿午餐或者课间加餐，支出约合每生每天 0.5 美元。

图 1 展示了各国的学校供餐支出的估算结果。中国课间加餐支出接近于其他人均 GDP 水平相近的国家。寄宿制小学的供餐支出明显高于同等水平国家。图 2 延伸了图 1 的分析，将基本教育支出作为一个参照标准。低收入国家，营养改善支出通常接近、等同甚至超过基本教育支出。中低收入国家，这个比率较为一致。数据显示，中高收入国家的营养改善支出与基本教育支出比率集中在 5% ~

15%之间。营养改善计划，属于国际较高标准，接近高人均 GDP 国家（即人均 GDP 超过 10000 美元的国家）。中国课间加餐支出标准基本符合国际成本比较的结果。

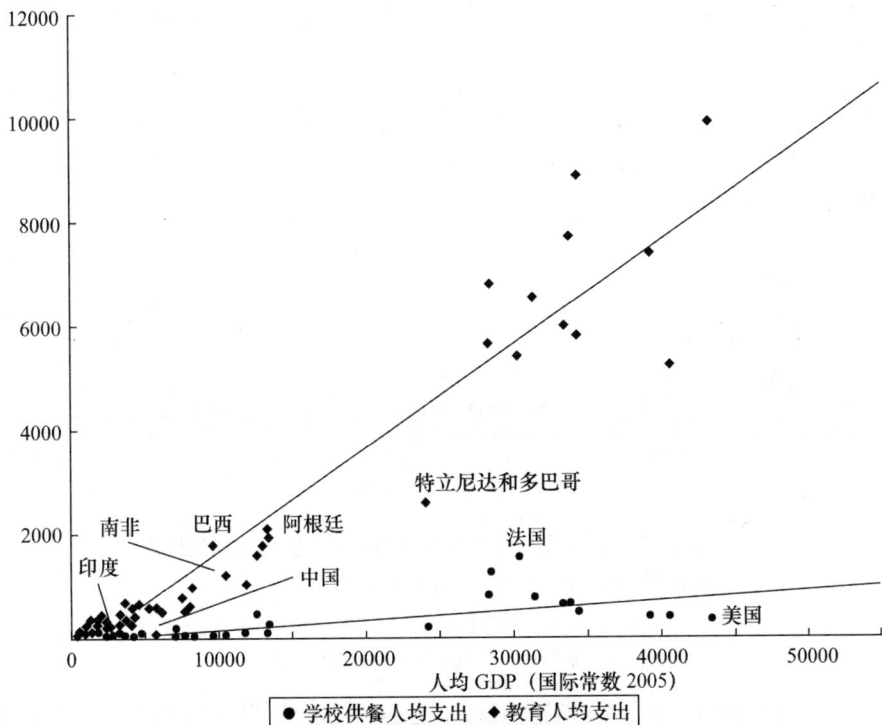

图1 生均营养改善支出和生均小学基本教育支出的估算值
（用它与人均 GDP 的关系来表示）

注：数据由 PCD 的奥罗·吉力提供（2012）。

考察发现，建立寄宿制学校可以确保贫困儿童享有公平的教育机会。寄宿制学校往往建在人口密度低的地区，若如不然，儿童往往距离学校很远，上学路途长且艰辛（如青藏高原上、广西山区崎岖不平的山路）。寄宿制学校是锁定最贫困、最弱势儿童，并帮助他们享受政策的一种方式。在此基础上，对这些儿童的投资等同于社会保护措施。

巴西与墨西哥采取了有条件现金转移（CCT）的模式，这种模式也是以最弱势、最贫穷的群体作为服务对象（吉力·克莱斯莫尔等，2012）。在巴西与墨西

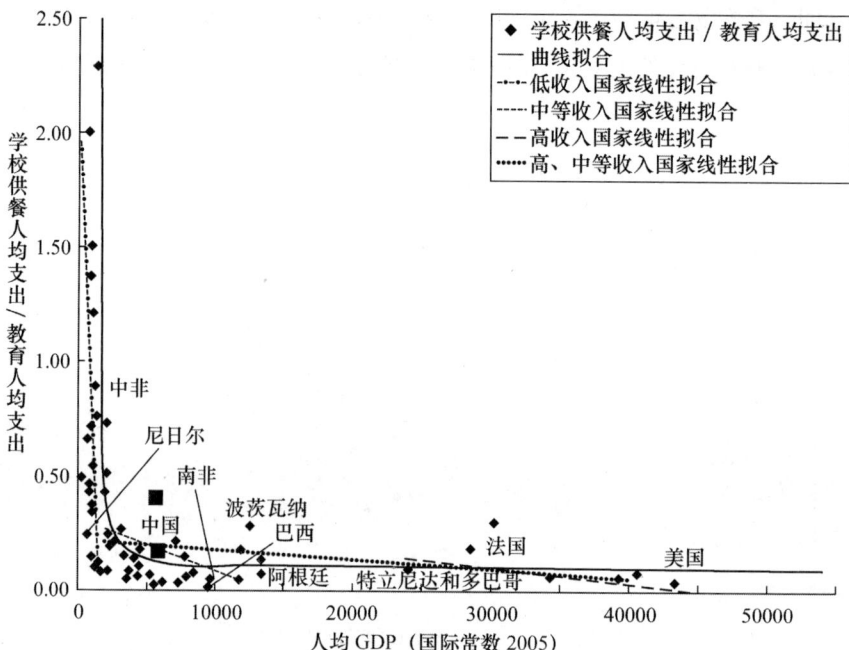

图2 生均营养改善支出和生均小学基本教育支出之间的比率
（用它与人均 GDP 之间的关系来表示）

注：比率为 1 时表示学校供餐支出等同于小学基本教育支出。

资料来源：数据由 PCD 的奥罗·吉力提供（2012）。

哥，CCT 项目与学校供餐项目平行开展，这也许更能满足贫困儿童，尤其是女童，以及贫困家庭的具体需求，如避免辍学。完善的寄宿制学校可能是在类似地区保证弱势儿童就学的唯一方式，同时提供营养餐可以直接使目标儿童受益。

（三）成本和效率

寄宿制小学和非寄宿制小学的营养效率存在差异。寄宿制小学由学校厨房提供一日三餐，包括主食、新鲜蔬菜和肉类等。每餐成本约合 33 美分。由于学生一周的正餐均在学校食用，这样的供餐模式，尽管成本相对高，更有利于学校及地方政府有关部门了解供餐的营养需求与营养成分。这样一来，学校供餐的营养效益很高，更易于达到政策目标。营养专家与膳食专家的介入是此计划的一项优势。此外，已有研究表明，保证肉类的摄取有利于教育效果改善（克里斯扬森、米尔、邦迪等，2009）。

比较而言，课间加餐模式的营养效益较低。食品的选择需更加慎重，尽量避免市场变化的压力。不同食物的搭配组合，应有相关营养数据的分析与支持。对于食物的选择，应有营养学家的参与，尽量做到资金的投入物有所值。值得探索的是，如何在营养改善过程中，更多地采用本地的新鲜食材。这是国际热议的议题，在美国和英国尤为盛行。如，考虑用新鲜豆浆代替盒装牛奶，考察发现，盒装牛奶是课间加餐中最贵的食物。从减少食品包装与环保的角度来说，新鲜食材的替代品具有一定成本与环境优势。

根据国际经验，中等收入国家的惯例是，在学校供餐中加入微量元素强化的谷物、盐和其他食材。考察发现，中国需要重视缺铁性贫血和维生素 A 缺乏等现象。营养改善计划中没有微量元素强化食品。可以考虑在食品加工的过程中集中强化。或许可以考虑采用本地生产的强化营养包等形式。

（四）应通过政策确定营养改善计划与本地农业生产的联系以及对地方经济的影响

多数情况，营养改善计划在本地（即施行该项目的县）采购部分食材，将资金资源重新投资于当地经济。这是营养改善计划中一个积极的元素，在其他国家也有成功案例，在这些国家里，几乎农村的所有学校供餐项目都依赖本地农民；巴西等部分国家通过专项法令要求供餐食品和本地农业联系起来。巴西要求教育部门在采购时应有30%的食品来源于学校周围的生产商（布安妮、裴新和，2012）。

考察得知，广西的许多小农户联合起来成立合作社，希望能够受益于营养改善计划带来的市场。通过本地采购，本地农民可以获得稳定的市场，从而提高收入。需要注意的是，向本地农户采购（各国家自行定义），本身也可以减少或消除贫困。考察团认为，农业部门应全面参与营养改善计划的设计和执行，保证小农户为学生提供新鲜食物的同时，获得收益。在巴西，这种采购供应模式已有多年经验。起初，供餐所需食物多半来源于中央供给，随着本地农民不断改善自己的基础设施，生产能力发展到一定程度，他们已能供给1/3学校供餐所需食物。

（五）在决策中权衡

通过国际比较与研究，各种学校供餐模式各有利弊，没有唯一的标准与解决方案。一些利弊是决策中需要权衡的。

1. 食品质量和营养价值

一定程度上，食物搭配的设计取决于本地食材的可选择性与成本。采用本地食材有多种益处，但需要权衡其成本、可操作性、实用性。需要深加工或特殊技术处理（如部分地区采用的包装奶）的食品往往由大型食品公司提供。应考虑采取具体措施将小农户纳入供应链。可以考虑通过强化加工食品来提高食物的营养价值。在没有供餐设施的学校，或农业生产受限的地方，强化食品或许是一种良好的替代解决方案。

2. 食品安全

食品安全与食物货真价实是每个政府关心的首要问题。目前较好的做法是，关注供应链的每一个环节，而非只关注或重视最后环节，即备餐完成后，准备提供给儿童。供应商，包括提供食材的小农户，需要达到国家食品安全标准或认证。政府有关部门应对供应商加以扶持，确保他们有能力达到质量和安全标准。中国的经验是，省级食品安全管理系统监督营养改善计划，确保所有供应商在参与学校供餐投标前，达到食品安全标准。

3. 成本

比较研究发现，一些食材于当地采购可能成本更高，这取决于食材的属性与当地的环境。目前较好的解决方法是，从食材的角度来分析供应链模式。易于保存的食材，如油、米、谷物等，中央集中大规模采购有利于节省成本。水果、蔬菜等新鲜食材往往容易进行本地采购，成本可能更低。巴西研究确定，学校供餐的食材中70%集中采购，30%本地采购，这样回报率最高。竞争性招标也可以很好地控制成本，激励供应商提供更合理的价格。一些国家与地区，提前制订整年供餐食材计划，确定采购模式与采购量，从而相应降低成本。这种模式可以借鉴与参考。

4. 小农户生产纳入供应链

前面已经论及小农户生产提供食材的益处，但也存在一定风险。主要风险有，小农户的生产规模达不到供餐的要求，随意违约导致学校的食物供给出现危机等。两种策略可能在一定程度上规避风险，给予农户所需的农业推广的技术支持，采取小农户供给与大型供应商联合供给的模式。

平衡这些问题并不容易。中国本身地貌广阔，情况复杂，应根据具体国情，因地制宜。

（六）循证决策：效果评估的需求

目前，县级政府在营养改善计划的执行中扮演重要角色。中央政府希望县级政府不断完善执行方式与效果。对营养改善计划开展严格的评估有助于为决策提供信息，不断改善项目执行与效果。营养改善计划能否改善儿童的营养状况，能否提高学生的学习成绩，能否影响地方经济，这些问题均可以通过评估加以衡量。评估为未来的项目决策提供了坚实的事实基础。

未来前景

营养改善计划作为教育政策的一部分，支持、保障儿童发展，从规模与质量来看，都让人感到惊喜。上文论及的议题值得思考，可以进一步提高营养改善计划的质量与效果。

考察发现，中国的许多经验与做法，值得其他国家学习与借鉴。同时，中国也可以与其他国家进行交流，借鉴别国优势。考察结束后，世界银行、联合国世界粮食计划署和儿童发展伙伴组织，希望与中国发展研究基金会共同努力实现两个目标：一，与基金会合作研究，通过帮助贫困学龄和学前儿童，达到战略减贫的目的，收获经验；二，组织国际专家团队，参与项目评估与经验交流。

赵 晨 译校

2012 年 7 月

营养干预与贫困地区寄宿生人力资本发展

——基于对照实验项目的研究

■ 齐良书
清华大学经济管理学院
■ 赵俊超
中国发展研究基金会

一、引　言

近来，贫困地区义务教育阶段寄宿生的营养不良问题引起了社会各界的关注。一些学者呼吁，政府必须重视中小学生的寄宿和饮食问题，并且应当对农村寄宿制学校进行营养干预。在 2011 年"两会"期间，有人大代表提出，应加大对农村寄宿制学校建设的支持，提高学生的生活补助标准，让农村的学生吃饱住暖，为他们提供更好的学习环境。2011 年 5 月，中华少年儿童慈善救助基金会启动了"给孩子加个菜"公益活动，为贫困地区寄宿制小学生改善营养募集资金，引起了广泛的反响。

一个令人关切的问题是，通过校园餐进行的营养干预到底能不能对我国贫困地区寄宿生人力资本的发展起到显著的促进作用？具体说来，营养干预能否显著促进儿童生长发育、增强儿童体质？能否显著提高学生的学习成绩？不同的补贴力度是否会收到显著不同的效果？营养干预对不同学生——男生和女生，不同年龄段的学生，不同家庭条件的学生——所产生的效果是否具有显著差异？

本文将利用中国发展研究基金会2007～2009年"贫困地区寄宿制小学学生营养改善项目"的数据，使用规范的计量方法，评估通过校园餐进行的营养干预对贫困地区寄宿生人力资本发展的影响，以求对以上问题作出明确回答。在此基础上，本文还将总结该项目的经验，结合相关文献，对在我国贫困地区寄宿制中小学推广校园餐项目的政策措施进行探讨。

二、研究背景

（一）通过校园餐进行儿童营养干预

众所周知，儿童时期的营养状况对于人们一生的身体、智力和社会发展至关重要。世界上很多国家长期通过校园餐实施儿童营养干预，有些发达国家的学校供餐计划已有100多年的历史。不少国家还制定了规制学校供餐的专门法律，以保证其持久稳定地开展（课题组，2007）。现在，世界上绝大多数国家都存在校园餐项目，但供餐范围和供餐质量很不均衡。许多发达国家和中等高收入国家提供的校园餐已经覆盖了全体中小学生，还有进一步扩大范围（把学龄前儿童和高校学生包括进来）和提高质量的趋势。而在广大发展中国家，特别是在那些儿童最需要补充营养的低收入国家，校园餐却很稀少，供应也不稳定。

校园餐可以通过多种途径促进学龄儿童的人力资本发展（Greenhalgh, et al. 2007）。首先，它可以直接改善儿童的营养状况，提高儿童的身体素质。其次，它能消除儿童的饥饿感，使儿童注意力集中、记忆力增强，从而提高学习成绩。再次，它能给予儿童一种心理上的抚慰，使儿童感到自己受关爱，这也会给儿童的身体状况和学习成绩带来正面影响。此外，在那些儿童入学率很低的贫穷国家，提供校园餐还能提高儿童的入学率和出勤率。

不仅如此，从整个社会的角度看，校园餐还具有几个方面的重要功能。第一，长期稳定的儿童营养干预是一种对年轻一代的人力资本投资，有利于经济的长远发展。第二，它又是一种社会安全网（Bundy，et al. 2009）。对于那些非常贫穷的家庭来说，孩子的食品支出是一项不可小视的负担；而提供免费校园餐，实际上等于向就餐儿童的家庭进行了转移支付，支付金额就是校园餐的价格。第三，营养干预有助于增进贫困者的人力资本，提高他们获取收入的能力，因而也是反贫困的重要手段之一（WBG，2001）。

国外研究者已经对世界不同国家的许多校园餐项目进行了评估，相关文献很多，但很难对校园餐项目的效果作一个明确判断。主要原因在于，大部分校园餐项目并没有遵循严格的实验设计，导致评估结果并不十分可靠（Adelman，et al. 2008）。一篇对过去20多年中发表在匿名评审学术刊物上的这类研究的综述表明，总的说来，校园餐对于提高儿童的能量和微量营养素摄入、入学率、出勤率都有着比较明显和普遍的效果；但校园餐在促进儿童生长发育、提高注意力和学习成绩方面的作用则并不很稳定和一致（Jomaa，et al. 2011）。不过可以肯定的是，一个校园餐项目的效果到底如何，很大程度上取决于项目的设计、执行和其他环境因素。

（二）我国贫困地区义务教育阶段寄宿生的营养状况

我国几乎所有的贫困人口都在农村，并且，贫困人口的分布存在明显的地域差异（世界银行，2009）。贫困发生率最高的是西北各省，紧接着是西南各省，分别为29%和21%。接下来是中部各省，大约为13%。贫困发生率最低的是东北和沿海各省，分别为7%和6%。全国贫困人口中的大约一半都分布在西部省份中，这一比例远高于西部人口占全国总人口29%的比例。还有，西部贫困人口的贫困程度也远远高于其他省份。

贫困极大地制约了我国西部农村地区的教育发展。为了解决制约西部农村地区普及义务教育的"瓶颈"问题，我国于2004～2007年实施了"农村寄宿制学校建设工程"。伴随着这项工程，各地加大了农村中小学布局调整工作的力度，"撤校并点"，使得农村中小学寄宿生人数不断增加。2006年，全国初中寄宿生人数达2221万人，占在校生总数的37.3%，中、西部农村初中寄宿生比例分别达到44.9%和52.4%；小学寄宿生人数达704万人，占在校生总数的6.57%，中、西部农村小学寄宿生比例分别为 7.55% 和 10.72%[1]。据估计，目前在我国农村地区，小学三年级以下的学生约有 30% 学生寄宿；四年级以上约有 70% 以上的学生寄宿；到了初中，80% 以上的农村学生在学校食宿。

毫无疑问，农村寄宿制中小学的发展对于提高我国适龄儿童的入学率、巩固率和教育普及率起到了非常重要的作用。然而，农村中小学寄宿生人数的激增也使学龄儿童营养不足的问题凸显出来。一项 2007 年对宁夏和湖南 4 所农村寄宿制小学的调查发现（李文，2008），寄宿生在学校平均一日的营养素摄入量大体上均低于周末在家平均一日的摄入量，表明在目前状况下，农村学校寄宿制的实施对寄宿生的营养摄入具有一定的负面影响。两个省（区）的男寄宿生和走读生在校期间大多数营养素摄入量与国家推荐摄入量的比例都在 80% 以下，而且寄宿生的这一比例更普遍低于走读生；与男生相比，女生营养素摄入量与国家推荐摄入量的比例基本上都低于男生，且女寄宿生比走读生与国家推荐摄入量的距离更大。这说明，女生的营养摄入状况差于男生，而女寄宿生的营养摄入状况更差。另一项于 2008～2009 年进行的涉及东、中、西部 13 个省（自治区）的抽样调查显示（廖文科等，2010），部分学校食堂规模不能满足全校学生同时就餐，部分低收入地区小学甚至没有餐厅或就餐场所。低收入地区的农村寄宿制学校中，有 46.2% 的寄宿学生不能保证每天三餐；8.4% 的寄宿小学生和 11.5% 的寄宿中学生只吃从家带的咸菜。2010 年下半年，中国发展研究基金会在中西部四个国家级贫困县开展的"农村贫困学生营养状况调查"发现[2]，12% 的贫困学生存在发育迟缓现象，而寄宿生由于生活成本较高和学校供餐状况不理想，营养不良问题尤为严重：男女寄宿生体重分别比全国农村学生平均水平低 10 千克和 7 千克，身高分别低 11 厘米和 9 厘米。

---

[1] 资料源于中华人民共和国教育部：《2006 年教育事业统计快讯（五）——义务教育阶段普及水平持续提高》，见于中国教育经济信息网，2007 年 3 月 12 日。

[2] 资料源于常红晓等：《营养的贫困》，载于《新世纪周刊》，2001 年第 8 期。

三、CDRF 实验项目简介

多项调查表明，我国农村学龄儿童的营养状况不容乐观，而贫困地区中小学寄宿生的营养状况尤其令人担忧。那么，通过提供校园餐进行营养干预，能否改变这种局面？只有开展严格的对照实验，才能对校园餐的实际效果进行评估。但在我国，由于教育部门的相对封闭性、营养问题的复杂性，以及进行相关研究资金的缺乏，学龄儿童营养干预的实验还非常少见。

为了考察通过校园餐对贫困地区学龄儿童进行营养干预的效果，探索营养干预的操作机制，2007 年，中国发展研究基金会（CDRF）启动了"贫困地区寄宿制小学学生营养改善项目"。考虑到我国幅员辽阔，南方和北方饮食习惯差异很大，学生身体的基础也不相同，该项目在南方和北方各选择了一个实验县，分别是广西壮族自治区的都安瑶族自治县和河北省的崇礼县。两个县都是国家扶贫开发工作重点县。都安县位于广西中北部的大石山区，距南宁市约80 千米，瑶族人口约占全县人口的 22%。2005 年，全县农民年人均纯收入为1673 元，高于我国当时的农村贫困线（785 元），但远低于世界银行"每人每天 1 美元"的贫困标准。崇礼县位于河北省西北部，距北京约 220 公里，境内有比较丰富的工矿、旅游资源，经济条件明显好于广西都安县。2006 年，崇礼县农民年人均纯收入为 2503 元，仍低于世界银行标准，但要比都安县高出不少。

从学校就餐条件来看，两县也存在一定差距。2006 年底，广西都安县共有寄宿制初中 23 所，其中只有 11 所建有食堂；全县共有寄宿制小学 173 所，全部都没有食堂。在没有食堂的学校里，只能为学生提供简单的蒸饭条件，由学校聘用人员负责将学生自带的饭蒸熟。所需柴火需要学生交钱购买，或者由其家长缴纳实物。学生每周会从家里带来一周所需的粮食，一般是大米或玉米面，还会带一些黄豆作为副食，只有很少的学生可以带一些干菜。学生一天吃两顿饭，每顿都是米饭加盐水黄豆，顿顿如此，天天如此。而河北崇礼县的寄宿制学校都建有食堂，学生虽然伙食标准不高，但除了主食之外，每天都可以吃到副食。普遍的伙食标准是"30 + 40",即每个学生每月主食 30 元,副食 40 元。当然,不同年龄的孩子的标准存在一定差异,不同的学校之间也存在微小差异。但整体来看,河北崇礼县学生的用餐条件好于广西都安县。此外,从 2005 年起,河北崇礼县已经为每个学生每天补助一个鸡蛋(0.5 元)。

在项目开始前,中国疾病预防控制中心的营养专家采用 24 小时回顾法和称重法,对广西都安县小学寄宿生每日摄入的营养量进行了计算,并将测算结果与"中国居民膳食营养素参考摄入量"进行对比,发现学生每天摄入的能量严重不足。以 11 岁年龄段的学生为例,对比结果显示:男生的能量摄入仅为推荐量的 3/4,女生仅为 2/3。维生素和微量营养素摄入也普遍低于推荐摄入量,其中维生素 A 摄入量仅为推荐量的 4% ~ 6%,维生素 C 摄入量为 0。这说明,学生目前的饮食不能维持健康生长的基本要求,女生各项营养元素摄入情况均低于同龄男生,营养不足问题更加严峻。而在河北崇礼县,经估算,小学寄宿生的能量和蛋白质摄入情况较好,但营养摄入单一,维生素和微量营养素摄入不足。

CDRF 在广西都安县和河北崇礼县分别选取了 3 所和 10 所寄宿制小学进行实验。每个县进入项目的小学都是从经济条件十分接近的乡中选取的,以保证学校之间的可比性。这些学校被分为干预组和对照组,其中干预组又分为高补贴组和低补贴组。每个组的补贴标准和在项目启动时所包含的学生数见表 1。

表 1　　　　　　　　　　　CDRF 实验项目分组情况

项目分组		广西都安县			河北崇礼县		
		学校数(个)	学生人数(人)	补贴标准(元/人天)	学校数(个)	学生人数(人)	补贴标准(元/人天)
干预组	高补贴组	1	433	5	3	492	5
	低补贴组	1	422	2.5	5	608	4
对照组		1	360	0	2	402	0
合　计		3	1215	—	10	1502	—

在实验开始前,CDRF 进行了周密的准备。特别是在原来条件比较差的广西都安县,CDRF 帮助干预组中的两所学校建起了食堂,招聘了厨师,对厨师、管

理人员、校领导、班主任进行了培训，并协助学校解决了副食品的供应问题。对于这些营养干预前的准备工作，本文第五部分还将论及。

实验项目于 2007 年 3 月底在广西都安县试点正式开始，于 2007 年 6 月初在河北崇礼县试点正式开始。此前，CDRF 对两地干预组和对照组的全体学生进行了基线测试，收集了学生的体形、体质、体能和学习成绩的基础数据；还调查了所有学生的基本家庭情况。此后，大约每半年进行一次测试，收集新的数据。实验项目于 2009 年 6 月结束。不过，现在能得到的只有基线测试和第 1 次测试的数据，以及第 2 次测试的部分数据。本文第四部分的项目评估使用的就是这些数据。数据的收集时间见表 2。

表 2　　　　　　　　　　　数据收集情况

收集时间　　　地　区	广西都安县	河北崇礼县
基线测试	2007 年 3 月	2007 年 5 月
第 1 次测试	2007 年 7 月	2007 年 12 月
第 2 次测试	2008 年 1 月	2008 年 6 月

四、CDRF 项目效果评估

（一）评估方法

本文采用双重差分（Difference-in-Differences，DID）方法来评估通过校园餐进行的营养干预对小学寄宿生人力资本发展的影响。这种方法最早由 Ashenfelter 等人在 20 世纪 70 年代末提出（Ashenfelter，1978；Ashenfelter & Card，1985），现在已经在项目评估中得到广泛应用。它的基本思想是，通过对比某个项目的参与者（干预组，treatment group）和非参与者（对照组，control group）在项目实施前后的变化来评估该政策的效果。如果只对同一群体在不同时期进行比较（处理前和处理后），就会把政策施加期间可能存在的其他因素导致的变化误认为项目的影响；如果只在项目实施后对不同群体进行比较

（干预组和对照组），又会把不同群体在项目实施前可能存在的不可观测特征的系统性差异误认为项目的影响。而 DID 方法既能控制干预组和对照组之间不可观测固定特征的差异，又能控制随时间变化的不可观测总体因素的影响，因而能得到对政策效果的无偏估计。而且，DID 不是直接对比干预组和对照组在政策前后的均值变化，而是使用个体数据进行回归，这样就能判断政策的影响是否具有显著的统计意义。

使用 DID 方法的前提条件是，人们是否参加这个项目的决策完全是随机决定的。如果不是这样，项目的"处理"就不是外生的，而是与参与者的个人特征相关，DID 的估计结果就不再完全是项目的效果，而是会包含参与者个人特征的影响，也就是说，评估结果是有偏差的。现实中许多自愿参加的项目不能满足这个前提条件。比如，一个再就业培训项目，吸引的往往是那些付出更大努力去找工作的人，这些再就业培训的参与者本来就比非参与者更容易找到工作。此时使用 DID 方法，就会高估再就业培训项目的作用。这就是严谨的项目评估需要进行对照实验的原因。在对照实验中，人们是否参加某项目（进入干预组还是对照组）由实验组织者指定，而不是由人们按照自己的意愿来选择。

理论上，对照实验的分组应当是完全随机的。具体到本文所研究的营养干预项目，最理想的实验方案是在各个学校、各个班级中随机抽取干预对象组成干预组。但是，完全的随机实验方案一来很难操作；二来如果在同一个学校甚至同一个班里每天只有一部分学生可以吃到营养餐，而另一部分学生只能眼巴巴地看着，也有悖于人道。因此，CDRF 的实验方案是以学校为单位进行分组，一旦某学校被项目选中，全校学生要么全部进入处理组，要么全部进入对照组。为了把非随机因素的干扰降到最低，在选择学校前，CDRF 对两个县均进行了充分调研，经过权衡考虑后，选取的都是各方面条件差不多的学校。可以认为，CDRF 项目中的处理组和对照组在其他方面都是极为接近的，大体满足了对照实验在技术上的要求。

DID 方法的基本估计方程为：

$$Y_{it} = \alpha + \beta D_i + \gamma T_i + \tau_{DID} D_i \cdot T_i + \varepsilon_{it} \tag{1}$$

其中，下标 i 和 t 分别代表个体和时间；Y 是一系列代表儿童人力资本发展状况的变量；D 代表个体所在的组，如果是处理组，取值为 1，如果是对照组，取值为 0；T 代表时间，项目实施前取值为 0，项目实施后取值为 1。使用最小二乘法估计（1）式。D 和 T 的系数，β 和 γ，捕捉到的分别是组间不可观测固定特征的差异和随时间变化的不可观测总体因素的影响；而 D 和 T 的交叉项 $D \cdot T$ 的系数，τ_{DID}，就是我们所关心的项目的效果。由于 CDRF 项目南北两个试点的经济发展水平不一，抽样方案也存在一定差异（广西都安县的高、低补贴组和对照组中都只包含一个学校，河北崇礼县则是每组包含多个学校），故而我们把两个县分开估计。

在比较项目对具有不同特征（如性别、年龄、家庭背景）的学生所产生的效果差异时，我们在基本估计方程中加入交叉项：

$$Y_{it} = \alpha + \beta D_i + \gamma T_i + \tau_{DID} D_i \cdot T_i$$
$$+ X + \beta^X D_i \cdot X + \gamma^X T_i \cdot X + \tau_{DID}^X \cdot D_i \cdot T_i \cdot X + \varepsilon_{it} \tag{2}$$

其中，X 代表学生的个人固定特征；$D \cdot X$ 的系数 β^X 表明了相对于不具有该特征的学生，具有该特征的学生受到的处理组和对照组之间的固有差异的影响；类似地，$T \cdot X$ 的系数 γ^X 表明了相对于不具有该特征的学生，具有该特征的学生受到的随时间变化的不可观测因素的总体影响；$D \cdot T \cdot X$ 的系数 τ_{DID}^X 则是我们所关心的具有不同特征的学生受到项目影响的差异。

代表儿童人力资本发展状况的变量 Y 的具体名称、测量单位和基线测试的描述性统计见表 3。在此需要补充说明两点。第一，血色素的值并不是越高越好，按照通常标准，认为儿童血色素在 110 ~ 150 毫克/毫升范围内为正常。因此对于血色素这个变量，本文在估计时没有直接使用测量值，而是设立了一个虚变量，当测量值大于等于 110 且小于等于 150 时取值为 1，否则取值为 0；并使用 Logit 模型进行估计。第二，由于每年暑期都有学生毕业，也有新生入学，所以每次测试的样本并不完全一样；而且由于学生请假等原因，也并不是所有在校学生都参加了所有测试。本文在估计时，只使用那些 $T = 0$ 和 $T = 1$ 时都参加了测试的学生的数据。

表3　　　　　结果变量的名称、测量单位和描述性统计（基线测试）

变量名称及测量单位	广西都安县				河北崇礼县			
	干预组		对照组		干预组		对照组	
	均　值	标准差	均　值	标准差	均　值	标准差	均　值	标准差
身高（厘米）	133.74	11.89	133.13	8.90	134.56	10.65	133.96	11.63
体重（千克）	31.58	7.93	30.85	6.67	30.72	7.59	30.21	7.60
血色素（毫克/毫升）	133.15	11.12	132.97	11.78	128.83	11.25	128.77	9.95
肺活量（毫升）	1383.82	534.78	1570.81	416.25	1422.40	504.34	1408.83	469.64
50米跑（秒）	112.69	11.96	105.11	10.77	109.50	13.08	107.73	13.67
跳远（厘米）	142.56	24.09	139.20	20.39	140.38	22.93	133.62	29.10
仰卧起坐（次/分钟）	24.13	10.21	24.30	12.79	24.16	10.62	23.23	10.37
语文（分，百分制）	84.18	12.37	83.88	10.55	72.20	16.01	77.65	15.03
数学（分，百分制）	81.95	18.36	81.75	17.94	72.02	17.89	79.99	14.61

（二）营养干预的总体效果

表4给出了对CDRF营养干预项目总体效果的估计结果，即式（1）中的估计值。总体上看，营养干预对两县小学寄宿生的体形指标（身高、体重）有正向影响，但不显著；对体质指标（血色素和肺活量）、体能指标（50米跑、跳远和仰卧起坐）、学习成绩（语文和数学分数），则有显著的正面影响。比较表4中两次测试的结果还可以看出，除了个别指标以外，随着项目实施时间的延长，项目的总体效果有所增强。

（三）不同补贴方案的效果比较

对不同补贴方案效果的估计和对比见表5。由于广西都安县小学生的初始生活水平低于河北崇礼县，而且广西都安县高低两组之间的补贴差距（2.5元）大于河北崇礼县高低两组之间的补贴差距（1元），按照一般预期，广西都安县高

反贫困与中国儿童发展

表 4　　　　　　　　　　　CDRF 营养干预项目的总体效果估计

地　区	变　量	第 1 次测试 ~ 基线测试	第 2 次测试 ~ 第 1 次测试	第 2 次测试 ~ 基线测试
广　西 都安县	身　高	0.30（1.10）	0.41（1.30）	0.76（1.29）
	体　重	0.12（0.74）	0.05（0.88）	0.11（0.88）
	血色素	0.25（0.37）	0.25（0.46）	1.02**（0.44）
	肺活量	151***（44）	152***（47）	290***（52）
	50 米跑	1.08（2.62）	N. A.	N. A.
	跳　远	8.37***（2.45）	N. A.	N. A.
	仰卧起坐	0.48（1.00）	1.73*（1.05）	1.01（1.19）
	语　文	3.10***（1.20）	N. A.	N. A.
	数　学	5.90***（1.60）	N. A.	N. A.
河　北 崇礼县	身　高	0.24（1.13）	0.05（1.20）	0.29（1.20）
	体　重	0.41（0.81）	− 0.26（0.90）	0.11（0.88）
	血色素	0.36（0.42）	N. A.	N. A.
	肺活量	105**（49）	− 76（52）	39（55）
	50 米跑	− 3.84**（1.62）	1.52（1.31）	− 1.88*（1.03）
	跳　远	0.78（2.58）	6.24（1.98）***	7.69***（1.89）
	仰卧起坐	4.29***（1.10）	1.27***（1.12）	5.59***（1.13）
	语　文	3.43**（1.52）	1.95（1.63）	5.48***（1.75）
	数　学	7.90***（1.64）	1.80（1.77）	9.52***（1.92）

　　注：N. A. 代表数据不可得（缺少第 2 次测试的数据）；括弧中是标准误；*、**、***分别代表在 10%、5%、1% 水平上显著。

低两组之间的效果差距应该更大。但表 5 中的结果却不完全与预期相符。由表 5 可见，在河北崇礼县，对于血色素以外的所有指标，都是高补贴组的效果好于低补贴组的效果；其中，在肺活量、50 米跑、仰卧起坐和数学成绩这 4 项指标上，高低两组之间的效果差别在统计上是显著的。但在广西都安县，虽然大多数指标也是高补贴组的效果好于低补贴组的效果，尤其是学习成绩，高补贴组的进步幅度显著大于低补贴组，但在 50 米跑和跳远两项指标上，低补贴组的进步却显著大于高补贴组。事实上，高补贴组的 50 米跑出现了比较大的退步。

表 5　　　　　　CDRF 营养干预项目不同补贴方案效果的估计和对比

地　区	变　量	高补贴组～对照组	低补贴组～对照组	高补贴组～低补贴组
广　西 都安县	身　高	0.43 (1.22)	0.16 (1.14)	0.27 (1.17)
	体　重	0.39 (0.76)	−0.17 (0.82)	0.57 (0.79)
	血色素	0.45 (0.42)	0.07 (0.41)	0.38 (0.38)
	肺活量	153 *** (44)	149 *** (51)	3.86 (47.4)
	50 米跑	9.01 *** (3.18)	−6.71 ** (3.30)	15.73 *** (1.19)
	跳　远	6.07 ** (2.38)	10.63 *** (2.50)	−4.56 ** (2.22)
	仰卧起坐	0.70 (1.11)	0.26 (1.14)	0.44 (0.96)
	语　文	7.60 *** (1.28)	−1.20 (1.26)	8.80 *** (1.24)
	数　学	10.88 *** (1.73)	1.12 (1.77)	9.75 *** (1.62)
河　北 崇礼县	身　高	0.27 (1.29)	0.20 (0.123)	0.07 (1.05)
	体　重	0.72 (0.91)	0.15 (0.90)	0.57 (0.76)
	血色素	0.09 (0.48)	0.57 (0.45)	−0.48 (0.41)
	肺活量	163 *** (54)	42 (55)	121 ** (48)
	50 米跑	−5.44 *** (1.91)	−2.05 (1.63)	−3.39 ** (1.55)
	跳　远	6.39 *** (2.33)	2.61 (2.96)	3.78 (2.90)
	仰卧起坐	5.12 *** (1.27)	3.56 *** (1.17)	1.56 * (1.05)
	语　文	3.64 ** (1.75)	3.25 ** (1.60)	0.39 (1.51)
	数　学	9.82 *** (1.94)	6.29 *** (1.61)	3.53 ** (1.63)

　　注：由于第 2 次测试的数据不完整，本表中只使用了基线测试和第 1 次测试的数据。以下各表同。

　　在广西都安县出现的这种高低补贴组之间项目效果差异与预期不符的现象，很可能是由实验分组方法导致的。前已述及，只有当分组是随机的，使用 DID 方法才能得到对项目效果的无偏估计。但在实际操作中往往达不到这个要求。CDRF 项目也不是真正的随机分组，而是按学校分组。虽然在选择学校时注意了各学校之间的可比性，但必定存在着许多观察不到的、对个别学校有影响的随时间变化的因素，它们导致不同的学校随时间变化的趋势不同，这种学校间变化趋势上的差异就会被合并到 DID 方法对项目效果的估计中。由于河北崇礼县的每个实验组（高补贴组、低补贴组和对照组）都包含多个学校，不同学校间不可观察个别因素的影响能够在一定程度上相互抵消，所以问题还不严重。但广西都安县的每个实验组中都只有一个学校，不同学校间随时间变化的不可观察个别因素的影响就对评估结果造成了比较大的干扰。

不过，我们还是可以由表5的结果谨慎地推出初步结论：在贫困地区的寄宿小学中，在较低的补贴水平（每人每天不超过5元）上，营养干预的补贴力度越大，学生学习成绩的进步越大；同时有迹象表明，补贴力度越大，学生的体质和体能提高也越大，但后一条结论还需要更多经验研究的检验。

（四）营养干预效果的性别差异

表6列出了营养干预项目效果的性别差异，以及项目对女生和男生分别产生的影响。总的看来，项目效果存在一些性别差异，但并不十分显著。性别差异达到一般统计显著性要求的只有个别体质指标（肺活量）和体能指标（50米跑、仰卧起坐）。这与国外相关研究的结果有所不同。许多对发展中国家校园餐项目的研究都显示，项目给女生的入学率、出勤率和学习成绩带来了比对男生更强的正面影响。但这主要是因为女孩原本受教育的机会少，在家庭资源极其有限的情况下，家长一般优先让男孩受教育；而提供校园餐能激励更多的家长送女孩去上学。而我国现阶段已经基本普及了义务教育，学龄儿童不论男女一般都能入学，男孩和女孩在入学率和出勤率上基本不存在差异。虽然许多调查研究——包括CDRF项目的前期调查——都表明，女生的营养状况比男生差，因而女生应当能从校园餐项目中受益更多，但这种益处可能主要集中在微量营养素摄入和骨骼成长方面（Dibba, et al. 2000；Du, et al. 2004），在本文使用的数据中难以充分体现出来。

（五）营养干预效果的年龄差异

除了性别差异以外，营养干预效果的年龄差异也是一个值得关注的问题。CDRF项目虽然是针对小学生的，但由于贫困地区的孩子上学比较晚，数据中学生的最大年龄达17岁，这为我们对营养干预效果进行分年龄段的分析提供了条件。

表6			CDRF 营养干预项目效果的性别差异	
地 区	变 量	女生~女生	男生~男生	女生~男生
广 西 都安县	身 高	0.12 (1.77)	0.49 (1.48)	−0.37 (2.22)
	体 重	0.17 (1.18)	0.04 (0.91)	0.13 (1.48)
	血色素	0.35 (0.57)	−0.74 (0.49)	1.09 (0.75)
	肺活量	247*** (58)	61 (62)	186** (86)
	50米跑	−4.12 (4.89)	5.74*** (1.76)	−9.87* (5.13)
	跳 远	10.27*** (3.09)	7.01** (3.31)	3.26 (4.57)
	仰卧起坐	−0.95 (1.37)	1.80 (1.32)	2.75 (1.91)
	语 文	3.46** (1.69)	2.91* (1.65)	0.55 (2.38)
	数 学	6.35*** (2.36)	5.71*** (2.21)	0.63 (3.24)
河 北 崇礼县	身 高	0.03 (1.57)	0.46 (1.62)	−0.43 (2.26)
	体 重	0.55 (1.15)	0.28 (1.13)	0.27 (1.62)
	血色素	0.35 (0.67)	0.36 (0.54)	−0.004 (0.86)
	肺活量	126** (62)	83 (72)	43 (95)
	50米跑	−5.07** (2.22)	−2.38 (2.19)	−2.68 (2.73)
	跳 远	1.32 (3.24)	−3.35 (3.71)	4.67 (4.91)
	仰卧起坐	5.99*** (1.50)	2.46 (1.52)	3.54* (2.14)
	语 文	2.54 (2.01)	4.37* (2.23)	−1.83 (3.01)
	数 学	8.02*** (2.21)	7.78*** (2.41)	−0.24 (3.27)

两个试点县样本的性别/年龄结构见图1。我们定义12岁及以下的学生为低年龄组，12岁以上的学生为高年龄组。之所以用12岁作为分界线，是因为这是我国绝大多数孩子小学毕业进入中学的年龄。

CDRF项目效果的年龄差异，及其对不同年龄组分别产生的效果总结在表7中。有些出乎意料的是，就大多数指标而言，都是高年龄组的效果大于低年龄组，虽然这种差异在多数情况下并不显著。而在组间差异显著的几项指标（50米跑、语文、数学成绩）上，同样是高年龄组的效果大于低年龄组。通常我们认为年龄小的孩子更需要加强营养，所以按照一般预期，校园餐会对年龄较小的孩子更有益。但表7中的结果并不符合这一预期。不论这是由什么原因造成的，这

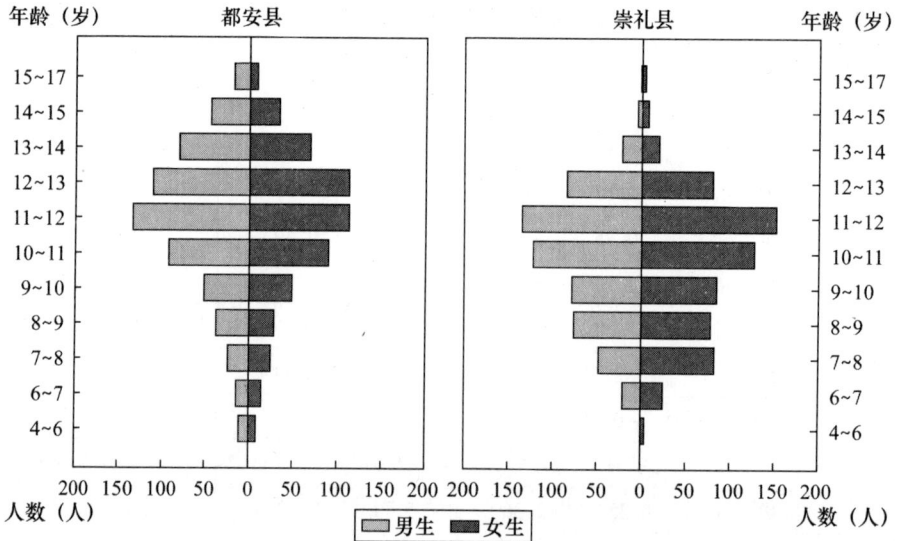

图 1　样本的性别/年龄结构

一现象提示我们，对贫困地区学龄儿童进行营养干预的必要性和有效性并不仅限于小学生；许多 12 岁以上的孩子已经进入初中，他们的营养状况也需要、并且可以通过校园餐得到改善。

表 7　　　　　CDRF 营养干预项目效果的年龄差异

地　区	变　量	低年龄组～低年龄组	高年龄组～高年龄组	低年龄组～高年龄组
广　西 都安县	身　高	0.22（1.20）	0.38（1.31）	−0.16（1.89）
	体　重	−0.02（0.69）	0.33（1.05）	−0.35（1.22）
	血色素	−0.50（0.47）	0.10（0.59）	−0.60（0.76）
	肺活量	136 *** （48）	177 ** （73）	−40（85）
	50 米跑	−4.93 *** （1.70）	−18.40 ** （8.35）	13.47 *** （6.42）
	跳　远	7.48 *** （2.65）	9.90 *** （4.37）	−2.42（4.98）
	仰卧起坐	1.29（1.26）	−0.92（1.63）	2.21（2.09）
	语　文	1.57（1.74）	3.28 ** （1.59）	−1.70（2.49）
	数　学	6.46 ** （2.73）	3.81 ** （1.88）	2.65（3.26）

续表

地　区	变　量	低年龄组～低年龄组	高年龄组～高年龄组	低年龄组～高年龄组
河 北 崇礼县	身　高	0.08 (1.11)	0.97 (1.76)	− 0.89 (2.52)
	体　重	0.37 (0.76)	0.60 (1.76)	− 0.23 (1.82)
	血色素	0.15 (0.49)	1.01 (0.92)	− 0.86 (1.04)
	肺活量	77 (50)	233* (118)	− 155 (120)
	50 米跑	− 4.04** (1.76)	− 2.93 (3.61)	− 1.11 (4.12)
	跳　远	− 0.28 (2.63)	− 3.04 (5.74)	2.75 (6.24)
	仰卧起坐	3.87*** (1.20)	6.22** (2.46)	− 2.35 (2.81)
	语　文	1.77 (1.66)	10.39*** (3.58)	− 8.62** (3.79)
	数　学	6.35*** (1.74)	14.35*** (4.09)	− 8.00* (4.06)

(六) 营养干预效果与家庭背景

为了考察营养干预对不同家庭背景的学生的影响，我们利用与基线测试同时进行的家庭调查所收集的数据，按照几种不同标准，对样本中的学生进行了分组，分组情况见表8。

接下来，我们逐一估算了两个试点县按不同标准划分的"高背景组"和"低背景组"学生受项目影响的程度差异，结果没有发现任何显著差异；所有组间差异系数估计值的显著性程度都很低。即使忽略统计显著性水平，只看组间差异的符号，也没有发现任何一对高低背景组之间各指标的差异方向是比较一致的（为节省篇幅，具体结果不再列出）。对此我们的解释是，CDRF 项目选择的两个试点县都是国家级贫困县，绝大多数学生都来自贫困家庭。样本中，两县最富裕的学生其家庭人均年收入也不过才 7152 元（都安）和 4833 元（崇礼）。事实上，样本中家庭人均年收入高于 2400 元（每月 200 元）的学生都很少，广西都安县只有 14 个，河北崇礼县只有 104 个。在这种情况下，来自不同背景的家庭的学生全都能从营养干预项目中受益，受益程度不存在显著差别，就是顺理成章的了。

表 8　　　　　　　　　　　家庭背景分组标准和各组学生数

分组标准	高低界线	广西都安县		河北崇礼县	
		高背景组	低背景组	高背景组	低背景组
家庭人均年收入	当地样本收入均值[1]	557	620	541	759
	当地样本收入的下四分位数[2]	914	263	985	315
父亲教育程度	父亲是否上过初中	636	541	869	431
母亲教育程度	母亲是否上过初中	367	810	549	751
是否留守儿童[3]	父亲或母亲是否外出打工[4]	564	613	983	317
民族[5]	是否少数民族户	27	1150	1234	66

注：1. 广西都安县：565.57 元；河北崇礼县：1381.87 元。

　　2. 广西都安县：200 元；河北崇礼县：850 元。

　　3. "不是留守儿童"为高背景组，"是留守儿童"为低背景组。

　　4. 样本中，35% 的学生父亲外出打工；16.3% 的学生母亲外出打工；13.7% 的学生父母双方都外出打工。

　　5. "非少数民族户"为高背景组，"少数民族户"为低背景组。

五、讨　　论

（一）CDRF 项目结果的政策意义

本文第四部分对 CDRF 项目的评估结果显示，虽然项目选取的两个试点县经济发展水平存在一定差距，项目实施前学生的就餐状况也很不一样，但在 4 个月到 1 年的时间内，通过校园餐进行的营养干预使两县小学寄宿生的体质、体能和学习成绩都得到了显著提高。对体形指标（身高和体重）也有正向影响，但在统计上不显著，这很可能与本文使用的数据间隔时间较短有关。

对 CDRF 项目的评估结果还表明，对我国贫困地区的寄宿小学而言，随着补贴力度的提高，营养干预的效果也有所提高；营养干预的效果存在一定的性别差异，对女生的效果更强，但这种性别差异并不像其他发展中国家那样主要表现在入学率、出勤率和学习成绩的提高上，而是表现在部分体质和体能指标的改善上；营养干预的效果还存在一定的年龄差异，对 12 岁以上学生的效果略强一些，这与通常的预期并不一致；最后，没有发现营养干预的效果在不同家庭背景的学生之间存在任何显著差异。

基于以上评估结果，我们可以有把握地说，通过校园餐对贫困地区寄宿生进行营养干预，对于促进他们的人力资本发展有着十分明显的效果，而且这种效果具有普遍性：不仅对自然环境极端恶劣、经济发展水平很低的西部贫困地区学生有效，对自然环境和经济条件相对好一些的东部贫困地区学生也有效；不仅对女生有效，对男生也有效；不仅对小学寄宿生（12 岁及 12 岁以下）有效，对中学寄宿生（12 岁以上）也有效；不仅对来自社会经济状况较差家庭的学生有效，对于贫困地区的其他学生也有效。

因此，CDRF 项目结果最主要的政策意义就在于：首先，对我国贫困地区的中小学寄宿生进行营养干预是有必要且有实效的，这种实效不仅表现为体质、体能的改善，还表现为学习成绩的提高，因此对于广大贫困地区年青一代的人力资本发展至关重要；其次，营养干预的对象应覆盖贫困地区的全体中小学生，而不应只面向极度贫困地区的学生，或只面向一部分家庭条件特别困难的学生，或只面向小学生。

（二）营养干预的渠道：校园餐还是现金补助

接下来的一个关键问题是，对贫困地区寄宿生的营养干预是否必须要通过校园餐项目进行？毕竟，在我国贫困地区寄宿制中小学现有的条件下，广泛提供校园餐有着不小的难度，一个更为简便的办法是向学生发放生活补助费。我国自 2001 年开始实行义务教育"两免一补"政策，即向农村义务教育阶段的贫困学生免费提供教科书、免除杂费，并给寄宿生补助一定生活费。2010 年秋季开始，国家提高了对家庭经济困难的寄宿生生活补助标准，小学生提高到每生每天 3 元，初中生提高到每生每天 4 元。那么，如果寄宿生生活补助的标准能够逐步提高，覆盖面也能逐步扩大，是否还需要广泛开展校园餐项目呢？

我们认为，对这个问题的答案是肯定的。因为，校园餐的营养改善功能是无法以现金补助来代替的。虽然在我国还没有关于这个问题的研究，但一些国外经验研究表明，与现金补助相比，直接向贫困儿童提供实物或服务能够更有效地提高儿童福利水平（Currie，1994）；某些旨在改善儿童健康状况的现金补贴项目反而收到了负效果（Morris，et al. 2004）。事实上，校园餐项目在世界各国得到了广泛而持续的开展，其中许多国家既有对贫困家庭的现金补助，又有针对贫困学生的或面向全体学生的校园餐项目，这种现象本身就能说明问题。国外学者对此的理论解释主要是家长制和外部性（Currie & Gahvari，2008）。第一，家长制（paternalism）。现金补助主要由父母支配，而父母与孩子的偏好并不完全一致，会把一部分甚至全部本来应该用在孩子身上的现金补助挪作他用。第二，外部性。孩子的健康成长不仅有利于提高自己的未来收入，也为社会提供了劳动力，促进了整个经济的增长，因此具有正外部性。根据基本的经济学原理，在分散的自由决策下，具有正外部性的物品供给量会低于社会需要的最优供给量，也就是说，对孩子的人力资本投资会不足。

除了国外学者提出的这些理论解释和经验证据，在我国贫困地区寄宿学校推广校园餐项目，还有一个最直接的原因：寄宿生每周五天食宿都在学校，如果没有校园餐，即使向他们提供足够的现金补贴，即使这些补贴全都由他们自己支配，他们也无法得到足量、足质的餐食供应。特别是对于那些自然条件艰苦、位置偏僻的学校来说，校园餐更是不可或缺的。

校园餐项目的必要性不仅表现在 CDRF 项目本身的效果中，也在该项目结束后得到了反面的证明。据报道①，CDRF 项目结束后，广西都安县试点学校的小学寄宿生立刻回到了顿顿米饭加盐水黄豆的日子。虽然现在每个学生每学年有750 元的现金补助，但很多家长把这笔钱挪作他用，有的用于消费或治病，也有的用于吃喝和赌博。孩子们上学带来的食物，依然是大米、黄豆和玉米粉。

（三）CDRF 项目的成功经验

国外相关研究表明，成效显著的校园餐项目，无不具备两个基本要素：其一，在项目实施前，目标群体的营养摄入明显不足；其二，在项目的实施过程中，目标群体确实得到了营养补充。如果餐食的数量和质量不足，或者口味不

---

① 资料源于卢冬琳：《都安山区学生面临家长挪用补助、学校没食堂窘境》，见于广西新闻网－南国早报，2011 年 3 月 18 日。

佳，或者存在挤出效应（学生因吃到校园餐而减少了在家的食量），或者项目的资金管理有漏洞，上述后一个条件得不到满足，营养干预的效果就会大打折扣。

CDRF 项目之所以取得了很好的效果，也是因为具备了以上两个基本要素。在此我们关注后一个要素，着重总结 CDRF 项目在设计、组织和实施中的成功经验。

第一，食谱设计。CDRF 项目的食谱由中国疾病预防控制中心专家设计，不仅保证提供足够的营养成分，并且充分考虑到了两个实验地点的食品原料供应状况和当地的饮食习惯，让目标群体乐于接受。

第二，基础设施准备。河北崇礼县的准备工作相对简单，因为这里的寄宿制小学都已配备有食堂，只要将补贴资金划拨给试点学校，用于提高学生伙食标准即可。而广西都安县的寄宿制小学原先都没有食堂，只有一个蒸笼为学生蒸米饭，连锅碗瓢盆都没有。为此，广西各项目参与方按照 2002 年教育部和卫生部联合下发的《学生食堂与学生集体用餐卫生管理规定》，指导学校对两个试点学校简陋的蒸饭场所进行改造、扩建，铺地面，贴瓷砖，修建洗菜池，并配置了锅炉、蒸汽炒菜锅、冰柜、消毒柜、电磨、学生菜碗等一批食堂设备和用具。在项目正式开始前，食堂改建完成，全部设备到位，县卫生监督部门也完成了开餐前的各项卫生监督检查。

第三，人员准备。在正式开餐前，广西壮族自治区项目组委托广西都安县项目组为两所试点学校招聘了食堂工友，并按规定对其进行了体检，办理了卫生证和健康证。2007 年 3 月 15～25 日，县项目组还在自治区示范性普通高中——都安高中食堂，对新录用的 6 名工友进行了为期 2 天的集中培训，学习食堂卫生知识、营养知识和炒菜技能。县项目组还派出工作指导组进驻试点学校，对校领导和班主任进行了管理培训，指导学校安排一名校级领导专门负责营养餐的有关工作，包括食品安全。

第四，供应准备。由于广西都安县的试点学校地处大石山区，交通不便，土地稀少，群众很少种菜养猪供应市场，因此学校所在地市场的副食品种很少，数量也不多。实施校园餐项目后，必将遇到副食供应不足、质量难以保证的问题。为此，区项目组委托都安县项目组，先试行由供应商定时为两校供应副食，再逐步过渡到学校与周边农户签订协议，为学校提供蔬菜和主要肉食。经考察，与县城的一位供应商签订了协议，由其负责根据每周的食谱，为试点学校提供新鲜的、合格的、足额的各类副食品。

第五，其他准备。寄生虫是造成儿童营养不良的重要原因。参照国外相关项目的经验，CDRF 项目在完成基线测试后，发给各校驱虫药（阿苯达唑），学校督促每个学生都按规定服药，以减少无关因素对试验效果的影响。

第六，财务监督机制。两县项目组都及时为项目开设了资金专户，并由专人负责管理，保证了项目经费规范、合理、按时地用于项目中。

第七，通过校园餐带动当地农户增收。CDRF 项目在广西都安县的实验地推行"就地供菜"计划，刺激了当地蔬菜生产，提高了农户的收入。在此之前，当地农民多是种玉米，由于山高谷深，缺乏光照，即便是在广西这样的低纬度地区，一年也只能种一季玉米，亩产约为 250～300 千克，每亩产值不足 600 元。CDRF 引导试点学校与农户签约，从当地采购蔬菜。这一构想实现后，以 2008年春季学期为例，8 户签约农户为学校供菜 11026.7 千克，以平均每户不足 1 亩的土地投入，平均每户半年内获得现金收入 1614.4 元，是其种植玉米收入的 5倍以上。与此同时，学生吃到了价格相对低廉的新鲜蔬菜。

（四）在我国贫困地区寄宿制学校推广校园餐项目的政策建议

让广大贫困地区的中小学寄宿生吃上富有营养的校园餐，是推动我国教育事业进一步发展的重要步骤，也是减少贫困、改善民生的必要举措。近年来，教育部、财政部等部门已经采取了一系列措施来改善中小学学生营养。除了前面提到的提高对贫困寄宿生的生活补助标准以外，2007 年以后，国家启动了中西部农村初中校舍改造工程，投入 120 亿元资金，其中有 1/4 是用来改造食堂的。各地围绕改善学生营养工作也采取了一些有效措施，比如陕西实施了"蛋奶工程"，再比如重庆、浙江、福建都出台了一系列举措来保证孩子们营养水平的提高①。

---

① 详情参见国际在线网站 2011 年 3 月 28 日载《提高对困难学生"两免一补"标准 1200 万学生受益》。

但为了把 CDRF 项目和其他一些学龄儿童营养干预项目的成功经验推广到整个贫困地区，从整体上改善贫困地区中小学寄宿生的营养状况，还需要系统筹划，制订一系列相关政策。

首先，尽快把为贫困地区中小学寄宿生提供校园餐纳入国家义务教育发展规划。这是使校园餐项目制度化和可持续发展的必要前提。同时，中央应成立一个工作小组，会同教育、卫生、财政等各部门以及 CDRF 的专家，编写面向贫困地区县级政府机构和中小学的校园餐工作指导手册，其内容包括但不限于：基本工作流程；已经出台的关于学生营养餐和学校食堂建设的管理方案、办法、标准；人员培训指南；各年龄段儿童的营养成分推荐摄入量；推荐食谱（提供多种可选组合并标明营养成分含量）；资金管理和监督办法等。

其次，制订明确的推动贫困地区寄宿制学校校园餐项目发展的时间表。这项事业需要大量资金投入、人员投入和能力建设，不可能一步到位。世界上众多发展中国家的经验表明，校园餐项目的成功普及和制度化一般都要经历几个阶段（Bundy，et al. 2009）。要把校园餐从零星的、临时的、依赖政府以外的资源（主要是国际组织或慈善机构）的试点转化为覆盖全体中小学生的制度，制订政策框架必须先行；然后逐步提高政府的筹资能力和管理能力，由全部或部分依赖外部资金、由非政府机构运作转化为全部由政府出资并主持运作。我国在这项事业发展初期可以充分调动国内外各种资源，多渠道筹集资金，调动各方力量——包括慈善机构、国际组织、私营企业、爱心人士等——参与校园餐基础设施建设和项目运营管理；但从长远看，这项事业必须由政府来承担。制订时间表可以大大加快校园餐项目的普及和制度化进程。

再次，注重培育地方政府部门和农村寄宿制学校提供校园餐的能力。我国贫困地区地域广阔，寄宿制学校布局分散，其中有些学校交通还不方便，很难适用城市校园餐的供餐方式。贫困地区校园餐项目的持续发展必须依靠当地的力量，因此基层能力建设非常重要。中央除了提供统一的指导手册以外，最好辅以各种方式的培训。对于那些经济条件非常困难、学生营养问题特别严重的地区，可以派遣专家到当地帮助开展工作，还可以积极争取相关国际组织的支持，在一些重点地区进行校园餐项目的国际合作试点。需要特别注意的是，无论是专家的帮助，还是国际合作试点，都要以培育当地能力作为首要目标，必须一开始就明确强调这一点，并规定专家或国际组织退出的时间。

最后，以校园餐项目带动贫困地区农副业发展，促进农户增收。CDRF 项目在广西都安县的"就地供菜"计划十分成功，值得推广。当然，对此没有必要强求一律。都安经验主要适用于那些当地食品原料供应不足、交通不便的地区。另外，如果当地食品原料市场比较小，如果不采取其他措施，学校的采购会抬高食品原料的价格。在这种情况下，都安经验也具有较强的借鉴意义。

六、结　语

贫困地区中小学寄宿生的营养不良问题制约着几千万少年儿童的当前福利和未来发展，关系到我国的经济平等和社会公平，影响着我国未来的劳动力供给和经济增长，决不可等闲视之。及时制订营养干预政策，改善贫困地区中小学寄宿生的营养状况，极为必要。

本文利用中国发展研究基金会 2007～2009 年"贫困地区寄宿制小学学生营养改善项目"的数据，使用规范的计量方法，评估了通过校园餐进行的营养干预对贫困地区寄宿生人力资本发展的影响。结果表明，校园餐能显著改善寄宿生的体质和体能，提高他们的学习成绩；对体形指标（身高和体重）也有正向影响，但在统计上不显著，这很可能与可得数据的间隔时间较短有关。此外还发现，随着补贴力度的提高，营养干预的效果也有所提高；营养干预的效果存在一定的性别差异，对女生的部分体质和体能指标有着更强的正向影响；营养干预的效果还存在一定的年龄差异，但与通常预期不同，是对 12 岁以上学生的效果略强一些；没有发现营养干预的效果在不同家庭背景的学生之间存在任何显著差异。这些结果意味着，营养干预的对象应覆盖贫困地区的全体中小学寄宿生，而不应只瞄准其中的一部分学生。

在计量分析的基础上，本文总结了该项目的经验，结合相关文献，对在我国贫困地区寄宿制中小学推广营养干预项目的政策措施进行了探讨。我们认为，营养干预不能仅通过发放生活补助费来进行，必须在贫困地区寄宿学校广泛开展校园餐项目。为了使校园餐项目尽快普及化、制度化，应把为贫困地区中小学寄宿生提供校园餐纳入国家义务教育发展规划，制订明确的推动贫困地区寄宿制学校校园餐项目发展的时间表，注重培育地方政府部门和农村寄宿制学校提供校园餐的能力，并在适当条件下以校园餐项目带动贫困地区农副业发展，促进农户增收。

2012 年 2 月

参考文献

［1］李文．贫困地区农村寄宿制小学儿童膳食营养状况评估．中国农村经济，2008，3：33－41

［2］廖文科等．我国农村寄宿制学校学生膳食营养状况．中国学校卫生，2010，9：1025－1026

［3］《上海学生营养工作立法前期准备》课题组．国内外学生营养工作立法情况综述．教育发展研究，2007，1（B）：49－55

［4］世界银行．从贫困地区到贫困人群：中国扶贫议程的演进．北京：世界银行，2009

［5］Adelman, S. W., Gilligan, D. O., Lehrer, K., . How effective are food for education programs?: A critical assessment of the evidence from developing countries. Food policy reviews 9, International Food Policy Research Institute (IFPRI), 2008

［6］Ashenfelter, O. Estimating the Effect of Training Programs on Earnings. The Review of Economics and Statistics, 1978, 60（1）：47－57

［7］Ashenfelter, O., Card, D. Using the longitudinal structure of earnings to estimate the effect of training programs. Review of Economics and Statistics, 1985, 67（4）：648－660

［8］Bundy, D., et al. Rethinking School Feeding: Social Safety Nets, Child Development, and the Education Sector. Washington D. C.: World Bank, 2009

［9］Currie, J. Welfare and the Well－Being of Children: The Relative Effectiveness of Cash and In－Kind Transfers. Tax Policy and the Economy, 1994, 8：1－43

［10］Currie, J., Gahvari, F. Transfers in Cash and In－Kind: Theory Meets the Data. Journal of Economic Literature, 2008, 46（2）：333－383

［11］Dibba, B., et al. Effect of calcium supplementation on bone mineral accretion in Gambian children accustomed to a low－calcium diet. The American Journal of Clinical Nutrition, 2000, 71（2,）：544－549

［12］Du, X., et al. School－milk intervention trial enhances growth and bone mineral accretion in Chinese girls aged 10 – 12 years in Beijing", British Journal of Nutrition, 2004, 92: 159 – 168

[13] Greenhalgh, T., et al. Realist Review to Understand the Efficacy of School Feeding Programmes. British Medical Journal, 2007, 335 (7625): 858 – 861

[14] Jomaa, L. H., et al. School feeding programs in developing countries: impacts on children's health and educational outcomes. Nutrition Reviews, 2011, 69 (2): 83 – 98

[15] Morris, S. S., et al. Conditional Cash Transfers Are Associated with a Small Reduction in the Rate of Weight Gain of Preschool Children in Northeast Brazil. Journal of Nutrition, 2004, 134 (9): 2336 – 2341

[16] World Bank. Attacking Poverty: Opportunity, Empowerment, and Security (2001 World Development Report). Washington D. C. : WBG, 2001

宁夏：实施营养改善计划　促进学生健康成长

■ 董宏伟

宁夏教育厅副巡视员、财务处处长

一、宁夏实施学生营养改善计划的背景

首先，我简要介绍一下宁夏的基本情况。宁夏回族自治区位于中国的西部内陆地区，是全国五个少数民族自治区之一。全区土地总面积6.64万平方千米，总人口630万人，其中回族占宁夏总人口的36%，是中国最大的回族聚集地。2011年宁夏生产总值达2060亿元，实现财政总收入371.4亿元，农民人均纯收入达到5380元。宁夏地理上大致分为北部引黄灌区和南部山区两大部分。北部为银川平原引黄灌区，土地肥沃，物产丰富，素有"塞上江南"的美誉；南部六盘山区自然条件较差，山大沟深，十年九旱，是国家重点扶贫地区。

这一地区的农民生活条件十分艰苦，一些家庭困难的学生长年累月过着饿了啃干馍、渴了喝窖水的生活。大多数孩子在学校的午餐也只是咸菜和干粮，甚至一个月都吃不上一顿肉食，缺乏必要的营养补充，给身体发育和学习生活带来了很大影响。农村孩子在身高、智力、体质等方面比城里的孩子相差很多，尤其是贫困地区的孩子们更为明显。

二、宁夏实施学生营养改善计划的做法

为了改善宁夏贫困地区农村学生的营养状况，自治区党委、政府决定从

2010 年开始启动实施学生营养早餐工程，为孩子们上学期间每天早上发放一个熟鸡蛋，所需资金全部由政府财政承担。截至目前，宁夏政府已经为学校采购鸡蛋投入资金 1.25 亿元，近 38 万中小学生享受到了政府提供的熟鸡蛋，占宁夏义务教育阶段学生的 40%。

2011 年以来，根据国家部署，我区率先在全国启动实施农村义务教育学生营养改善计划，标准为每生每天 4.6 元，保证每天早晨为每生免费发放一个熟鸡蛋，中午免费提供一顿符合民族习惯的、突出地方特色的合理营养膳食。与每天早餐提供一个熟鸡蛋相比，提供一顿免费午餐，其操作难度、复杂程度和安全风险则更大、更高、更重。我们的主要做法如下。

（1）坚持政府主导，合力推进。一是实行主要领导负责制。宁夏成立了由自治区主席担任组长，党委、政府分管领导担任副组长，教育厅、财政厅、卫生厅、食品药品监督管理局等 12 个部门为成员单位的领导小组。建立了"政府统筹、教育牵头、部门合作、学校执行"的工作体制。试点县政府是学生营养改善计划的行动主体和责任主体，政府主要领导为第一责任人，成员单位按照职能分工开展工作。

（2）合理选择供餐模式。经过详细的调查研究，我们认为，采取学校食堂供餐方式，为学生提供一顿营养、安全、卫生、可口的热食比较合适，相比发放牛奶、面包等间餐的方式更有操作性，更符合营养改善的要求和国家精神。所以，宁夏的学生营养改善计划采取的是食堂集中供餐的方式进行的。

（3）科学制订膳食标准。按照实事求是、可操作、能推广的原则，根据宁夏物价水平和基本满足学生成长营养成分需求测算，我区将午餐标准定为每餐 4 元，并要求各地以周为单位核定配餐标准，平均每人每周主食摄入量不低于 750 克、肉类不低于 250 克且种类不少于 2 种，豆制品不低于 500 克，蔬菜不低于 1250 克且种类不少于 3 种，菜品种类按学生营养需求，尽量做到多样化供应。

（4）认真做好监督管理。一是实行成员单位"分片包干"的责任制度，由自治区领导小组各成员单位分别包干联系 1 个试点县，试点县成员单位分别包干联系乡镇，深入学校检查指导。二是建立完善各项规章制度。截至目前宁夏已制定印发了食品原料生产基地管理、食品流通环节管理、食品安全管理、专项资金管理、价格管理、学生营养监测、突发事件应急和宣传工作等营养改善计划配套工作制度 11 项，为学生营养改善计划顺利推进提供了制度保障。三是明确了部门监管职责，形成了由自治区监察厅负责对学生营养改善计划实施中各成员单位和试点县政府职责履行情况进行全过程、全方位监督检查的监管体系，确保学生营养改善计划实施安全有序。四是加强了对试点县工作推进情况的检查指导。教育厅成立了 3 个巡查工作组，对营养改善计划实施情况进行监督检查，及时堵塞工作中的漏洞。五是广泛发动社会力量参与监督。各学校都成立了由校长、教师、家长和社会代表共同组成的监督委员会，对学校食品采购、食谱制订、供餐质量、账目公示等进行监督检查，确保每一分钱都用在改善学生营养上。

（5）大力搞好配套建设。不断加大投入，加快学校食堂建设。截至目前，已投入近 4 亿元资金，专门用于学校食堂建设和厨房设备及学生餐具购置，切实改善农村学校基础就餐条件，确保学校食堂各项硬件条件符合食品安全监管要求。

（6）全力保证食品安全。为了确保食品安全，我们从细节监管上下工夫，严把"七关"：一是严把制度执行关，二是严把食堂准入关，三是严把原料采购关，四是严把食品贮存关，五是严把清洁消毒关，六是严把安全用餐关，七是严把人员培训关。

三、宁夏实施学生营养改善计划的成效

为了检验营养改善计划实施效果，宁夏每年都进行学生体制监测。从今年 5 月份进行的检测数据来看，学生的体质得到了一定的改善。具体表现如下。

一是经过近 3 年的营养改善的干预，宁夏六盘山区农村小学生营养不良率由 2010 年的 8.0% 降低到 2012 年的 4.5%，较低体重率由 58.6% 降低到 47.9%；中学生较低体重检出率由 2010 年的 60.1% 降低到 2012 年的 51.0%。

二是 2012 年宁夏六盘山区农村义务教育学生贫血检出率降低到了 8.0%。

三是从感官来看，孩子们的精神状态明显好多了，学习积极性也提高了，上课时的注意力也集中了，课外活动也变得活泼了，脸色变得红润多了。我相信，在持续进行营养改善计划以后，将会对这些孩子的未来产生积极的影响。

2012 年 10 月 18 日
第三届"反贫困与儿童发展"国际研讨会讲话

中国扶贫基金会在儿童营养与发展方面的认识和实践

■ 刘文奎

中国扶贫基金会秘书长

首先非常感谢中国发展研究基金会给我提供这么一个非常好的交流平台，让我们有机会向在座的各位学习大家在营养和反贫困方面的经验。我今天想跟大家分享一下中国扶贫基金会在儿童营养和发展方面的认识和实践。

中国扶贫基金会是 1989 年 3 月 13 日成立的，目前总共筹集资金人民币 54 亿元，扶贫项目实施完毕 200 多项，受益贫困群众有 1300 多万人，2008 年中国扶贫基金会被民政部评为 5A 级基金会。扶贫基金会的使命是帮助贫困地区的人民提升能力，帮助他们改善生产和生活条件。在这个使命指导下，我们的项目侧重在四个方面：第一是通过教育手段，提高穷人的能力；第二是通过提高健康水平，增进穷人的能力；第三是通过生计和发展项目，给穷人提供公平的机会和必要的资源，来帮助他们增加收入；第四是通过紧急救援和灾后重建项目，帮助因灾害返贫的人摆脱困境。儿童营养项目是我们健康项目的一部分，这个项目有两个方面内容，一个是针对学龄儿童的"爱加餐"项目，一个是针对 0~24 个月婴幼儿营养干预的试点。

一、爱加餐项目

儿童营养问题是全球的问题，中国作为发展中国家，农村地区儿童膳食以谷类和单一蔬菜为主，蛋白质和微量营养素摄入不足，营养不良现象严重，缺铁性贫血发病率高。我国农村地区儿童身高比城市儿童身高平均低 4~5 厘米，体重低 3.5~4.5 千克。农村地区儿童的发育迟缓率为 92.3%，是城市儿童的 6 倍，维生素 A 缺乏是 13.2%，是城市儿童的 4.5 倍，差距是非常大的。

鉴于我国贫困地区儿童营养缺乏现状，2008 年，中国扶贫基金会与联合国世界粮食计划署（WFP）、百胜餐饮集团中国事业部启动"捐一元·献爱心·送营养"活动，通过百胜餐饮集团旗下包括肯德基、必胜客在内的 4000 余家餐厅，倡议全社会共同关注贫困地区儿童的营养状况。该活动也是 WFP 在全球范围发起的"世界饥饿救济周"项目的一部分。同时，百胜餐饮集团、沃尔玛、苏宁电器、欧尚集团、腾讯等企业通过组织爱心活动，加入到关爱贫困地区儿童营养的行动中来。2011 年 9 月，通过腾讯公益开展"网织希望——为贫困儿童送营养"的月捐项目，已有 12.6 万多名网友热心参与。由此诞生我会"爱加餐"项目。

爱加餐项目主要内容有两个。一个是提供营养加餐，第一期是在四川执行的，此期间执行的内容是牛奶和面包，等到云南实行项目的时候，改成了牛奶和鸡蛋。除了营养加餐之外，在有需求的学校我们也帮助援建爱心厨房，提供整套的厨房设备，包括炉灶、蒸饭车、消毒柜、冰柜、电热水炉、抽油烟机、操作台等食堂设施。

爱加餐项目的流程包括选择项目学校、确定供应商、项目培训、发放营养餐、后期的项目监测和反馈五个步骤。

自 2008 年启动以来，爱加餐项目共筹集 7000 多万元，支出 5000 多万。项目已经为四川、云南两省 13 州（市）23 个县区 239 所学校，逾 65000 名贫困儿童提供了超过 1200 万份的营养加餐，并为 100 所学校配备了爱心厨房设备。

爱加餐项目的效果是非常显著的，在 2011 年 3~12 月，中国疾病预防控制中心营养与食品安全所作了一个评估，采取随机选取干预组和对照组方式进行。评估结果显示，加餐项目通过补充鸡蛋和牛奶，以及配置厨房设备，有效改善儿童的营养状况和生长发育状况，减少了儿童的营养不良率和贫血率。其中，营养不良率下降了 7.9%；生长迟滞率方面，没有干预的对照组上升了 6.7%，干预组下降了 0.7%，加起来是 7.4% 的差距。

爱加餐还取得了意想不到的间接效果。由于实施爱加餐项目以后，家长和老师明显感觉孩子感冒少了，体质强了，非试点学校也跟着开始筹集资金，家长们也开始想办法给学生加餐，改变了当地周围的学校学生的营养结构。今后该项目仍将在国家计划覆盖外的县继续开展。

二、婴幼儿营养包试点项目

在中国，儿童营养状况存在显著的城乡和地区差异。卫生部 2012 年发布的《中国 0～6 岁儿童营养发展报告（2012）》显示：农村地区，特别是贫困地区农村儿童营养问题更为突出。农村地区儿童低体重率和生长迟缓率约为城市地区的 3～4 倍，而贫困地区农村又为一般农村的 2 倍，2010 年贫困地区尚有 20% 的 5 岁以下儿童生长迟缓；农村地区儿童营养改善基础尚不稳定，呈现脆弱性，容易受到经济条件和突发事件的影响。2 岁以下儿童贫血问题突出。2010 年，6～12 月龄农村儿童贫血患病率高达 28.2%，13～24 月龄儿童贫血患病率为 20.5%。数据表明：发生贫血最严重的人群集中在 6～24 个月；农村儿童生长迟缓率从 12 个月开始进入高峰。

根据现实情况，项目的干预对象是 0～24 个月婴幼儿及其喂养人，干预目标是预防儿童的营养不良，对喂养人，培养科学的喂养观念，提供喂养指导；对基层医务人员，开展有针对性的业务培训，提高宣教能力和项目执行能力。项目具体内容是为 6 个月以上的婴幼儿免费提供营养包；对县、乡、村婴幼儿喂养人进行健康培训，开展科学喂养指导。

我们对试点地区 6～24 月龄婴幼儿采取的为期半年的综合干预措施取得了极为明显的干预效果，体现在以下方面：①干预后婴幼儿贫血的发生率从 42.06% 降到 26.13%，特别是轻度贫血降低了 50%；②干预后补充营养包的婴幼儿身高、体重值都有不同程度的增加；③干预后婴幼儿两周患病（呼吸系统患病和腹泻）比率都有不同程度的下降。此外，婴幼儿家长的营养知识水平得到提高。

膳食营养是人力资本和社会经济发展的物质基础。营养不良可使身高降低 3～4 厘米，智商降低 10～15 分，劳动力损失 2%～9%。我国 30% 的 5 岁以下儿童的死亡与营养不良有关，22% 的肥胖、14% 的冠心病和 15% 的高血压源于生长迟缓。营养不良带来的经济损失是巨大的，占国内生产总值（GDP）的 4%。

关注儿童的营养和发展问题，不仅是健康问题，也是社会问题，需要社会各界共同努力，为儿童的成长创造一个良好的环境。让我们携起手来，共创美好明天！

2012 年 10 月 19 日

第三届"反贫困与儿童发展"国际研讨会讲话

学校供餐项目在全球的新发展

■ 贾恩·卡洛·奇里（Gian Carlo Cirri）
联合国世界粮食计划署政策、规划和战略部部长

首先，我想感谢中国发展研究基金会和卢迈秘书长邀请我参加本会。能和这么多重量级的参会人同台发言，我感到非常荣幸。

2008 年爆发燃油和食品价格危机时，世界各国对世界粮食计划署（WFP）和世界银行提出了空前巨大的学校供餐需求。由于在过去数年里，WFP 一直在努力支持这些学校供餐项目，所以这种需求对我们来说完全在意料之中。但对于世界银行来说却并非如此，因为学校供餐不属于他们支持的常规项目。

各国政府非常清楚，在危机期间可以通过一些重要的工具来援助最脆弱的人群。这些项目具备多种益处。它们通过供应食物来为家庭提供收入补贴，增加儿童接受教育的机会来促进他们的学习，维持儿童的营养状况和整体健康水平。这些项目不仅是极具吸引力的长期性社会保护投资，而且为受助儿童及其家庭提供了短期益处。

为了更深刻地了解学校供餐的效益和经验，我们与世界银行及儿童发展合作伙伴组织（PCD）共同开展了分析研究，并于 2009 年出版了 *Rethinking School Feeding*。中国发展研究基金会于翌年翻译并出版了它的中文译本《重新思考学校供餐计划》。

自那以后，我们一直使用这本书的研究发现指导我们的工作。它促使我们这三家机构建立起富有成效的合作关系。在之后的三年里，我们坚持帮助各国建立具有可持续性及成本效益性的学校供餐项目。

今天我想谈谈我们的合作在这三年里取得的成果。它建立在数十年不懈的工作基础上，其中既包括 WFP 自己的研究，也包括其他机构的研究。在今天参会的国际组织中，绝大多数都与 WFP 保持着合作关系，如联合国儿童基金会、世界银行、儿童发展合作伙伴组织和比尔及梅琳达·盖茨基金会。

我想简单谈三个问题：

（1）与在座诸位分享关于全球学校供餐规模的最新信息。

（2）探讨学校供餐的裨益：政府为何要推行学校供餐项目。

（3）简单介绍 WFP 目前的工作以及如何与时俱进地适应新形势。

一、全球学校供餐的最新进展①

我们先来看第一个问题。直到最近我们才掌握了全球参与学校供餐项目的儿童人数。2012 年我们开展的全球调查显示，至少有 3.3 亿儿童参与了学校供餐项目。

在我们掌握情况的国家里，几乎所有国家都为在校儿童提供食物。学校供餐并不是次要的干预措施。就我们所知，它可能是规模最大、覆盖面最广的安全网。

中国正在推行的学校供餐项目在规模上位列全球第三。印度的项目覆盖了1.13 亿儿童，在全球居首，巴西次之，覆盖了 4700 万儿童。

全球每年投入学校供餐项目的资金至少有 300 亿美元。绝大多数投资都来源于政府预算，而且主要集中于中高收入国家。在投入学校供餐的 300 亿美元中，只有 2% 投到最贫穷的国家。如果进一步对这 2% 的投入细分，我们发现其中有18% 来源于政府预算，其余来源于外部捐赠。

我们要就图 1 提示两点。第一，我们不掌握 NGO 和社区机构等其他捐赠来源的信息。所以学校供餐获得的总投资额很可能高于 300 亿美元。第二，我们不掌握社区自身对学校供餐的各种投入，如时间、劳动、燃油、食物佐料和额外供应的食品等。这些贡献很难估价。我们需要记住，政府和捐赠者并不是唯一对学

---

① 本报告原无小标题，标题为编辑所加。

（亿美元）

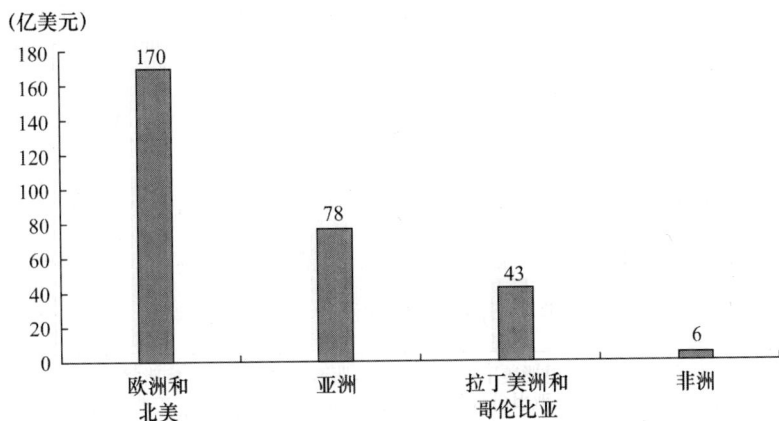

图1　全球每年投入学校供餐项目的资金情况

校供餐进行投资的人。儿童的父母、老师和整个社区都在以各种不同的方式投入
大量资金。

贫困国家的政府虽然财政窘迫，但仍然在投资于学校供餐项目，而且投入的
金额不断上升。2008年，政府投资的比重为6%，现在已经达到18%。低收入国
家仍然依赖捐赠来开展学校供餐。捐赠方的帮助使这些国家的儿童有可能像富裕
国家的同龄人那样享受学校供餐。

基于这些数据，我想探讨第二个问题：为什么政府要推行学校供餐项目？此
类项目能带来什么益处？

二、探讨学校供餐

我们与PCD等合作伙伴共同对学校供餐项目进行了实证分析。我不会详述
学校供餐项目的评估结果，因为这不是我的专长。但是我希望告诉大家，人们已
经就很多问题达成了共识。

人们达成的第一个共识是，学校供餐可以作为一种卓有成效的方式，纳入更
广泛的社会保护投资。由于学校供餐项目支持家庭保障儿童的教育权利，所以有
助于提升人力资本，打破贫困代际传递。从短期来说，如果我们考虑到所提供食

物的价值，那么它相当于直接补贴了家庭收入。

在美国等发达国家，学校供餐项目是社会福利项目中不可分割的一部分。它在中等收入国家中也非常普遍。低收入国家所面临的挑战是在财政和执行能力受限的情况下，如何以成本效率较高的方式推行学校供餐。

此外，事实证明一旦暴发危机，这些项目可以相对轻松地扩大规模。特别是在脆弱的环境中，它通常是目前唯一采用的干预措施。自2008年起，38个国家扩大了学校供餐项目的规模来应对危机的冲击。

人们达成的第二个共识是，学校供餐项目有助于提高儿童的教育和营养水平。学校供餐提高了儿童的学习准备度和参与教育的能力。它通过两种途径实现这些结果：其一是在尚未普及教育的地方提高儿童接受教育的几率；其二是提高儿童的营养水平和学习能力。它们对女童的效果尤为显著。

尽管在生命的头一千天里（即从母亲怀孕到儿童出生后两年内），儿童营养不良造成的损失无法逆转，而且昨天许多发言人都强调了早期投资的重要性，但是解决在校儿童的营养需求仍然至关重要。学龄儿童的营养状况影响到他们的身体发育、健康水平以及学习和认知潜力，随之影响到他们的学校出勤率和学习成绩。

提供微量营养素的学校供餐项目可以减少微量营养素不足的问题。如果与驱虫等干预措施结合起来，它能够更加显著地提高健康效益。PCD的莱斯利女士更深入地探讨了学校供餐及其他学校健康和营养干预措施，所以我不会谈及学校供餐项目和其他项目的潜在协同作用。

学校供餐对于教育儿童掌握正确的饮食方式、改善营养和健康习惯亦有作用。它与营养教育结合时效果更为明显。对于努力降低超重和肥胖症的中高收入国家，这点极其重要。某些低收入国家也开始将这个作为工作重点。这是个新兴领域，但是墨西哥、日本和英国等国家注意到，学校供餐项目是教导儿童正确饮食的有效载体。

学校供餐效益的实现

然而，学校供餐项目的实际效益并不容易实现。首先，我们应清楚，学校供餐只是保障儿童学习能力的系列行动中的一部分。如果没有课堂、课本、合格师资和安全的学习环境，那么学校供餐项目可发挥的效果微乎其微，甚至不会产生任何效果。这就解释了为什么关注教育质量如此重要。不过这并不代表可以忽略学校供餐。如果儿童被饥饿所困扰、健康水平糟糕或者营养不良，那么他吸收课堂知识的能力就会下降，很难集中注意力，最终难以提高学习成绩。

其次，评估结果还折射出一个事实：学校供餐项目的实际效果取决于它的设计质量、执行方式和具体背景。所以尽管从理论上来说，学校供餐项目具备多种益处，但是在实践过程中能实现多少益处却不尽相同。虽然绝大多数干预措施都会遇到这个问题，但是我仍然要突出强调这一点。

提高学校供餐效益的方法之一是将它与本地农业生产结合起来。这是一个令人激动的全新领域。盖茨基金会和 PCD 在这方面开展了很多工作。盖茨基金会的阿琳·米歇尔会更详细地介绍这个问题，所以我在这里只是简单提及一下。学校供餐项目产生的食物需求是小农户获得收入的重要来源。所以这是个双赢项目。它为在校儿童提供了新鲜且营养丰富的本地食品，同时为附近农户创造出市场。

我们探讨的最后一个问题与营养有关。人们对学校供餐产生的疑问之一是它是否能影响学前儿童的营养状况。很多有趣的评估结果都指明了这个方向，但是需要开展更多工作。当然，我们面对的一个限制是提高学前教育的机制结构非常有限，在低收入国家尤为如此。

最后想强调的一点是，学校供餐项目有多种潜在益处，但这些益处往往很难集中体现在单一的项目上。项目执行过程中需要进行很多取舍。推行学校供餐项目的国家需要专注于实现这些目标的子目标，并设计相应的学校供餐项目。

我认为中国在这方面成果斐然。它从 2009 年覆盖 1200 万儿童的试点项目入手（只有中国和印度将这么大规模的项目视为"试点项目"）。由于中国直接在最贫困的县级行政单位推行学校供餐项目，所以其目标在于为贫困儿童提供社会保护，而且学校供餐经常作为反贫困和反饥饿的政策之一。各国推行学校供餐项目的目标还包括提高儿童的学习成绩和营养水平。

中国学校供餐项目的突出特点之一是它已经迅速扩大了规模。它只用了三年时间就成为全球第三大供餐项目，而且为最弱势儿童提供了高质量的供餐服务。

中国设计学校餐的菜单时借助了营养学家的帮助。儿童能吃到水果、蔬菜、肉类、主食和鸡蛋。在绝大多数情况下（特别是在寄宿制学校），学校都能做到现场备餐。地方各部门携手共同推进学校供餐项目，特别是教育、卫生和财政部门。

中国学校供餐项目的另外一个亮点是：尽管从试点县采购食物和管理资源的角度来看，这个项目高度分权，但是各地都遵守了教育部从中央层面制定的项目标准。所以各地儿童获得的校园餐标准很统一。尽管项目的实际执行情况取决于它的具体背景，但统一供餐标准在中国这样一个幅员辽阔的国家来说非常重要。

如果说中国的学校供餐项目还有什么值得探讨的地方，那么从食品的方面来说，应该是它与地方农业的联系，以及在何种程度上它不仅给儿童带来益处，而且将资源再分配给本地的小农户。随着项目不断推进，政府如何持续提升项目质量，这或许也是一个值得关注的领域。

学校供餐项目的成本

人们经常对我们提出的问题是：学校供餐项目的成本是多少？一直到最近，我们才找到这个问题的答案。我们与 PCD 共同制定了供餐成本的标准，以供各国设计此类项目时进行参考。根据对 74 个国家的抽样调查，学校供餐项目在高收入国家的每年人均成本为 693 美元，在中等收入国家是 82 美元，在低收入国家是 56 美元。我们可以看到，各收入组之间的成本差异很大。我们正在与合作伙伴一起研究供应链，看看哪些因素驱动了成本。

不过比起绝对成本，更重要的是学校供餐相对于该国经济水平的成本。挪威的学校供餐项目与马拉维的项目截然不同，而绝对成本不会展示出太多关于承受能力和财政空间的实际情况。

我们将学校供餐的人均成本与小学教育的人均成本进行了比较。回归分析表明在中高收入国家，学校供餐项目的成本相对较低，占教育预算的 10% ~ 20%——虽然看起来它们的绝对成本比低收入国家高很多。

值得注意的是，中高收入国家的学校供餐成本基本保持一致。低收入国家的情况则截然不同：各国的供餐成本差异更明显。我们发现，有些国家达到中等收入国家的水平，即学校供餐项目的成本占到小学教育成本的20%；但是其他国家供餐项目的相对成本高达小学教育成本的68%。

从以上分析中得到以下三个主要结论。

（1）随着经济不断发展，各国对学校供餐项目的承受力持续提高。这主要是因为教育预算不断上升，而食物成本相对稳定。

（2）在低收入国家，供餐的绝对成本相对较低，但政府的教育投入水平也不高，此时需要外部捐赠的支持。

（3）部分国家的学校供餐成本极高，而教育投入极低。在这种情况下有可能需要控制供餐成本。

三、世界粮食计划署的工作情况

最后，我想简单介绍WFP在学校供餐方面开展的工作。2009年，我们的执行委员会通过了WFP的学校供餐政策。它反映出WFP在此之前和之后对于自身及学校供餐项目的认识。

我想重点介绍2009年之后，WFP在工作领域方面的两点变化。

（1）WFP的工作从提供食物援助项目转变成为建立具有可持续性的国家项目。它不再采取基于项目的工作方法，而是努力将学校供餐项目纳入更广泛的政府教育和社会保护体系。WFP对自己的定位是：在一定时限内对学校供餐项目提供帮助，长远目标是使受助国逐渐摆脱援助，建立起具有可持续性和成本效益性的全国性学校供餐项目。

（2）WFP正在探索提供食物篮的新方式，使食材富有营养，可以从本地获得，并且具有可持续性。

在这个新角色上，WFP正在迅速转变自己的工作方向，重点放在为政府提供技术支持和政策建议。而且我们意识到各国可以从别国的工作中学到很多，所以我们还在努力促进各国之间的学习。

2011年，WFP在巴西利亚开设了"反饥饿卓越中心"（Enter of Excellence

Against Hunger）。我们与巴西政府的新型合作关系将为各国合作搭建起一个平台。迄今为止，已经有 19 个代表团访问过该中心来学习巴西的学校供餐经验。

我们还在与俄罗斯探索一种令人激动的新型合作关系，为欧亚大陆国家提供技术支持和援助。

这些新型合作关系都向我们揭示出一个问题，这也是我的演讲的结语：无论贫富，越来越多的国家都对学校供餐很感兴趣。从向我们提出援助要求的国家数量来看，从全球各地召开的此类研讨会数量来看，从各种新闻来看，这一点已经显而易见。

目前我们身处金融困顿之中，欧洲的坏新闻频传，而且全球经济前景不明朗，学校供餐日益成为保护那些遭受危机冲击最严重的脆弱家庭的主要项目之一。这或许是为何各国政府热衷于学校供餐的原因所在。

中国的学校供餐项目卓有成效。其他国家可以从中汲取很多成功的经验。我们希望进一步推进与中国发展研究基金会、中国政府及其他合作伙伴的合作，以巩固全球各地的学校供餐项目。

2012 年 10 月 19 日

第三届"反贫困与儿童发展"国际研讨会报告

学校供餐：连接教育、卫生及农业发展的桥梁

■ 莱斯利·德雷克（Lesley Drake）
　儿童发展合作伙伴组织执行主任

概　　要

　　2008 年的粮食危机、能源危机及金融危机凸显了学校供餐计划的重要性。这一计划不仅为面临粮食短缺的贫困儿童建立起社会保障网络，更是各国教育方针、方案的重要组成部分。学校供餐计划能够提高入学率、减少旷课，使更多儿童走进课堂、留在课堂。而一旦儿童进入课堂，校餐又能通过消除饥饿、增强认知能力来促进他们的学习。

　　因此，在 2010 年 2 月召开的亚的斯亚贝巴全民教育（EFA）大会上，与会代表呼吁："全民教育计划的参与者应大力支持有益于社会最边缘群体的各项措施，如现金转移、学校卫生、学校供餐、奖学金、性别策略等。"此外，改善学校卫生和学生营养也是实现普及基础教育、促进两性教育均等这两项千年发展目标（MDGs）的必经之路。要达到这两项目标，就要确保最贫困的儿童，在疾病和饥饿中苦苦挣扎的儿童，也能进入校园学习。弱势儿童——如贫困儿童、边缘儿童、女童及脆弱国家儿童——往往遭受着最严重的疾病和营养不良，因而也是学校卫生计划的最大受益者。

　　各国政府将学校供餐计划视为重中之重，也是考虑到学校供餐在社会保护和社会包容层面的重要意义。在英国，学校供餐是 1906 年福利改革的第一步。在巴西，旨在消除饥饿、确保人人享有温饱权的"零饥饿"战略也将学校供餐计划列为首要任务。事实上，目前几乎全世界每个国家都开展了校餐计划，受益儿童总数至少达到3.3亿。每年，世界各国为学校供餐投入的经费约为300亿美元（WFP，2012）。

学校卫生及营养方面的干预措施（如学校组织服用驱虫药、学校供餐等）具有协同性质，一旦综合起来实施，卫生和教育方面的相关效益就会成倍增加。学校供餐能够创造良好的环境，促进其他重点公共服务项目的计划和实施。由于学校供餐计划涉及多个部门，影响广泛，往往能够很好地推动与支持其他教育、营养、卫生、抗饥饿、公共环境等方面的干预措施。"集中有效资源关注学校卫生"（FRESH）框架及"全球教育合作伙伴"（GPE）计划的各成员都认为，全面改善学校卫生及营养是满足儿童健康、营养及教育需求的途径之一。

学校卫生及营养计划，尤其是包含在更广义的儿童发展战略中的学校卫生及营养计划，是儿童长期发展的重要组成部分。对儿童发展的支持是一个连续统一的过程，既涉及母婴健康，又涉及儿童早期发展，而学校卫生及营养计划则是确保儿童充分发挥潜能的关键一环。

校餐等学校卫生营养措施，显然有助于保障《儿童权利公约》中阐明的儿童权利框架（OUNHCHR，1989），包括食物权、健康权及受教育权。然而，学校供餐计划还具有更大的潜在意义，它不仅有利于儿童发展、保障儿童的经济社会权利，而且能为整个社区的发展作出贡献。由于学校供餐计划每年有固定的实行时间，食物搭配也预先确定，形成了可预见的结构性需求，在当地建立起市场及配套体系，这便给农民和生产商提供了获利机会。

学校供餐计划表明了教育及学校在国家长期发展中的重要角色。最明显的表现就是儿童教育及健康状况的改善，使得他们在成年后有能力获得更高的收入，从而打破两代人之间的贫困恶性循环。此外，由于学校供餐计划为当地农产品提供了结构性的市场，便有望振兴当地经济，把资源再投入到这些计划所针对的社区儿童身上。因此，学校供餐计划为各国政府提供了良好的机会，既投入于儿童的长期发展，又为社区带来更大的经济繁荣。

背景介绍

2008 年的粮食危机、能源危机及金融危机凸显了学校供餐计划的重要性。这一计划不仅为面临粮食短缺的贫困儿童建立起社会保障网络，更是各国教育方针、方案的重要组成部分。学校供餐计划能够提高入学率、减少旷课，使更多儿童走进课堂、留在课堂。而一旦儿童进入课堂，校餐又能通过消除饥饿、增强认知能力来促进他们的学习。一些互补措施（尤其是学校组织服用驱虫药及补充微量营养元素）又能增强这些效果。由于学校供餐计划每年有固定的实行时间，食物搭配也预先确定，形成了可预见的结构性需求，在当地建立起市场及配套体系，这便给农民和生产商提供了获利机会。这就是"本土学校供餐"（HGSF）计划背后的理念。联合国千年发展项目饥饿问题特别工作组认为，在应对贫困和饥饿的斗争中，本土学校供餐计划收效好、见效快，并凸显出好的学校供餐计划能够带来的广泛潜在收益。许多国家政府把本土学校供餐视为重中之重，非洲联盟也把本土学校供餐列为"非洲农业综合发展项目"的第四大支柱，就是因为它与农业有着紧密联系。

2009 年世界银行、世界粮食计划署及儿童发展伙伴关系计划共同发布的分析报告《重新思考学校供餐计划》（*Rethinking School Feeding*）指出，从目前掌握的信息来看，每个国家都在设法向学龄儿童提供食物，只是方式和规模不同，其中富裕国家和中等收入国家的覆盖率最高。事实上，目前几乎全世界每个国家都开展了校餐计划，受益儿童总数至少达到 3.3 亿。每年，世界各国为学校供餐投入的经费约为 300 亿美元（WFP，2012）。

在英国，学校供餐是 1906 年福利改革的首要组成部分。这一系列改革是英国向现代福利国家转变的第一步，凸显了学校供餐计划在社会保护方面的意义。如今学校供餐几乎是美国最广泛的社会福利计划，而巴西和印度的学校供餐计划每天分别为 5700 万和 13000 万儿童提供食物，更是总统竞选中的最热门话题（Bundy，et al. 2012）。在巴西，全国性学校供餐计划被放在"零饥饿"战略框架内予以强调，而"零饥饿"战略是巴西前总统卢拉于 2003 年最早出台的抗击饥饿和贫困的措施之一。这再次表明各国将学校供餐视为一项有效的社会保护措施，给予高度重视。

这些全国性学校供餐计划中，相当一部分都依靠当地的粮食商品，这样就对当地经济进行了资源再投资，夯实了经济基础。在智利等一些国家，学校供餐计划主要通过私营部门来实现，几乎所有校餐都依靠当地农民的产品；另一些国家则通过具体的强制性措施将校餐与当地农业联系起来，比如巴西的全国性学校供餐计划就要求教育当局把校餐30%的粮食需求分配给学校周围的生产者（Buani & Peixinho，即将于2012年出版）。

然而，有证据表明，在最需要校餐的地方，即饥饿、贫困最严重，社会指数最低的地方，学校供餐计划的规模往往最小。根据联合国世界粮食计划署（2012）的数据，低收入国家只占全球校餐经费投入的2%，而这2%当中，捐款占到了80%的比重。过去经验表明，国家不应试图停止向学龄儿童提供食物，而应努力实现从外部援助向国家自主的转变。中高收入国家的成功校餐计划往往依靠就地采购的商品，而低收入国家的校餐计划常常不得不依靠外部粮食援助（见表1）。这意味着低收入国家有望开启重大转变，不仅为本国的部分商品建立可持续的需求来源，而且通过校餐就地采购促进当地经济增长。

学校供餐计划的潜在效益

学校供餐计划为教育和卫生事业带来的效益是有目共睹的。学校供餐计划能够帮助儿童进入课堂，留在课堂（Bundy, et al. 2009）。另外，作为一种社会保护干预措施，学校供餐计划还可以带来更广泛的效益，为扶贫事业创下佳绩（Devereux, et al. 2010）。显而易见，学校供餐计划不仅有助于保障普遍意义上的主要经济社会权利，同时也有助于保障《儿童权利公约》中阐明的儿童权利框架下的各种具体权利（OUNHCHR, 1989），包括食物权、健康权及受教育权。

在多数老牌国家，学校供餐都是一项主要的社会计划。然而，这一计划带来的效益与计划本身的基本理念内在相关。政府开展学校供餐计划，往往主要是出于社会保护和教育方面的目的，然而，增加学校供餐计划的附加效益（如强劲

表 1　　　　　　　　　　　学校供餐计划的转变

	阶段 1	阶段 2	阶段 3	阶段 4	阶段 5
	校餐计划主要依靠外部资金帮助实施				校餐计划依靠政府资金，自主实施
校餐计划的政策体系	弱	有所增强	强	强	强
政府财政实力	弱	中等	有所增强	强	强
政府机构职能	弱	弱	中等	有所增强	强
国　　家	阿富汗 中非共和国 刚果（DRC）苏丹	马拉维 埃塞俄比亚 柬埔寨 海地 坦桑尼亚 尼日尔 津巴布韦	马里 肯尼亚 科特迪瓦 加纳 卢旺达 马达加斯加 塞内加尔	莱索托 萨尔瓦多 尼日利亚 厄瓜多尔 洪都拉斯 博茨瓦纳 巴基斯坦 毛里塔尼亚	印度 智利 牙买加 巴西 纳米比亚

资料来源：D. A. P. Bundy, C. Burbano, M. E. Grosh, et al. Rethinking School Feeding：Social Safety Nets, Child Development, and the Education Sector. Joint publication of the World Food Programme and the World Bank Directions in Development. Washington, D. C：World Bank, 2009

的经济增长和农业发展）也不无可能，这些效益又转而提高了校餐计划的可持续性。

学校供餐计划向本地供应商购买食物，这样便为本地农产品生产建立起结构性的需求体系，既能刺激农产品产量增长，又能为小农们创造更加安全的环境，使他们在投资农业活动（如优化种子、化肥、技术等）时可以预见自己的风险。

校餐市场带来的结构性需求体系能够激励小农投资大批量、高品质产品的生产。农户又能把自家孩子送进学校，让他们享受营养丰富的校餐，孩子们的学业会有所进步，有能力成长为积极为社区作贡献的公民。这样一来，校餐计划的资金巩固了当地的经济基础，同时提升了下一代农业人口的素质和知识水平。要想真正理解学校供餐计划的效益，我们需要对农业、教育、卫生、社会保护及经济方面的效益进行跨部门的综合分析。

社会保护

2008 年，世界银行启动了一项全球粮食危机应对计划，调动 12 亿美元资金，为饱受粮食价格上涨之苦的国家提供直接援助。许多接受援助的国家选择将这项资金投入到学校供餐计划中。同时，联合国世界粮食计划署也通过学校供餐为 70 个国家的 2200 万儿童提供了援助。显而易见，学校供餐计划正逐渐成为世界各国共同的社会保障网络，通过救助贫困家庭、为饥饿儿童提供食物来应对危机（Bundy，et al. 2009）。

全球最贫困的儿童当中，又有 1/10 入学率最低、最容易陷入世代相继的贫困恶性循环。学校供餐计划激励贫困儿童这一高脆弱性群体走进校园，从而打破这一恶性循环。把孤儿和脆弱儿童群体留在校园，可以降低他们的脆弱性，减少他们感染艾滋病病毒的几率，并为他们、尤其是女童提供价值观教育，因为她们很有可能成为下一代小农。学校供餐计划的核心是扶贫，这便凸显了它作为社会保护措施的作用。而且，在校餐计划范围内选取目标，可以确保最脆弱的儿童（如女童及感染艾滋病病毒的儿童）受益。

许多学校供餐计划还带来了一个良好结果——社会包容。最明显的大概要数巴西、智利、南非、印度等国。巴西实行了"零饥饿"战略，将抗击饥饿、人人享有温饱权作为优先目标。而推行这一举措的关键就是通过综合性的方针政策，促进社会包容、民众参与及公民权利。处于后种族隔离时期的南非，于1994 年颁布了《重建与发展白皮书》，着重强调消除过去的种种不平等，1996 年的《国家教育政策法案》也明确强调了这一点。在这一方针指引下，南非出台了"全国学校营养计划"。

为贫困、粮食短缺的人群提供食物援助，也有可能帮助缓解他们周围人的饥饿状况。对孟加拉国和印度尼西亚的强化饼干计划的评估表明，营养摄入的增加不仅限于在学校领到饼干的儿童。这两项研究发现，许多学龄儿童会把饼干与家里的弟弟妹妹分享。近期在布基纳法索开展的一项随机对照试验（RCT）也表明，让学生把食物配给带回家，能够提高受益家庭更年幼子女的营养水平（Adelman，et al. 2008）。乌干达的一项随机对照试验（RCT）也发现，接受学校供餐的儿童，他们未上学的弟弟和（或）妹妹营养状况也会有明显改善（Kazianga，et al. 2009）。越来越多迹象表明，学校供餐可以造成溢出效应，对正处于关键发育期的幼童也产生影响，在这一阶段，营养干预会给他们带来最大的好处。

如果学校供餐计划从小农那里采购食材，那么受益人群就又多了一批。如果这些农民自己也面临着贫困和食物短缺，学校供餐计划就有可能增加他们的家庭收入，改善食物短缺状况。目前正在进行的一系列影响评估，便强调了学校供餐可能给小农带来的好处。

卫生和教育

据估计，低收入国家的学龄儿童每年因常见健康问题（如寄生虫感染、缺铁性贫血、饥饿）而旷课的时间达到 2 亿~5 亿天（Bundy，2011）。要让所有儿童接受高质量的教育，就必须确保他们能够按时上学，并以良好的状态去学习。因此，在 2010 年 2 月召开的亚的斯亚贝巴全民教育（EFA）大会上，与会代表呼吁："全民教育计划的参与者应大力支持有益于社会最边缘群体的各项措施，如现金转移、学校卫生、学校供餐、奖学金、性别策略等。"

有证据表明，学校供餐计划能提高学生的出勤率、认知能力和学习水平。如果辅以互补性措施，如分发驱虫药，补充微量元素，效果则尤其明显（Alderman & Bundy，2011）。学校供餐计划能够提高入学率、减少旷课，使更多儿童走进课堂、留在课堂。而一旦儿童进入课堂，校餐又能通过消除饥饿、增强认知能力来促进他们的学习（Adelman，et al. 2008）。

此外，学校供餐计划能够改善儿童健康状况。当这些计划与综合性的学校卫生及营养（SHN）计划整合起来实施时，效果尤其明显。比如，学校组织服用驱虫药这项计划就是一个众所周知的广阔平台，有利于更加综合性的学校卫生干预措施的实施，因为这项计划成本效率高，便于大规模操作。例如，在印度的比哈尔，1700 万儿童（其中 80% 为学龄儿童）在 7 个月内服用了驱虫药。健康、营养充足的儿童能够更好地学习。如今，学校供餐计划——以及广义上的学校卫生及营养（SHN）计划——对千年发展目标及全民教育计划所作出的重大贡献已被广泛认可。

农　业

世界上有近10亿的饥饿人口，而粮食短缺现象还在日趋恶化。这一问题在撒哈拉以南非洲（SSA）地区最为严重，因为这里的小农们缺少现代生产技术。即使采用了更先进的生产手段，他们也往往无法顺利地在市场上卖掉农产品，因为对小农而言市场商机往往少得可怜，而且变化莫测。由于缺乏当地市场，又没有将易腐产品快速运达外地市场的运输条件，小农们提高产量的努力往往是徒劳无功。由于学校供餐计划每年有固定的实行时间（平均180天左右），食物搭配通常也预先确定，形成了稳定、可预见的结构性需求，在当地建立起市场及配套体系，这便给小农和生产商们提供了获利机会（Gelli, et al. 2010）。

随着学校供餐计划逐渐扩展，且为国家所主导、成为国家政策体系的一部分，该计划对农产品的需求量和需求稳定性都会有所增加。市场安全性一旦提高，便能促使更多资金投入提高生产率的技术和实践，从而帮助小农（其中相当一部分是女性）提高当地农业产量。这进而会给当地经济带来更加深远的影响。不仅农民有工作可做、有利润可赚，整个学校供餐价值链，包括食品运输、食品加工、烹饪等行业，都会产生更多的职位和利润。农业以外的投资也可能进一步提升生产率、增加农业就业，形成一个有利于长期粮食安全、改善农村家庭福利的良性循环。

成本效益

有证据表明，学校体系能够提供一个高成本效益的平台，对学龄儿童实行简单的健康干预措施，将教育的效益最优化。要最大限度发挥这个平台的效力，卫生、农业、教育三部门要建立起跨部门伙伴关系，紧密合作。这种伙伴关系一经确立，便为更广泛的学校卫生计划奠定了基础。事实证明，正式建立这一伙伴关系，是推进学校卫生政策实施的关键性开始。

此外，学校供餐等学校卫生及营养计划能够通过学校这个平台大规模实施，确保覆盖全国，为儿童、农民乃至整个社区带来好处。将学校卫生及营养干预措施并行实施，比如将驱虫和校餐并行实施，能将这些好处成倍扩大，并有望提升干预措施的成本效益。

确保学校供餐实效性的必要技术支持

学校供餐计划具有多重目标，涉及教育、卫生、农业等多个部门，与小农生产相关联的学校供餐计划尤其如此。这就意味着需要一个同样涵盖面广、基于实证的技术支持体系。计划设计的多样性影响着成本效益和成本效率的计算，决定了技术支持的基本要求和具体细节。

学校供餐计划从外部资金帮助实施转向政府出资自主实施，这一转变需要时间和周详的规划。例如在厄瓜多尔和萨尔瓦多，这一转变过程长达 15 年，期间进行了多次规划，政府也不断与实施主体——世界粮食计划署（WFP）进行交流（Bundy，et al. 2012）。中高收入国家的成功校餐计划往往依靠就地采购的商品，而低收入国家的校餐计划常常不得不依靠外部粮食援助。这意味着低收入国家有望开启重大转变，不仅为本国的部分商品建立可持续的需求来源，而且通过校餐就地采购促进当地经济增长。此时，各国需对促进性的技术支持进行投入，以加速这一转变过程，实现学校供餐计划的制度化、系统化及可持续发展。这样的有利环境也能激励其他捐助方支持政府的学校供餐举措（Bundy，et al. 2012）。

随着经济增长，各国政府的财政实力及执行力往往也相应增长。在上述转变过程中，各国的政策和制度体系得以加强；学校供餐支出占教育总预算的比重有所下降；依靠外部粮食及资源转变为依靠就地采购及商业发展；政府全面管理、实施校餐计划的能力也得以增强（Bundy，et al. 2009）。

要使学校供餐成为可持续性的国家计划，有以下几个重要先决条件：将学校供餐纳入国家主要方针政策（尤其是教育政策）；确立可持续的财政支持；提升国家政策实施能力。很关键的一点是，既要在计划启动初期本着长期可持续发展的原则作好规划，又要随着计划的开展不断进行完善。充分了解捐赠性援助的持续时间，有计划有步骤地改善机构职能，为学校供餐计划向国家自主实施的转变制订具体规划（包括时间期限和重要时间节点），对各国大有裨益。

认识到各国政府对技术援助的迫切需求，世界银行、世界粮食计划署及儿童发展合作伙伴组织组成了三方同盟，为各国政府提供技术支持。同盟旨在帮助各国与小农生产相关联的自主学校供餐计划的规划和实施，充分发挥三个组织各自的优势：世界粮食计划署的技术经验；世界银行与各国政府在财政、行政、专业管理等方面的合作；儿童发展合作伙伴组织对政府主导的有效干预措施的实证研究经验，以及与各地农业部门的联系。同盟根据《重新思考学校供餐计划》（Bundy，et al. 2009）中的分析为各国提供技术支持，囊括国际公认的学校供餐成功案例五大衡量标准：政策体系、财政实力、机构职能及协调合作、规划及实施、社区参与。

政策体系

学校供餐计划的政策基础旨在保证计划的可持续发展及高质量实施。尽管各国国家政策对学校供餐的明确程度不一，法律体系各异，但学校供餐总体而言都被包括在国家政策体系之内。规模最大的校餐计划，其政治化程度也最高，比如印度的校餐计划就有最高法院条例作为支撑，而巴西的校餐计划更是被写入宪法。在许多发展中国家，学校供餐或是国家扶贫战略的一部分，往往与农业、教育、营养、社会保护等部门相联系，或是部门内政策方针的重要内容。各国规划应确保政府在整个发展议程中为学校供餐明确一个最合适的角色。

财政实力

随着各国普遍的权力分散趋势，政府规划过程往往从村级层面的优先级设定开始，再在当地政府的（区域）发展规划中体现出来。这些规划构成了国家层面预算编制的基础，确保符合国家扶贫政策及部门规划。这些规划及预算在何种程度上将学校供餐计划考虑在内，将决定学校供餐是否由国家预算拨款，是否能享受总的预算分配。

就多数有外部支持的国家而言，学校供餐计划的资金来自于外部机构及非政府组织（NGOs）的粮食援助，以及政府的实物或现金援助。而当学校供餐发展成一项国家主导的计划，便需要建立起不靠外部支持的、稳定的资金来源，这一点可以通过政府的核心资源来实现，也可以通过长期发展基金来实现。稳定的资金来源是可持续性的一个先决条件（Bundy，et al. 2009）。

机构职能和协调作用

实施学校供餐计划通常是某一特定政府机构或部门的职责。然而，为确保实效和效率，跨部门合作也不可或缺。成功实例表明，如果委托一个部门专门负责校餐计划的实施，实施效果会更好。这个部门需要在中央及地方层面拥有足够的资源、管理技能、工作人员、知识和技术，保证计划的正确实施。

规划及实施

各国学校供餐的规划应建立在深入分析该国国情的基础之上，要根据该国的特定情况，明确待解决问题、宗旨及预期结果。还应考虑目标人群的选择，确保校餐计划既能覆盖合适的受益人群，又兼顾效率、运输等因素，以及饮食搭配的合理性。标准的学校供餐计划还应包含一些互补性行动，如食品强化、驱虫等学校卫生措施。学校供餐的实施需要健全的布局，采购并运送大批食品到目标学校，确保食品质量，并以公开透明的方式管理资源（Bundy，et al. 2009）。

社区参与

地区自主的学校供餐计划能够满足社区层面的需求。而那些有家长或社区参与（以现金或实物方式）的学校供餐项目往往容易做大做强，并顺利被政府接管。最成功的校餐计划，从一开始就确保社区参与度，并有专门机制保证社区的持续参与。

不只是校餐

学校供餐计划是更广义的学校卫生及营养工作的一部分，应基于各国的国情需求，给予全面考虑。为保证可持续性，学校供餐应包含在更广义的国家学校卫生及营养政策中，确保把关注重心放在儿童的综合健康及教育上。

学校供餐能够创造良好的环境，促进其他重点公共服务项目的计划和实施。由于学校供餐计划涉及多个部门，影响广泛，往往能够很好地推动与支持其他教育、营养、卫生、抗饥饿、公共环境等方面的干预措施。在印度等国家，校餐计划的运行与其他计划有着紧密联系，如全国农村健康与卫生计划，农村供水计划，公共卫生计划，以及全国范围内的全民教育活动。

"集中有效资源关注学校卫生"（FRESH）框架及"全球教育合作伙伴"（GPE）计划的各成员都认为，全面改善学校卫生及营养是满足儿童健康、营养及教育需求的途径之一。学校驱虫、学校供餐等计划具有协同性质，一旦综合起来实施，相关效益就会成倍增加，为改善学校卫生打下良好基础。我们可以设计一些综合性的学校卫生及营养计划，一方面利用学校供餐及驱虫来缓解学生饥饿，改善学生营养，另一方面为学生检测屈光不正、听力障碍、牙科疾病等易于治疗的疾病。这意味着更多儿童能够充分发挥潜能，我们的干预措施也将对教育事业产生更加深远的影响。将各种学校卫生及营养干预措施结合起来实施，便于综合、有序地进行管理，保证最脆弱的儿童也能从中受益。

最近一段时期，各国逐渐意识到应对学龄儿童残疾、疾病及生理缺陷的重要性，这是学校卫生干预措施中的一个关键部分。据估计，目前全球大约有9300万（WHO，2004）至15000万（UNICEF，2005）残疾儿童。由于数据不足，精确的数字目前不得而知，但据估计，约4/5的残疾儿童生活在发展中国家（UNESCO，2010）。许多残疾儿童没有上学，证据表明，残疾儿童的入学率比同龄健全儿童要低（Filmer，2008）。不同国家残疾儿童与健全儿童入学率之间的差距也大不相同，例如在印度，残疾儿童小学入学率比健全儿童低10%，而在印度尼西亚，这个差距达到了60%。

在1948年的联合国《世界人权宣言》中，受教育权首次被列为人类基本权利之一。此后，代表多个利益相关方的"全球教育合作组织"计划及联合国《残疾人权利公约》（CRPD）对受教育权进行了进一步阐释。《残疾人权利公约》指出，所有残疾儿童都享有接受主流教育及必要单独帮助的权利。正如世界卫生组织在近期的2011年《世界残疾报告》中指出的：

> 世界各国的首要任务之一，就是确保残疾儿童在包容的环境下接受高质量的教育。应实行系统性的改革，消除障碍，安排合理的措施及支持服务，以确保残疾儿童也能享有接受主流教育的机会。（WHO，2011）

学校供餐等学校卫生及营养计划能够贡献一臂之力，帮助残疾儿童在包容的环境下接受教育，正如帮助其他脆弱群体一样。

结　论

据估计，低收入国家的学龄儿童每年因常见健康问题（如寄生虫感染、缺铁性贫血、饥饿）而旷课的时间达到2亿~5亿天（Bundy，2011）。要让所有儿童接受高质量的教育，就必须确保他们能够按时上学，并以良好的状态去学习。学校体系能够提供一个有效平台，对学龄儿童实行简单的健康干预措施，将教育的效益最优化。

学校卫生和营养改善方面的干预措施（如学校组织服用驱虫药、学校供餐等）具有协同性质，一旦综合起来实施，卫生和教育方面的相关效益就会成倍增加。我们可以设计一些综合性的学校卫生及营养计划，一方面利用学校供餐及驱虫来缓解学生饥饿，改善学生营养，另一方面为学生检测屈光不正、听力障碍、牙科疾病等易于治疗的疾病。这意味着更多儿童能够充分发挥潜能，我们的干预措施也将对教育事业产生更加深远的影响。

因此，在2010年2月召开的亚的斯亚贝巴全民教育（EFA）大会上，与会代表呼吁："全民教育计划的参与者应大力支持有益于社会最边缘群体的各项措施，如现金转移、学校卫生、学校供餐、奖学金、性别策略等。"此外，改善学校卫生和学生营养也是实现普及基础教育、促进两性教育均等这两项千年发展目标（MDGs）的必经之路。要达到这两项目标，就要确保最贫困的儿童，在疾病和饥饿中苦苦挣扎的儿童，也能进入校园学习。

当互补性的学校卫生及营养计划被包含在更广义的儿童发展政策措施当中，它们的影响将更加深远，收益将更加可观。

学龄阶段的卫生及营养计划实际上是一系列连续统一的支持计划中的一环。这一系列计划从胎儿及婴儿时期的母婴健康（MCH）开始，到幼儿阶段的儿童早期发展（ECD），再到全民教育计划之下的学校卫生及营养计划。（Bundy，2011）

这种涵盖整个生长发育周期的儿童发展支持计划，恰恰符合中国目前的儿童发展战略——通过儿童早期发展及学校卫生和学校供餐计划，为贫困儿童提供更加公平的教育机会。这一战略下的儿童发展不仅仅意味着直接的教育、健康干预措施。2009年，中国发展研究基金会（CDRF）发布了一份里程碑式的报告，题为《在发展中消除贫困》。在分析报告中，20位左右的知名学者探讨了中国的贫困分布，以及为何经过大力公共扶贫及长足经济发展，中国的贫困问题依然存在。报告指出，扶贫政策不应仅仅关注现有的贫困人口，而应特别照顾贫困人口子女的需求，防止贫困从一代延续到下一代。报告强调，应该为儿童提供更完善的教育、卫生、文化及社会保护条件，帮助他们在成长过程中提升能力，实现充分的自我发展。

学校供餐计划等学校卫生及营养方面的举措，显然有助于保障《儿童权利公约》中阐明的儿童权利框架（OUNHCHR，1989），包括食物权、健康权及受教育权。然而，学校供餐计划还具有更大的潜在意义，它不仅有利于儿童发展、保障儿童的经济社会权利，而且能为整个社区的发展作出贡献。由于学校供餐计划每年有固定的实行时间，食物搭配也预先确定，形成了可预见的结构性需求，在当地建立起市场及配套体系，这便给农民和生产商提供了获利机会。

学校供餐计划表明了教育及学校在国家长期发展中的重要角色。最明显的表现就是儿童教育及健康状况的改善，使得他们在成年后有能力获得更高的收入，从而打破两代人之间的贫困恶性循环。此外，由于学校供餐计划为当地农产品提供了结构性的市场，便有振兴当地经济，把资源再投入到这些计划所针对的社区儿童身上。因此，学校供餐计划为各国政府提供了良好的机会，既投入于儿童的长期发展，又为社区带来更大的经济繁荣。

2012 年 10 月 19 日

第三届"反贫困与儿童发展"国际研讨会报告

结构性需求：一个跨部门合作平台

■ 阿琳·米歇尔（Arlene Mitchell）
比尔及梅琳达·盖茨基金会农业发展部副部长

首先，我想感谢中国发展研究基金会邀请我参加这个一流的会议。我很有幸能与所钦佩的杰出学者共同发言，并且从各方为中国儿童发展所做的工作中学到很多东西。我上一次来华还是八年前的事情。从那时到现在，中国取得了巨大的成就，它已经在为自己和其他国家提供成功经验。祝贺你们取得如此卓越的进步。

我今天想谈谈如何将结构性需求作为跨部门合作的平台。

我来自于比尔及梅琳达·盖茨基金会的农业发展部。我们致力于将农业和营养联系起来。然而，我们很难说农业在儿童成长的第一个千日内发挥了巨大的作用，所以我会重点阐述如何通过农业和相关项目使食品需求结构化，从而最大化跨部门合作对当代儿童及子孙后代的积极影响。我们基金会秉承的信念是，所有人都应该享受健康且富有生产力的生活，为此我们的工作涉及多个部门。

涵盖多部门的基金会

我想简单介绍一下比尔及梅琳达·盖茨基金会。它是盖茨家族建立的慈善组织，其创始人为受人尊敬的美国律师老比尔·盖茨、他的儿子比尔·盖茨（即微软公司创始人）以及比尔的夫人兼微软高管梅琳达·盖茨。另外一位美国巨富沃伦·巴菲特也决定通过盖茨基金会捐出自己的许多财产。比尔及梅琳达·盖茨基金会的工作人员通过资助其他机构来努力解决最严峻的全球挑战。此外，我们还运用了盖茨家族的声誉和领导力，以及自身的技术专长来应对这些挑战。

比尔及梅琳达·盖茨基金会在美国的工作重点是教育领域，主要投资于中等教育，使中学生为进入大学做好准备。我们在全球的工作重点是提高健康水平和消除贫困，重点关注区域是撒哈拉沙漠以南非洲和南亚地区。我们的健康项目涵盖范围广泛，从 HIV/AIDS、疟疾、肺结核和小儿麻痹症到更宽泛的"被忽略的热带病"（"被忽略的热带病"严重影响了全球最贫困人口以及家庭健康，多涉及妇幼健康和营养）。营养干预与我们的全球健康项目息息相关，特别是孕妇、哺乳期妇女和两岁以下儿童的营养干预，以及对水、公共卫生和个人卫生的干预。

我们意识到健康干预本身不能解决最贫困人口所面对的问题，所以还为反贫困项目投入大量资金。我们的反贫困项目重点关注农业。我们非常关心粮食和牲畜的整个价值链，因为在非洲和南亚，粮食和牲畜是最重要的生产资料。其他反贫困项目致力于帮助全球贫困人口获得金融服务。

农业与其他部门加强协作

教育、卫生、营养、水、清洁卫生和财政等部门对我们农业项目的决策影响力日益加深。譬如，我们非常关心农业生产对家庭健康的影响。我们投入资金改善粮食生产时并不仅仅关注产量提高了多少，抗旱性和抗涝性改善了多少，还努力通过生物强化和品种选择来提高主要作物的营养成分。

我们探索如何通过农业产生多部门影响时，发现最重要的方式或许就是结构化需求项目。我们这里所谈的结构化需求项目是指，利用对主粮的大规模、可预期、多年需求使贫困农户受益，同时通过其他部门促进社会公益的项目。

在亚洲的贫困地区、拉丁美洲和几乎整个非洲，绝大多数农民都在贫困中挣扎，能够获得的良种、化肥和其他生产投入非常有限。尽管消费者们需要这些农户生产的粮食，但是他们的粮食产量多半仅能满足自己的家庭所需。导致这种情况的部分原因是粮食需求反复无常，而且这些需求要么是规模较少的本地需求，要么来源于距离较远的大型市场，不便农户运输。

但是，我们知道持续提高小型农业对于反贫困和满足全球日益增长的食物需求至关重要。激励农户提高粮食产量的方法之一就是采取结构化需求项目。

对那些生产规模较小的贫困农民来说，如果对主粮生产的需求规模较大、可预测且能持续多年，那么就可以降低有粮无市的风险。结构化需求项目增加了农民销售余粮以提高收入的机会，鼓励他们增加生产投入来提高产量，并且投资于质量控制措施。此类项目还创造出非农就业机会，即使低技能工人也能从中受益。

一旦农户找到摆脱贫困的方法，他们就可以采取其他方法来持续提高生产率，实现长期繁荣。这些家庭的收入提高后，首先做的事情之一就是送孩子上学。无论对这些家庭自身还是他们的子孙后代来说，对教育的投资总会收到回报。

教育和儿童早期发展

正如我们在本次会议上探讨的那样，让所有儿童获得教育对于实现可持续的经济发展至关重要，但是我们有理由特别关注女童的教育。投资于女性教育能获得巨大的代际收益。目前的研究结果表明：

- 受过教育的女童会使自己未来的家庭收入提高 90%，而同样教育水平的男童只能将家庭收入提高 35%；
- 在 1970~1995 年间，儿童营养不良率下降的幅度中有 50% 以上是因为女性教育程度得到提高（Smith & Haddad，2000）；
- 女性文盲往往早婚，平均孕育 6 个子女，而接受教育的女性往往结婚较晚，且孕育子女之间的间隔较长，她们平均生育 2.9 个孩子（King，1994）；
- 与完成小学教育的母亲相比，未接受过任何教育的母亲生育的孩子在 1 岁前夭折的几率比前者高出 1 倍（UNICEF，2001）；
- 受过教育的母亲更愿意送孩子上学读书。

结构化需求和教育

我们坚信，如果本着促进农业生产的目标推动结构化需求，那么随着时间的推移，将有助于建立可持续的体系和消除贫困。

结构化需求可以融入任何大规模的公共或私营粮食采购项目，但是我们特别感兴趣的是那些能够提供教育等社会产品，将社会安全网项目转化成农业和经济发展项目的粮食采购项目。目前此类项目已经有很多成功的范例，但是我们认真考量所有可供选择的措施后发现，学校供餐项目所创造的食物需求或许最广泛、可预测程度最强、规模最大且持续时间最长。

现在，学校供餐的结构化需求被称作"当地学校供餐"项目，而且千年发展计划（MDGs）的教育和性别工作组及饥饿和贫穷工作组都认为学校供餐属于"快速成功"项目，因为这个项目集中体现多个千年发展计划目标，而且可以迅速得到落实。

世界各国都有小学，而且在校儿童上学时都需要吃饭，所以学校是一个很好的供餐平台，学龄儿童就餐产生了大规模且不间断的"可结构化"食物需求。采用本地农户供应食材的学校供餐项目，将教育的益处和农户增收的机会融为一体。正如这次会议讨论提到的那样，学龄女孩从学校供餐中获得的长期效益尤为显著。

结构性需求和其他部门

学校供餐项目也促进了其他部门的改善。推行学校供餐项目后，家长和整个社区对学校加大了投入，也参与更多学校工作。前文提到，学校供餐项目能够创造就业机会。准备校餐不仅需要厨师，而且需要水，由此增加了对干净水的需求。在推进学校供餐项目的过程中还可以制订营养标准，保证儿童获取必需的维生素和矿物质。学校课程中可以加入基本的营养教育，同时在吃饭的过程中培养学生用肥皂洗手等个人卫生习惯。学校需要配备卫生设备，还可以加入驱虫等成本低廉但效果明显的健康措施。这些互相关联的需求都可以进行结构化处理，从而最大化在校儿童和他们的家庭从中获得的发展益处。

与此同时，政府开展这些项目面临着巨大挑战。即使是在富裕的国家，质量保证和食品安全也是关注重点。学校供餐项目需要运输、存储设施和其他基础设施。大量食物和资金在不同地区的参与者之间流动，可能导致浪费、欺诈和滥用等问题。贫困政府为大规模食物采购项目筹措资金时困难重重。项目所需的部门协调也是一项巨大挑战，因为对大多数国家来说，学校供餐的责任至少涉及两个政府部门，而且健康、水、卫生等其他部门加入供餐项目时，其复杂性也会增加。

学校供餐项目面临的另外一项挑战是，在确保儿童营养摄入的同时，考虑到他们不同的食物偏好和饭量。关于学龄儿童的营养需求和益处还有许多需要学习的地方，特别是对于儿童快速生长期和同年龄儿童性别差异等问题。目前儿童肥胖问题在全球各国迅速蔓延，我们尚不清楚校餐项目对于降低或增加这种风险所发挥的作用（或可能发挥的作用）。

最后，数据不足的问题也很严峻。我很高兴地看到中国发展研究基金会的儿童发展项目质量很高而且内容全面，因为到目前为止，我们缺少高质量综合性数据表明学校供餐的多部门影响，只有个别项目在收集关于健康、营养和儿童发展影响的零散数据。研究学校供餐对农业影响的国家就更少。几乎没有什么研究探索学校供餐的代际影响，或对增加就业和经济增长产生的作用。

结　　论

我们的首要目标是打破饥饿和贫困的恶性循环，它让一代又一代人在贫困中苦苦挣扎。相应的，我们希望创造一个"良性循环"，通过改善一代人的健康和福祉给后代子孙带来具有持续性的积极影响。

虽然很难把农业和儿童成长的前一千天联系起来，但我坚信执行良好的结构性需求项目（如全国性的学校供餐项目）有助于提高农业生产率和消除贫困，同时实现其他重要目标，如让儿童安心上学，使他们未来成为素质更高的家长。结构性需求还可以为改善教育、营养、清洁用水、卫生和增加就业等领域的工作搭建起有效平台。

2012 年 10 月 19 日

第三届"反贫困与儿童发展"国际研讨会报告

全球学校健康和营养项目及其对中国的启示

■ 中国发展研究基金会项目组

在过去十年里，全球对学校健康和营养项目的内容及性质的认识发生了重大变化。越来越多中低收入国家认识到学校健康和营养项目不再像传统观念那样，只是卫生部门的健康宣传工具或单纯地以治病为目的。事实上，它们可以显著推动教育效果，有时还能够成为卓有成效的社会安全网措施。如果它的内容、工作机制和目标人群设计得当，那么它的效果与免除学费、现金转移和补贴等直接教育干预手段不相上下。

关于学校健康和营养项目的另外一个新观点是，它遵循了生命周期的规律，是儿童早期发展项目的有效延续。根据人类的生命周期来看，母婴健康项目关注了儿童从胎儿期到两岁（即 −9 ~ 24 月龄）的营养和健康需求，儿童早期发展项目在保障 2 ~ 6 岁儿童的健康和营养水平外，还加入了行为刺激和早期教育来促进其发育；儿童入学后（即在 6 ~ 15 岁之间），学校健康和营养项目继续对他们的健康和营养进行干预，由此构成完整的儿童发展干预周期。

世界银行于 2011 年发布了评估报告《重新思考学校健康》（*Rethinking School Health*），根据全球多国开展学校健康和营养项目的实践经验，证明了它们对提高教育质量的重要性，并且总结了促使这些项目取得成功的因素。

一、学校健康和营养项目的重要性

1. 促进教育公平

即使义务制教育为适龄儿童敞开了学校的大门，贫困儿童和弱势儿童中普遍存在的营养不良和疾病仍然会破坏教育效果，而且目前的绝大多数教育干预手段往往倾向于经济条件较好的儿童，如精英阶层和城市儿童，所以贫富人群的教育差距被逐渐拉大。由此引出两个概念：双重危险（double jeopardy）和可行能力理论（capacity theory）。前者指最贫困的人群陷入疾病和营养不良的困境时会蒙受双重冲击。首先，贫困人口更容易营养不良，健康状况不佳。其次，这种身体条件会严重影响他们接受教育的效果。即使富人和穷人同时染上相同的疾病，后者的学习成绩往往也会更糟。可行能力理论阐述了如何通过学校健康和营养促进平等。提出这个理论的阿玛蒂亚·森教授认为，发展是使人们拥有越来越多可行能力来追求自己认为有价值的生活的过程。

各国经验证明，学校健康和营养项目的最大优势在于：它给最贫困和最弱势的学生带来的益处最显著，最贫困的学生（往往也是可行能力最差的学生）从学校健康和营养项目中获得的能力最多，他们与其他可行能力更强的学生（即更健康、更聪明、家庭条件更好的学生）之间的差距也随之缩小，无论在营养和健康水平还是教育成绩方面均是如此。学校健康和营养干预帮助他们抓住现有的教育机会，更充分地发挥潜力，从而为他们创造出公平的竞争环境。

牙买加（Powell, et al. 1998）为在校学生提供早餐后发现，营养不良的儿童接受干预后，在记忆和大脑处理速度等认知测试以及数学测试中的成绩比接受干预前营养水平良好的儿童高出 0.25 个标准差。泰国、印度和肯尼亚等关于学校供餐、补充微量元素、驱虫等干预措施的研究也得出了相似的结果。贫困儿童、患病儿童、营养不良儿童和弱势儿童虽然在起跑线上落后于同伴，但接受学校健康和营养干预后获得的益处往往也最显著，可见这些干预措施更有利于贫困人群和弱势人群。

2. 产生长远且持久的积极影响

疾病和营养不良会对儿童的发育和教育效果产生长期且不可逆的影响。譬如，营养不良的儿童社交性较差，比较冷漠，而且不太热衷于周围的环境互动。疟疾、缺铁性贫血和营养不良直接阻碍大脑发育和认知发展。实践证明，学校健康和营养项目可以避免这些恶果，从而提高学生的在校学习时间和认知能力，最终改善他们（特别是贫困儿童和弱势儿童）的学习潜力。

南非对6~11岁儿童的强化饼干干预项目使学生的出勤率提高了15%（van Stuijvenberg, et al. 1999）。另外一项南非研究（Linddell & Rae, 2001）表明，学校健康和营养项目使二年级学生的测试成绩比平均值高出0.25个标准差，每个学生在整个小学期间的累计在校时间平均多出1.19年，能够从七年级毕业的人数也比平均线高出1.5倍。另外一项针对成人的南非研究（Moll, 1998）证明，多接受一年小学教育，认知测试的成绩就高出0.1个标准差。而学校健康和营养项目通常能使认知测试成绩上升0.25个标准差，相当于在校时间增加2.5年。

很多研究证明，学校健康和营养项目不仅对个人有效，而且完全可以在全球层面广泛地提高教育效果。UNESCO（2008）估算了寄生虫、发育不良和贫血等三种常见疾病对5.75亿低收入国家在校儿童的认知影响。它将这些疾病对认知的影响转化成损失的IQ值，以便于人们理解这些疾病造成的损失及其全球影响。研究结果见表1。

表1　　　　贫困国家学龄儿童常见病对全球认知影响的估算结果

常见病	患病率（%）	估算样本总量（万人）	每个儿童损失的IQ值	其中智商低于70的样本（万人）	损失的在校学习时间（万年）
寄生虫	30	16900	3.75	1580	20100
发育不良	52	29200	3	2160	28400
贫血	53	29800	6	4560	52400

注：智商低于70是评判智力低下的标准之一（American Psychiatric Association, 1994）。

数据来源：Jukes, M. C. H., L. J. Drake, and D. A. Bundy. School Health, Nutrition and Education for All: Leveling the Playing Field. Cambridge, MA: CABI Publishing, 2008.

这些数据清楚地展示，即使常见儿童疾病只导致儿童的认知能力轻微受损，也会产生极大规模的负面效应。提高在校儿童的营养和健康水平不仅提高了学生的在校时间和学习能力，而且强化了教育效果，因为健康儿童的学习质量更高。如果能为全球数以百万计饱受饥饿和常见病困扰的儿童开展学校健康和营养项目，那么必能产生影响全球的教育成果。

3. 经济回报率高

许多量化研究证明，学校健康和营养项目帮助儿童提升在校时间和认知能力后，有效地推高了儿童成年后的工资水平、经济生产率和经济回报率。

肯尼亚的研究（Miguel & Kremer，2004）发现，驱虫措施可以使每个小学生接受教育的时间增加0.14年。如果用肯尼亚本国的经济回报率来估算，那么只需用0.49美元的驱虫成本，就可以使一个儿童的终生工资每年增加30美元。即使将教师资源等额外成本算在内，使工资增加30美元的营养干预成本也不足10美元。同样，在加纳、南非和巴基斯坦等国的类似研究也显示，学校健康和营养项目使儿童的认知能力每提高一个标准差，他们成年后的工资就会增长5%～48%，平均增幅为20%左右（Hanushek & Woessmann，2007）。

此外，由于学校健康和营养项目在本质上具有亲贫性，所以它们在贫困国家产生的经济回报要高于富裕国家。譬如，在撒哈拉以南非洲地区以及拉美和加勒比海国家推行学校健康和营养项目后，儿童的在校时间每年增加一年，经济回报率达到12%，而亚洲的经济回报率为10%，OECD国家的回报率为7.5%。

二、如何促进学校健康和营养

无论中高收入国家还是低收入国家都有成功的学校健康和营养项目。《重新思考学校健康》根据普遍经验和个案研究，总结出了各国推行此类项目时应考虑的几个关键问题。

1. 优化现有学校健康和营养项目

绝大多数国家都有现成的学校健康和营养项目，只是需要根据新的目标和需求进行调整。譬如有些项目仍然是传统的治疗性或预防性医疗项目，有些项目只是单纯的医疗宣传工具，还有些项目只针对城市儿童。有鉴于此，各国应该将这

些基于医疗体系的现有项目转变成以提升教育质量为目标的项目，以广泛的学校
网作为提供学校健康和营养服务的有效平台。具体来说，学校健康和营养项目应
该扩大覆盖面，使更多贫困儿童和弱势儿童能够享受这些干预措施，同时从技术
应用、经济可行和社会平等角度出发采取大规模干预措施，通过学校供餐、驱虫
和微量元素补充等预防和治疗儿童（特别是贫困儿童）中发病率较高的疾病。
由于贫困人口往往被传统的医疗干预项目忽略，所以基于学校开展普惠式健康和
营养项目，更容易让教育程度不高、不太容易享受到医疗服务的贫困人口最大限
度地获益。

各国在改善现有学校健康和营养项目时，不一定需要投入太多资金来新建所
需的基础设施和人力资源，而是应尽可能利用现有条件。这样可以加快进度，节
省成本。如果建造全新的基础设施或校医队伍等，可能会成本高昂，而且很难大
规模推广。在偏远、人烟稀少的地区建造此类基础设施的成本会成倍增加，要想
覆盖最需要学校健康和营养服务的贫困儿童时遇到的困难也随之上升。

2. 协调部门分工，采取多种形式推进学校健康和营养

国家政策和政治意愿是学校健康和营养项目取得成功的关键。与传统做法不
同的是，教育部门将成为改善学校健康和营养的主体，卫生部门主要起到技术支
持和监管的作用。为此，政府应明确学校健康和营养项目与教育发展之间的关
系，即前者帮助后者提高教育效果、实现教育公平等，而后者可以现有的基础设
施和完备的网络尽可能地使这些健康和营养干预措施覆盖所有目标儿童。这样明
确行动主体可以敦促教育部承担起推行学校健康和营养项目的主要责任。其次，
政府应制订正式的跨部门政策，从一开始就明确教育部、卫生部及其他相关政府
部门的职责，以避免可能出现的冲突或相互推诿。

从本质上来说，绝大多数学校健康和营养服务都是公共产品，而且对这个领
域的公共投资迟早会转变为经济增长和高回报率，所以公共部门应主导学校健康
和营养项目的发展。但是私营部门、NGO、社区和父母等利益攸关方也可以对此
作出重要贡献。日本、韩国和印尼的经验证明，私营部门可以有效地推进学校健
康和营养项目，特别是在中等收入国家和人口密集的城市地区。许多国家的
NGO 也成为国家推行学校健康和营养项目的有效补充，在地方层面尤为如此。

3. 以完善的母婴健康和儿童早期发展为基础

从生命周期的角度来看，完善的母婴健康（MCH）和儿童早期发展体系（ECD）可以为学校健康和营养项目奠定坚实的基础。哈佛大学和世界银行的研究均显示，在儿童出生的第一年里，听力、视觉、嗅觉、触觉和味觉等感官通路以及语言能力的发育达到最高峰，高级认知功能的发育在 3 岁以前达到最高峰。至 4 岁时，出生于贫困家庭的儿童与非贫困家庭的儿童在认知能力积累方面的差距已经非常显著，此后一生都难以弥补。忽视儿童早期的营养和教育刺激，将无法充分发挥儿童先天具有的潜力，为他们的在校学习制造困难。

Martorell 等人（2009）对中低收入国家的 5 个出生组进行了研究，发现儿童在出生后前两年的体重增长情况可以相对准确地预测他们的在校学习表现。他们认为，"儿童早期的发育失败表明他们在胚胎期就营养不良，从而对其发育和发展产生了全面、系统性的负面影响"。最近对 30 个儿童早期教育项目的元分析表明，早期刺激和教育对儿童的认知发育至关重要，而且这种教育干预对认知的影响比单纯的营养干预更显著（Nores & Barnett，2009）。牙买加、南非、斯里兰卡和肯尼亚等国家的研究都证明了，采取营养补充和驱虫等早期健康和营养干预措施能提高儿童的入学率，降低辍学率，并且促进儿童认知能力的发展，从而提高学习成绩。

三、对中国的启示

早在 20 世纪初，发达国家就已经开始建立学校健康和营养项目，并将它们作为社会保障的手段之一。自 2000 年起，越来越多中低收入国家认识到完善的学校健康和营养项目可以改善教育效果，有助于实现教育目标，所以普遍将其纳入国家公共服务。譬如，在撒哈拉沙漠以南非洲地区，推行全面学校健康和营养项目的国家的比重从 2000 年的 4% 上升到 2008 年的 50% 左右。在此同期，推行此类项目的东南亚国家的比重也几乎翻番。

在过去几年里，中国政府也根据本国国情开展了多种关于学校健康和营养的项目。譬如从 2010 年秋季学期开始，中央和地方政府提高"一补"标准，将农村寄宿生生活补助提高到小学生每人每天 3 元、初中生每人每天 4 元。2011 年，中央财政的该专项支出已达到 74 亿。2011 年 7 月，国务院决定开展民族地区、贫困地区学生营养改善计划试点，于 2011 年秋季学期开学时正式启动首批以宁夏回族自治区 11 个县（区）作为试点的"营养餐"计划。2011 年 10 月 26 日，国务院常务会议决定从 2011 年秋季学期起，启动实施农村义务教育学生营养改善计划，为集中连片特殊困难地区的 699 个县、约 2600 万在校生提供营养膳食补助，同时将寄宿生补助标准每生每天提高 1 元，达到小学生每人每天 4 元、初中生每人每天 5 元。

这些举措大力推动了农村儿童（特别是贫困儿童）的健康和营养水平。2010 年和 2011 年，中国发展研究基金会先后对青海、云南、广西、宁夏四省（区）的学校供餐与学生营养评估进行了两次评估，结果表明贫困地区寄宿小学生的身体状况有明显改善（中国发展研究基金会研究报告，第 112 期）。

作为一种公共服务，学校健康和营养项目不仅推动了教育发展，为在校儿童提供社会保障，而且是对国家未来的重要投资。借鉴《重新思考学校健康》中学校健康和营养项目的成功范本，以及基金会在过去五年里推行校园供餐和儿童早期发展试点的经验，我们建议中国的学校健康和营养项目在未来做出如下改善。

1. 以学校为平台开展学校健康和营养项目，充分覆盖贫困学生

目前在中国城市，6 ~ 15 岁学生的健康和营养水平基本良好，身体状况不太理想的学生仍然主要集中于农村地区和贫困地区。在国家义务制教育体系的保障下，适龄儿童都能入学，所以以学校为平台提供学校健康和营养服务基本可以覆盖所有贫困儿童，改善他们的健康和营养水平，从而提高教育效果，缩小他们与城市同龄人之间的差距，保障起点公平。此外，利用现有庞大的学校网络推行学校健康和营养项目还可以发挥规模效应，提高项目的成本效益。

2. 提升学校健康和营养项目的内涵，明确相关部门的职责范围

国外诸多经验表明，学校健康和营养项目不是单纯的卫生项目。它的目标已经转变为：在提高儿童健康和营养的基础上改善他们的教育效果，最终达到提高人力资本，促进社会经济发展的目标。所以它涉及教育、公共卫生、财政、农业和计划等多个部门，需要他们共同参与。如果中国希望借鉴国外的成功经验，改变学校健康和营养项目的性质和目标，那么就应该指定教育部主管这一项目，同

时制订跨部门战略，明确卫生、财政和扶贫等部门的支持和监管作用，统一协调各部门工作，避免各部门因为权责不清而相互推诿，出现执行或监管真空。

3. 进一步完善儿童早期发展，抓住提升人力资源和切断贫困代际传递的机会窗

儿童早期发展与学校健康和营养项目相辅相成，涵盖了儿童发育从胚胎期到15岁的关键时期。许多科学研究证明，儿童早期营养不良对大脑发育、健康水平所造成的损失无法逆转，即使儿童入学后进行大量营养干预措施也很难完全弥补其损失。从儿童早期营养干预来看，中国现有的妇幼卫生体系是中国最早建立的公共卫生服务体系之一，可以在省市县三个层面提供妇幼卫生，覆盖面广泛且深入基层。各级政府完全可以利用这个体系对孕妇和新生儿进行营养干预，利用营养片或营养包确保儿童从胎儿期开始就获得充足的营养，为其大脑、感官、认知发育奠定基础。基金会在青海的试点证明，这种营养干预完全具备执行条件，且成本效益明显。从儿童早期教育来看，中国城市儿童拥有的早期教育资源相对丰富，而农村儿童因为城市化、社会经济发展等因素仍然缺少这方面的教育干预。因此，政府一方面需要在农村地区投入更多资金，修建幼儿园等必要的基础设施，培养幼师资源；另一方面需要建立起保障儿童早期教育的制度，如确立发展儿童早期教育的主体、根据当地条件鼓励 NGO、商业机构等开展多种形式的儿童早期教育（如基金会在青海试点的走教模式）、制订儿童早期教育的标准等。可喜的是，中央政府已经宣布将在"十二五"期间安排500亿元，重点支持中西部地区和东部困难地区发展农村学前教育，并提出相对具体的指导纲要。如果能将这些纲要落实到地方的具体行动，那么必将有利于提升农村儿童的人力发展，帮助他们摆脱贫困，并且保障中国未来的社会经济发展。

刁琳琳　执笔

2012 年 10 月

致谢

2009 年以来，中国发展研究基金会成功举办了三届以"反贫困与儿童发展"为主题的国际研讨会，为该领域最新研究成果发布及专家学者交流提供了平台，为政府决策积累了一些可以借鉴的依据。

通过儿童发展来解决贫困问题在中国是一个全新的尝试，需要社会各界的关注和支持。自"贫困地区儿童早期发展"项目启动以来，中国发展研究基金会与中国疾病预防控制中心、联合国儿童基金会、世界银行人类发展网络、华东师范大学、救助儿童会中国项目等学术组织和国际机构开展了多种形式的合作研究，同时也得到了安利（中国）日用品有限公司、德勤华永会计师事务所、汇丰银行中国有限公司、联合技术有限公司、博世（中国）投资有限公司、安达保险集团等合作伙伴的资金支持；伴随"山村幼儿园计划"公益项目顺利推进，联合利华、华电煤业集团有限公司、招商局慈善基金会、浙江省李书福资助教育基金会、中金公益慈善基金会、潍柴动力股份有限公司、中国银河证券股份有限公司、中国东方航空集团公司、中国光大银行、帝斯曼（中国）有限公司、卡西欧（上海）贸易有限公司、财讯传媒集团有限公司、九阳股份有限公司等也都给予项目大力支持。

在此一并致谢。

中国发展研究基金会

2013 年 3 月